いわての渓流・川釣り

IWATE Fishing Guide

令和版

源流

峨々とした岩と岩を縫って
ほとばしる冷たい流れの中に、
イワナたちはひたすら沈黙する。
太古から生きながらえてきた生命力に
神々しさと畏敬の念さえ覚える。

稗貫川

安家川

馬淵川

渓流

緑の階調をうねる流れには、
無邪気なヤマメたちが遊ぶ。
その姿はまさに渓の宝石。
光の粉をちりばめたような魚体に
しばし呆然と見とれてしまう。

閉伊川

清流

滔々と流れるこの川のどこかに、
胸の鼓動を高めてくれる彼らが潜んでいる。
吹く風が光を放ち始めた頃にはサクラマス。
時おり熱い風が走る季節にはアユ。
広い空を映す青い水面が一瞬、明滅した。

猿ヶ石川

葛根田川

岩洞湖のワカサギ釣り

湖沼

頑ななまでの北の風土が
季節限定でくれる愉しみがある。
ワカサギという名の妖精に
逢うための釣りだ。
白く凍えた厳冬期だけのフィールドに
今日も歓喜の声が響き渡っている。

御所湖のヘラブナ釣り

いわて川魚図鑑

濃厚な岩手の大自然の真ん中で渓魚と戯れる……そんな贅沢な愉しみを実践する際には、心のどこかに「少しの間、自然で遊ばせてもらう」という思いを持ちたいものです。

ここでは、しばし遊んでもらう岩手の川魚のプロフィールを紹介します。

【イワナ（アメマス）】岩魚　サケ科

川の中流から源流部や落差のある小さな渓に生息する。夏の日中の水温が15℃以下のところに棲むといわれる。魚体の模様は水質や渓相など川の場所によって微妙な違いがみられる。イワナはアメマスが氷河期に陸封されたものとされる。また、一度の産卵で死ぬことはなく、寿命は６年前後と言われる。生きている限り成長することから渓流で45cm、湖沼では60cmに至るものもある。昆虫、小魚、カエルなどのほか、時としてヘビなども食べることから悪食な魚の代表のように言われるが、臆病な魚であることから釣り人は気配を悟られないよう慎重に釣らなければ釣果につながらない。これがエサ釣りで言うところの「木化け石化け」の釣りである。春の解禁後はエサ釣りでの釣果が期待できるが、暖かくなり水温も上がるにつれて疑似餌による釣りで釣果の期待が大きくなる。

【ヤマメ（サクラマス）】山女魚　サケ科

サクラマスの陸封型をヤマメと称する。体側面に８～10個のパーマークと呼ばれる斑紋がみられる。東北にはいないとされているが近縁種にアマゴ（体側面に朱点がある）などがある。寿命は３年ほどとされ、何度も産卵するイワナとは異なり、産卵を終えると死ぬ場合が多い。サクラマスが遡上する河川ではメスのヤマメは海降してサクラマスになり、川に残っているものは圧倒的にオスであることが多い。種類は同じものながら、ヤマブキの花が咲くころに釣れるものをヤマブキヤマメと称したり、体高の高いものを幅広ヤマメと称するなど、季節感や特長を冠に加え、釣り人の憧れを込めた名称として表現されることがままある。ちなみにサクラマスは桜の花の咲く季節に海から遡上する。また晩秋に川で産卵されたサクラマスの子供は、１、２年ほど河口に留まるが、これを「ヒカリ」と呼ぶ。このヒカリ釣りは沿岸水系の早春の風物となっている。

【ニジマス】虹鱒　サケ科

原産地・北アメリカでの名称レインボー・トラウトを直訳したもの。オス・メスともに20cm前後になると体側に虹色の帯が出ることからレインボーと呼ばれる。人工孵化も簡単で成長も早いことから１８７７年を皮切りに移入され、養殖が盛んに行われてきた。養魚場から河川の増水などに伴って逃げ出し、自然繁殖して野生化したものも多い。一度の産卵で死ぬことはなく、５、６年は成長を続ける。引きが強いことなどからルアーやフライの対象魚として定着している。

【アユ】鮎　キュウリウオ科

初夏を象徴する淡水魚。水温が上がり始める春から初夏になると海から遡上した稚魚は、夏の清流や渓流で急成長する。秋になると流れの緩やかな下流に下り、浅瀬の砂礫底に産卵して一生を終える。ごく稀に越年するものもあるが基本的に年魚と言われる。卵は10日ほどで孵化し、海に流されていく。沿岸付近でプランクトンを食べながら翌年の春まで過ごしたのち、川への遡上を開始する。稚アユはしばらくの間、プランクトンや水生昆虫の幼虫を食べて成長するが、やがて歯が生え替わると川の底石の表面に付着する苔や藻の類いを擦り取るようにして食べる。そのころになると良質の藻類が育つ石周辺に縄張りを持つようになり、この習性を利用したのが「友釣り」と呼ばれる釣法である。キュウリの香りに似たいい香りを持つことから香魚とも呼ばれ、非常に美味な魚として珍重される。

【ウグイ】石斑魚　コイ科

雑食性で付着藻類から水生昆虫、小魚、残飯まで幅広い食性をもつ。また、酸性度の高い湖沼や汽水域・海水域にまで生息する環境適応力を備えている。したがって、さまざまなエサや疑似餌によって、多様なエリアで釣ることが可能な魚といえる。ただし、イワナ・ヤマメ狙いの釣行の際にも外道としてうるさいほど釣れる場合がある。

【コイ】鯉　コイ科

流れの緩い川の下流部から中流、さらに湖沼などに生息している。やや濁った場所を好み、水草の繁る底近くを群れて泳ぐ習性がある。雑食性であり、口を突き出して吸い込むようにして食べる。また、コイにはだいたい決まった通り道や索餌場があると言われることから、コイ釣りをする場合、まず絶好のポイント発見が第一となる。養殖放流も盛んで、大物は１ｍを超すものもいる。

【ヘラブナ】篦鮒　コイ科

フナの仲間はキンブナ、ギンブナなどもあるが、「釣りはヘラに始まり、ヘラに終わる」と言われるほどポピュラーな釣り対象魚がこのヘラブナ。湖沼や池、川の下流から中流に生息する。もともと野生種のゲンゴロウブナが飼育用に改良されカワチブナとなり、さらに養殖用にするため改良を重ねたものがヘラブナである。大きいものは50cm以上に育つものもある。

【ワカサギ】公魚　キュウリウオ科

本来は沿岸や汽水域に生息し、産卵期だけ川へ上る種であるが、岩手の場合、ほとんどがダム湖での氷上穴釣り対象魚で、厳冬期の風物として楽しまれている。基本的に朝夕が索餌行動が活発な時間帯とされるものの、光の届きにくい氷の下では一日中泳ぎ回り、活発にエサをあさる。普通１年で成熟し、産卵後には死ぬが、中には４年も生きて15cmに達するものもいるという。

特集紀行 第一話

安家川釣行記

多くの支流を集め、
深い山懐を流れる安家川。
原始河川、最後の聖域、
カワシンジュガイの里…。
安家川を飾る言葉は
いずれも憧憬に満ちている。
渓魚たちとの一期一会の
出会いを求め、
僕たちは安家川への
釣行に出かけた。

渓魚の聖域、憧憬の渓を行く。

【文／枝澤 渓】

美しい渓相に大物の期待が高まる

初夏の安家川へ

平日でも観光客で賑わう岩泉町「龍泉洞」を通過し、峠を一つ越えて再びぐんぐん山間の人里に車を走らせてゆくと、安家川の清冽な流れが目に飛び込んでくる。梅雨直前の渇水期なのに、この川は豊富な水量と透明感を保ち、僕たちを待っていた。

「お、いるいる」「ありゃヤマメだな」ゆっくりと「新橋」を渡りながら流れの中に魚影を探していると、お決まりのように後続車にクラクションで注意された。橋の上や川べりの路肩近くで、のろのろと車を走らせながら川をのぞき込んでいる人がいたら、それは釣り師と思っていい。僕たちがそうなのだから間違いはない。川の雰囲気から期待は膨らむ一方だ。

大物ウグイの淵

今回はエサ釣りの僕のほかに、ブドウ虫をエサにするA君と、ビギナールアーマンのK君、この計3人での釣行である。

まず最初の入渓ポイントは禁漁となっている「はしらくぼ淵」の上流に決めた。

今回の安家川釣行エリア
久慈市
久慈↑
普代村
岩泉町
松ヶ沢
氷渡洞
安家
はしらくぼ淵
安家洞
202
45
7
葛巻←
氷渡洞探険
キャンプ施設
折壁川
江川川
田野畑村
↓宮古

流れ込みの正面に立ちはだかる大岩に遮られる格好で、深場となったポイントに僕とK君が挑むことになった。完全ヤマメ狙い派のA君は荒瀬を攻めている。

間もなく、エサのミミズを沈め気味に流していた僕の竿に魚信《あたり》が来て、ゴンゴンとしなった。右往左往する魚体が反転するたびにギラリと光る。否が応にも大物の期待が高まる。最初から大物狙いの僕は仕掛けも太めに作ってあるので、やや強引だが寄せることにした。顔を出したのはウグイ。それも薄く婚姻色が付いた立派な尺ものウグイであった。

しかし、安家川にきてウグイはないだろう。A君に釣果を聞くとサイズは小さいもののヤマメがずいぶん釣れているという。僕の狙う場所やエサに問題があるようであった。

ビギナーのK君は「魚信すらないです」と考え込んでいる。

そこに山仕事途中の地元の親父さんがバイクに乗って現れた。そして開口一番、「釣れないべぇ」と笑った。黙って頷くと「今時期はな、ヤマベやイワナ釣りだったらば、このあだりじゃなぐ、もっと上さ行げ。でないとウグイしか釣れねぇ」と呟く。「どのぐらい上流がいいんだべね?」と聞くと、それには答えず「おれに聞いだって言うなよ」と笑って立ち去ってしまった。

具体的ではないが、いずれいい情報を入手した。再び車に乗り込んで、とにかく上流へと向かった。

折壁川チョウチン釣り

所々に見事な藤の花がたわわに咲いている。男ばかりの僕たちであっても、思わず見とれてしまう美しさだ。

次に入渓ポイントに選んだのは支流・折壁川との合流点であった。安家川本流に架かる「折壁橋」を渡り、名も知らぬ赤い鳥居の神社の前に車を駐車すると、A君はここから本流を釣り上がり、K君は本流を釣り下るという。僕はチョウチン釣りで支流の折壁川を遡行することにした。藪をかき分けて折壁川をのぞき

全員釣りのスタイルが違う。皆思い思いのポイントで楽しむ

アタリの主役はウグイだった

込むと、木々が覆いかぶさった渓相は十分に大物イワナが潜んでいそうである。しかし、いかんせん水量が少ない。ということはつまりポイントも限定されてくる。

そんな貧弱なポイントに丹念にエサを流してみるものの、少ない水量のため深場はほとんどなく、浅瀬から出てくるのは20センチ程度のイワナばかり。これに加えて地図で確かめてみると、この川は岩泉小川地区に続く峠道に沿って流れている。つまり非常に入りやすい渓流であるということである。僕は早々に竿をたたみ、みんなと別れた合流点に戻ることにした。

「エゴ」ではなく「エコ」を

渓流釣りに出掛けた時の僕の楽しみは、何も釣りという行為だけではない。季節感に満ちた川べりの風景や、川の背後に累々と続く山並みをぼんやり眺める楽しみもあるし、ふと出合った神社に立ち寄って、その境内などで古《いにしえ》から吹いているであろう風で涼んでみたり……。もちろん、農作業中のお年寄りと世間話をしながら川の情報を聞いたりもする。

とにかく、遠くまでガソリン代を使って釣りに来ているのだからとせっかちに釣り歩き、遊漁料だって払っているのだからと根こそぎ魚を捕って帰らなければ気が済まないというような鼻息の荒さというものは皆無だ。それはこの日、同行した2人に関しても同じスタンスである。釣り人それぞれに楽しみ方があっていいのだから、各自のモラルに委ねるのみではある。しかし、釣り人が渓流やそこにすむ渓魚を守ろうという

小さいながらもイワナが釣れた

本日の釣果。夕食分として
これだけあれば十分だ

意識がなければ、誰がこの濃厚な岩手の川環境を守れるのか、と僕は思う。行政でも学者でもない、どんな上の立場の人たちより、川に多く親しんでいる釣り人こそが、川環境の救世主となりえるのではないかと僕は思っている。ただ、今のところ、その救世主となりえる人たちの方が、自分のエゴに負け、むしろ川を破滅に追い込む立場を知らず知らずのうちに取ってしまっている。このジレンマは悲しい。

エゴではなく、エコで行こうじゃないか。

ぜいたくな安家ディナー

折壁橋そばの神社を眺めて、しばし時間をつぶしていると、まずK君がくたびれた表情で帰って来た。魚籠は軽そうに腰あたりで揺れている。

「ははは、ボーズでした」

「おれも。A君は上だよね」

「たぶん。さっき別れたままですから」

集合時間になってもA君は、なかなか姿を見せない。凝り性のA君のこと、きっと今夜3人で食べる分ぐらいは釣らねばと、粘っているに違いない。A君はその夜の炊事担当なのだ。やがて薄暮の山間の道の向こうから、A君がフラフラと帰ってくるのが見えた。2人に気づくとA君は小さくガッツポーズをつくってみせた。

「3人分を一人で釣るのは大変でしたよ」

「ははは、嫌みだねえ。おれたちがボーズだってことを前提に釣ってたみたいだ」

しかし魚籠の中には、見事に今夜のメーン食材がきっちりと3人分、短時間にしては立派ですハイ、というほど入っていた。

川の元気な証拠

カワシンジュガイ

安家川はカワシンジュガイが多い河川として有名。カワシンジュガイは幼生時にヤマメやイワナ、そしてカジカなどのエラに寄生して成長する。成長する過程で最も大切な期間を渓魚たちに寄生して過ごすということは、渓流の魚が正しく生息できる川本来の姿が守られていなければ、このカワシンジュガイも生息できないということだ。逆にいうならば、カワシンジュガイが生息する河川こそ、健康な渓流の証拠といえよう。

氷渡探険洞のバンガロー施設内の林間テントサイトが、その晩の僕たちのキャンプ地だった。ここは清潔なトイレや炊事場が設備され、さりとて人でごった返すような場所ではないので、静かに自然を愛でたい人にはこたえられない穴場的キャンプ場である。

僕たちはルールを守って小さな焚き火を一つ作り、その火を使ってA君がイワナとヤマメで3品、それにたっぷりのキノコとキムチの鍋を作った。この豪華なディナーを前に冷えたビールで乾杯した。

「大物はウグイだけだったけど、いい渓相にふれているだけで気分は最高だね」

「やっぱり安家川は聖域ですよ。川に立っていると自然の濃密さで息苦しい感じがするんですよ」

「明日こそ釣るぞーっ。目指せビギナーズラック！」

ほろ酔いで見上げれば、空には「現代にはまだこんなに星があったのか」というほど見事な満天の星空が広がっていた。

気が付くと、
空には素晴らしい星空が…

閑静なテントサイトで豪華なディナーの始まり

IWATE Fishing GUIDE

特集紀行　第二話

ビギナーズアングラーの
葛根田川ルアー紀行

幅広ヤマメで名高い葛根田川には、
県内第一号のキャッチ ＆ リリース区間がある。
渓流釣りビギナー２名を含めた僕ら一行は、
真夏日のじりじり暑い太陽に照らされながらも、
このダイナミックな川を
期待に満ちた表情で漂うのだった。

【文／日高　彰】

今回の葛根田川釣行エリア
鳥越ノ滝
メグリ沢
矢筈橋～メグリ沢出合い上流700ｍまでの区間がキャッチ&リリース区間
高橋
西長橋
葛根田川
矢筈橋
石仏大橋
秋田
46
盛岡
春木場
雫石
赤渕
竜川

1匹釣れるまでが肝心

葛根田川(イワナ・ヤマメ)
キャッチ&リリース区間
矢筈橋〜西根砂防ダムまで
釣り師の皆様へ
右の地図に示した矢筈橋(ここの上流)から
西根砂防ダム(メグリ沢出合い上流700m)
までの約12kmはキャッチ&リリース区間です。
魚にダメージを与えない釣り方を心掛け、
釣った魚はリリース(再放流)して下さい。
主旨
リリースすることによりシーズンを通して
渓流魚資源が維持され、それらの魚が
再生産してくれることを願っています。
(釣りをする際には必ず遊漁券をお買い求めください。)
雫石町 雫石川漁業協同組合 雫石町C&R推進委員会
岩手山
西根砂防ダム
大松倉沢
玄武洞
有根沢
メグリ沢
キャッチ&リリース区間
葛根田川
矢筈橋

西長橋のパーキングにある看板

真夏日の釣り

葛根田川にキャッチ&リリース区間があるので、渓流釣りビギナーの女性2名を含む、気の合う釣り仲間たちと勇んで出掛けてみた。真夏日のひたすら灼熱の午後であった。

「また気温30度オーバーらしいッスよ」

「30オーバー、いい響きだね。でも暑い」

「日中は駄目そうだね。夕まずめで粘ればいいんだけど、夕方から予定もあってね」

矢筈橋《やはずばし》のたもとの駐車場に集まった仲間たちと炎天下の河原に向かって歩きながら、早くも噴き出す汗を拭いながら話した。

この矢筈橋から約12キロ上流の西根砂防ダムまでがC&R区間なのだ。この区間設定を知らせる案内板にはこう書いてあった。

「魚にダメージを与えない釣り方を心掛け、釣った魚はリリースして下さい」

さらに、リリースすることによりシーズンを通して渓流魚資源が維持され、それらの魚が再生産してくれることを願っている旨が記されている。

確かに昨今の釣りブームは、渓流魚の乱獲やフィールドでのマナー違反が目立ち、アングラーそれぞれのモラルの問題だ、と簡単に片付けられない状況にまで危機化している。

「あーだこーだと決まりで縛りつけるもんじゃないとは思うけれど、ここまで悪化してしまうとしょうがないのかな」

と、キャッチ&イート派の仲間が苦笑いした。彼はエサ釣り師であり、釣ったら食おう、食う分だけ釣ろうをスローガンとする男だ。リリースしないからといって決して無謀な乱獲派ではない。

降り立った河原は大型のショベルカーなどが川を掘削し、工事の真っ最中だった。川幅はさすがに広い。その分、空も広がり、ジリジリ太陽が頭上からこれでもかと降り注いでいた。

S氏のルアーフィッシング指南

暑すぎて釣果はあまり期待できない状況だが、川を前にしてじっとしているのもなんだし、川の中に足でも浸せば少し

日中はさすがにアタリは遠かった

は暑さも緩和するのではないかという思いが一致し、早速それぞれが身支度に入った。

エサ釣りが1人、ルアーが4人。このルアーに女性ビギナー2人も入っている。

真夏の渇水期なのに意外と川の水量は豊富だった。ここのところ夕方になると決まって夕立があるという、いたって正しい夏の気象が続いているので、それがきっといい水量をキープしているのだろう。

この日、ルアーひとすじの釣り師S氏が、初心者への指南役を買って出ており、最初は川べりを歩きながら、ポイントの読み方をレクチャーしていた。

続いて、タックルボックスの中の多種多様のルアーを2人に見せて、「まずは気に入ったルアーでやってみるといいよ」と助言する。

ビギナーAさんがアユを模した小ぶりのミノー、ビギナーBさんが金色のスプーンをチョイスした。一同、水際の岩に座ってルアーとラインの結び方教室に移った。

そんなS氏式ルアー教室の和やかさを横目に、ようやくルアー歴3年目の僕と、エサ釣り師のT君は、すでに果敢にポイントに挑み始めていた。

額に汗がにじむが、川べり近くにいると予想していた以上に川風が涼しく、心地いい。

S氏によるオーバースロー、サイドスロー、そしてアンダースローでキャスティングする実演ののち、2人の生徒は上流へ、中流へ、下流へとキャスト実習。せっかく川へ来ているのだからと練習はそこそこに実体験の中で学べばいいということになった。

それぞれキャストした方向に応じてリールを巻くス

周辺は河岸が広いので
家族連れでバーベキューを楽しめる

なんとか釣果を見ることができました。もちろん、この後すぐリリース

小さいけれどヤマメです

ピードに変化をつけなければならないこと、リーリングするときもミノーの場合とくに弱った魚を演出して、食い気を誘うとか、横で聞いていると普段なにも考えずルアーフィッシングをしている自分にも驚きの話が出ていた。

しかし釣り進むうち、やがてひとつの荒瀬でS氏がイワナをヒット。23センチほどだが白斑も鮮やかで美しい。その魚体にみんなしばし見とれた。間もなくきちんとリリース。T君だけが「あのくらいのサイズが一番うまいんだけどな」と小声でつぶやく。

千載一遇の場面

それからまたしばらく夏の午後の暑さ、そしてけだるさと闘いながら釣り上った。

しかし、チビヤマメはたやすく食いついてくるものの、良型の食いは渋くヒットするに至らない。さんざん心の中で繰り返してきた言葉がまた頭をもたげる。（こんなピーカンじゃ釣れないんだよ）

ふと前方に目を向けると、三段になった大きな堰堤が正面に見えた。その上に橋が架かっている。

「あの橋が高橋ですね」とT君がつぶやく。

なかなか魅力的なたたずまいだ。大場所で大物を狙うぞ——どの顔にもそう書いてあった。

その時、ゴーッと空が鳴り、熱い風が向こう岸の樹々を踊らせた。水面にもさざ波が立つ。上空で雲が走り、強い日差しを覆い始めていた。

千載一遇のチャンスとはこのこと。そんな思いに駆られて、僕もS氏も、そしてT君も一層引き締まった表情をしてそれぞれが狙う堰堤下のポイントへと向かった。

そして数分後、3人の左手には夏の光の中で輝く渓の宝石たちがあった。もちろん、どの顔にも笑みがあふれていた。

目　次

いわて 24河川 ポイント・ガイド

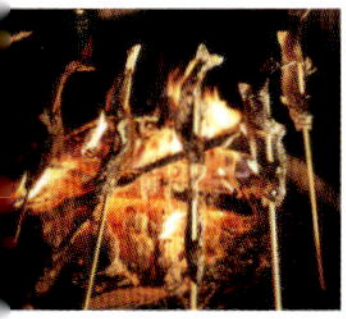

コラム

いわて 4湖沼 ポイント・ガイド

岩手の代表的河川をガイド

本書は岩手県を代表する24河川と4湖沼を、オリジナルマップで分かりやすく紹介しています。

マップに記した情報は、釣具店や釣り人から寄せられた貴重な情報を基にしています。乱獲や場荒れにつなげないよう、詳細なポイントガイドというよりは、川歩きの参考となる情報を中心にしています。ご理解ください。

■マップの見方

各河川をいくつかのエリアに分け、下流から上流に向かって紹介しています。河川によっては、北の方角が左向きだったり、あるいは下向きだったりします。河川の形態やマップの見やすさを考慮したためです。一般の地図とは異なるため、縮尺も示していません。正確な距離や施設の位置などは、市販の地図などで確認してください。

マップには禁漁区も示しています。必ず現地で確認し、ルールを守って資源保護に協力してください。

■本書の使い方

持ち運びに便利なサイズです。フィールドノートのように情報や釣果をどんどん書き加え、自分だけの釣りガイドブックを完成させましょう。

※各種情報は2018年時点のものです。環境の変化などでマップの情報とは異なる場合があることを想定したうえでご利用ください。

魚のマーク

- アユ　アユ
- イワナ　イワナ
- ヤマメ　ヤマメ
- ウグイ　ウグイ
- サクラ　サクラマス
- アメマス　アメマス
- ニジマス　ニジマス
- ヒカリ　ヒカリ
- コイ　コイ
- フナ　ヘラブナ
- ワカサギ　ワカサギ

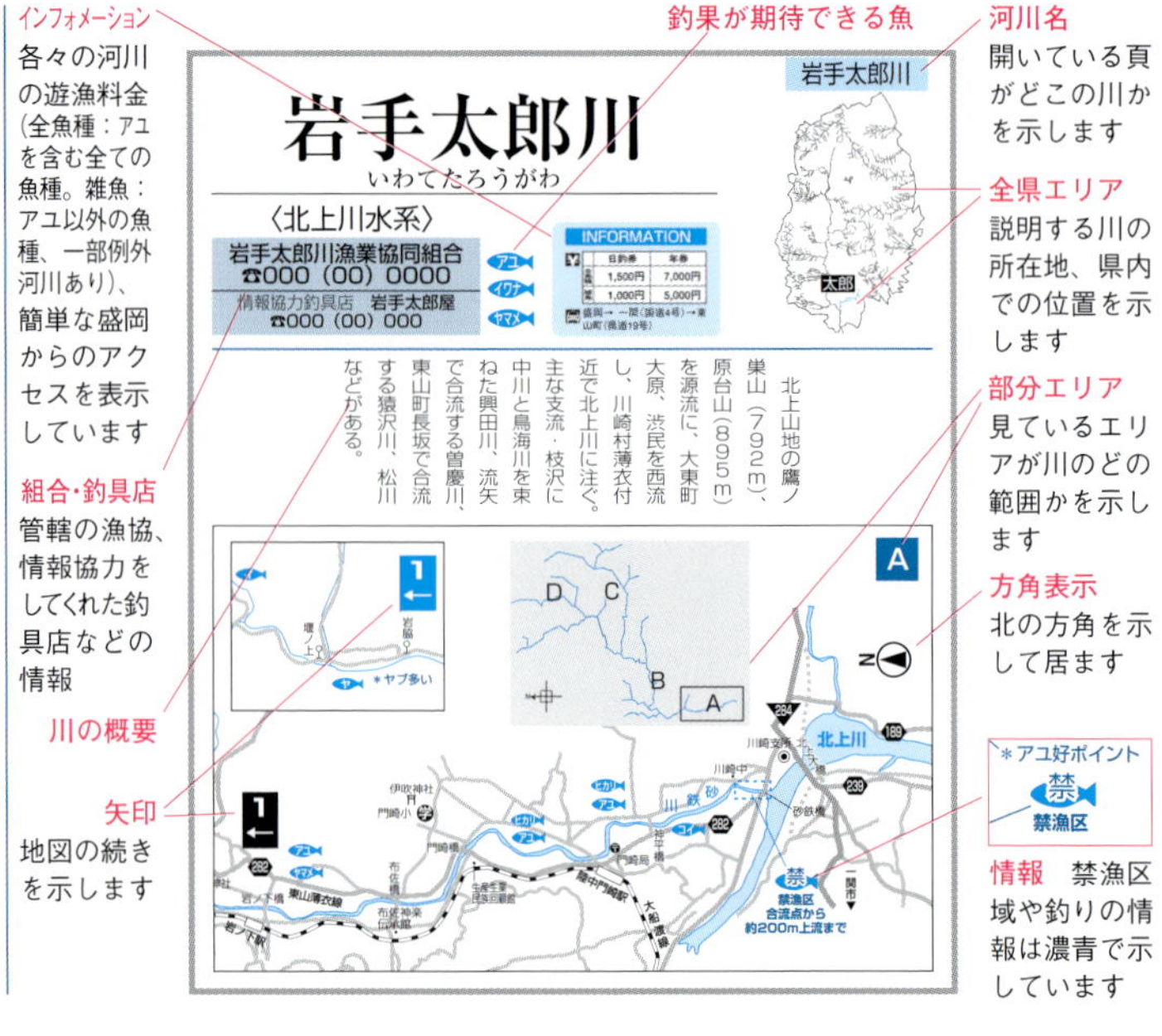

インフォメーション
各々の河川の遊漁料金（全魚種：アユを含む全ての魚種。雑魚：アユ以外の魚種、一部例外河川あり）、簡単な盛岡からのアクセスを表示しています
組合・釣具店
管轄の漁協、情報協力をしてくれた釣具店などの情報
川の概要
矢印
地図の続きを示します
釣果が期待できる魚
河川名
開いている頁がどこの川かを示します
全県エリア
説明する川の所在地、県内での位置を示します
部分エリア
見ているエリアが川のどの範囲かを示します
方角表示
北の方角を示して居ます
＊アユ好ポイント
禁漁区
情報　禁漁区域や釣りの情報は濃青で示しています
岩手太郎川
いわてたろうがわ
〈北上川水系〉
岩手太郎川漁業協同組合
☎000（00）0000
情報協力釣具店　岩手太郎屋
☎000（00）000
INFORMATION
北上山地の鷹ノ巣山（792m）、原台山（895m）を源流に、大東町大原、渋民を西流し、川崎村薄衣付近で北上川に注ぐ。主な支流・枝沢に中川と鳥海川を東ねた興田川、流矢で合流する曽慶川、東山町長坂で合流する猿沢川、松川などがある。
北上川
禁漁区 合流点から約200m上流まで

いわて24河川 ポイント・ガイド

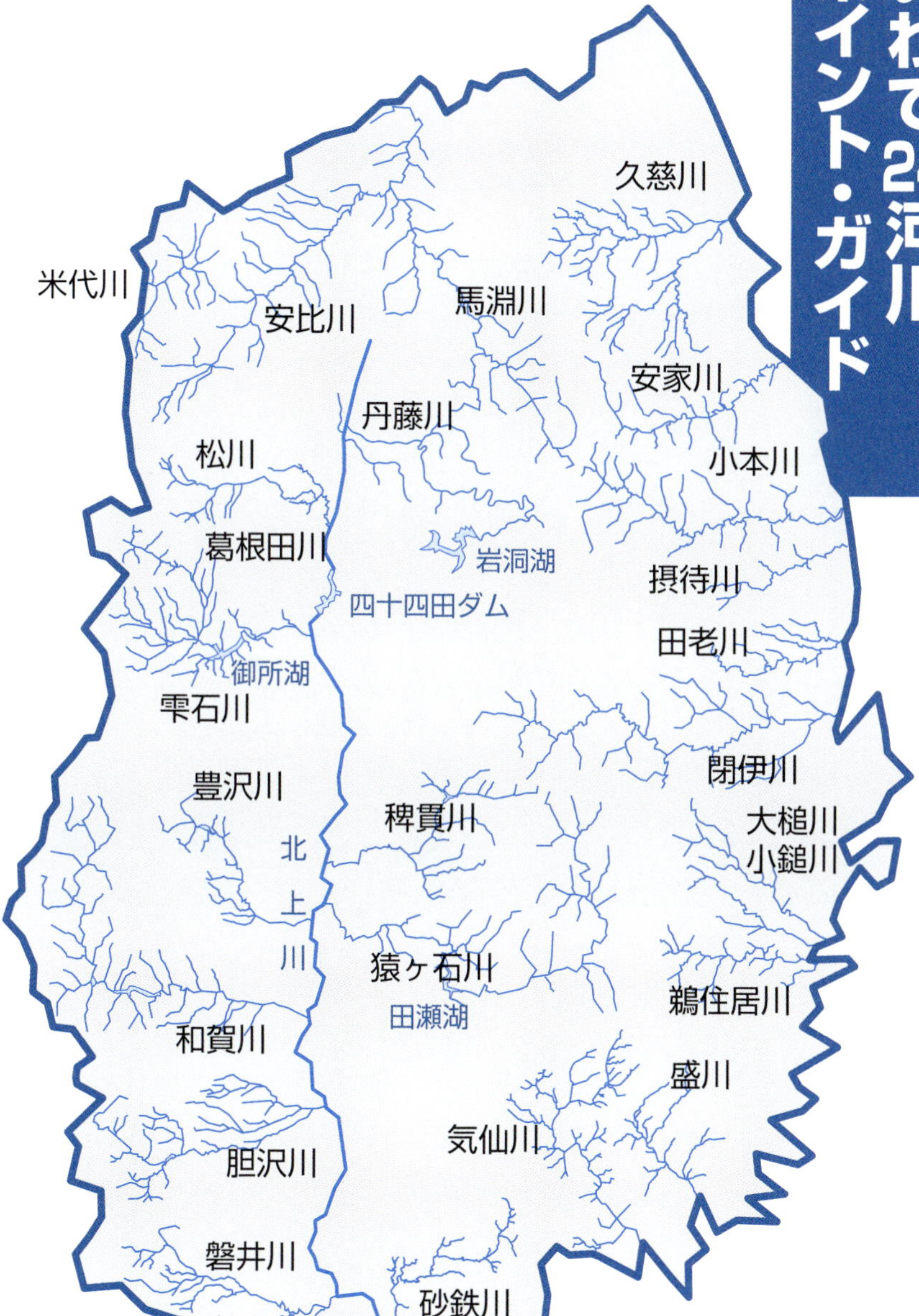

久慈川
米代川
安比川
馬淵川
安家川
丹藤川
松川
小本川
葛根田川
岩洞湖
摂待川
四十四田ダム
田老川
御所湖
雫石川
閉伊川
豊沢川
稗貫川
大槌川
小鎚川
北上川
猿ヶ石川
鵜住居川
田瀬湖
和賀川
盛川
気仙川
胆沢川
磐井川
砂鉄川

一関市

砂鉄川

さてつがわ

〈北上川水系〉

砂鉄川漁業協同組合
☎0191（74）2418

情報協力釣具店　ニシキ釣具店(一関市)
☎0191（23）3524

アユ　イワナ　ヤマメ　ヒカリ　コイ

INFORMATION

¥	日釣券	年券
全魚種	1,500円	7,000円
雑魚	1,000円	5,000円

盛岡→一関(国道4号)→東山(県道19号)

北上山地の鷹ノ巣山（792m）、原台山（895m）を源流に、大東町大原、渋民を西流し、川崎町薄衣付近で北上川に注ぐ。主な支流・枝沢に中川川と鳥海川を束ねた興田川、流矢で合流する曽慶川、東山町長坂で合流する猿沢川などがある。流程およそ45km。

田園風景の中を流れるゆったりとした川でビギナーにも入渓しやすい。国指定文化財の景勝地・猊鼻渓などの見どころもある。

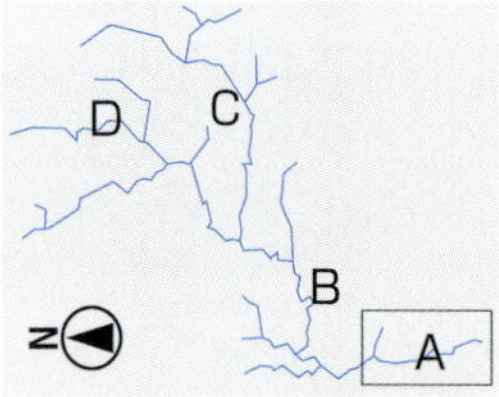
D
C
B
A

A

Pointガイド

北上川との合流点から岩ノ下橋付近までは入渓はたやすい。

また、春先にはヒカリや天然アユが遡上し楽しめる。

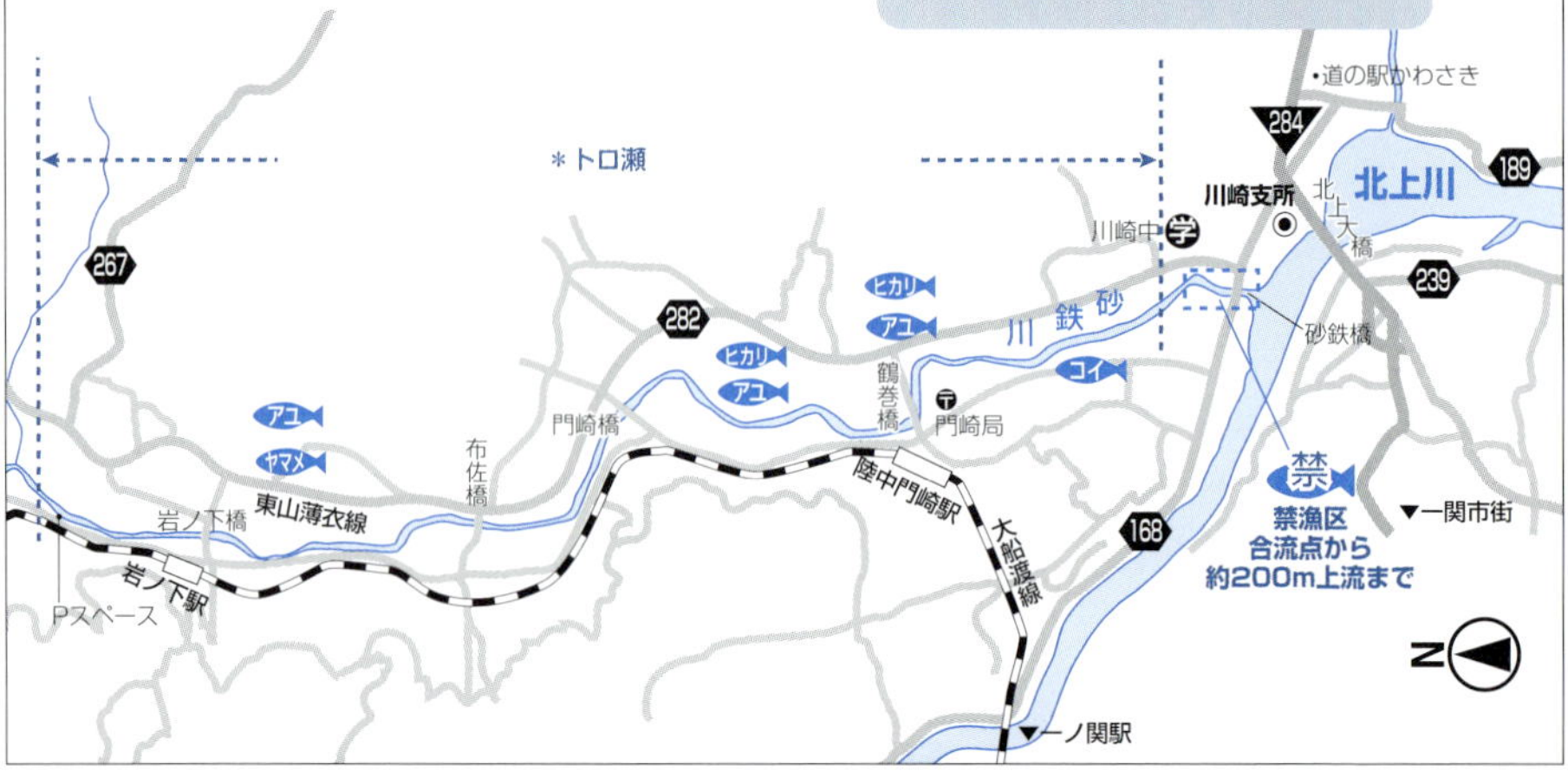
道の駅かわさき
284
189
北上川
川崎支所
北上大橋
川崎中
239
＊トロ瀬
267
282
ヒカリ
アユ
ヤマメ
コイ
砂鉄川
砂鉄橋
鶴巻橋
門崎局
門崎橋
布佐橋
陸中門崎駅
大船渡線
岩ノ下橋
東山薄衣線
岩ノ下駅
Pスペース
168
禁
禁漁区
合流点から
約200m上流まで
一関市街
一ノ関駅

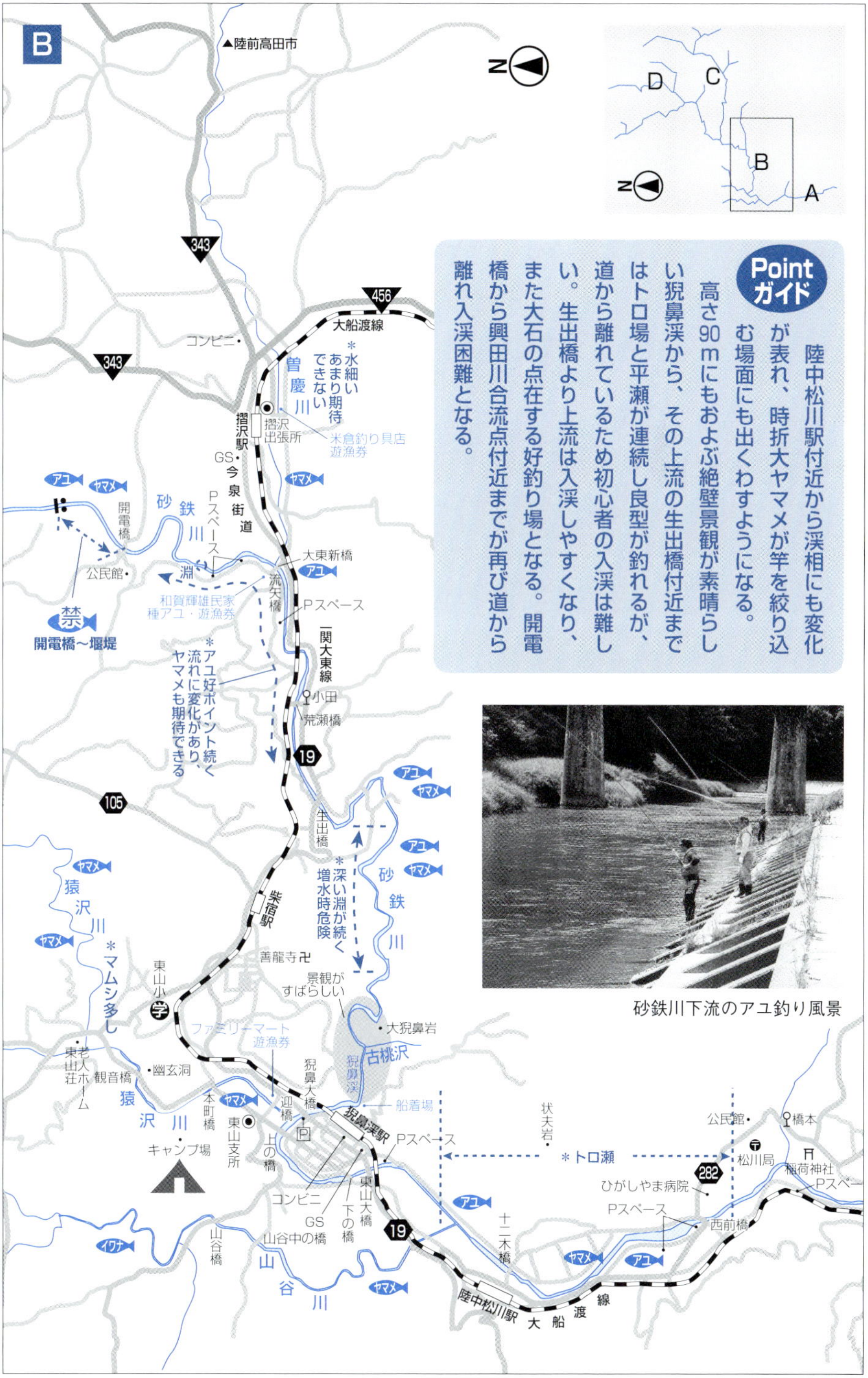
B
陸前高田市
343
456
大船渡線
コンビニ
343
曽慶川
＊水細い
あまり期待
できない
摺沢駅
摺沢
出張所
米倉釣り具店
遊漁券
GS
今泉街道
アユ
ヤマメ
ヤマメ
開電橋
砂鉄川
Pスペース
大東新橋
アユ
公民館
淵
和賀輝雄民家
種アユ・遊漁券
流矢橋
Pスペース
禁
開電橋〜堰堤
一関大東線
＊アユ好ポイント続く
流れに変化があり、
ヤマメも期待できる
小田
荒瀬橋
19
105
アユ
ヤマメ
生出橋
＊深い淵が続く
増水時危険
アユ
ヤマメ
ヤマメ
猿沢川
砂鉄川
柴宿駅
ヤマメ
＊マムシ多し
善龍寺
東山小
景観が
すばらしい
大猊鼻岩
ファミリーマート
遊漁券
古桃沢
猊鼻渓
東老人ホーム
山荘
観音橋
幽玄洞
猿沢川
本町橋
ヤマメ
迎橋
猊鼻大橋
船着場
猊鼻渓駅
東山支所
上の橋
Pスペース
状夫岩
＊トロ瀬
公民館
橋本
松川局
稲荷神社
Pスペース
282
ひがしやま病院
Pスペース
西前橋
キャンプ場
コンビニ
GS
東山大橋
下の橋
19
アユ
十二木橋
ヤマメ
アユ
イワナ
山谷橋
山谷中の橋
山谷川
ヤマメ
陸中松川駅
大船渡線
D
C
B
A

Point ガイド

陸中松川駅付近から渓相にも変化が表れ、時折大ヤマメが竿を絞り込む場面にも出くわすようになる。

高さ90ｍにもおよぶ絶壁景観が素晴らしい猊鼻渓から、その上流の生出橋付近まではトロ場と平瀬が連続し良型が釣れるが、道から離れているため初心者の入渓は難しい。生出橋より上流は入渓しやすくなり、また大石の点在する好釣り場となる。開電橋から興田川合流点付近までが再び道から離れ入渓困難となる。

砂鉄川下流のアユ釣り風景

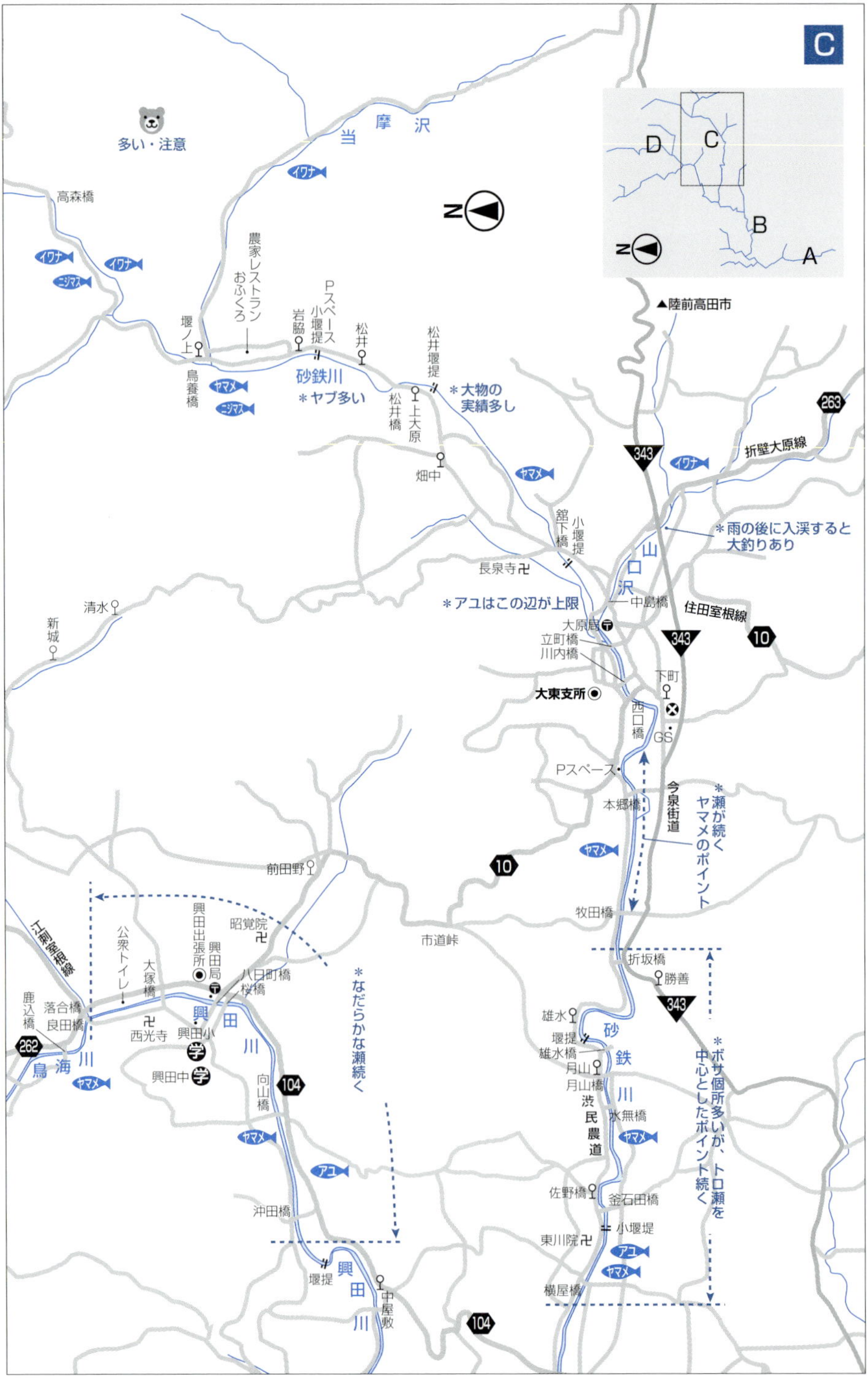
C
D
C
B
A
多い・注意
当 摩 沢
イワナ
高森橋
ニジマス
ヤマメ
アユ
農家レストランおふくろ
Pスペース
小堰提
岩脇
松井
松井堰提
堰ノ上
鳥養橋
砂鉄川
＊ヤブ多い
＊大物の実績多し
松井橋
上大原
畑中
▲陸前高田市
263
折壁大原線
343
＊雨の後に入渓すると大釣りあり
舘下橋
小堰提
長泉寺
山口沢
＊アユはこの辺が上限
中島橋
住田室根線
10
大原局
立町橋
川内橋
清水
新城
下町
大東支所
西口橋
GS
Pスペース
今泉街道
＊瀬が続くヤマメのポイント
本郷橋
前田野
牧田橋
昭覚院
興田出張所
興田局
市道峠
江刺室根線
公衆トイレ
大塚橋
八日町橋
桜橋
＊なだらかな瀬続く
折坂橋
勝善
鹿込橋
落合橋
良田橋
西光寺
興田小
興田川
雄水
堰提
雄水橋
月山
月山橋
渋民農道
砂鉄川
＊ボサ個所多いが、トロ瀬を中心としたポイント続く
262
鳥海川
興田中
向山橋
104
水無橋
佐野橋
釜石田橋
沖田橋
東川院
小堰提
堰提
興田川
中屋敷
横屋橋

D
石鍋
イワナ
大杉橋
古屋前
古小屋橋
ヤマメ
上内野
高岩橋
イワナ
ニジマス
＊落ち込みと
淵が点在
石鍋沢
多い・注意
不動堂
中川川
七十刈橋
興田川
大中斉
砂淵
一ノ渡橋
伊勢張
菅ノ沢橋
野田
小向
菅ノ沢
10
野沢橋
下京津畑
◀国道397号
イワナ
小堰堤
＊ボサ個所多い
中川局
石崎橋
ヤマメ
イワナ
興田川
江刺室根線
下中川
D
C
B
A
小森
沖田田原線
丑石橋
上野
鳥海川
前畑橋
＊ボサ厳しい
西丑石
262
ヤマメ
イワナ
小黒滝
イワナ
滝ノ上
市之通
宝来館
◀奥州市街

Point ガイド

まず支流の興田川だが合流点からトロ瀬が連続しヤマメが釣れる。堰堤下に大物の魚信もある。堰堤より上はなかなかの渓相だが釣り人も多い。

砂鉄川本流は川に沿って道があるため、入渓はたやすいものの、その分、釣り人が多いことや護岸工事などで川は荒れ気味。ただし好ポイントが点在することから、しばしば大物が上がっている。

最上流部は川は細くなるもののボサ下の深みや川底に横たわる大石など、魚のつき場が多いことから魚影は濃い。

磐井川

いわいがわ

〈北上川水系〉

磐井川上流漁業協同組合

情報協力釣具店 **ニシキ釣具店（一関市）**
☎0191(23)3524

アユ
イワナ
ヤマメ
コイ

INFORMATION

¥	日釣券	年券
全魚種	1,000円	5,000円
雑魚	－	－

🚗 盛岡→一関（国道4号）→秋田方面（国道342号）

国定公園・栗駒山（1628m）の北斜面にある湿地帯・名残ヶ原を源流に東流し、奇岩で知られる厳美渓を経て、一関市で北上川に注ぐ。主な支流・枝沢に湯尻沢、一ツ石沢、西桂沢、東桂沢、鬼越沢、産女《うふすめ》川などがある。流程およそ36㎞。

2008年の岩手宮城内陸地震の後、水質が改善。厳美渓下流は、ここ10年ヤマメ、アユの放流の成果もあり、釣果は安定している。また、アユの味も抜群。

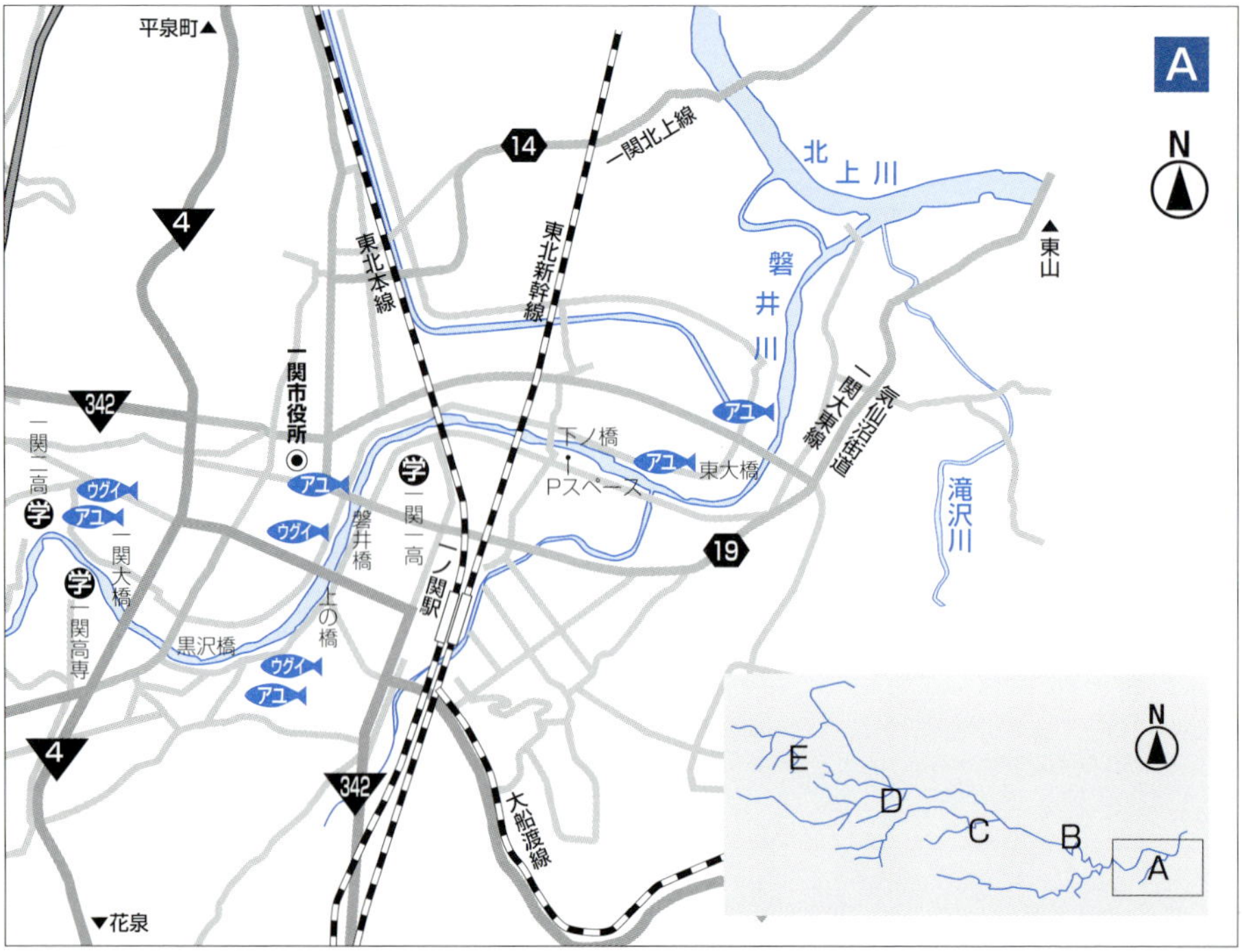

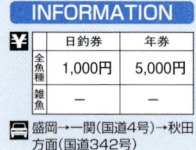

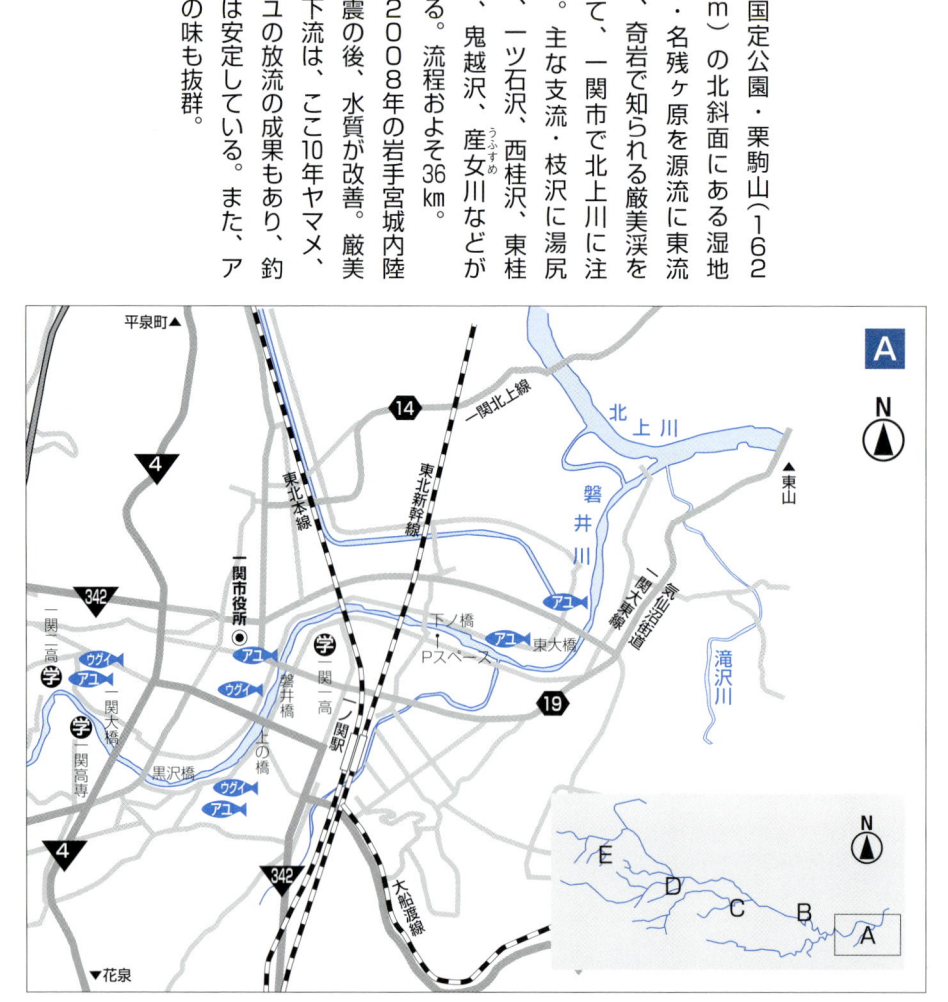

B

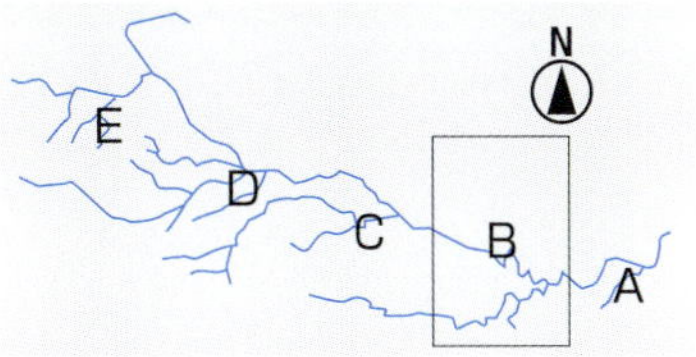
N
E
D
C
B
A

Pointガイド

厳美渓下流は漁業権が設定されておらず、市の放流事業でヤマメ、アユの放流がある。そのため大型のヤマメ、アユが多く、釣り人を魅了している。

鈴振の橋から下流の流れ

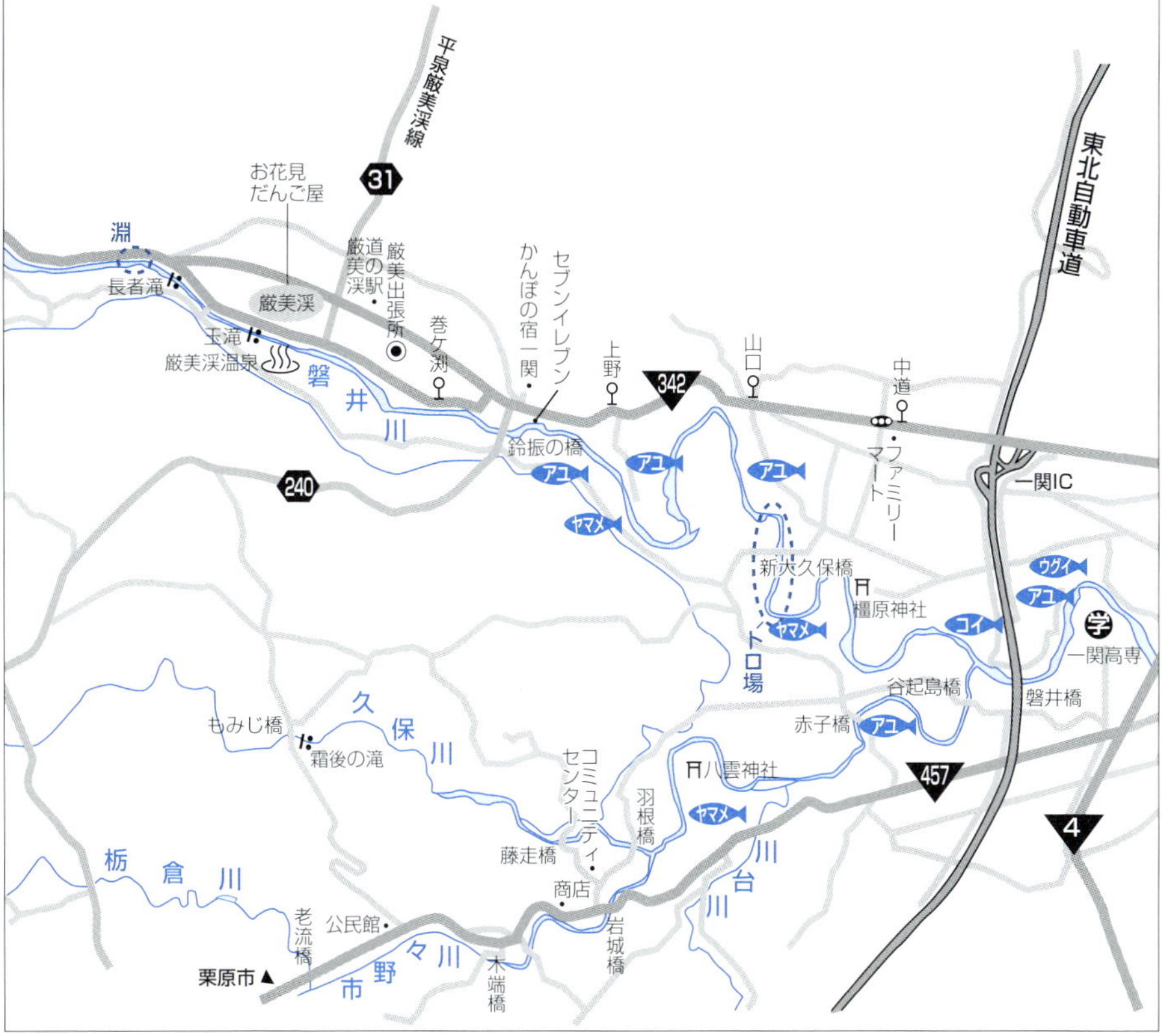
N
平泉厳美渓線
31
お花見だんご屋
淵
長者滝
厳美渓
玉滝
厳美渓温泉
道の駅厳美渓
厳美出張所
巻ケ渕
かんぽの宿一関
セブンイレブン
上野
342
山口
中道
ファミリーマート
東北自動車道
一関IC
磐井川
鈴振の橋
240
アユ
ヤマメ
新大久保橋
橿原神社
トロ場
ウグイ
コイ
一関高専
谷起島橋
磐井橋
赤子橋
八雲神社
457
4
もみじ橋
霜後の滝
久保川
コミュニティセンター
羽根橋
藤走橋
商店
栃倉川
台川
老流橋
公民館
栗原市
市野々川
木端橋
岩城橋

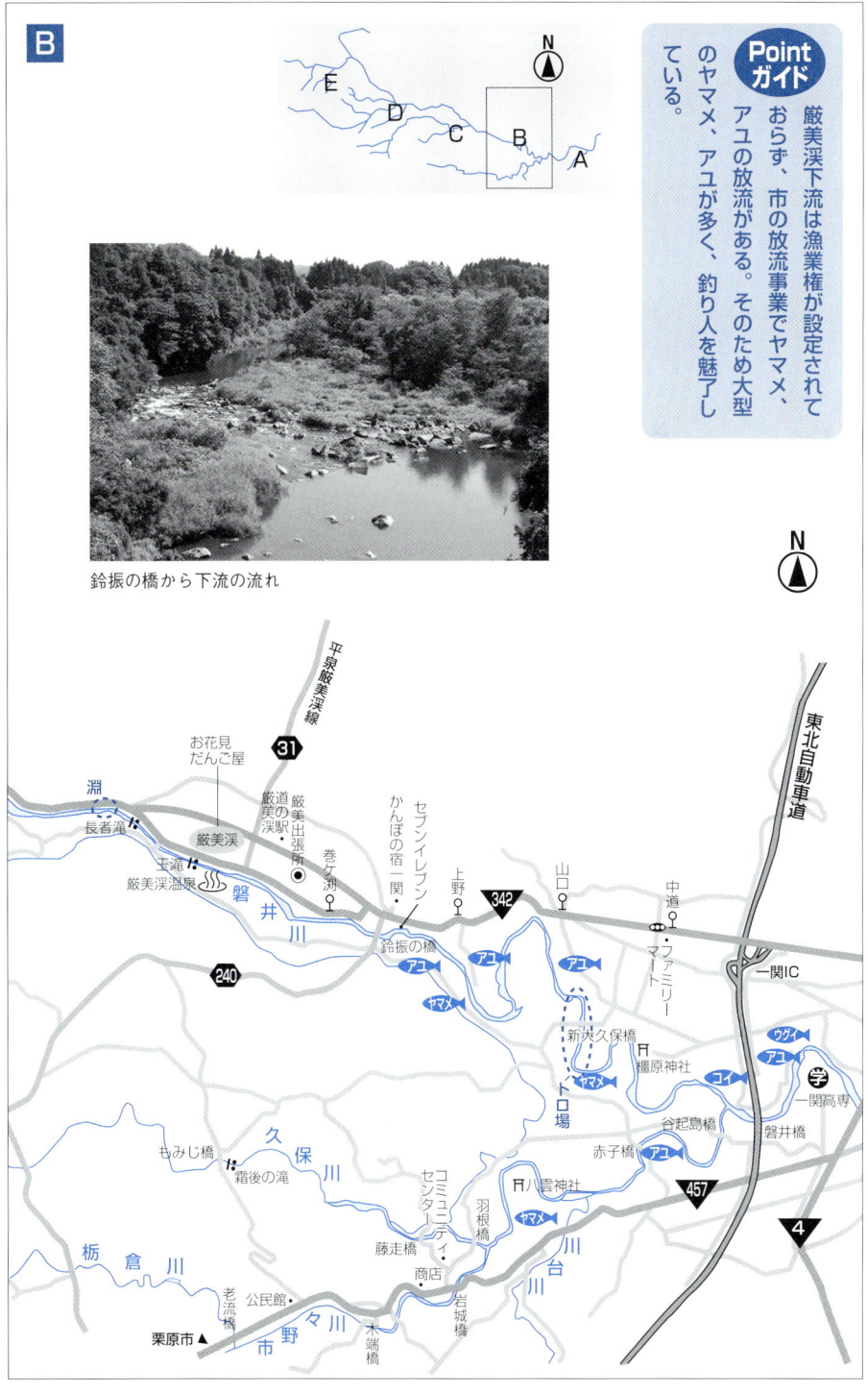

Pointガイド

中流部は小猪岡川や山谷川、本寺川など支流でヤマメやイワナの魚影がある。ただし、クマの出没も多いエリアなので注意を要する。本流にもウグイやヤマメの魚影がみえるというが、確実に魚信を感じたいなら支流に潜り込んだ方が無難といえる。

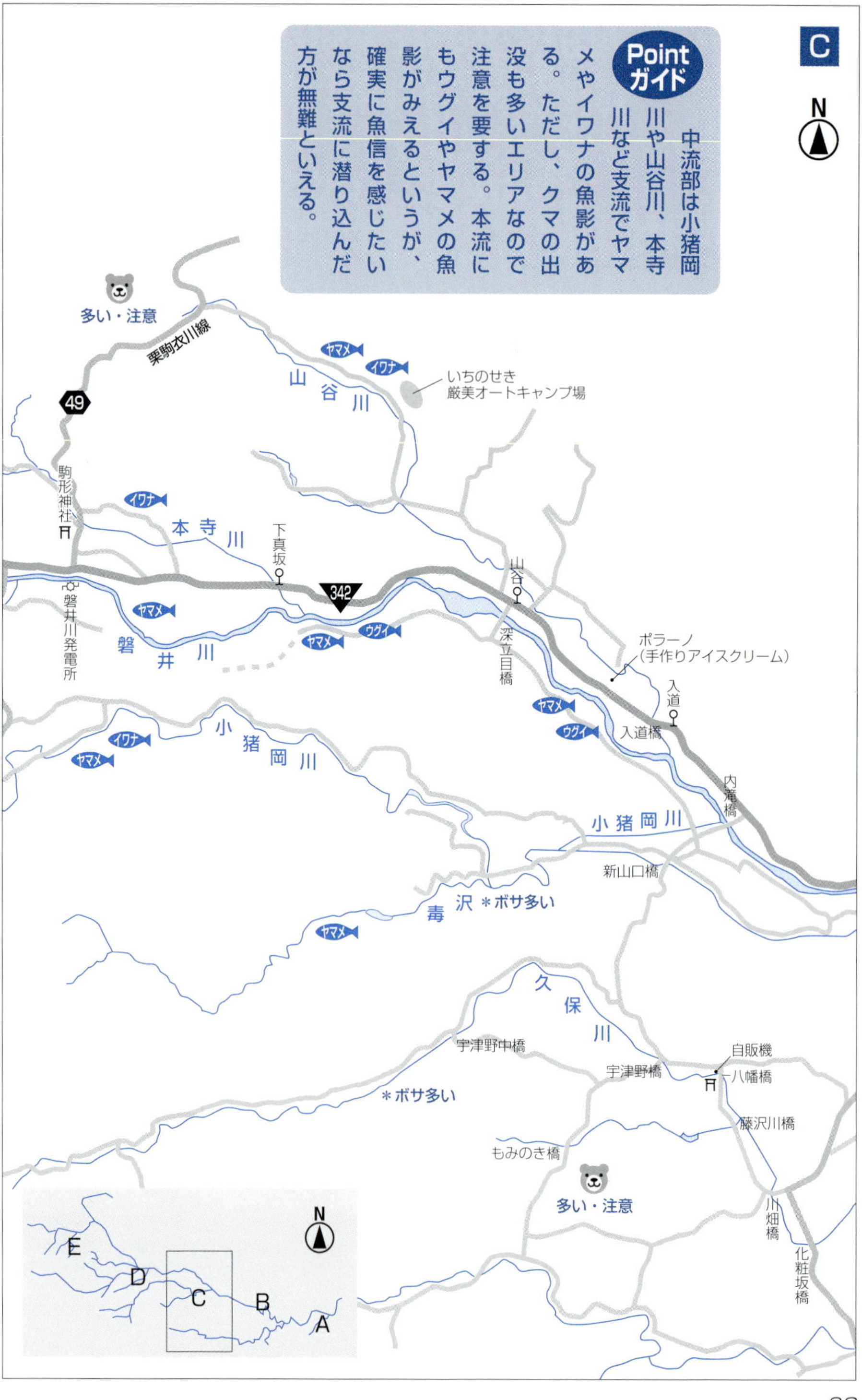
C
N
多い・注意
栗駒衣川線
49
ヤマメ
イワナ
山谷川
いちのせき
厳美オートキャンプ場
駒形神社
イワナ
本寺川
下真坂
342
山谷
ヤマメ
磐井川発電所
磐井川
ヤマメ
ウグイ
深立目橋
ポラーノ
(手作りアイスクリーム)
入道
ヤマメ
ウグイ
入道橋
イワナ
ヤマメ
小猪岡川
内滝橋
小猪岡川
新山口橋
毒沢 ＊ボサ多い
ヤマメ
久保川
宇津野中橋
宇津野橋
自販機
八幡橋
＊ボサ多い
藤沢川橋
もみのき橋
多い・注意
川畑橋
化粧坂橋
N
E
D
C
B
A

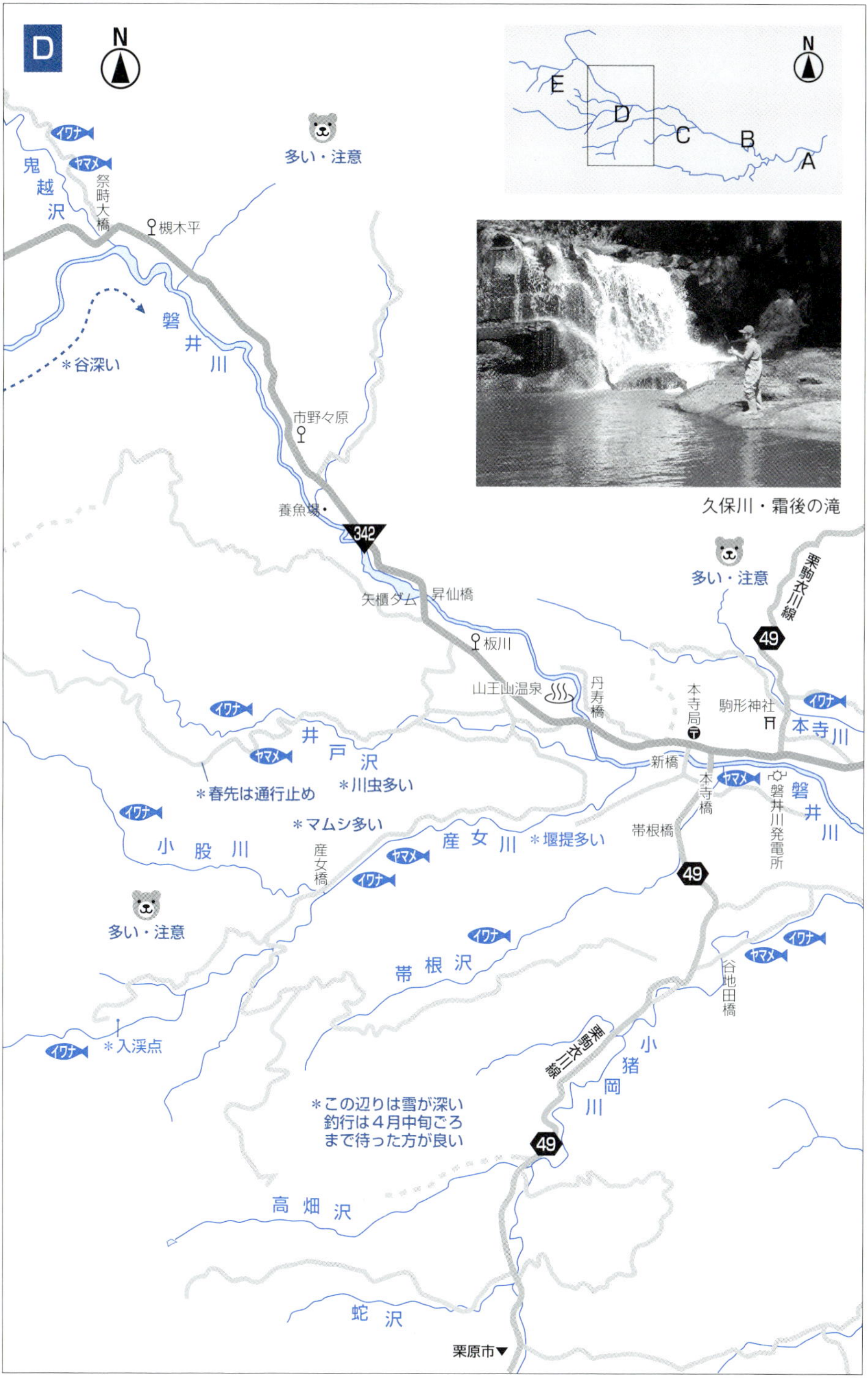
D
N
E
D
C
B
A
鬼越沢
祭時大橋
槻木平
多い・注意
イワナ
ヤマメ
磐井川
＊谷深い
市野々原
養魚場
342
矢櫃ダム
昇仙橋
板川
山王山温泉
丹寿橋
本寺局
駒形神社
栗駒衣川線
49
本寺川
新橋
本寺橋
磐井川発電所
帯根橋
井戸沢
＊川虫多い
＊春先は通行止め
＊マムシ多い
小股川
産女橋
産女川
＊堰堤多い
帯根沢
谷地田橋
＊入渓点
小猪岡川
＊この辺りは雪が深い
釣行は４月中旬ごろ
まで待った方が良い
高畑沢
蛇沢
栗原市▼

久保川・霜後の滝

Point ガイド

上流部は産女川、鬼越沢、東桂沢、西桂沢、一ツ石沢といった支流でイワナ・ヤマメが釣れる。

しかしながら、いずれの川もゴツゴツした山岳渓相で初心者のみの釣行には向かない。必ず中級以上の経験者と同行していただきたい。

森が育む豊富な餌により魚はよく肥えており、秘境の印象が強くファンも多いが、とりわけ産女川はマムシの多い川として有名である。

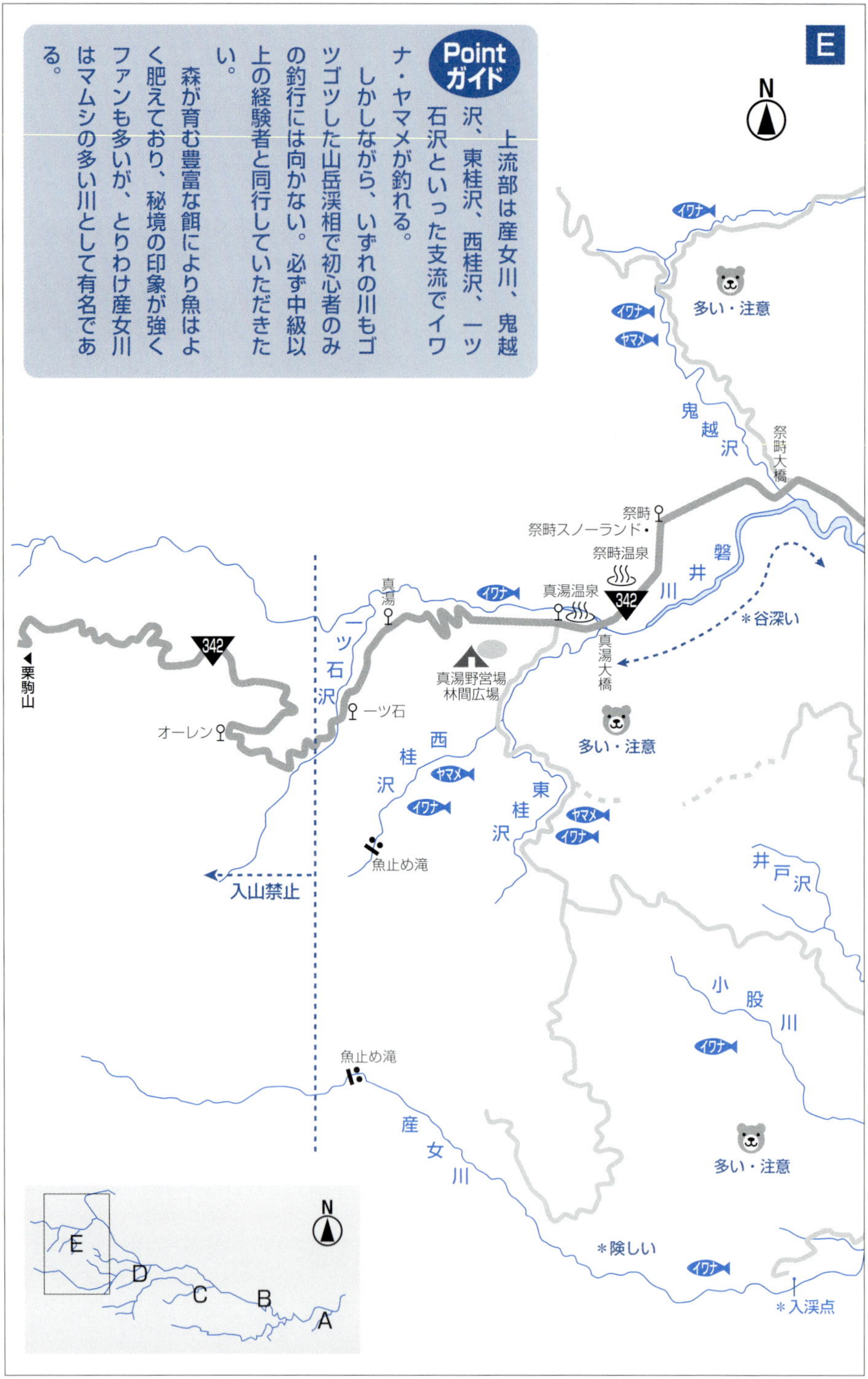

気仙川

けせんがわ

〈沿岸水系〉

INFORMATION

¥	日釣券	年券
全魚種	1,300円	9,000円
雑魚	1,100円	7,000円

🚗 盛岡→遠野（国道396号）→陸前高田（国道340号）

アユ　イワナ　ヤマメ　サクラ　ヒカリ

気仙川漁業協同組合
☎0192（46）3841

住田町と釜石市の境界となる土倉峠から流れ出る土倉沢、さらに遠野市との境に位置する高清水山（1014ｍ）の南斜面を源流として東流し、やがて南へと進路を変えて流れ、陸前高田市で広田湾に注ぎ込む。主な支流・枝沢に檜山川、坂本川、新切川、火の土川、大股川、矢作川など多数ある。流程およそ45㎞。上流部・上有住の滝観《ろうかん》洞《どう》は神秘的地底湖として有名。この湧水もまた気仙川の水源であるといわれる。

早春のヒカリ釣りはこの地方の風物詩。また本流での幅広ヤマメは釣り人垂涎《すいぜん》の的である。なお、6月1日よりアユ解禁日まで禁漁となる。

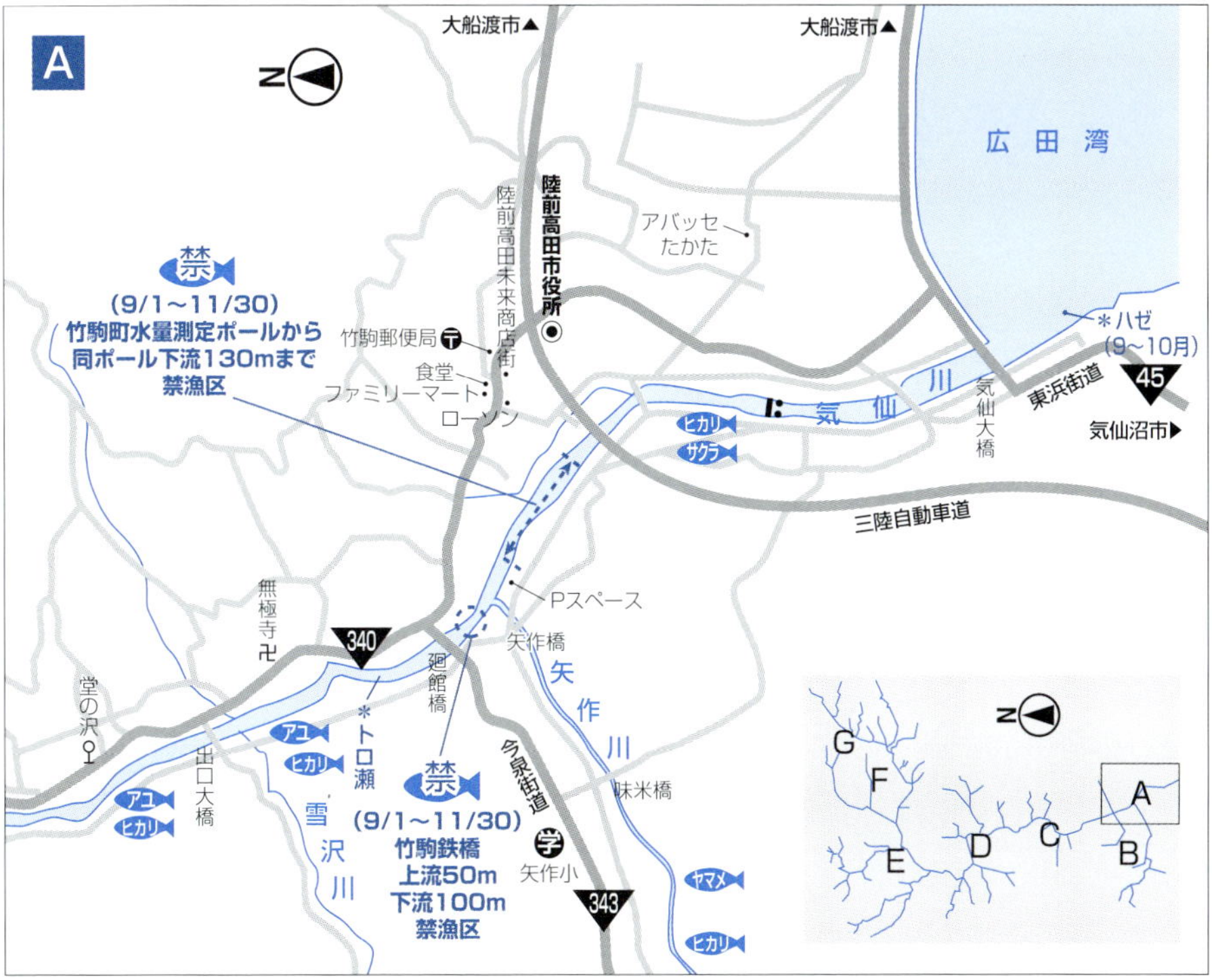

廻館橋上流でのアユ釣り風景

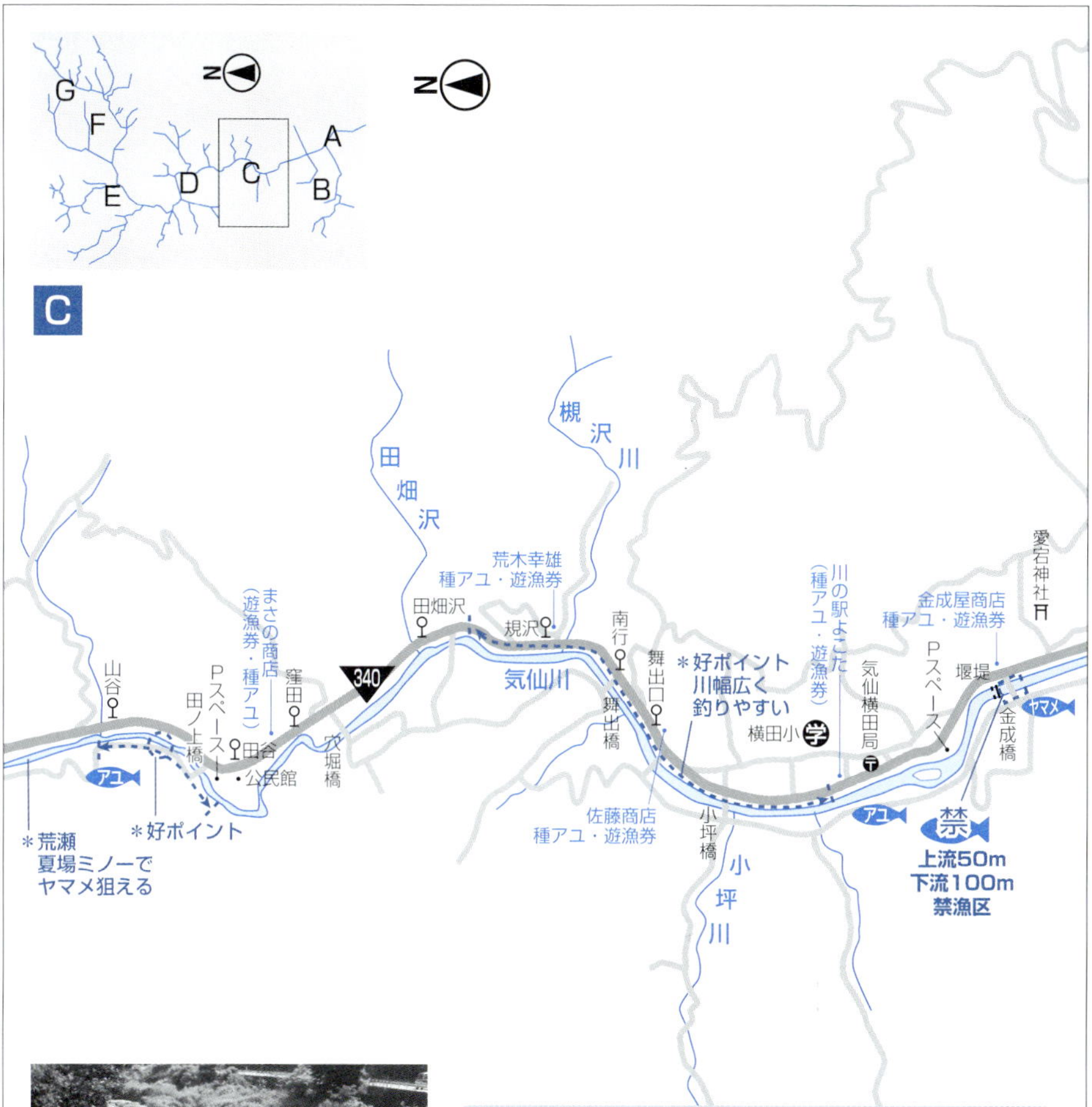

住田町付近でのアユ釣り風景

Pointガイド

早春の風物ともなっているヒカリはもとより、幅広ヤマメを狙う釣り人でにぎわうこのエリアは、トロ瀬を中心に釣り上るにつれて大岩や落ち込み、淵、荒瀬が現れるオールマイティーな渓相が混在する。併せて岩手最南の大きな渓流ゆえ、毎年3月1日の解禁日から多様なスタイルによる多くの釣り人でにぎわうことでも有名。

また矢作川と合わせて6月1日からアユ育成のために禁漁期間を設ける漁協の徹底さで解禁日には最も釣果の期待できるアユ釣りの河川としても人気が高い。

D
大船渡市▲
107
盛街道
城内
イワナ
中沢川
中沢
日向
上根前
下中沢
平山橋
(トイレあり)公園
火石住宅前
和山
高田街道
山谷
田ノ上橋
世田米中
村保洋品店
種アユ・遊漁券
ヤマメ
イワナ
昭和橋
住田町役場
Pスペース
ローソン
柿内沢
コメリ
清水橋
GS
世田米バイパス
Pスペース
瀬音橋
岩沢橋
＊荒瀬
夏場ミノーで
ヤマメ狙える
アユ
＊好ポイント
森岳
545m
美土里橋
107
アユ
＊好ポイント続く
小田前
＊なだらかな瀬続く
月山神社
長桂寺
佐々木明
種アユ・遊漁券
GS
＊合流点
サクラマス実績有り
ローソン
竹の原橋
天風
吉田米店
種アユ
遊漁券
垣の袖
大渡橋
気仙川
340
高瀬
高瀬橋
竹の原
GS
垣の袖橋
佐藤啓一
種アユ・遊漁券
魚止め滝
イワナ
叶倉沢
平渡橋
川口大橋
向川口橋
住田高
樺山沢
＊尺ヤマメ実績有
ヤマメ
Pスペース
柏里2号橋
柏里1号橋
107
大股川
盛街道
柏里3号橋
柏里4号橋
柏里トンネル
上柏里
＊渓相よし
フライマンにおすすめ
河原宿橋
杉ノ沢橋
＊堰堤
上流もイワナ有望
小股橋
107
397
遠野市▼
▼奥州市街
A
B
C
D
E
F
G

E
イワナ
坂本川
＊ボサ
ヤマメ
イワナ
蓬畑沢
イワナ
上家
ヤマメ
イワナ
340
世田米街道
馬場野橋
釜石市▲
釜石住田線
167
神渡橋
イワナ
五葉橋
＊つきのき淵
＊大物多い
ひつわり橋
有住中
曽古内橋
蔵王洞岩窟・
葉山めがね橋
めがね橋水園
葉山
小台橋
母衣下山
687m
中井田
ヤマメ
根岸
上大畑橋
銀山橋
大畑橋
豆沢橋
ヤマメ
廻立橋
万福寺
下有住局
只越橋
238
遠野住田線
新切川
・住田町生涯スポーツセンター
340
月山神社
月山橋
・公民館
曲川
イワナ
＊ボサ多く入渓しづらい
荒川
荒川橋
横沢
イワナ
金沢
遠野市街▲
イワナ
尻高沢
里山橋
ヤマメ
＊上流は堰堤の連続
（イワナのみ）
横川橋
イワナ
横川
火の土川
大石神社
イワナ
＊増水時良い
G
F
E
D
C
A
B

Point ガイド

世田米の町の中の流れは河川改修により平瀬となったものの、アユ釣りでにぎわう。大渡橋付近から上流は好ポイントが連続する。秋口の大ヤマメを狙って何度も足を運ぶアングラーも少なくない。

気仙川で最も大きな支流の大股川は、水量豊富で渓相も変化に富むことから人気の高い川。大型のイワナ・ヤマメの実績もある。大股川から五葉橋の区間は平瀬とトロ場、さらに淵が連続する。火の土川や新切川といった支流が合流するポイントの上下の流れが釣果を得る可能性大である。

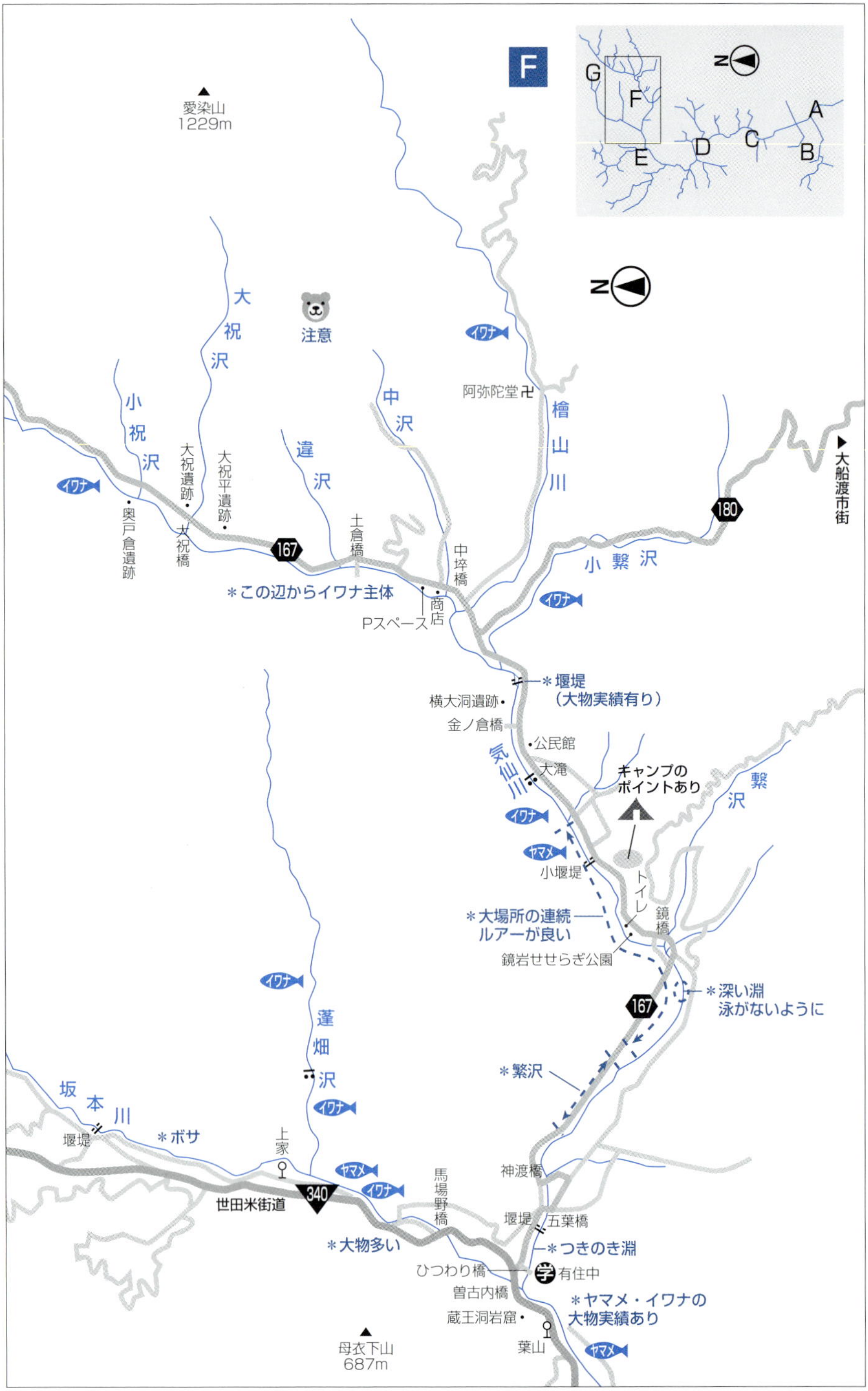
F
愛染山
1229m
注意
大祝沢
小祝沢
中沢
違沢
檜山川
阿弥陀堂
大祝遺跡
大祝平遺跡
奥戸倉遺跡
大祝橋
167
土倉橋
中掉橋
180
大船渡市街
小繋沢
＊この辺からイワナ主体
商店
Pスペース
＊堰堤
（大物実績有り）
横大洞遺跡
金ノ倉橋
公民館
気仙川
大滝
キャンプの
ポイントあり
繋沢
小堰堤
トイレ
鏡橋
＊大場所の連続
ルアーが良い
鏡岩せせらぎ公園
＊深い淵
泳がないように
＊繁沢
蓬畑沢
坂本川
堰堤
＊ボサ
上家
340
世田米街道
馬場野橋
神渡橋
堰堤
五葉橋
＊つきのき淵
＊大物多い
ひつわり橋
有住中
曽古内橋
＊ヤマメ・イワナの
大物実績あり
蔵王洞岩窟
葉山
母衣下山
687m
イワナ
ヤマメ
A
B
C
D
E
G

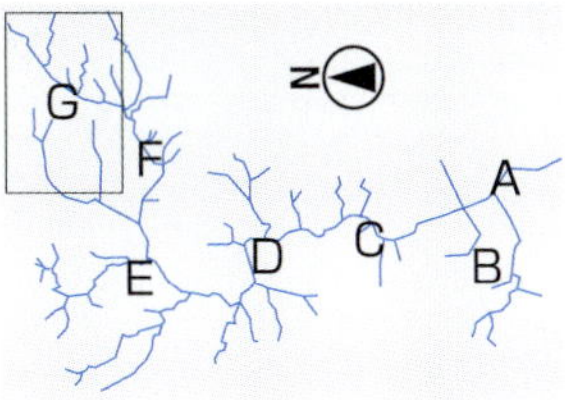

G
F
E
D
C
B
A

G
国道283号
167
仙人峠道路
新仙人トンネル
土倉トンネル
気仙川
高清水山
1014m
箱根沢
トイレ
滝観洞
上有住駅
イワナ
注意
滝観洞IC
＊護岸個所多い
神楽沢
小祝沢
足ケ瀬トンネル
釜石線
滝観洞トンネル
奥戸倉遺跡
坂本川
340
遠野市街
世田米街道

Pointガイド

坂本川合流点の上流から川は落差をもち始め、大物が潜む大きな淵も姿を現す。五葉橋から上流は川幅が狭まり、イワナ中心となる。檜山川合流点より上流になるとイワナのみで中型が揃うこともままある。源流部に近づくにつれ、クマの出没例も少なくないのでくれぐれも単独行は避けていただきたい。

坂本川との合流点

盛　川

さかりがわ

〈沿岸水系〉

盛川漁業協同組合
☎0192（26）3105

アユ
イワナ
ヤマメ
アメマス
ヒカリ
サクラ

大船渡市

INFORMATION

¥	日釣券	年券
全魚種	1,200円	7,000円
雑魚	−	−

🚗 盛岡→遠野（国道396号）→住田（国道340号）→大船渡（国道107号）

五葉山（1341m）の南西斜面を水源に、同じく五葉山南斜面から生まれる鷹生川をはじめ、数本の沢を合わせて南に流れ、やがて大船渡湾に注ぐ。流程およそ17km。

川と並行して国道107号が走り、入渓には困らない。また、落差のない女性的な渓相が続くため、典型的なビギナー向き渓流といえる。早春のヒカリ釣りでにぎわう川としても有名。なお、6月1日よりアユ解禁日まで禁漁となる。

A
N
禁
(10/1～12/31)
中井大橋下流全域
禁漁区
後ノ入川
大船渡綾里三陸線
三陸鉄道リアス線
佐野トンネル
盛川河川敷公園
キャンプ適地
9
盛川
大船渡湾
川口橋
大船渡プラザホテル
漁協(遊漁券)
ファミリーマート
P
佐野橋
＊トロ場
＊堰堤の連続
ポルコロッソ
(イタリアンレストラン)
アユ
ヤマメ
アメマス
ヒカリ
ろくろ石橋
菅生
・ファミリーマート
陸前高田市▶
須崎川
マルカノ一釣具店
遊漁券
45
学 第一中
中井大橋
45
浜街道
三陸自動車道
立根川
モスバーガー
関口
GS
コメリ・マイヤ
ケーズデンキ
GS
ローソン
盛駅
サンリア
＊佐野橋下
春先アメマスの好ポイント
大船渡市役所
ローソン
遊漁券
GS
ツルハドラッグ
大船渡IC
権現堂橋
大渡橋
アユ
ヤマメ
千刈橋
久名畑
ローソン
ヒカリ
アメマス
黒船(ラーメン)
公園・トイレ
長安寺橋
なめたら淵
(サクラマスの実績あり)
107
長安寺

Pointガイド

河口から2kmほどは釣りにならないが、佐野橋付近で春先にアメマスが狙える。また盛駅付近より権現堂橋付近までの平瀬でアユやヒカリが釣れ、ヤマメも釣れ始めてくる。

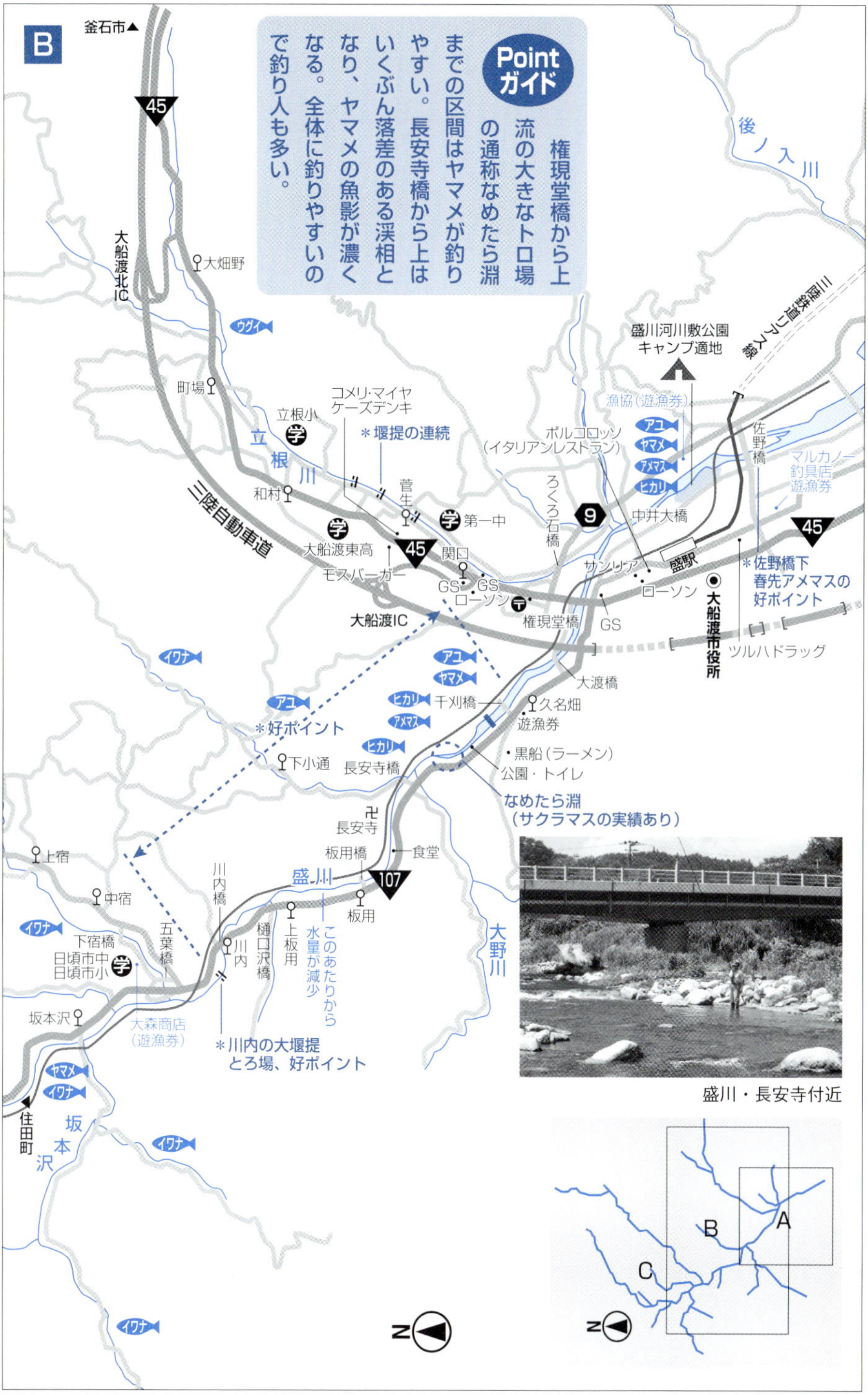
B
Point ガイド
権現堂橋から上流の大きなトロ場の通称なめたら淵までの区間はヤマメが釣りやすい。長安寺橋から上はいくぶん落差のある渓相となり、ヤマメの魚影が濃くなる。全体に釣りやすいので釣り人も多い。
釜石市▲
45
後ノ入川
大船渡北IC
大畑野
ウグイ
三陸鉄道リアス線
盛川河川敷公園
キャンプ適地
町場
コメリ・マイヤ
ケーズデンキ
立根小
＊堰堤の連続
漁協（遊漁券）
ポルコロッソ
（イタリアンレストラン）
アユ
ヤマメ
アメマス
ヒカリ
佐野橋
マルカノー
釣具店
遊漁券
立根川
和村
菅生
第一中
ろくろ石橋
9
中井大橋
三陸自動車道
大船渡東高
45
関口
サンリア
盛駅
＊佐野橋下
春先アメマスの
好ポイント
モスバーガー
GS
GS
ローソン
ローソン
大船渡市役所
大船渡IC
権現堂橋
GS
ツルハドラッグ
イワナ
大渡橋
千刈橋
久名畑
遊漁券
＊好ポイント
黒船（ラーメン）
公園・トイレ
下小通
長安寺橋
なめたら淵
（サクラマスの実績あり）
長安寺
上宿
板用橋
食堂
盛川
107
中宿
川内橋
板用
五葉橋
樋口沢橋
上板用
このあたりから
水量が減少
下宿橋
日頃市中
日頃市小
川内
大野川
坂本沢
大森商店
（遊漁券）
＊川内の大堰提
とろ場、好ポイント
住田町
坂本沢
A
B
C
N

盛川・長安寺付近

Point ガイド

鷹生川や坂本沢が合流してくるにしたがって本流の水量は減り、川幅も狭まって釣りごころをくすぐらなくなる。その半面、落差のある鷹生川は渓相的にも変化に富み、中型までのイワナ・ヤマメの混生で魚影は濃い。また坂本沢は小型が多いものの魚影は濃い。いずれの支流もクマに注意して釣行していただきたい。

C
▲釜石市
大沢渓谷
大沢小屋
鹿鳴橋
五葉温泉
193
五葉湖
鷹生ダム
展望台
甲子橋
大船渡市日頃市線
多い・注意
禁
禁漁区域
大船渡市日頃市町
甲子鹿鳴橋下流端から
鷹生ダム堤体下流115m
下甲子
公民館
鷹生川
夜留里橋
小堰堤
イワナ
＊川幅狭く
釣りづらい
宇賀神社
下鷹生
石屋商店
上宿
鷹生橋
ヤマメ
中宿
＊ルアー向き
イワナ
下宿橋
五葉橋
日頃市中
日頃市小
学
盛川
＊川内の大堰堤
とろ場、好ポイント
関谷橋
大森商店
(遊漁券)
坂本沢
107
上有住日頃市線
180
石橋鐙剣舞伝承館
田代屋敷
田代橋
◀住田町
N
小野田・
長岩鉱山
盛街道
坂本沢
＊ボサひどく
水量少ない
長岩
白石トンネル
多い・注意
A
B
C
N

胆沢川

いさわがわ

〈北上川水系〉

INFORMATION

¥	日釣券	年券
全魚種	1,200円	8,400円
雑魚	800円	6,000円

盛岡→奥州市水沢区（国道4号）→秋田方面（国道397号）

アユ
イワナ
ヤマメ

胆江河川漁業協同組合
☎0197（23）2462

情報協力釣具店 **まえさわや（奥州市）**
☎0197（23）3752

奥羽山系の焼石岳（1548m）北麓に源を発し、小出川、大荒沢、前川など大小多くの清冽な流れを集めて、日本最大級の中央コア型ロックフィルダム・胆沢ダム（奥州湖）に注ぐ。ダムから出た流れは若柳ダムを経て、黒沢川など数本の流れと合流しながら奥州市水沢で北上川と合流する。流程およそ50㎞。主な支流・枝沢にスギヤチ沢、大森沢、岩見沢、小出川、大荒沢、前川など。

胆沢ダムより上流域はブナ原生林が残るなど、純度の高い自然環境が守られているものの、それだけに険しく懐の深い渓谷であるため、初心者向きとはいえない。釣行する場合は必ず渓流熟練者に同行すること。下流の平野部は河原も広く釣りやすいが、とりわけ夏場は渇水傾向で汚れも目立つため、適期は限られてくる。

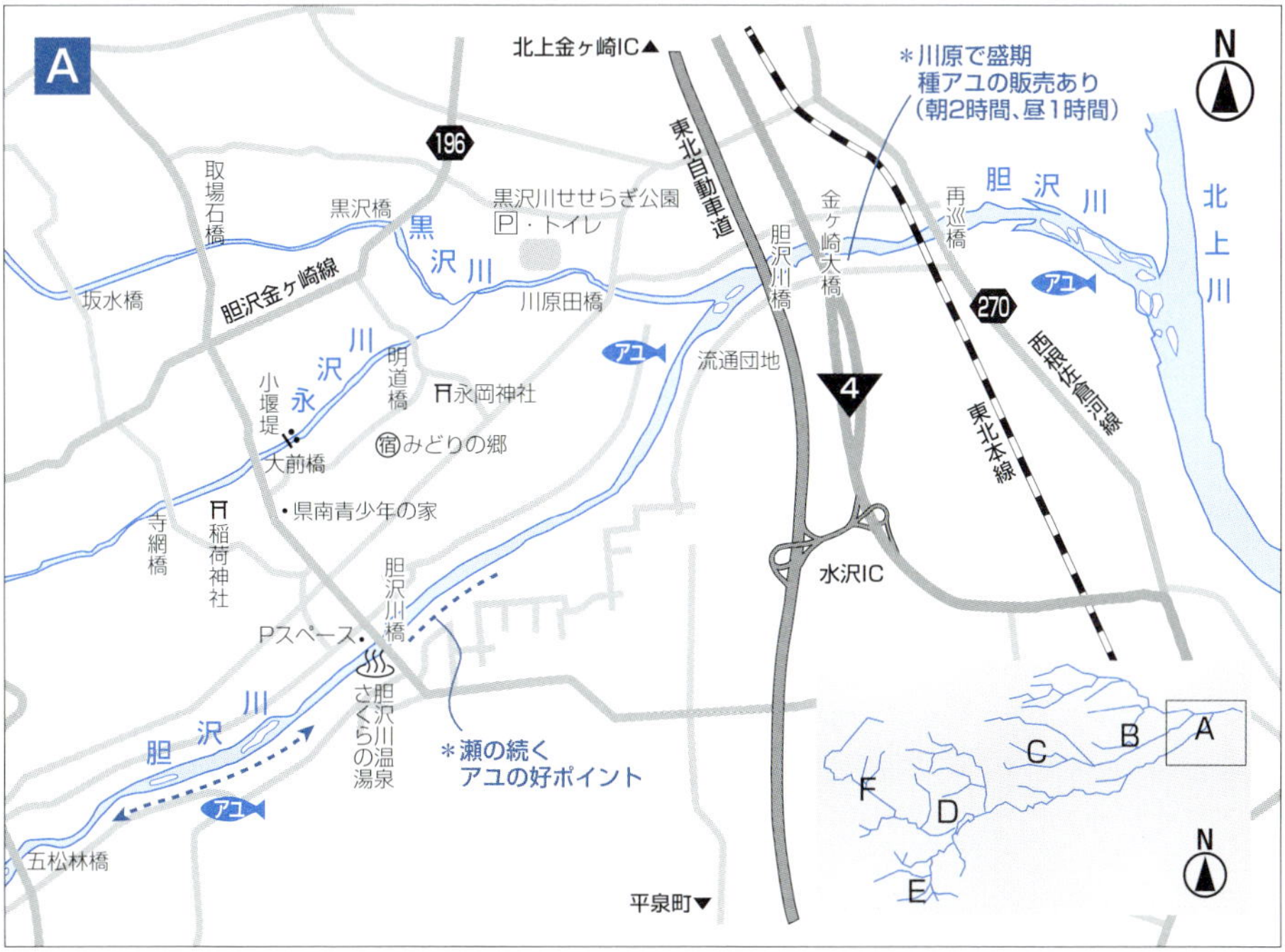

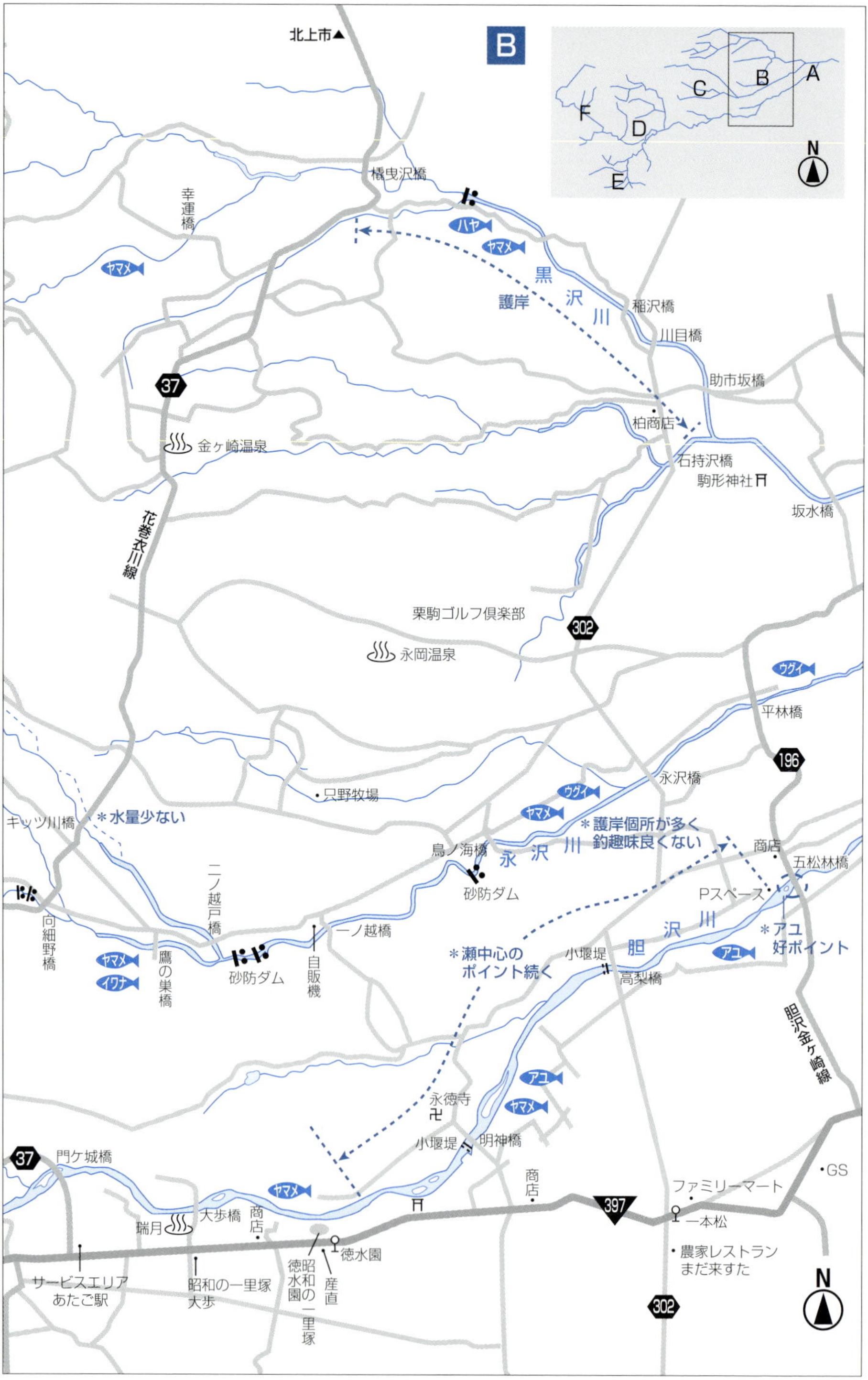

B
A
B
C
D
E
F
N
北上市▲
橋曳沢橋
幸運橋
ハヤ
ヤマメ
ヤマメ
黒沢川
護岸
稲沢橋
川目橋
助市坂橋
37
柏商店
金ヶ崎温泉
石持沢橋
駒形神社
坂水橋
花巻衣川線
栗駒ゴルフ倶楽部
302
永岡温泉
ウグイ
平林橋
196
永沢橋
只野牧場
ウグイ
ヤマメ
キッツ川橋
＊水量少ない
＊護岸個所が多く
釣趣味良くない
鳥ノ海橋
永沢川
商店
五松林橋
砂防ダム
Pスペース
二ノ越戸橋
一ノ越橋
胆沢川
＊アユ
好ポイント
向細野橋
ヤマメ
イワナ
鷹の巣橋
砂防ダム
自販機
＊瀬中心の
ポイント続く
小堰堤
高梨橋
アユ
胆沢金ヶ崎線
アユ
ヤマメ
永徳寺
小堰堤
明神橋
37
門ケ城橋
商店
•GS
ヤマメ
ファミリーマート
397
一本松
大歩橋
商店
瑞月
徳水園
農家レストラン
まだ来すた
サービスエリア
あたご駅
昭和の一里塚
大歩
徳水園
昭和の一里塚
産直
302
N

C
A
B
C
D
E
F
N
イワナ
ヤマメ
黒沢川
キッツ川
＊堰堤多い
蜘蛛頭橋
キッツ橋
上穴沢
内穴沢橋
向細野橋
下穴沢
内穴沢
＊ボサ多い
37
花巻衣川線
岳山沢
発電所堰堤
下流100m
禁
Pスペース
門ケ城橋
山城鹿合館跡公園
P・トイレ
中沢
立内沢
胆沢第一発電所
若柳ダム
上鹿合橋
鹿合橋
胆沢第二発電所
胆沢愛宕小
学
商店
GS
サービスエリア
あたご駅
胆沢川
397
望み大橋
自販機
電源
釣り堀
＊禁漁区
禁
胆沢ダム
＊胆沢ダム直下まで
組合の管轄
食堂
焼石クアパーク
ひめかゆ
ひめかゆ
スキー場

Point ガイド

北上川の出合いから若柳ダム下までの区間は夏場渇水となる。永沢川、黒沢川などの支流は入渓しやすいものの、やはり夏場の水量は乏しく、またボサも多いので釣りごころはあまりくすぐられない。

D
焼石岳
1548m
尿前沢
イワナ
魚止めの滝
N
荒沢
＊深険しい
ベテラン向き
焼石岳登山道
中沼
岳山
970m
金山沢
荒沢橋
＊砂防ダムの連続
尿前溪谷
岩盤
＊車通行不可
尿前沢
A
B
C
D
E
F
上倉沢
椿山橋
＊山岳渓相険しい
大荒沢
ウスガ橋
焼石岳登山口
注意
ツブ沼
トイレ
キャンプ場
休憩所
397
胆沢ダム
奥州湖
大荒沢橋
胆沢川
＊入渓点
猿岩
於呂閉志神社
猿岩橋
＊川通し無理
＊胆沢ダム上流は
漁協管理から離れる
＊岩盤
＊大きな砂防ダム危険
防沢
ヤマメ
栗駒焼石
ほっとライン
（冬期閉鎖）
＊谷深い
入渓不可
大寒沢
前川
大沢
＊谷深い
大沢橋
小白沢橋

Pointガイド

胆沢ダム下の尿前沢は純度の高い深い渓谷に大物が育まれることで知られ、人気の高い渓流であったが、最近は工事の手が入り、その急峻で幻想的な雰囲気は消えつつある。上流に向かえばまだ濃厚な自然環境は残っているが、いずれにしても初心者向きではない。

ダム南側の前川も林道工事などで工事車両の往来が激しいが、その深い谷でしばしば大物が釣り上げられている。胆沢川本流への入渓はダム湖や本流の北斜面が急峻で困難なため、初心者には前川がダム湖に注ぎ込む付近がベターと思われる。

しかし、大淵や切り立った崖が両岸にそそり立つ渓相のため、川通しで釣り上ることは困難である。

Point ガイド

本流、支流とも上級者向き。両岸切り立った渓相ゆえに天候が悪化するとみるみる増水し、水位が上昇するので経験豊富な者であっても注意しなければならない川である。

ガイド
A
B
C
D
E
F
N
焼石岳
1548m
東成瀬村
F
風窪沢
小岩沢
細ヅル沢
＊堰堤上流は入山禁止
イワナ
胆沢川
細ヅル沢橋
風生沢
大岩沢
＊上級者向き
イワナ
397
上倉沢
＊入渓点
椿山橋
イワナ
小出川
＊谷深く入渓困難
＊川通し無理
N

上流の渓相

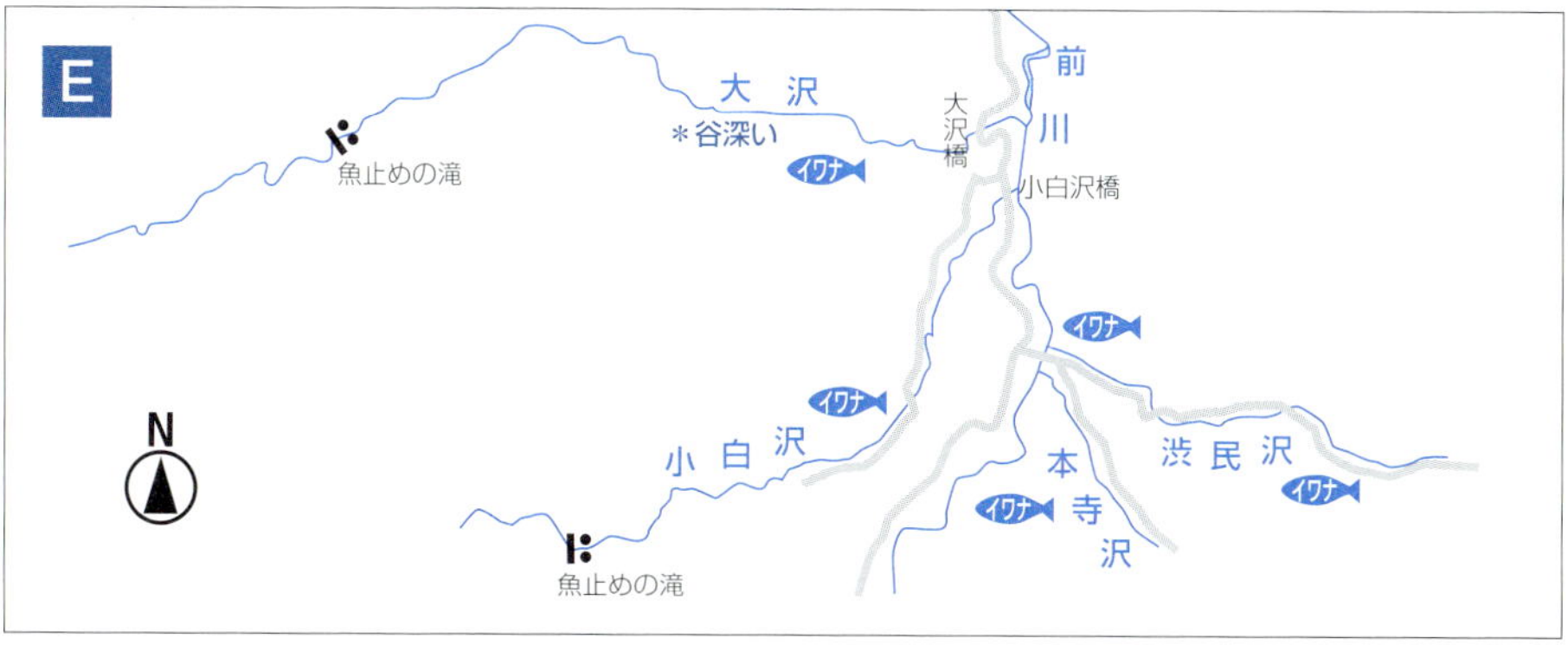
E
大沢
＊谷深い
イワナ
大沢橋
前川
小白沢橋
魚止めの滝
イワナ
イワナ
小白沢
魚止めの滝
本寺沢
イワナ
渋民沢
イワナ
N

和賀川

わかがわ

〈北上川水系〉

和賀川淡水漁業協同組合
☎0197(64)7473
西和賀淡水漁業協同組合
☎0197(82)2270

アユ
イワナ
ヤマメ
サクラ
コイ
フナ

INFORMATION

¥

		日釣券	年券
（上流）	アユ	1,000円	7,000円
	雑魚	600円	3,500円

西和賀淡水漁協管轄

		日釣券	年券
（下流）	全魚種	1,500円	8,500円
	雑魚	1,000円	5,000円

和賀川淡水漁協管轄

盛岡→雫石(国道46号)→西和賀(県道1号)→北上(国道107号)

奥羽山脈・真昼山地の最高峰・和賀岳（１４４０ｍ）の東麓を水源に、高下岳が形づくる切り立った渓谷を縫うように流れ、西和賀町を南流したのち錦秋湖に注ぐ。ダムから下流は東に進路を変え、和賀平野と胆沢平野を潤しながら北上市で北上川に注ぎ込む。流程およそ80㎞。主な支流・枝沢に赤沢、横川、本内川、左草川、鬼ケ瀬川、南本内川、北本内川、尻平川、鈴鴨川、夏油川など多数ある。

豪雪で有名な地方を流れているだけに遅い雪解けを待っての解禁となるものの、その分濃厚な自然を楽しみながらの釣行はビギナーから上級者まで、さまざまな釣りスタイルが一緒になって堪能できる懐の深さをもつ名川といえる。

A

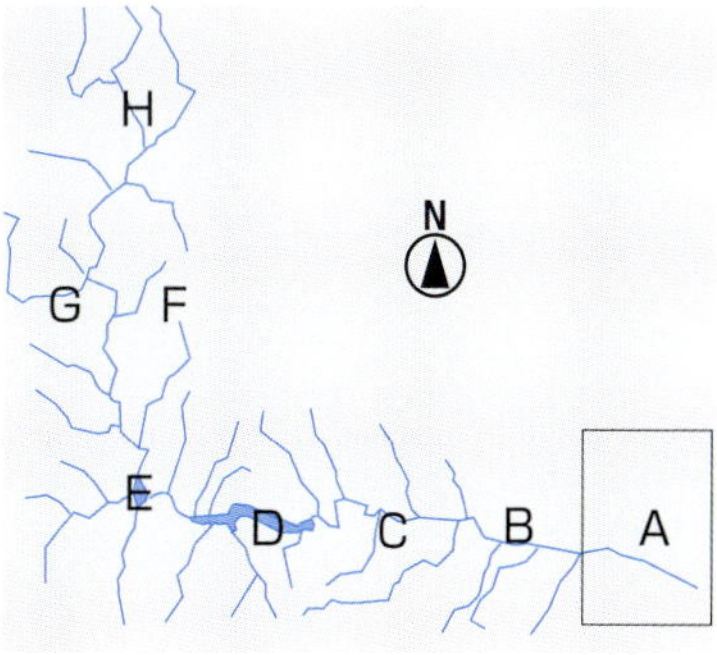
H
G
F
E
D
C
B
A
N

Point ガイド

北上川の流れが桜の名所、展勝地を過ぎると和賀川との合流点となる。和賀川の雪代は相当長く続くが、落ち着き始める４月ごろに天然遡上のサクラマスがルアーで釣れる。水温が上がるにつれてニゴイやウグイが多くなるようだ。

この周辺はたくさんの中州があって水深に変化が多く、コイやフナが深場に集まっていることが多い。投げのブッコミ釣りで狙える。周辺の深瀬は大アユのポイントとしても人気が高い。

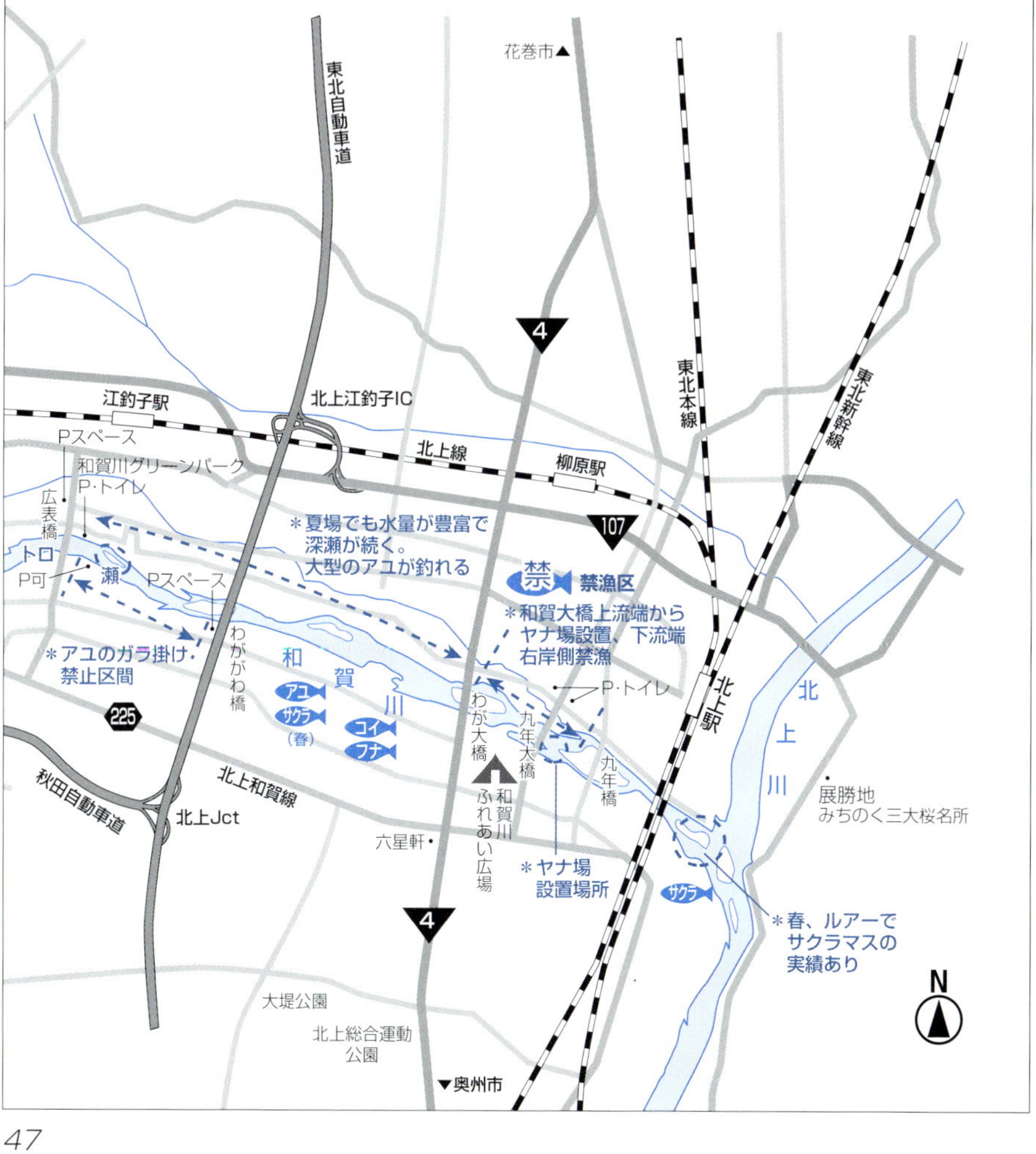
花巻市▲
東北自動車道
4
東北本線
東北新幹線
江釣子駅
北上江釣子IC
Pスペース
北上線
柳原駅
和賀川グリーンパーク
P･トイレ
広表橋
107
＊夏場でも水量が豊富で
深瀬が続く。
大型のアユが釣れる
トロ
瀬
P可
Pスペース
禁
禁漁区
＊和賀大橋上流端から
ヤナ場設置、下流端
右岸側禁漁
＊アユのガラ掛け
禁止区間
わががわ橋
和
賀
川
アユ
サクラ
（春）
コイ
フナ
P･トイレ
北上駅
わが大橋
九年大橋
九年橋
北
上
川
225
秋田自動車道
北上和賀線
北上Jct
和賀川ふれあい広場
展勝地
みちのく三大桜名所
六星軒
＊ヤナ場
設置場所
サクラ
＊春、ルアーで
サクラマスの
実績あり
N
大堤公園
北上総合運動
公園
▼奥州市

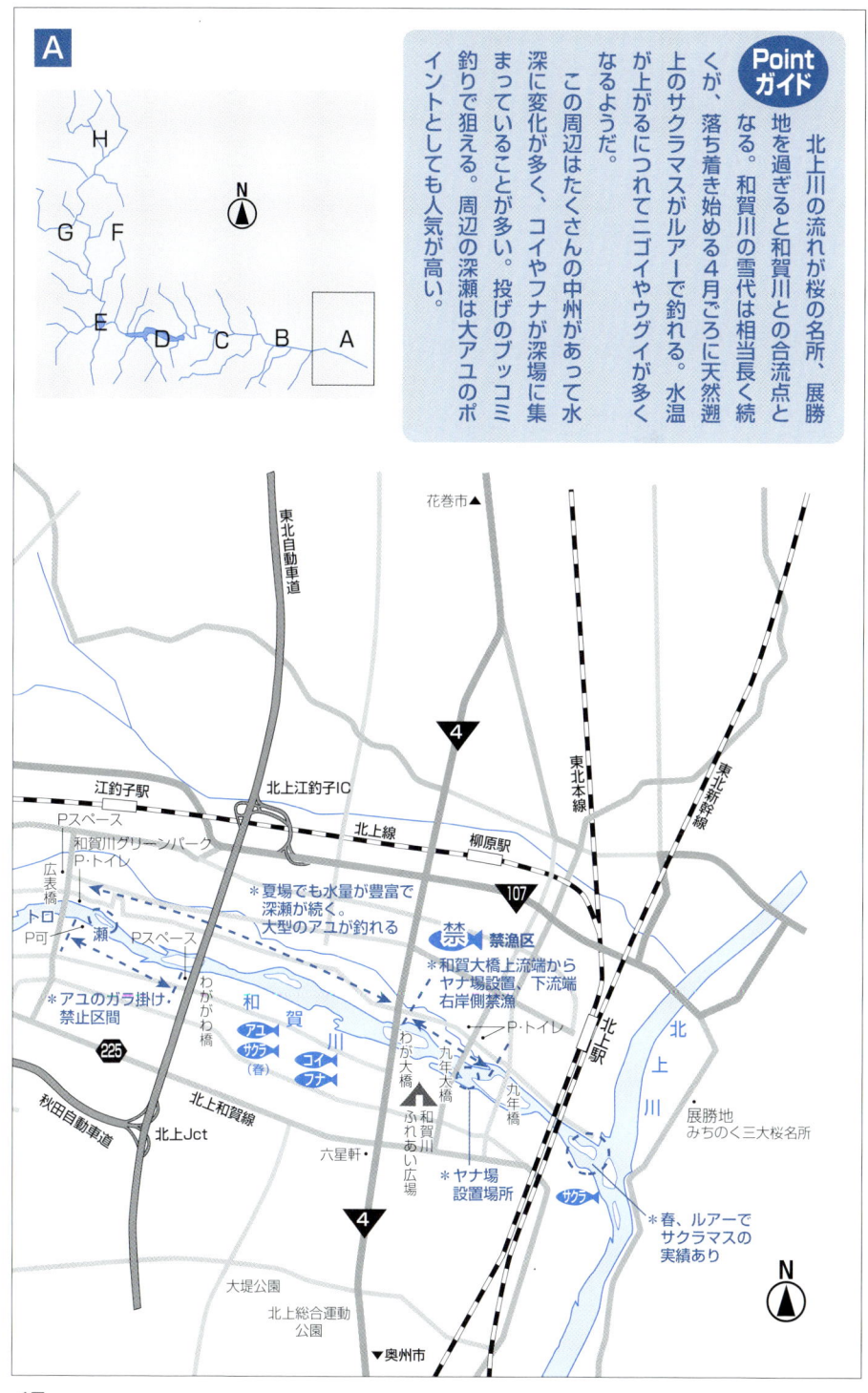

Pointガイド

和賀川の下流域はアユ釣りのポイントとして有名。比較的水量が多い水域なので盛夏の渇水ぎみの方がちょうど良い流れになるようだ。北上市民キャンプ場周辺の河原は広く、車でのアクセスがしやすいので人気が高い。川底が砂利から玉石に変わり、アユの居着きやすいポイントが続く。

和賀中央橋より上流はさらに流れの中に大きな石が目立つようになり、春や秋には本流域の尺ヤマメにも期待できる。

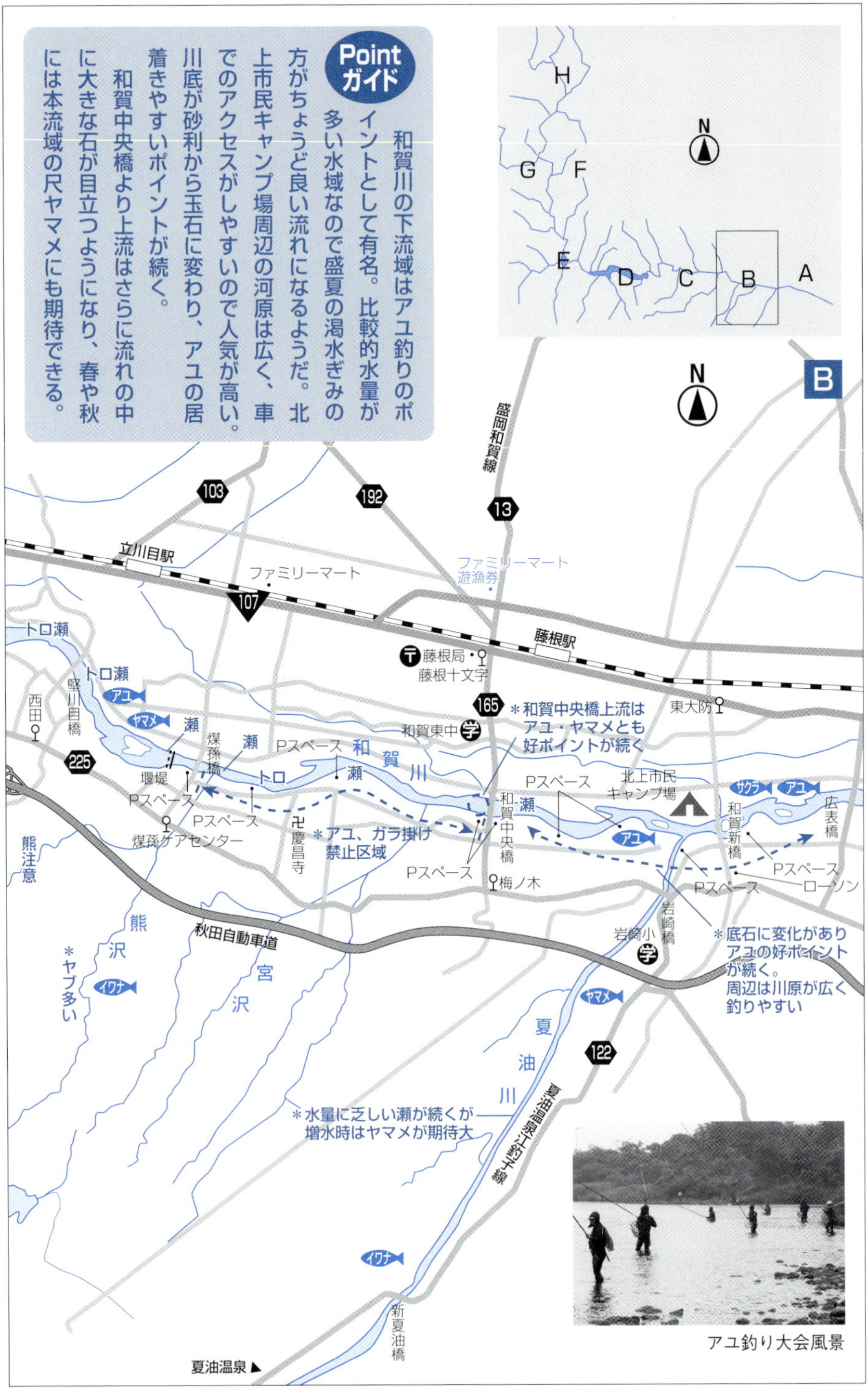

H
G
F
E
D
C
B
A
N
B
盛岡和賀線
103
192
13
立川目駅
ファミリーマート
107
ファミリーマート
遊漁券
藤根駅
藤根局
藤根十文字
165
東大防
＊和賀中央橋上流は
アユ・ヤマメとも
好ポイントが続く
トロ瀬
トロ瀬
アユ
ヤマメ
瀬
西田
堅川目橋
225
煤孫橋
瀬
Pスペース
和
賀
川
瀬
トロ
和賀東中
堰堤
Pスペース
Pスペース
煤孫ケアセンター
慶昌寺
＊アユ、ガラ掛け
禁止区域
和賀中央橋
瀬
Pスペース
Pスペース
北上市民
キャンプ場
サクラ
アユ
アユ
和賀新橋
広表橋
Pスペース
Pスペース
ローソン
梅ノ木
熊注意
熊
沢
宮
沢
＊ヤブ多い
イワナ
秋田自動車道
岩崎小
岩崎橋
＊底石に変化があり
アユの好ポイントが続く。
周辺は川原が広く
釣りやすい
ヤマメ
夏
油
川
122
夏油温泉江釣子線
＊水量に乏しい瀬が続くが
増水時はヤマメが期待大
イワナ
新夏油橋
夏油温泉

アユ釣り大会風景

C
N
H
G
F
E
D
C
B
A
多い・注意
＊林道ゲート
5月中旬ごろまで閉鎖
堰堤
土場
人当入口
人当橋
望仙橋
和賀仙人駅
商店
＊出合い付近から
上流の堰堤にか
けて、大ヤマメ
の実績あり
吉ノ沢
湯ノ沢
菱内川
つなとり温泉
景勝園
Pスペース
菱内
菱内橋
平和橋
水沢橋
和賀橋
岩沢駅
岩沢
禁
堰堤下流200m
禁漁区
石羽根ダム
107
横川目局
横川目駅
ドライブイン
GS
和賀支所
トロ
瀬畑大橋
瀬畑橋
堰堤
瀬畑
山口橋
山口農村公園
P・トイレ
Pスペース
開拓1号橋
鈴鴨橋
西田
アユ
ヤマメ
花巻衣川線
尻平川
能堂橋
37
和賀西中
＊堰堤が続く。見つけると大釣り可能。たまりを
秋田自動車道
北上西IC
熊注意
水沢
三ノ沢橋
Pスペース
川台橋
八木橋
Pスペース
堰堤
＊堰堤実績多い
ヨリ沢
鈴鴨川
八串沢
＊増水時危険
＊とりわけ険しい
イワナ
吉倉橋
川平橋

Pointガイド

石羽根ダム放水口(下流200m禁漁)までが和賀川下流域のアユの上限となる。渓流釣りで有望な支流は夏油川、尻平川、鈴鴨川。いずれも下流域では和賀川から遡上した良型のヤマメが釣れる。

Pointガイド

ここでは北本内川、南本内川について紹介したい。どちらも和賀川を代表する人気の支流。特に北本内川は圧倒的な渓谷美を誇るヤマメのポイントが続く超人気河川。県内外から渓流釣りファンが押し寄せる。川沿いに林道が伸びているが入渓しやすいのは和賀川との合流点より約5㎞以上離れてから。川との落差がなくなり、ほぼ川と並走する。6月の新緑の季節は特にオススメしたい。

一方、南本内川は源流域のイワナ釣りとして有名だ。中流域から断崖絶壁のV字渓谷が続くために初心者の釣行には不向きだが、大イワナが多いことでよく知られている。

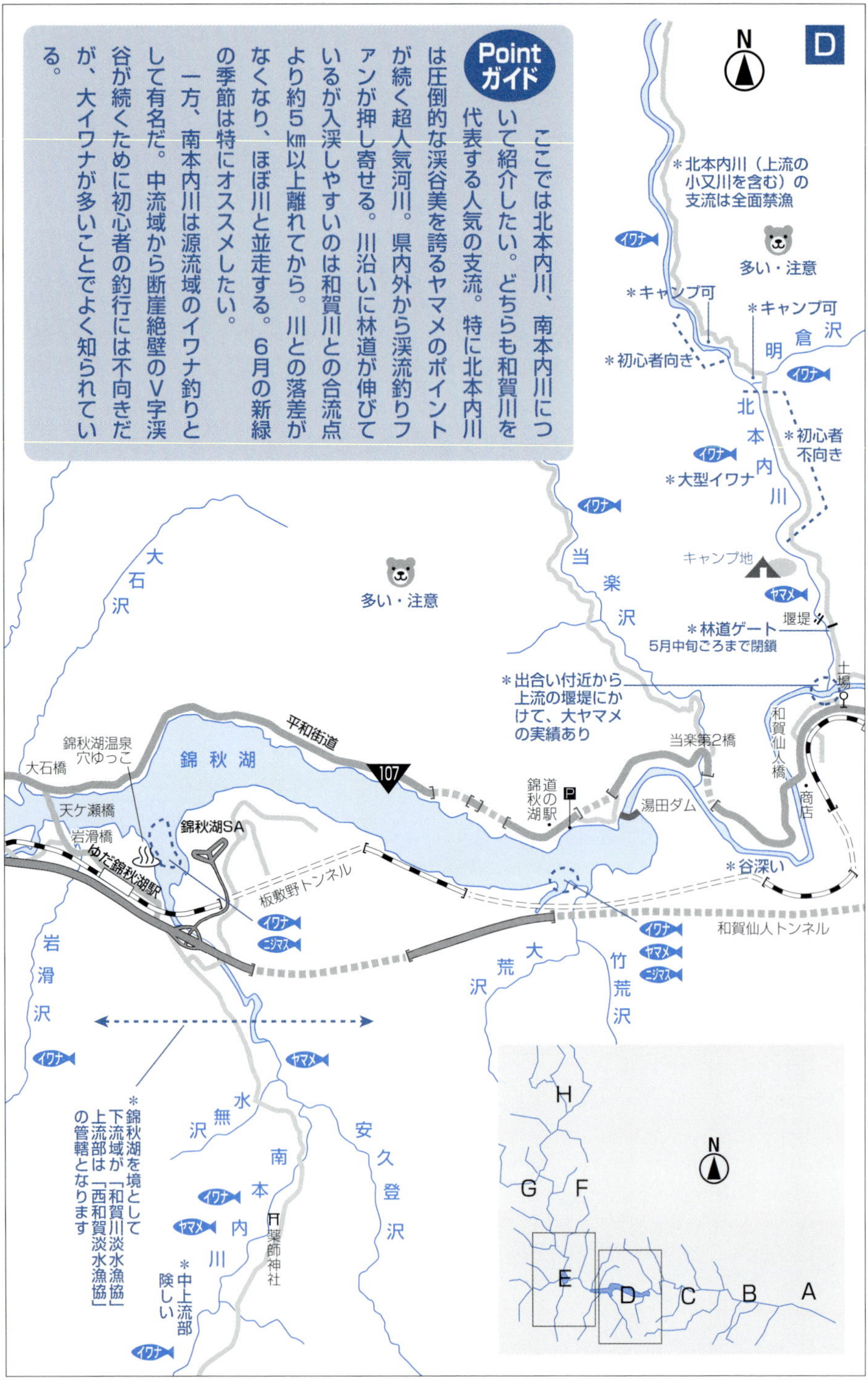
D
N
＊北本内川（上流の小又川を含む）の支流は全面禁漁
イワナ
多い・注意
＊キャンプ可
＊キャンプ可
＊初心者向き
明倉沢
イワナ
北本内川
＊初心者不向き
イワナ
＊大型イワナ
イワナ
当楽沢
キャンプ地
ヤマメ
堰堤
＊林道ゲート
5月中旬ごろまで閉鎖
十場
＊出合い付近から上流の堰堤にかけて、大ヤマメの実績あり
大石沢
多い・注意
平和街道
107
錦秋湖温泉
穴ゆっこ
大石橋
錦秋湖
当楽第2橋
和賀仙人橋
道の駅錦秋湖
湯田ダム
商店
天ケ瀬橋
岩滑橋
錦秋湖SA
ゆだ錦秋湖駅
板敷野トンネル
＊谷深い
和賀仙人トンネル
イワナ
ニジマス
イワナ
ヤマメ
ニジマス
岩滑沢
大荒沢
竹荒沢
イワナ
ヤマメ
水無沢
安久登沢
南本内川
薬師神社
イワナ
ヤマメ
＊錦秋湖を境として下流域が「和賀川淡水漁協」上流部は「西和賀淡水漁協」の管轄となります
＊中上流部険しい
イワナ
H
G
F
E
D
C
B
A
N

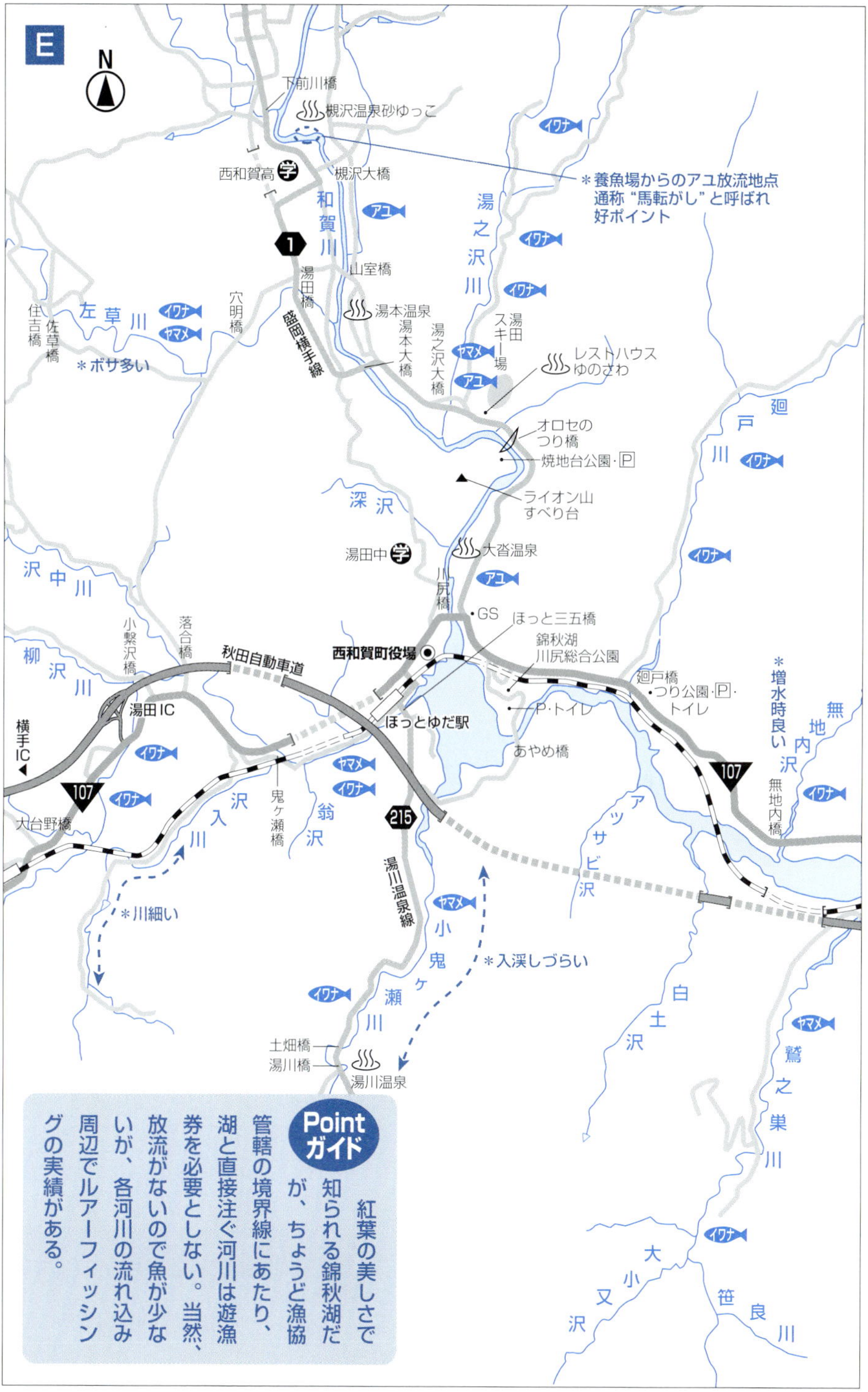
E
N
下前川橋
槻沢温泉砂ゆっこ
西和賀高
槻沢大橋
＊養魚場からのアユ放流地点
通称 "馬転がし" と呼ばれ
好ポイント
和賀川
湯之沢川
1
山室橋
湯田橋
盛岡横手線
湯本温泉
湯本大橋
湯之沢大橋
湯田スキー場
レストハウス
ゆのさわ
左草川
住吉橋
佐草橋
穴明橋
＊ボサ多い
オロセの
つり橋
焼地台公園・P
ライオン山
すべり台
廻戸川
深沢
湯田中
大沓温泉
川尻橋
沢中川
GS
ほっと三五橋
錦秋湖
川尻総合公園
西和賀町役場
秋田自動車道
小繋沢橋
落合橋
柳沢川
湯田IC
横手IC
廻戸橋
・つり公園・P・
トイレ
・P・トイレ
ほっとゆだ駅
あやめ橋
＊増水時良い
無地内沢
107
鬼ヶ瀬橋
翁沢
沢入川
215
アッサビ沢
大台野橋
無地内橋
湯川温泉線
＊川細い
小鬼ヶ瀬川
＊入渓しづらい
白土沢
土畑橋
湯川橋
湯川温泉
鷲之巣川
大小又沢
笹良川
イワナ
ヤマメ
アユ

Point ガイド

紅葉の美しさで知られる錦秋湖だが、ちょうど漁協管轄の境界線にあたり、湖と直接注ぐ河川は遊漁券を必要としない。当然、放流がないので魚が少ないが、各河川の流れ込み周辺でルアーフィッシングの実績がある。

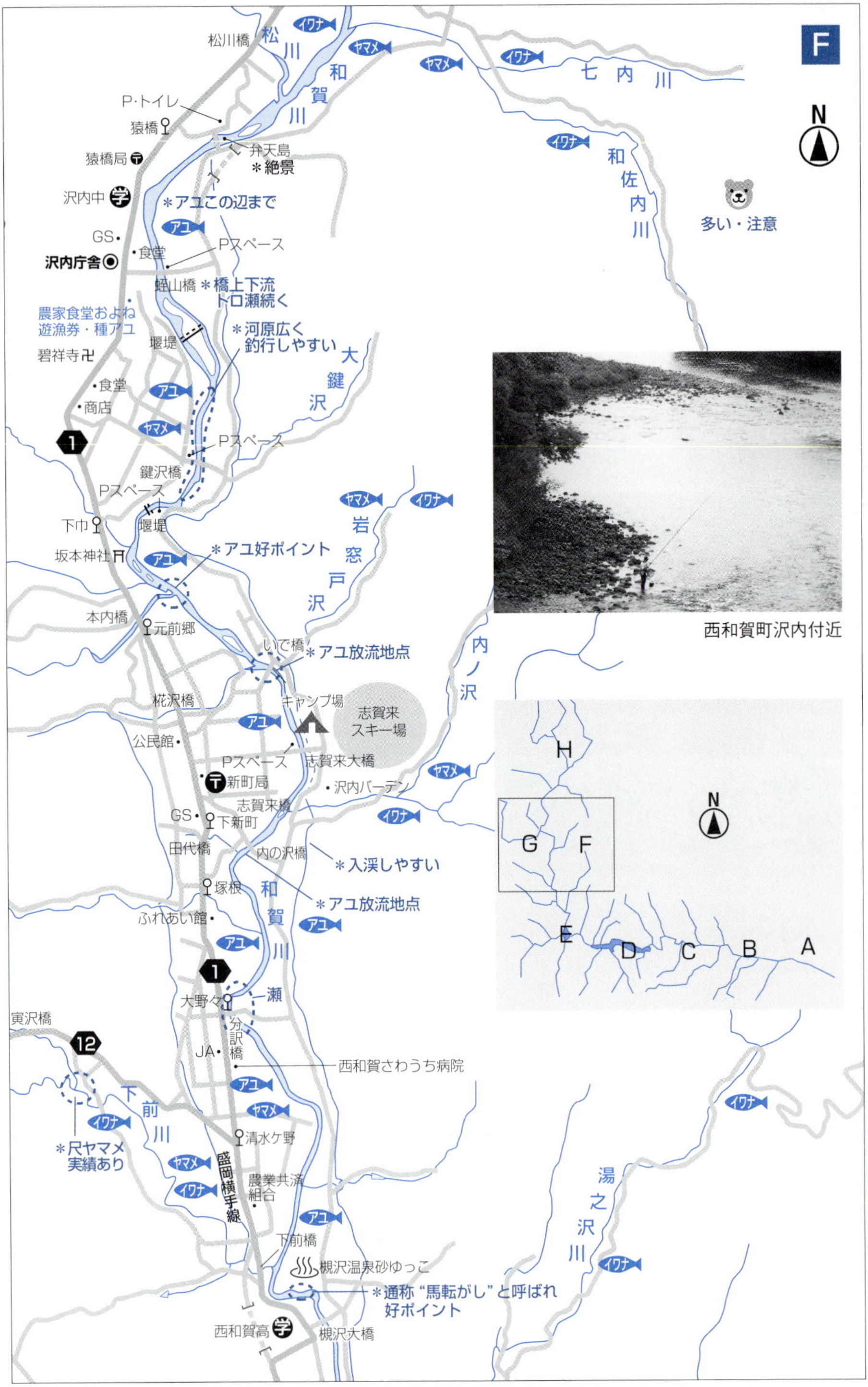
F
N
松川橋
松川
和賀川
イワナ
ヤマメ
七内川
P・トイレ
猿橋
弁天島
＊絶景
猿橋局
沢内中
＊アユこの辺まで
アユ
和佐内川
多い・注意
GS・
・食堂
Pスペース
沢内庁舎
蛭山橋
＊橋上下流
トロ瀬続く
農家食堂およね
遊漁券・種アユ
＊河原広く
釣行しやすい
大鍵沢
碧祥寺
堰堤
・食堂
・商店
1
Pスペース
鍵沢橋
Pスペース
下巾
堰堤
岩窓戸沢
坂本神社
＊アユ好ポイント
本内橋
元前郷
いで橋
＊アユ放流地点
内ノ沢
椛沢橋
キャンプ場
志賀来スキー場
公民館・
Pスペース
志賀来大橋
新町局
・沢内バーデン
志賀来橋
GS・
下新町
田代橋
内の沢橋
＊入渓しやすい
塚根
＊アユ放流地点
ふれあい館・
和賀川
1
大野々
瀬
寅沢橋
12
分訳橋
JA・
西和賀さわうち病院
下前川
清水ケ野
＊尺ヤマメ
実績あり
盛岡横手線
農業共済組合
湯之沢川
下前橋
槻沢温泉砂ゆっこ
＊通称“馬転がし”と呼ばれ
好ポイント
西和賀高
槻沢大橋
H
G
F
N
E
D
C
B
A

西和賀町沢内付近

G
N
松川橋
松川
P･トイレ
猿橋
ヤマメ
弁天島
＊絶景
猿橋局
・商店
沢内中
＊アユこの辺まで
アユ
GS・
・食堂
Pスペース
沢内庁舎
蛭山橋
＊橋上下流トロ瀬続く
堰堤
＊河原広く釣行しやすい
碧祥寺
農家食堂およね
遊漁券・種アユ
・商店
イワナ
ヤマメ
Pスペース
鍵沢橋
Pスペース
下幅橋
下巾
堰堤
山祇神社
坂本神社
＊アユ好ポイント
野口橋
和賀川
本内橋
元前郷
いで橋
＊アユ放流地点
真昼本沢
小松倉沢
割沢峰
716m
遠巣谷
多い・注意
多い・注意
野口沢
本内川
＊紅葉絶景
＊道路との落差あり注意
真昼温泉
堰堤
＊堰堤までは川幅広く釣りやすい
杭沢橋
公民館・
Pスペース
志賀来大橋
新町局
GS・
下新町
田代橋
志賀来橋
内の沢橋
塚根
ふれあい館・
＊アユ放流地点
1
大野々
瀬
分訳橋
和賀川
JA・
西和賀さわうち病院
郷土橋
花巻大曲線
寅沢橋
12
ゆう星館
下前川
清水ケ野
＊尺ヤマメ実績あり
盛岡横手線
農業共済組合
下前橋
＊通称“馬転がし”と呼ばれ好ポイント
西和賀高
左草川

Pointガイド

錦秋湖上流の本流域。漁協の管轄が西和賀淡水漁協に移る。型の良いアユ釣りが盛んだが、気候が冷涼で、水温が冷たい。猛暑のためにほかの川が渇水で釣りにならないような時にこそ期待できる。ただアブが非常に多く、注意が必要。

周囲に人家が少なく、深い渓谷を流れる美しい流れはロケーション抜群。アユの味は格別で、川の水が清流であることを証明している。

H

Pointガイド

渓流釣りとして有力な支流は下前川、本内川。ボサ川だが和佐内川、松川でも早春や増水時には本流から遡上したヤマメ、イワナが期待できる。

本流は横川と分岐してからが渓流域としての流れとなる。横川は護岸個所が多いために釣趣に欠けるポイントが多いが、河原が広いのでルアーやフライには適している。マズメの時間帯を狙うと良い。

上流域は和賀橋で町内から離れ、赤沢ダムより上はイワナだけとなる。林道がダムより少し上流までは延びているが、川と並行してはいないので入渓地点は限られる。林道が川から離れてからポイントを目指すと道に迷うこともあるので注意してほしい。豪雪地帯のため、6月までは水量が安定しない上に、道はかなり険しい。マタギで有名な和賀岳だけにクマが出没する可能性も高い。単独釣行は控えたほうが良いだろう。イワナの魚影は濃いが場荒れのせいか型は小さめ。食べないのであればリリースを心掛けてほしい。

和賀川
＊上級者向き
多い・注意
タマノ沢
砥沢
赤沢
＊放水があるので
ダム下流域は危険
Pスペース
赤沢ダム
当楽沢
安ケ沢林道
和賀川
＊道路から落差あり
和賀岳、高下岳
登山道へ
高下川
雫石町
集落センター
ふるさとハウス
高下
上川舟
GS
公民館前
下川舟
川舟
下持田
川舟局
公民館
湯沢橋
電話BOX
横川
和賀橋
小坂
商店
＊大淵
和賀
淵
Pスペース
桐沢橋
蝦子森
盛岡横手線
桐沢
＊ヤブ
滝（小）
Pスペース
上泉沢
泉沢
Pスペース
八年橋
トロ瀬
Pスペース
沢内小
堰堤（小）
松川
イワナ
ヤマメ
N
H
G
F
E
D
C
B
A

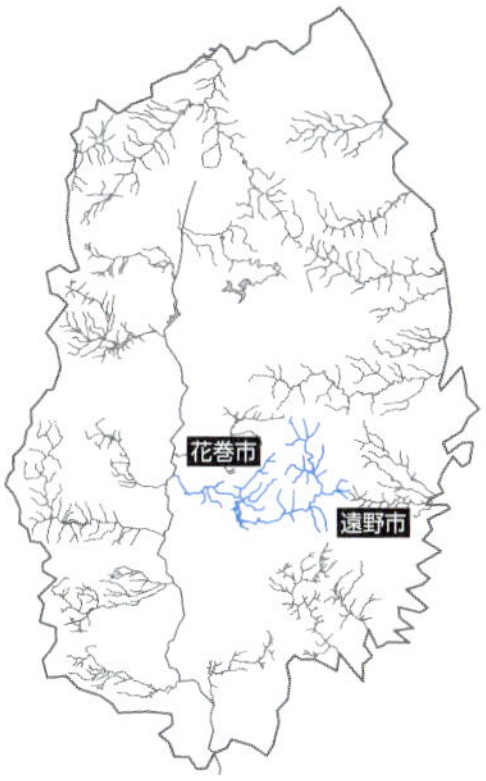

猿ヶ石川

さるがいしがわ

〈北上川水系〉

アユ
イワナ
ヤマメ
サクラ
ヒカリ

猿ヶ石川漁業協同組合
☎0198(42)2529
上猿ヶ石川漁業協同組合
☎0198(62)9800

INFORMATION

¥		日釣券	年券
（上流）	全魚種	1,800円	12,000円
	雑魚	1,000円	6,000円

上猿ヶ石川漁協管轄

（下流）	全魚種	1,300円	9,000円
	雑魚	900円	6,500円

猿ヶ石川漁協管轄

盛岡→遠野(国道396号)

早池峰山（1917ｍ）の南にそびえる薬師岳（1645ｍ）を主峰とする稜線を水源に、七郎沢やヒマツブシ沢を合わせ、また上附馬牛《つきもうし》・大出付近で土倉川、滝川など数本の流れと合流し、遠野盆地へと駆け下りる。さらにいくつもの支流を集めて西へと流れ、田瀬湖を経て、花巻市で北上川へと注ぐ。流程およそ75㎞。主な支流・枝沢に東禅寺川、荒川、小烏瀬川、琴畑川、早瀬川、小友川、達曽部川など多数ある。

柳田国男の『遠野物語』で名高い民話のふるさとらしく、河童のすむ川としても有名だが、水源も多く、水量は安定しているため、多くの釣り人でにぎわう。総じて入渓が容易な川ということもあり、上流部に近いところまで初心者でも楽しめる。

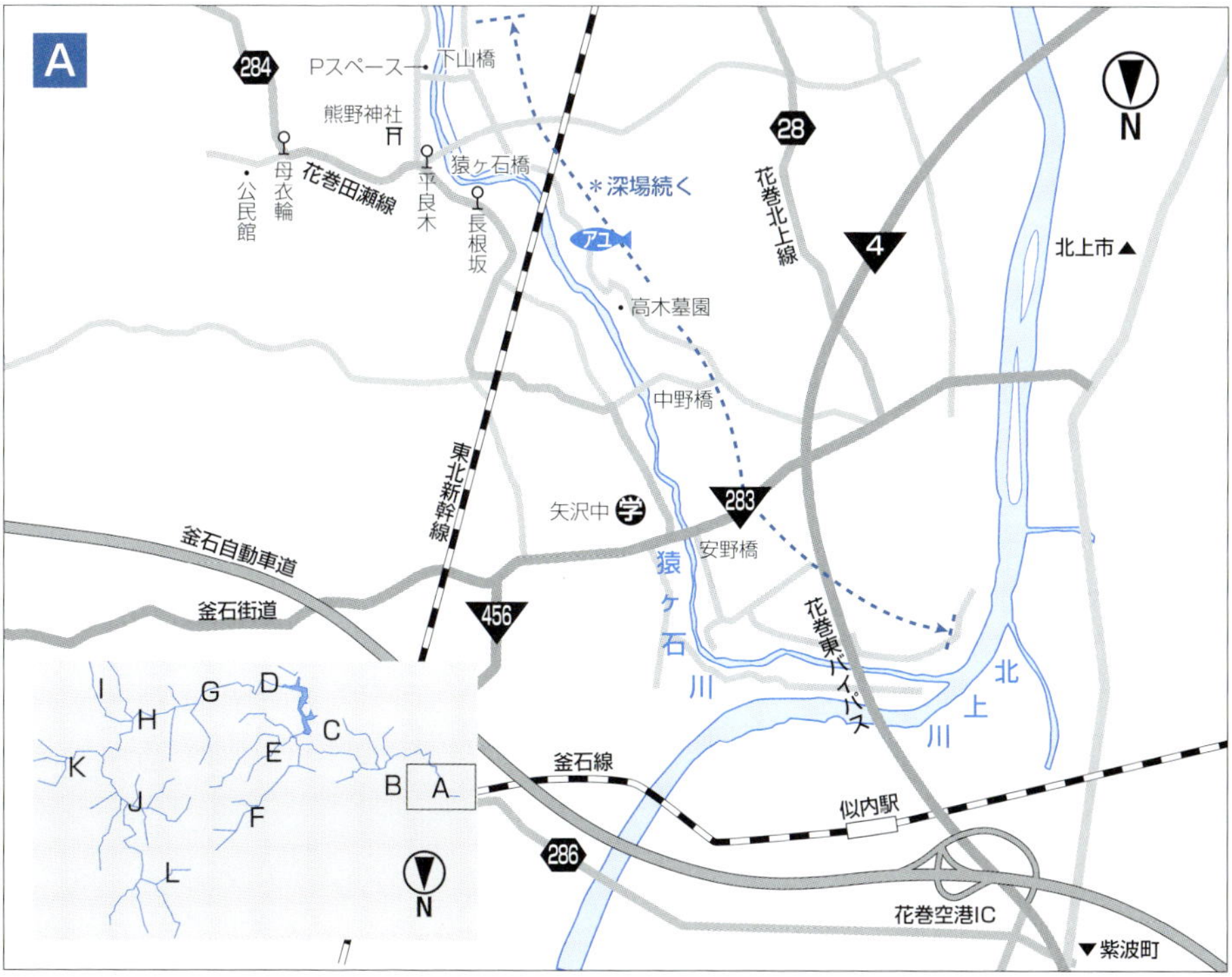

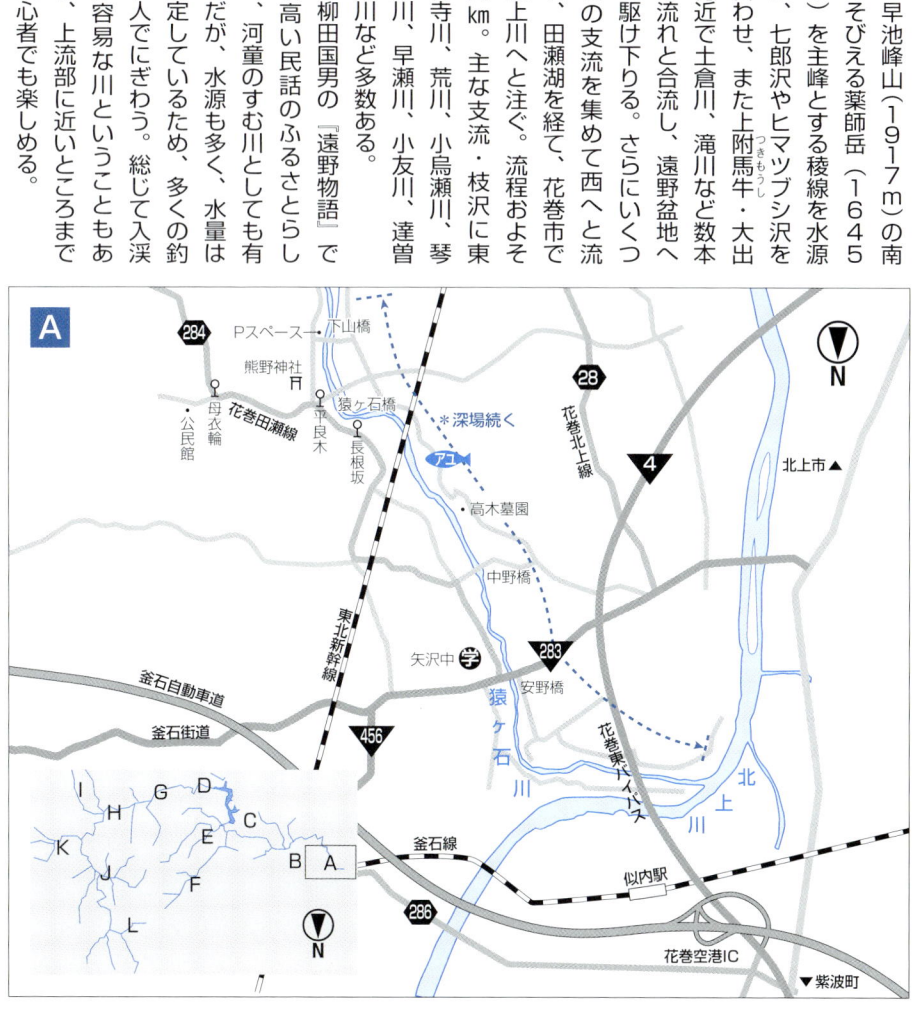

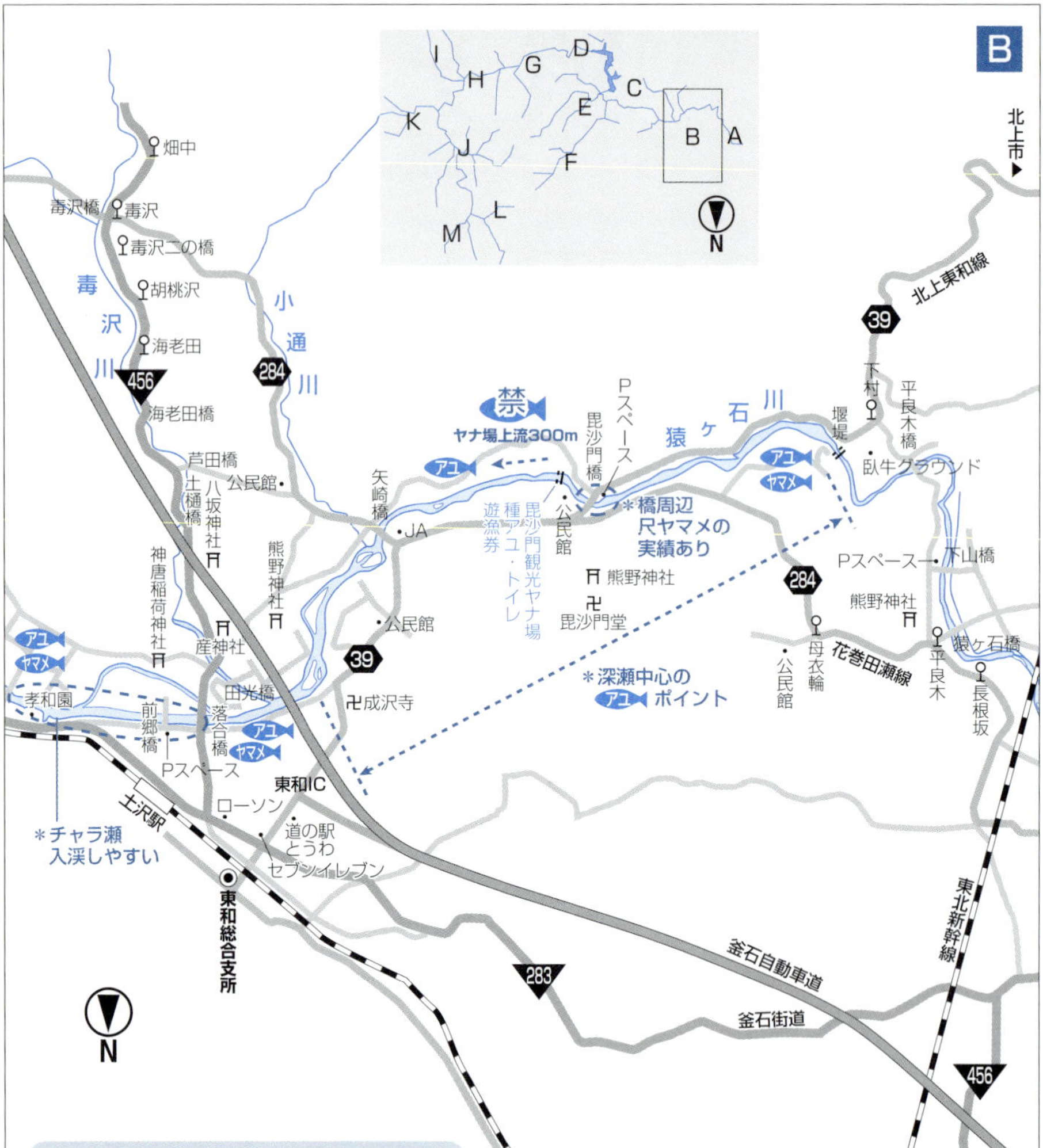
B
北上市
北上東和線
39
下村
平良木橋
堰堤
臥牛グラウンド
猿ヶ石川
Pスペース
毘沙門橋
禁
ヤナ場上流300m
アユ
ヤマメ
＊橋周辺
尺ヤマメの
実績あり
毘沙門観光ヤナ場
種アユ・トイレ
遊漁券
公民館
熊野神社
毘沙門堂
284
Pスペース
下山橋
熊野神社
母衣輪
花巻田瀬線
猿ヶ石橋
平良木
長根坂
公民館
＊深瀬中心の
アユ ポイント
畑中
毒沢橋
毒沢
毒沢二の橋
胡桃沢
海老田
毒沢川
456
海老田橋
小通川
284
芦田橋
公民館
土樋橋
八坂神社
矢崎橋
JA
熊野神社
神唐稲荷神社
産神社
公民館
39
田光橋
成沢寺
孝和園
前郷橋
落合橋
Pスペース
東和IC
ローソン
道の駅
とうわ
セブンイレブン
土沢駅
東和総合支所
＊チャラ瀬
入渓しやすい
釜石自動車道
283
釜石街道
東北新幹線
456
釜石線
紫波町
N

Pointガイド

北上川との合流点から田瀬湖までのこの区間、猿ヶ石川漁協の管轄となる。花巻市東和町の北成島長根から東和発電所の間でしばしば大物ヤマメが上がっているとの情報がある。田瀬湖および発電所の放水に伴う水位変化などに対応した釣り方を心がけるとともに、状況判断を冷静に行って危険回避のために勇気ある撤退をすることも必要である。

猿ヶ石川のアユ釣り風景

田瀬湖、田瀬大橋付近

Pointガイド

盛期のアユ・本流域のヤマメが狙える瀬中心のポイントが続く。下流域の水量は田瀬ダムからの放水で大きく変化するために（水位50㎝以上変わることも）、釣行日の放水状況を確認してほしい。下流域はおおむね、放水のない日の方が釣りやすく、実績も高いようである。

C
N
107
田瀬湖（湖沼のページで紹介）
178
下宮守田瀬線
田瀬ダム
178
野金山橋
岩根橋駅
通倉
岩根橋
ヤマメ
イワナ
立沢橋
283
ボサ
トロ場
アユ
ヤマメ
堰提
東和発電所
釜石線
晴谷橋
＊尺ヤマメ実績多い
谷内小友
猿ヶ石川
GS
禁
かぶら用水堰堤
上流100mから
下流100mまで
Pスペース
上瀬橋
＊川幅広い
トロ瀬続く
アユ好ポイント
晴山駅
アユ
ヤマメ
アユ
Pスペース
湯沢野
東和大橋
老人ホーム東和荘
孝和園
＊チャラ瀬
入渓しやすい
稚鍋川
I
H
G
D
C
E
K
B
A
J
F
L
M
N

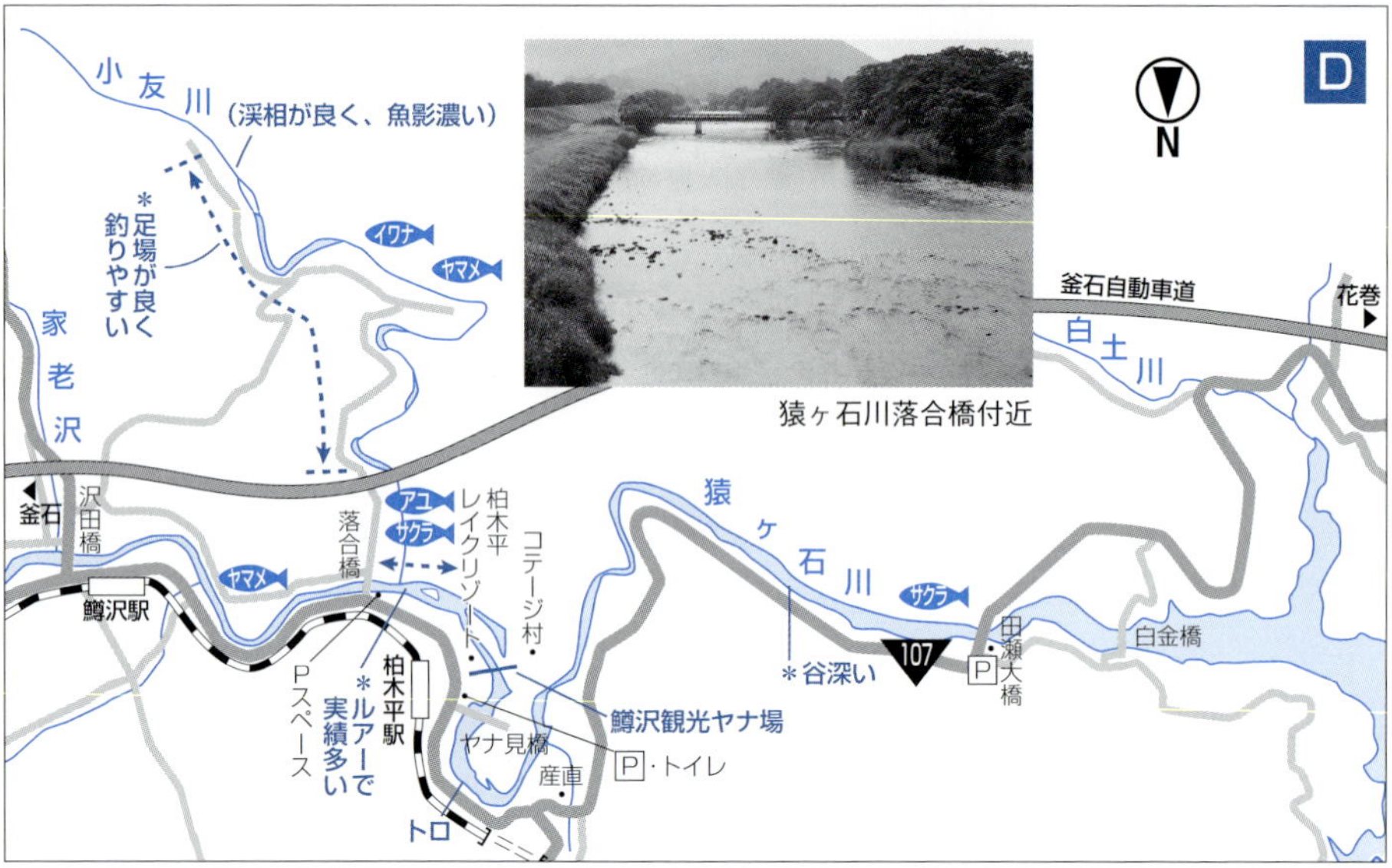
D
N
小友川
（渓相が良く、魚影濃い）
＊足場が良く釣りやすい
イワナ
ヤマメ
家老沢
釜石自動車道
花巻
白土川
猿ヶ石川落合橋付近
釜石
沢田橋
落合橋
アユ
サクラ
柏木平レイクリゾート
コテージ村
猿ヶ石川
サクラ
田瀬大橋
白金橋
＊谷深い
107
鱒沢駅
ヤマメ
Pスペース
＊ルアーで実績多い
柏木平駅
鱒沢観光ヤナ場
ヤナ見橋
P・トイレ
産直
トロ

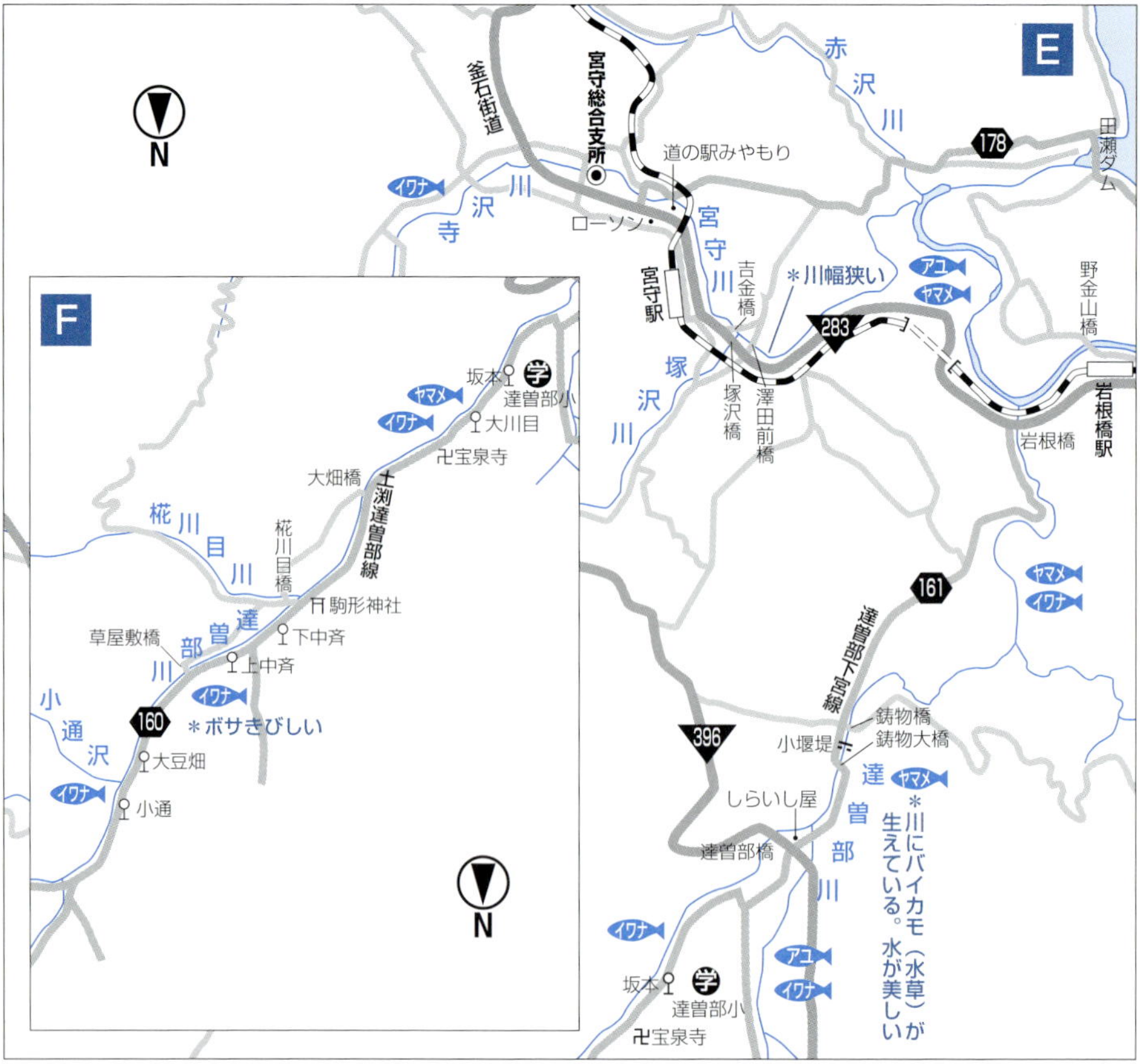
E
N
赤沢川
178
田瀬ダム
釜石街道
宮守総合支所
道の駅みやもり
イワナ
寺沢川
ローソン
宮守川
宮守駅
吉金橋
＊川幅狭い
アユ
ヤマメ
野金山橋
283
塚沢川
塚沢橋
澤田前橋
岩根橋駅
岩根橋
161
ヤマメ
イワナ
達曽部下宮線
鋳物橋
鋳物大橋
小堰堤
396
達曽部川
ヤマメ
＊川にバイカモ（水草）が生えている。水が美しい
しらいし屋
達曽部橋
イワナ
アユ
イワナ
坂本
達曽部小
宝泉寺
F
坂本
達曽部小
ヤマメ
イワナ
大川目
宝泉寺
大畑橋
土渕達曽部線
椛川目川
椛川目橋
駒形神社
達曽部川
下中斉
草屋敷橋
上中斉
イワナ
小通沢
160
＊ボサきびしい
大豆畑
イワナ
小通
N

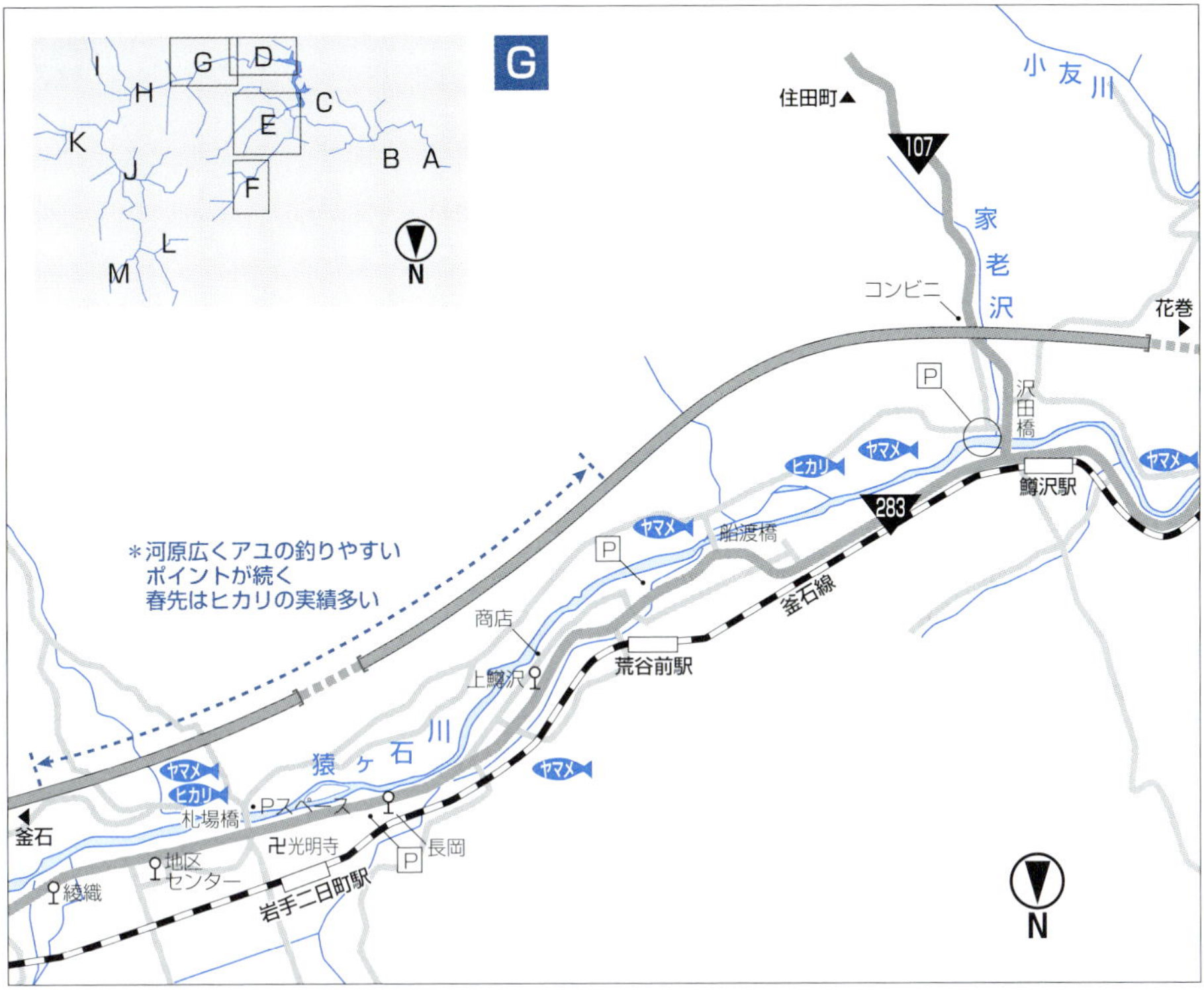
G
I
H
K
J
L
M
D
C
E
F
B
A
N
住田町▲
107
小友川
家老沢
コンビニ
花巻
P
沢田橋
ヤマメ
ヒカリ
鱒沢駅
283
船渡橋
P
釜石線
＊河原広くアユの釣りやすい
ポイントが続く
春先はヒカリの実績多い
商店
上鱒沢
荒谷前駅
猿ヶ石川
釜石
札場橋
・Pスペース
光明寺
長岡
P
地区センター
綾織
岩手二日町駅
N

渓コラム依❶
渓流歩きのよろこび

渓流べりの野鳥観察

せせらぎの音と気持ちのいいそよ風の中、川べりを上流に向かって歩いていると2羽のヤマセミに出合うことがよくある。このつがいのヤマセミはふわりふわりと下流から飛んできては頭上を通り過ぎ、ちょうど川が蛇行するあたりのこずえに仲良くとまると、川べりに佇む人間でも観察するかのように、あるいは釣り人の釣果が気になっているかのように興味深げにこちらを眺めている。

やがて竿を振りながら上流へと進み、ヤマセミたちのこずえに近づくと、ヤマセミたちはふわりふわりと飛び立って、また少しばかり先のこずえでこちらを見つめている。もっともここは突然訪れた自分たちのような釣り人のものではなく、普段はあのヤマセミたちのテリトリーである。釣っている魚だってヤマセミたちの大切な食べ物なのだ。ヤマセミたちは興味深げに見つめているのではなく、もしかしたら抗議の意志をもって釣り人を監視し、にらみつけているのかもしれない。

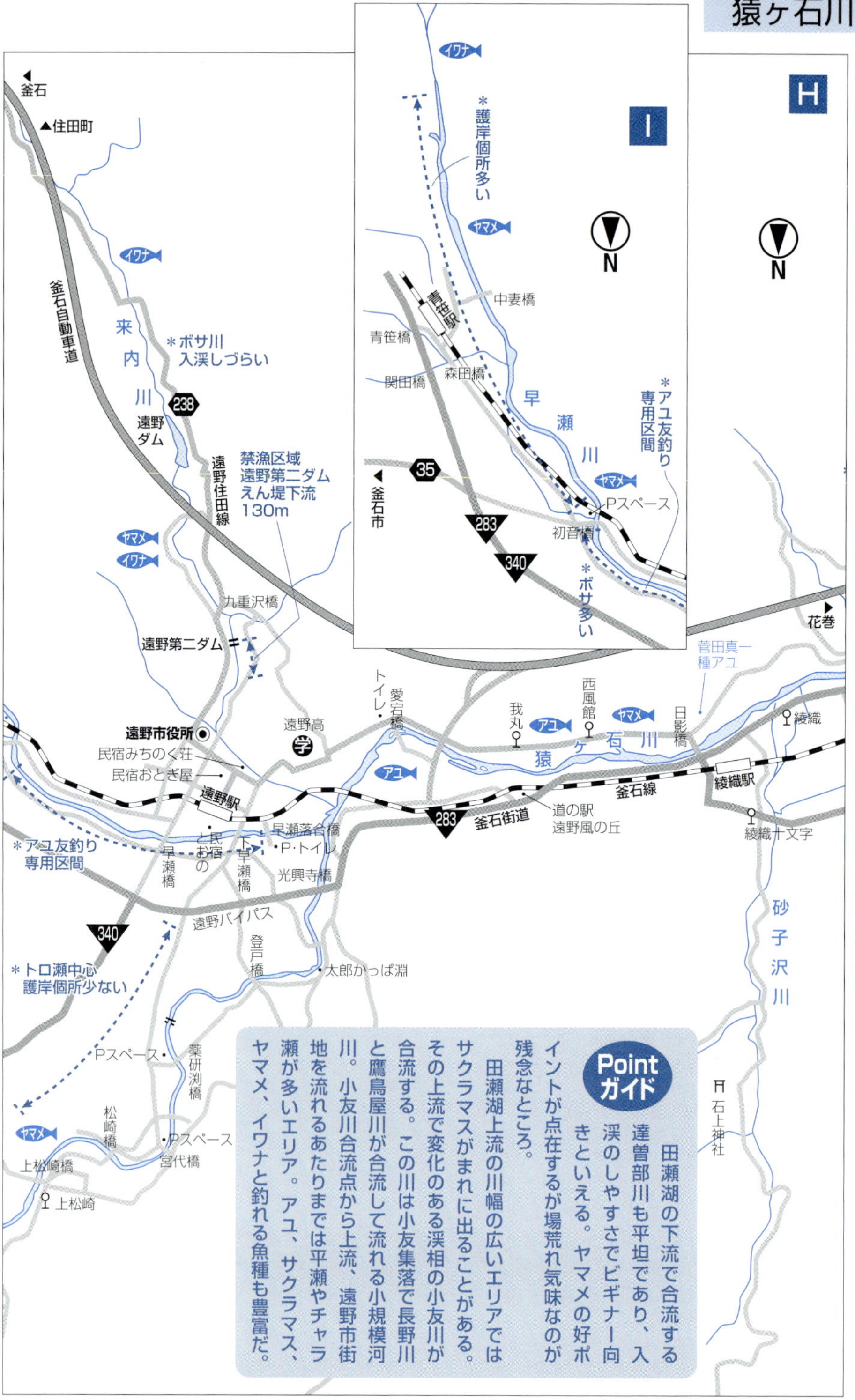
H
I
N
N
釜石
住田町
釜石自動車道
イワナ
来内川
＊ボサ川
入渓しづらい
238
遠野ダム
遠野住田線
禁漁区域
遠野第二ダム
えん堤下流
130m
ヤマメ
イワナ
九重沢橋
遠野第二ダム
遠野市役所
民宿みちのく荘
民宿おとぎ屋
遠野駅
遠野高
トイレ
愛宕橋
アユ
早瀬落合橋
P・トイレ
光興寺橋
＊アユ友釣り
専用区間
早瀬橋
民宿とおの
下早瀬橋
遠野バイパス
340
登戸橋
太郎かっぱ淵
＊トロ瀬中心
護岸個所少ない
Pスペース
薬研渕橋
松崎橋
Pスペース
宮代橋
ヤマメ
上松崎橋
上松崎
283
釜石街道
道の駅
遠野風の丘
釜石線
我丸
アユ
西風館
ヤマメ
猿ヶ石川
日影橋
菅田真一
種アユ
綾織
綾織駅
綾織十文字
砂子沢川
石上神社
花巻
イワナ
＊護岸個所多い
ヤマメ
中妻橋
青笹駅
青笹橋
関田橋
森田橋
早瀬川
＊アユ友釣り
専用区間
35
釜石市
ヤマメ
Pスペース
初音橋
283
340
＊ボサ多い

Point ガイド

田瀬湖の下流で合流する達曽部川も平坦であり、入渓のしやすさでビギナー向きといえる。ヤマメの好ポイントが点在するが場荒れ気味なのが残念なところ。

田瀬湖上流の川幅の広いエリアではサクラマスがまれに出ることがある。その上流で変化のある渓相の小友川が合流する。この川は小友集落で長野川と鷹鳥屋川が合流して流れる小規模河川。小友川合流点から上流、遠野市街地を流れるあたりまでは平瀬やチャラ瀬が多いエリア。アユ、サクラマス、ヤマメ、イワナと釣れる魚種も豊富だ。

猿ヶ石川

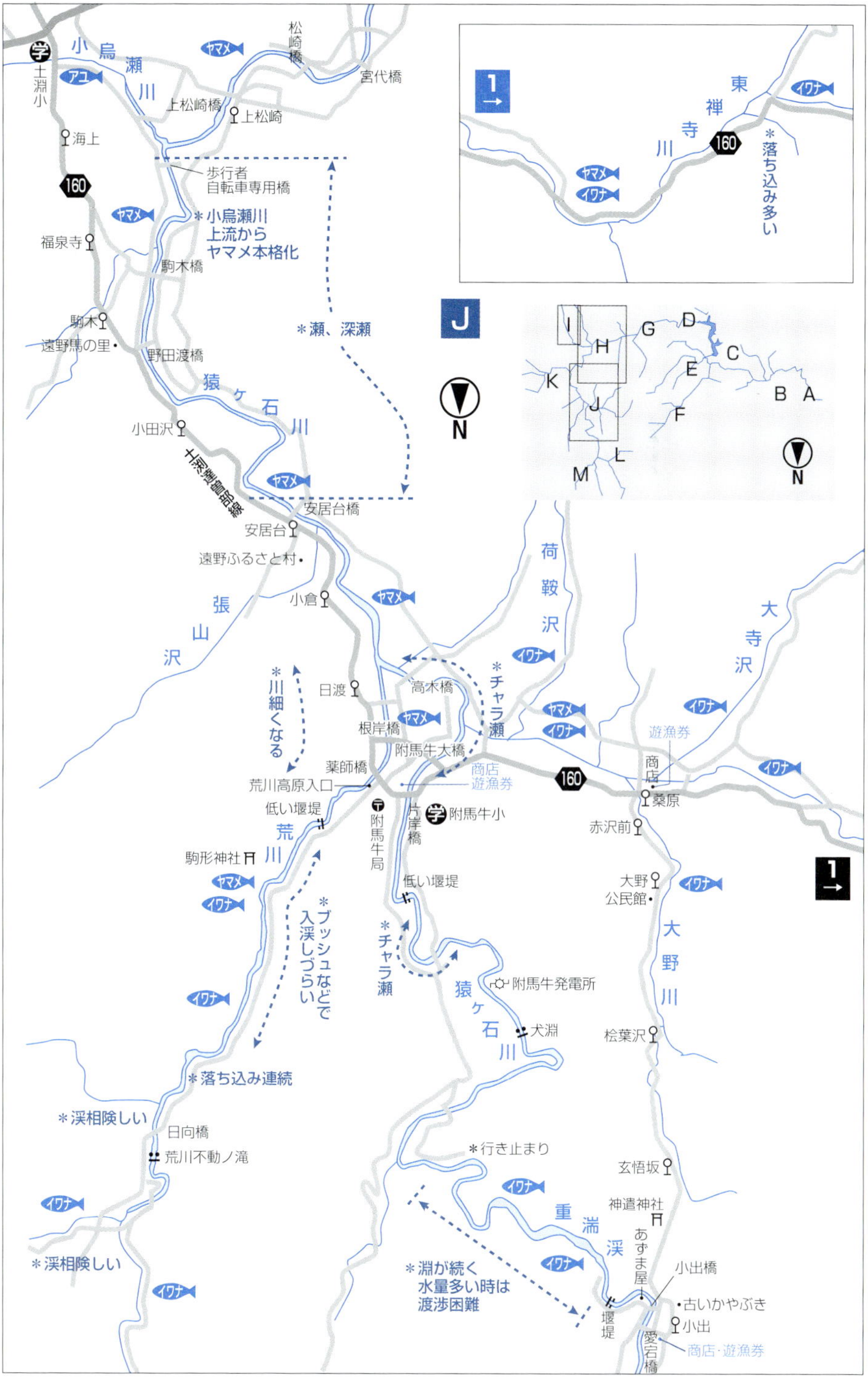

小烏瀬川
士淵小
上松崎橋
上松崎
松崎橋
宮代橋
海上
160
歩行者自転車専用橋
＊小烏瀬川上流からヤマメ本格化
福泉寺
駒木橋
駒木
遠野馬の里
野田渡橋
＊瀬、深瀬
猿ヶ石川
小田沢
土渕達曽部線
安居台橋
安居台
遠野ふるさと村
張山沢
小倉
＊川細くなる
日渡
高木橋
根岸橋
附馬牛大橋
＊チャラ瀬
荷鞍沢
大寺沢
遊漁券
商店
桑原
薬師橋
荒川高原入口
商店
遊漁券
低い堰堤
附馬牛局
片岸橋
附馬牛小
赤沢前
荒川
駒形神社
低い堰堤
大野
公民館
大野川
＊ブッシュなどで入渓しづらい
＊チャラ瀬
附馬牛発電所
犬淵
桧葉沢
＊落ち込み連続
＊渓相険しい
日向橋
荒川不動ノ滝
＊行き止まり
玄悟坂
神遣神社
重湍渓
あずま屋
小出橋
古いかやぶき
小出
＊渕が続く水量多い時は渡渉困難
堰堤
愛宕橋
商店·遊漁券
＊渓相険しい
東禅寺川
＊落ち込み多い
ヤマメ
イワナ
アユ
J
N
A B C D E F G H I J K L M
1

K
カッパ淵
常堅寺
たかむろ水光園
山口の水車
山口川
土淵小
小烏瀬川
足洗川
デンデラ野
アユ
ヤマメ
イワナ
土淵達曽部線
海上
公民館
和野川
コミュニティセンター
野崎橋
160
340
＊護岸個所多い
和野橋
福泉寺
山崎
光岸寺
駒木橋
運万橋
金勢神社
駒木
遠野馬の里
林崎橋
公民館
林崎
小烏瀬川
米通沢
栃内
半通橋
＊渓相すばらしい
琴畑川
一ノ渡
公民館
赤沼橋
▼国道106号
N
A B C D E F G H I J K L M

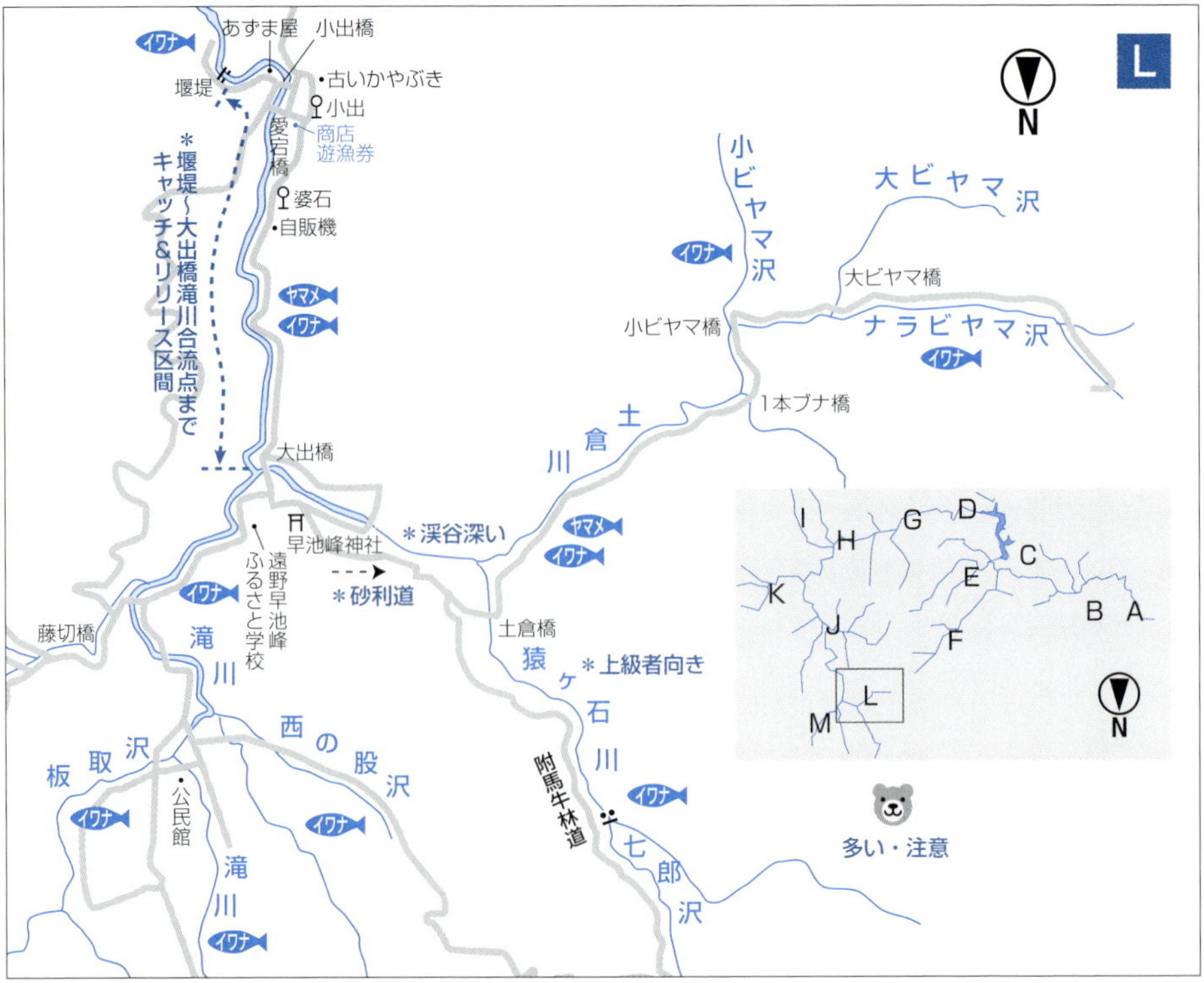
L
あずま屋
小出橋
古いかやぶき
堰堤
小出
愛宕橋
商店
遊漁券
婆石
自販機
＊堰堤～大出橋滝川合流点までキャッチ＆リリース区間
N
小ビヤマ沢
大ビヤマ沢
大ビヤマ橋
小ビヤマ橋
ナラビヤマ沢
イワナ
ヤマメ
1本ブナ橋
土倉川
大出橋
早池峰神社
＊渓谷深い
遠野早池峰ふるさと学校
＊砂利道
藤切橋
滝川
土倉橋
猿ヶ石川
＊上級者向き
西の股沢
板取沢
公民館
附馬牛林道
七郎沢
滝川
多い・注意
A B C D E F G H I J K L M

M
N
＊渓相険しい
イワナ
大篠沢
＊淵が続く。
水量多い時は
渡渉困難
イワナ
あずま屋
堰堤
小出橋
古い
かやぶき
小出
愛宕橋
商店
遊漁券
婆石
自販機
ヤマメ
イワナ
＊堰堤～大出橋滝川合流点まで
キャッチ&リリース区間
大出橋
早池峰神社
遠野早池峰
ふるさと学校
＊砂利道
藤切川
イワナ
＊上流ボサ厳しい
養魚場
藤切川橋
蛇滝沢橋
イワナ
滝川
西の股沢
板取沢
公民館
イワナ
イワナ
多い・注意
蛇滝沢
ワデノシタ沢
イワナ
サデノシタ沢
イワナ
滝川
又一滝
I
H
G
D
C
E
K
B
A
J
F
L
M
N
琴畑川の渓谷美

Point ガイド

猿ヶ石川は遠野のまちを抜けるころ、周辺の峠を水源とする多くの支流を集める。釜石市との境付近から西流する早瀬川、大槌町との境界から恩徳川や琴畑川などを合わせて流れる小烏瀬川、宮古市川井地区との境に位置する荒川高原を源流とする荒川、遠野市宮守町との境界から東流する東禅寺川などなど。いずれも豊かな水をたたえ、多くの渓魚を育くむ。小出地区にはキャッチ&リリース区間が設定されている。リリースのルールは守っていただきたい。

本流・支流とも入渓は容易であり、民話の里で釣る楽しみを味わえるが、どの川も源流部に近づくにつれ、さまざまな危険が伴ってくるので安易に深入りしないようにしたい。

鵜住居川

うのすまいがわ

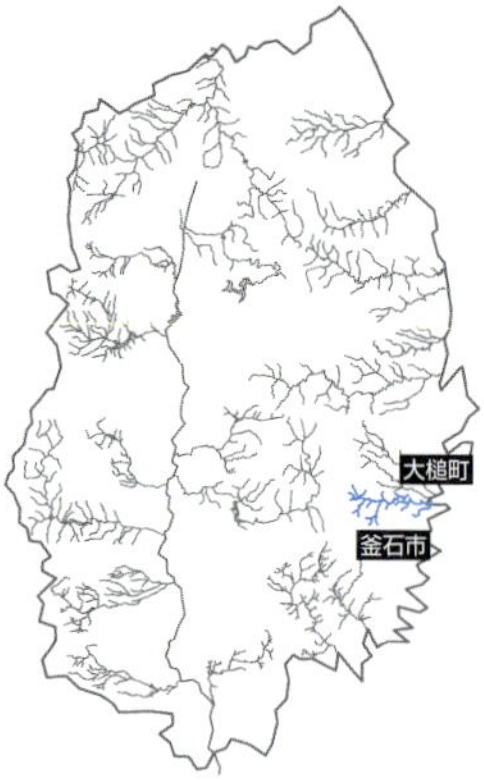
大槌町
釜石市

〈沿岸水系〉

鵜住居川漁業協同組合
（事務局）
☎0193（28）4338

アユ
イワナ
ヤマメ
サクラ
アメマス
ヒカリ

INFORMATION

¥	日釣券	年券
全魚種	1,500円	5,500円
雑魚	–	–

盛岡→遠野（国道396号）→釜石（国道283号）→鵜住居（国道45号）

いくつもの源流部をもつ渓流である。遠野市と釜石市の境界・笛吹峠を中心として大峰山（1148m）の北斜面を水源とした青ノ木沢、界木峠から東流する赤柴川、さらに石仏山（875m）から南に流れる本谷川などが橋野町付近で合流して橋野川となる。また、これに多くの枝沢が集まって栗林町で鵜住居川となり、大槌湾に注ぐこととなる。流程およそ29㎞。

比較的小規模の河川であるが、魚影は安定しており、流れに沿って道路があることもあり、ビギナーにも釣りやすい川といえる。

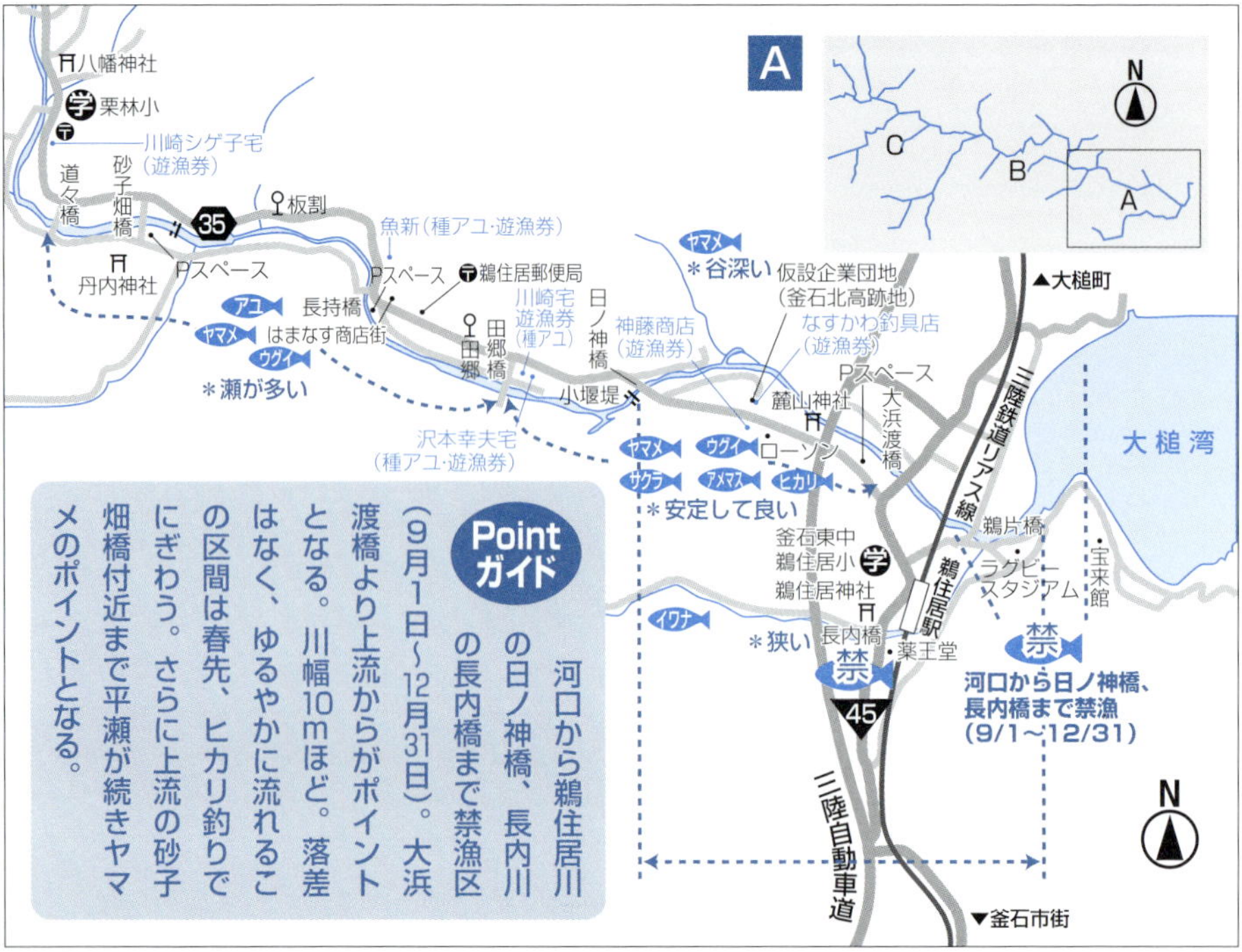
A
N
C
B
A
八幡神社
栗林小
川崎シゲ子宅（遊漁券）
道々橋
砂子畑橋
35
板割
丹内神社
Pスペース
魚新（種アユ・遊漁券）
Pスペース
鵜住居郵便局
長持橋
はまなす商店街
川崎宅 遊漁券（種アユ）
田郷
田郷橋
日ノ神橋
ヤマメ
＊谷深い
仮設企業団地（釜石北高跡地）
▲大槌町
神藤商店（遊漁券）
なすかわ釣具店（遊漁券）
Pスペース
アユ
ヤマメ
ウグイ
＊瀬が多い
小堰堤
麓山神社
大浜渡橋
三陸鉄道リアス線
大槌湾
沢本幸夫宅（種アユ・遊漁券）
ヤマメ
ウグイ
ローソン
サクラ
アメマス
ヒカリ
＊安定して良い
鵜片橋
釜石東中
鵜住居小
鵜住居神社
ラグビースタジアム
宝来館
鵜住居駅
イワナ
＊狭い
長内橋
薬王堂
禁
禁
45
河口から日ノ神橋、長内橋まで禁漁（9/1～12/31）
三陸自動車道
N
▼釜石市街

Point ガイド

河口から鵜住居川の日ノ神橋、長内川の長内橋まで禁漁区（9月1日～12月31日）。大浜渡橋より上流からがポイントとなる。川幅10mほど。落差はなく、ゆるやかに流れるこの区間は春先、ヒカリ釣りでにぎわう。さらに上流の砂子畑橋付近まで平瀬が続きヤマメのポイントとなる。

Pointガイド

砂子畑橋より上流約1㎞は平瀬中心のポイントが続く。ヤマメをフライで狙うのに最適な渓相。またアユ釣りも盛んなエリアがこの付近まで。沢田付近からしだいに淵も点在し始め、流れの落差が大きくなる。稀に大物が飛び出すことがある。

上栗林地区から橋野地区までのエリアは岩盤と大岩が点在する落差のある流れとなり、イワナが混じり始める。入りやすいために釣り人は多い。

鵜住居川のアユ釣り風景

B

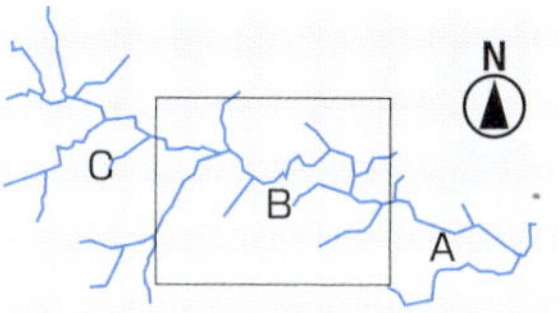

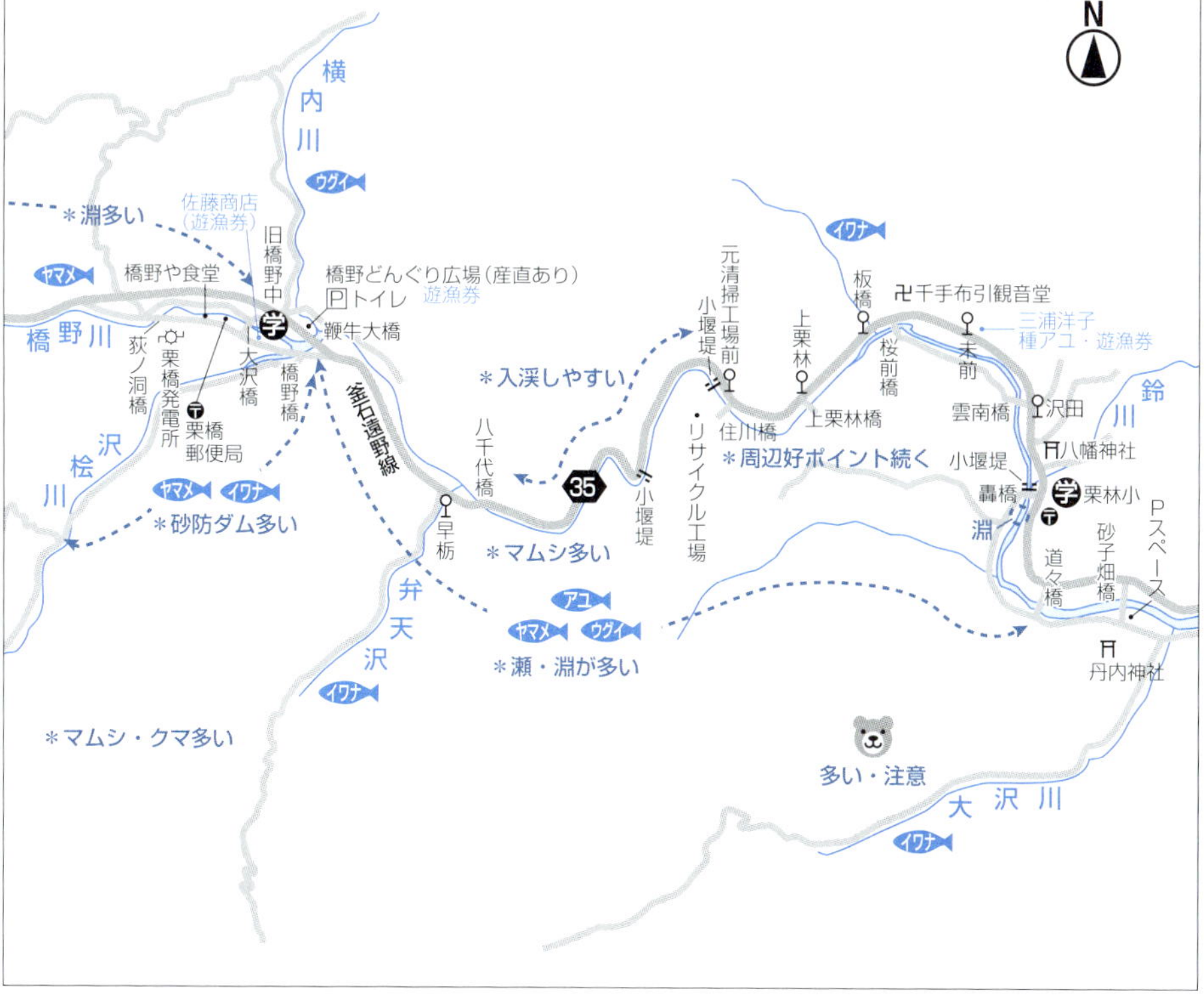

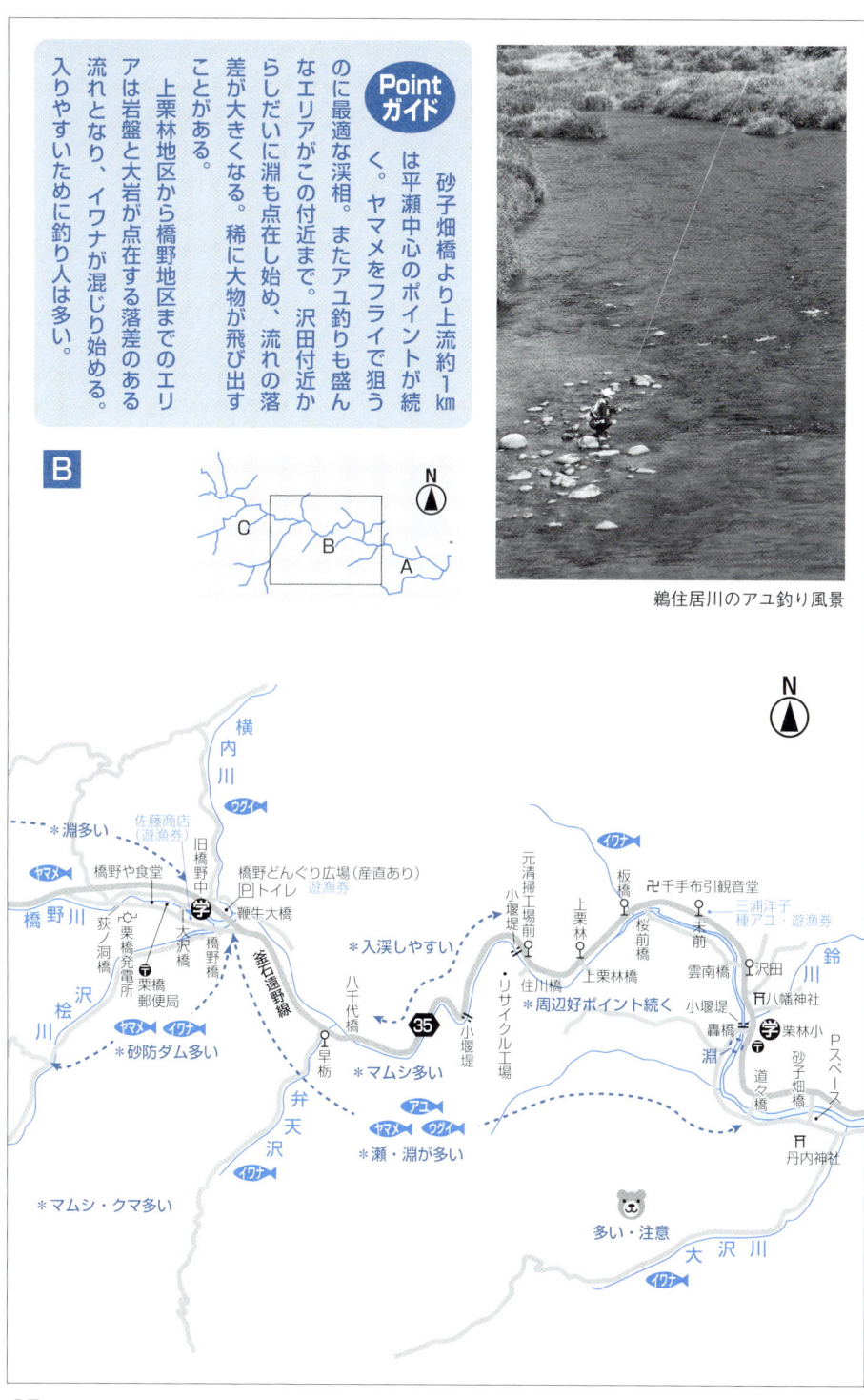

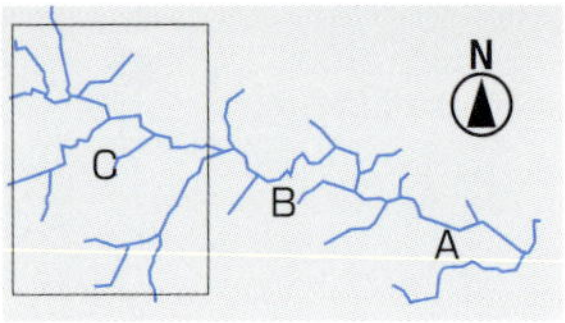
C
N
C
B
A

イワナ
イワナ
多い・注意
初神橋
初 神 沢
＊水枯れする
時期がある
イワナ
＊ボサで
釣りにくい
赤 柴 川
本谷橋
アユ
イワナ
ヤマメ
イワナ
鷲の滝
橋野発電所
中村橋
鷲の滝発電所
和山入口
鷲の滝橋
ヤマメ
イワナ
35
＊谷深い
＊淵多い
林宗寺
駒形神社
中村橋
商店
三城子橋
ヤマメ
イワナ
P
青ノ木下橋
袖山橋
能 舟 木 川
橋 野 川
荻ノ洞橋
栗橋発電所
＊上流ボサひどくなる
金山
下口
青ノ木橋
青 ノ 木 川
遠野市
イワナ
＊マムシ・
クマ多い
沢 桧 川
ヤマメ
イワナ
＊砂防ダム多い
イワナ
＊マムシ・クマ多い
石二田小屋
大平小屋
沢 桧 沢
イワナ
大 平 沢
イワナ
N

Point ガイド

落差はさらに大きくなる。釣り人は魚信に比例するのか少ない。したがって上流部での釣りは支流の沢檜川や、青ノ木川、赤柴川といった源流を成す2河川がおすすめ。沢桧川は上流に上るにしたがって期待は深まる。青ノ木川、赤柴川はともに落ち込みと淵が連続する好渓相であり、イワナ・ヤマメが交じる。

いずれの川も上流域にキノコや山菜の栽培場があり、また流域にはクマやマムシも多いので要注意。

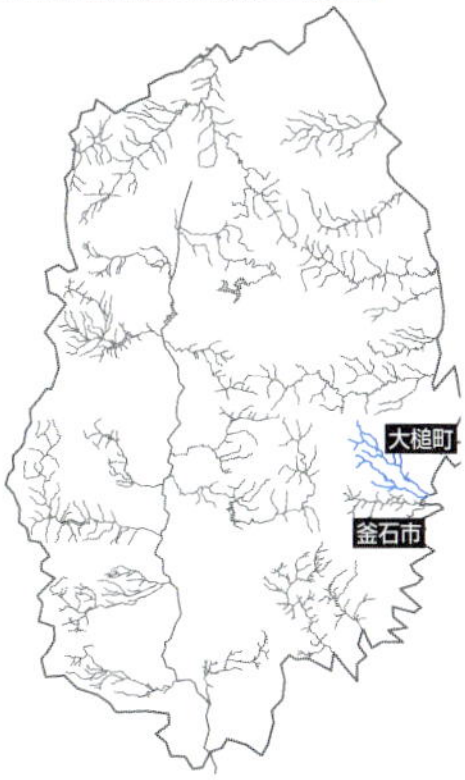

大槌川・小鎚川

おおづちがわ・こづちがわ

〈沿岸水系〉

INFORMATION

¥	日釣券	年券
全魚種	1,500円	5,000円
75歳以上	750円	2,500円

盛岡→遠野（国道396号）→釜石（国道283号）→大槌国道45号）

アユ
イワナ
ヤマメ
サクラ
ニジマス

大槌河川漁業協同組合
☎0193（42）2448

大槌川は大槌町と宮古市川井の境界に位置する土坂峠付近が水源。南東に流れる上流部で金沢川と呼ばれ、小又口地区で源流部に落差35mの幻の滝・高滝をもつ折合沢が合流する。金沢地区で安瀬の沢と合流する中流部で大槌川となる。流程およそ30㎞。豊かな伏流水と上質な軟水を生かして流域ではワサビの栽培も盛んである。

小鎚川は白見山（1173m）東麓付近を源流域に、大槌川の南側を並行して流れる。新山高原を水源とする種戸川を合わせて大槌川同様、大槌湾に注ぐ。流程およそ26㎞。どちらの河川も5月下旬から7月下旬までアユ解禁に伴い全川禁漁となる。

N
多い・注意
押立沢
イワナ
大飛内沢
平田橋
中井橋
下屋敷橋
深渡ダム
深渡橋
ヤマメ
イワナ
＊やや谷深くなる
淵が多い
馬場野橋
桃畑橋
白銀橋
チャラ瀬
和野橋
＊水量安定
宮沢
B
＊瀬、淵と変化が
あり、実績高い
アユ
ウグイ
恵水講橋
小堰堤
小堰堤
26
前段橋
畳岩橋
小松野橋
大槌川
＊水量少ない
ニジマス
大槌川井線
大征橋
徳並橋
種戸小橋
札場橋
小渡橋
・旧小鎚小
種戸川
鎌渡橋
蕨打直橋
小堰堤
＊入渓しやすい
＊谷深い
産直つつじの里
小鎚川
三枚堂橋
＊水量少ない
増水時ねらい目
ヒカリ
県立大槌病院・
立石淵
禁
(1/1～5/31)
(9/1～12/31)
禁
(9/1～9/30)
マスト
D
C
B
A

Point ガイド

【大槌川】大槌橋上流端から旧大槌中学校えん堤下流端までの区間がサケマス養殖保護のため禁漁区に設定されている。その上流は平瀬と堰堤が続くエリアで春先のヒカリとウグイが釣れる。和野付近から現れる深みでヤマメが釣れ出す。とりわけ白銀と桃畑の間に大淵があり、ここで良型ヤマメが釣れることがままある。さらにこの桃畑から上流、深渡ダムまでは大淵や深瀬が続く。ダムからは大小の淵が続く。ウグイが混じりうるさいものの、良型が上がるので満足感もふくらむ。ぜひルアーマンに挑んでもらいたいエリアだ。

【小鎚川】下流部に水量の少なさが気になるエリアがあるものの、蕨打直橋付近から上流で増水時を中心にして大ヤマメが釣れることがある。蕨打直橋より上流は渓谷も深くなり、いい渓相の中でのヤマメ釣りが楽しめる。

大槌川・小鎚川

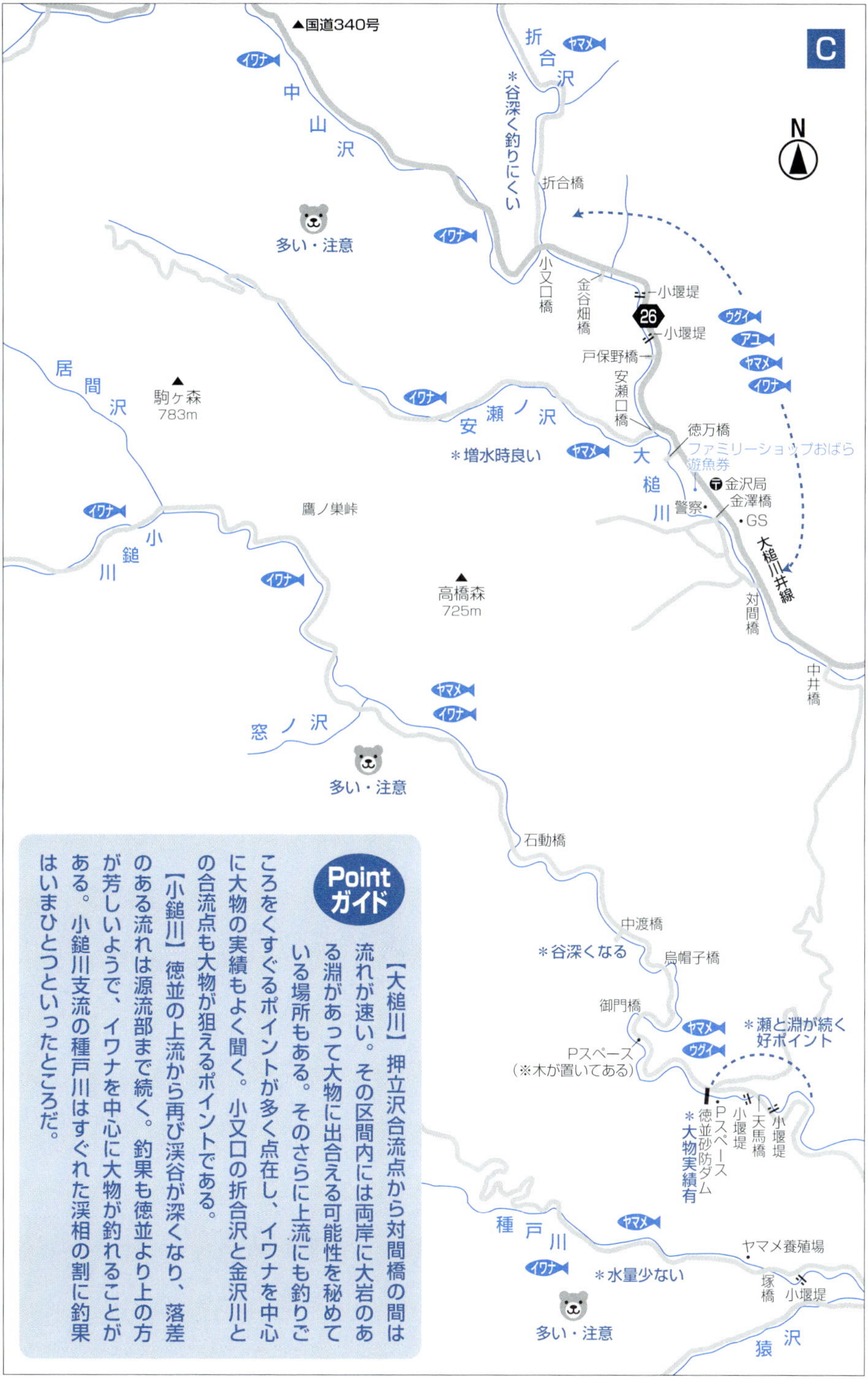
C
N
▲国道340号
折合沢
＊谷深く釣りにくい
中山沢
折合橋
多い・注意
小又口橋
金谷畑橋
小堰堤
26
小堰堤
戸保野橋
安瀬口橋
居間沢
駒ヶ森
783m
安瀬ノ沢
＊増水時良い
大槌川
徳万橋
ファミリーショップおばら
遊魚券
金沢局
金澤橋
警察
GS
大槌川井線
鷹ノ巣峠
小鎚川
高橋森
725m
対間橋
中井橋
窓ノ沢
多い・注意
石動橋
中渡橋
＊谷深くなる
烏帽子橋
御門橋
＊瀬と淵が続く好ポイント
Pスペース
（※木が置いてある）
Pスペース
徳並砂防ダム
小堰堤
天馬橋
小堰堤
＊大物実績有
種戸川
＊水量少ない
多い・注意
ヤマメ養殖場
塚橋
小堰堤
猿沢
イワナ
ヤマメ
ウグイ
アユ

Pointガイド

【大槌川】押立沢合流点から対間橋の間は流れが速い。その区間内には両岸に大岩のある淵があって大物に出合える可能性を秘めている場所もある。そのさらに上流にも釣りごころをくすぐるポイントが多く点在し、イワナを中心に大物の実績もよく聞く。小又口の折合沢と金沢川との合流点も大物が狙えるポイントである。

【小鎚川】徳並の上流から再び渓谷が深くなり、落差のある流れは源流部まで続く。釣果も徳並より上の方が芳しいようで、イワナを中心に大物が釣れることがある。小鎚川支流の種戸川はすぐれた渓相の割に釣果はいまひとつといったところだ。

Pointガイド

大槌川の上流部に注ぐ支流・折合沢は深く荒々しい渓相が美しい。途中まで川に沿って林道が通っているので入りやすいが、流れが林道から離れるあたりからが、本格的源流釣りの雰囲気が濃くなり、大イワナとの出合いのチャンスとなる。同じく金沢川はかなり上流までヤマメが中心となる。

D
N
A
B
C
D
国道340号
金沢川
26
大槌川井線
中山沢
＊滝の連続
多い・注意
多い・注意
折合沢
イワナ
ヤマメ
Pスペース
源氏橋
中山橋
戸沢橋
Pスペース
中山沢
＊谷深く入渓しづらい
＊谷深く釣りにくい
多い・注意
小又口橋
小鎚山
956m
安瀬ノ沢
房間沢
駒ケ森
783m
白見山
1173m
＊増水時良い
鷹ノ巣峠
高橋森
725m
小鎚川
N

豊沢川

とよさわがわ

〈北上川水系〉

INFORMATION

¥	日釣券	年券
全魚種	1,500円	7,000円
雑魚	800円	4,000円

🚗 盛岡→花巻（国道4号）→花巻南温泉郷（県道12号）

アユ　イワナ　ヤマメ　ヒカリ

豊沢川漁業協同組合
☎0198（23）5414

花巻市と雫石町の境・峰越峠を源流に、多くの支流・枝沢を集めて流れ、途中、豊沢湖を経たのち花巻市で北上川に合流する。流程およそ29㎞。主な支流・枝沢に豊沢湖上に大楯沢、中ノ股沢、西ノ股沢、桂沢、白沢、出羽沢などが、湖下に大沢川、三ッ沢川、寒沢川などがある。

また、豊沢湖から下流には多くの温泉地が点在し、釣りと名湯を堪能できる。宮沢賢治童話の舞台としてもたびたび登場する山懐での釣り旅はビギナーにも楽しめるフィールドといえる。

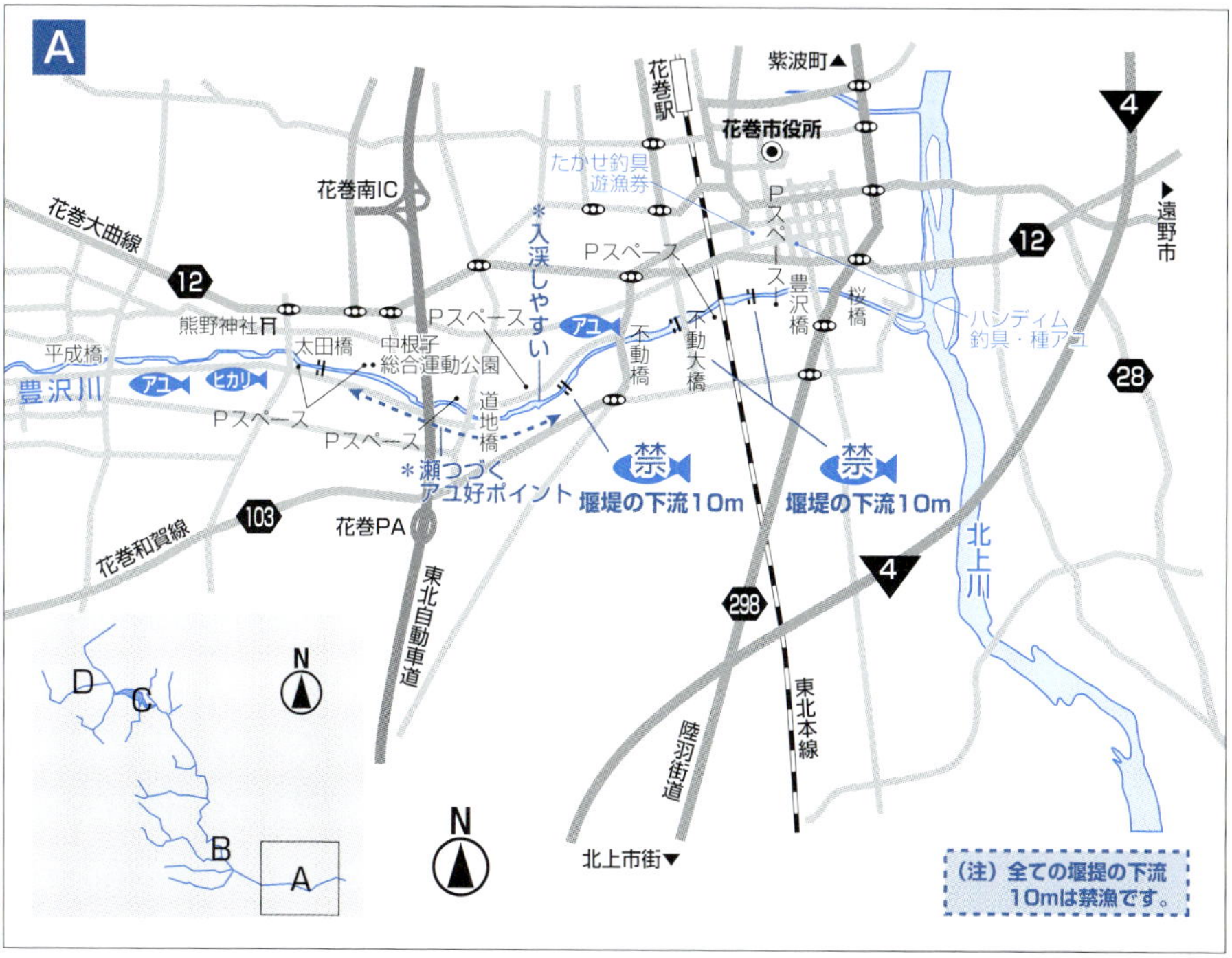

Pointガイド

下流は主にアユ釣りの区間となる。川幅が狭いので、短い竿の方が扱いやすい。ヤマメはウグイに混じる程度。街中の流れにはたくさんの堰堤が設けられ、全てその下流10ｍは遊漁禁止になっているので注意が必要。

中流域は風情ある花巻南温泉郷のすぐ隣を流れる環境なので、ゆっくりとお湯につかりながら早春のヤマメ、夏のアユ釣りを楽しめる。

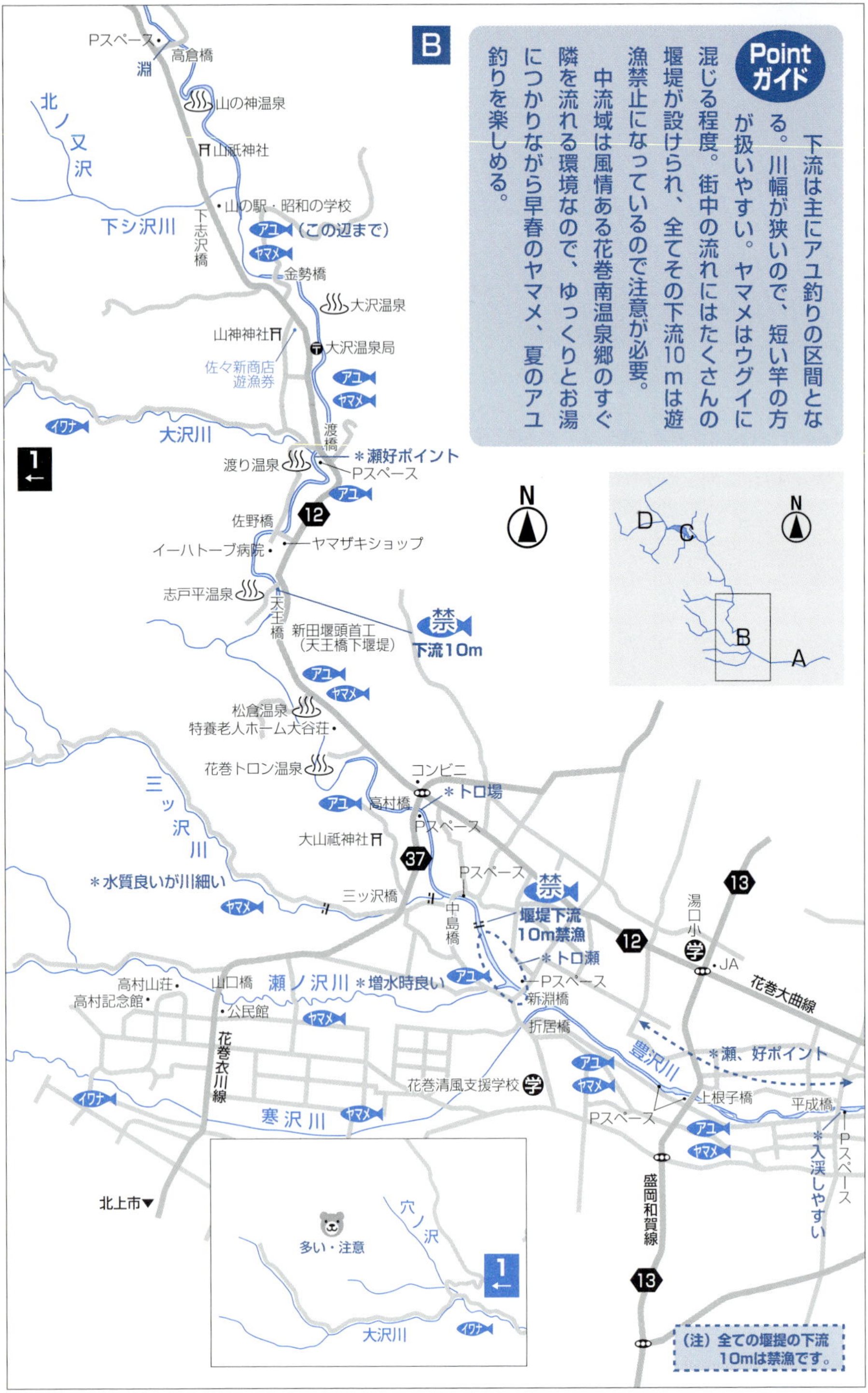
B
Pスペース
高倉橋
淵
山の神温泉
山祇神社
北ノ又沢
山の駅・昭和の学校
下シ沢川
下志沢橋
アユ（この辺まで）
ヤマメ
金勢橋
大沢温泉
山神神社
大沢温泉局
佐々新商店
遊漁券
アユ
ヤマメ
イワナ
大沢川
渡橋
1
渡り温泉
＊瀬好ポイント
Pスペース
アユ
12
佐野橋
イーハトーブ病院
ヤマザキショップ
志戸平温泉
天王橋
新田堰頭首工
（天王橋下堰堤）
禁
下流10m
アユ
ヤマメ
松倉温泉
特養老人ホーム大谷荘
花巻トロン温泉
三ッ沢川
コンビニ
＊トロ場
アユ
高村橋
Pスペース
大山祇神社
37
＊水質良いが川細い
Pスペース
禁
ヤマメ
三ッ沢橋
中島橋
堰堤下流
10m禁漁
＊トロ瀬
13
湯口小
12
JA
花巻大曲線
高村山荘
高村記念館
山口橋
瀬ノ沢川 ＊増水時良い
アユ
Pスペース
新淵橋
公民館
ヤマメ
折居橋
花巻衣川線
豊沢川
＊瀬、好ポイント
アユ
ヤマメ
イワナ
花巻清風支援学校
上根子橋
平成橋
寒沢川
ヤマメ
Pスペース
アユ
ヤマメ
＊入渓しやすい
Pスペース
北上市
盛岡和賀線
13
多い・注意
穴ノ沢
1
大沢川
イワナ
N
D
C
B
A
N

（注）全ての堰堤の下流10mは禁漁です。

Pointガイド

ヤマメ主体のポイントとなる。豊沢ダム放水口下流（１００ｍ遊漁禁止区間）まで瀬、淵と変化に富んだ渓相が続く。ウグイが目立つが、６月の最盛期は瀬中心に探っていけば良型のヤマメが期待できる。比較的河原が開けたポイントがあるのでルアーやフライでの大物狙いに徹するのも良い。

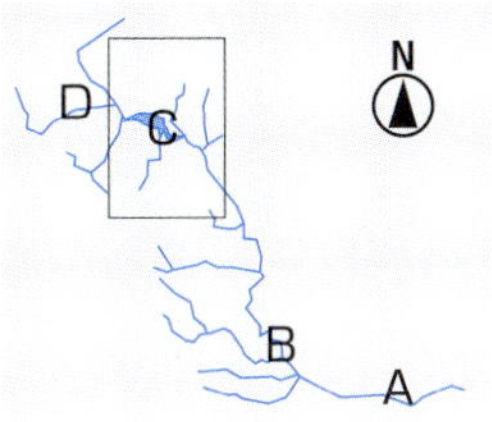
N
D
C
B
A

C

豊沢川のアユ釣り風景

N
幕舘橋
（橋の上に宮沢賢治の童話に出てくる
「なめとこ山」展望案内板）
サクト沢
淡島神社
滝の沢橋
12
豊沢平和郷跡の碑
豊沢湖園地キャンプ場
鴬沢
イワナ
西ノ又沢
＊ボサひどい
豊沢湖
コイ
フナ
フキ沢
堰堤
出羽沢
豊沢トンネル
豊沢ダム
＊谷深い
東ノ又沢
布観橋
＊堰堤
ルアーで実績有り
禁
放水口下流
100m禁漁
新鉛温泉
鉛温泉
花巻大曲線
イワナ
東又沢
白沢
＊谷深い
ヤマメ
鉛温泉スキー場
Pスペース
高倉橋
淵
山の神温泉
山祇神社

豊沢ダム上流の流れ

D
C
B
A
N
D
出没多い
雫石町▲
中ノ股沢
西ノ股沢
大楯沢
西の股橋
イワナ
234
花巻雫石線
N
豊沢川
マゴトロ沢
養魚場
孫瀬(まごとろ)橋
＊橋下に落ち込み
ゴミ沢
イワナ
中山峠
大空滝
小空滝沢
小ブナ沢
桂沢橋
幕舘橋
サクト沢
滝の沢橋
＊遊歩道
現在通行止め
花巻大曲線
淡島神社
12
桂沢
堰堤
＊イワナ多いが
ボサひどい
イワナ
フキ沢
イワナ
多い・注意
堰堤
出羽沢
＊イワナ多いが
ボサひどい
大ヘンジョウ沢
イワナ
東又沢
出羽沢橋
松倉沢

Pointガイド

豊沢ダムは放流事業のおかげで、コイやフナ釣りも楽しい。豊沢湖園地キャンプ場もあり、家族連れにも人気が高い。

ダム上流は水の透明度が高く、カジカも数多く生息している。ダム上流の流れはヤマメ、イワナの混棲。小、中型が多い。ダムに注ぐ支流の出羽沢、桂沢は下流の堰堤周辺がポイントとなる。イワナ主体。ほかの細流についてもそうだが、ボサ川なので春先の釣行が良い。

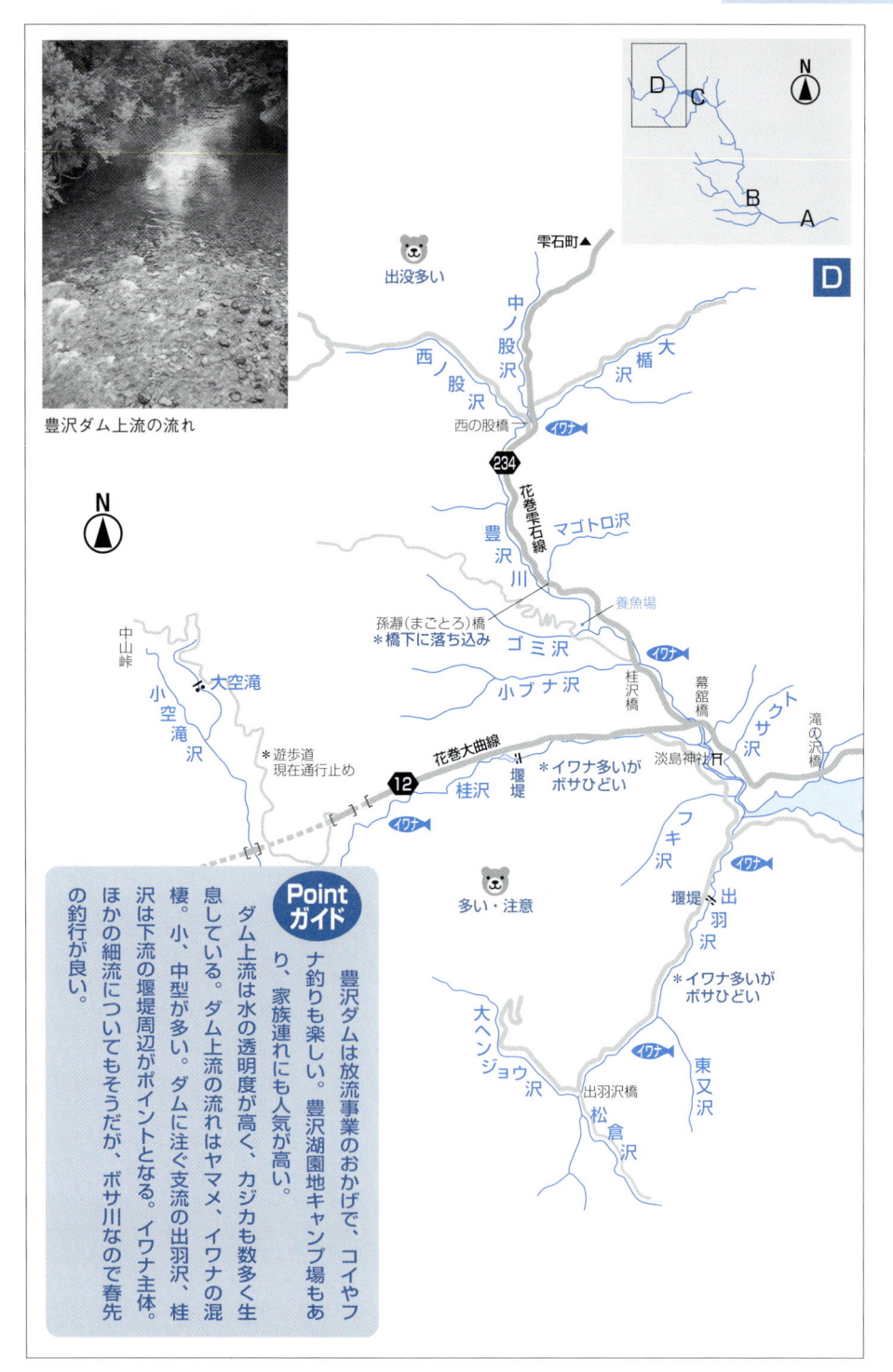

稗貫川

ひえぬきがわ

〈北上川水系〉

INFORMATION

¥	日釣券	年券
全魚種	1,500円	11,000円
雑魚	1,200円	8,000円

盛岡→大迫（国道396号）

アユ　イワナ　ヤマメ　ヒカリ

稗貫川漁業協同組合
（組合長宅）
☎080-1651-0957

北上山地の最高峰である霊峰・早池峰山（1917m）を源流に、久出内《ひさでない》川、折壁川などを併せ、早池峰ダム湖に注ぐ。さらにその下流で小又川などの支流を集め、大迫で中居川と合流。そして西へと流れて石鳥谷で北上川に注ぎ込む。流程およそ40㎞。

渓相は早池峰ダムより上流域が大岩の点在する山岳渓相であり、野趣あふれる釣りが満喫できる。川沿いに道が走り、初心者でも入渓できる場所はあるが、上流に進むにつれて渓相も険しさを増し、谷あいの川となるので中級以上の釣り人と同行することをすすめる。早池峰ダム下流部は総じてザラ瀬と適当な落ち込みや淵が点在する里川となり、釣りやすい。

Pointガイド

アユのポイントとしては、遠安橋の上流がオススメ。すぐ上流に淵があり（通称ガッケ淵）周辺のポイントに供給されるようだ。この淵は春先にヒカリがたまる場所としても有望で、タイミングが合えば大釣りできる。

B

大迫のアユ釣り風景

Point ガイド

大トロの深場を丹念に探ればヤマメの大物が狙える。この下流部は早春のヒカリや夏のアユにも実績があるポイントとして多くの釣り人を集めている。全体に入渓しやすくビギナーにもやさしいエリアである。

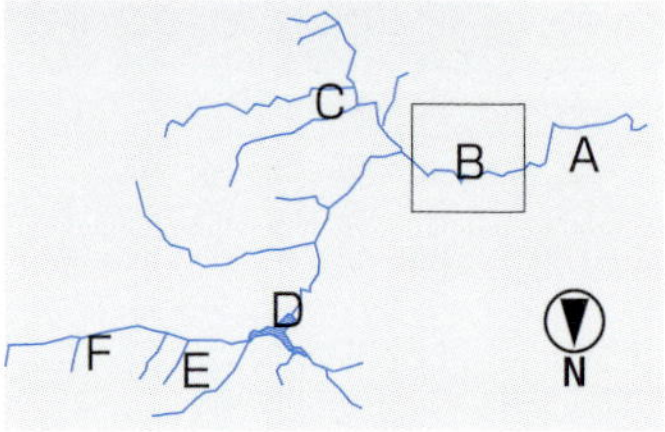
C
B
A
D
F
E
N

N
イワナ
升沢川
ヤマメ
アユ
＊護岸されていて魅力少ない
柿ノ木橋
大迫中
伊藤宅
遊漁券・種アユ
Pスペース
大迫小
いろは橋
＊アユのガラ掛け
禁止区間
禁
上・下流100m
大留取水口堰提
蟹沢坊橋
愛宕神社
43
＊アユのガラ掛け
禁止区間
＊瀬の多い アユ 好ポイント
立見橋
大迫総合支所
早池峰大橋
柳橋
GS
新大橋
大淵
産直
新岳南橋
Pスペース
＊荒瀬
岩の目淵
GS
ローソン
396
ヒカリ
ヤマメ
岩の目
ファミリーマート
亀ヶ森大橋
アユ
稗貫川
食堂
亀ヶ森
商店
新川原田橋
Pスペース
河川公園
P・トイレ
貝の淵
舘野淵
横枕橋
亀ヶ森小
Pスペース
亀ヶ森局
桜淵
ヒカリ
ヤマメ
鉢
小原田
高瀬橋
Pスペース
102
修理田
公民館
大沢橋
＊入渓しやすい
庄太茶屋
▼盛岡市

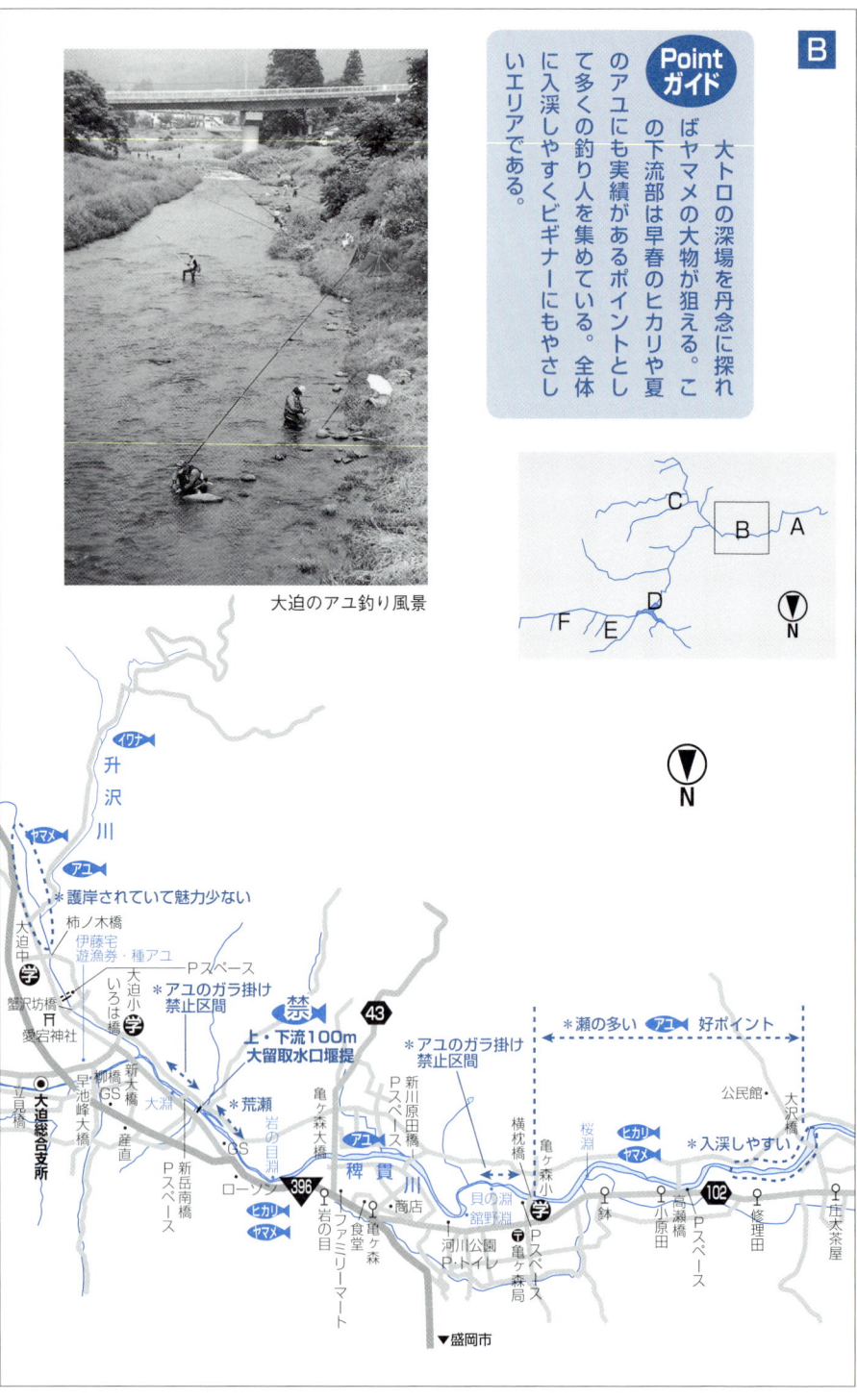

Point ガイド

早池峰大橋から上流はしばらく田畑の間をのどかに流れる渓相で、ヤマメを中心にイワナが釣れる。初心者にも入りやすい流れは早池峰ダム下まで続く。

また支流の中居川の本流は魅力があまりないが枝沢の八木巻川と旭ノ又川は魚影も濃く、まれに大物も上がるなど穴場として人気がある。小又川は水温が低いものの水量は豊富な方でヤマメが釣れる。

C
N
▲遠野市
長崎
外川目落合
桜田
イワナ
＊ボサ川
旧釜石街道
中居川
＊中居川は護岸個所が多いので支流（八木巻川、旭ノ又川）の方が釣りやすい
水境
水境橋
396
岩脇
岩脇橋
八木巻川
ヤマメ
樋の掛橋
公民館
＊ボサ
宗通寺
下中井
中居橋
諏訪前
小空蔵橋
＊水が細いがイワナ釣れる
生活改善センター
上沢崎
沢崎
Pスペース
横橋
宗五郎橋
禁
合流点～堰堤（800m）禁漁
八幡神社
旭ノ又川
＊好ポイント入渓しやすい
上高洞
Pスペース
道者渡橋
桝沢口
1
大迫中
集会場
＊ボサ川イワナ有望
白山神社
愛宕神社
栃沢
鳥長根橋
立見橋
大迫総合支所
＊入渓しやすい
アユ
鳥長根
43
P・あずま屋
P・トイレ
渓流の駅
桂林寺
金沢橋
＊好ポイント続く
八木沢橋
稗貫川
＊小堰堤上流トロ・下流瀬
瀬
盛岡大迫東和線
Pスペース
Pスペース
神楽の館
＊釣りやすい
鳥谷野橋
P・あずま屋
河東堰提
大償橋
大償
岳川
B
A
D
F
E
堰堤～揚水場間
小償
小付内橋
小付内揚水場
鷹嘴商店・遊漁券
＊川狭くなる
小又川
稲荷橋
内川目小

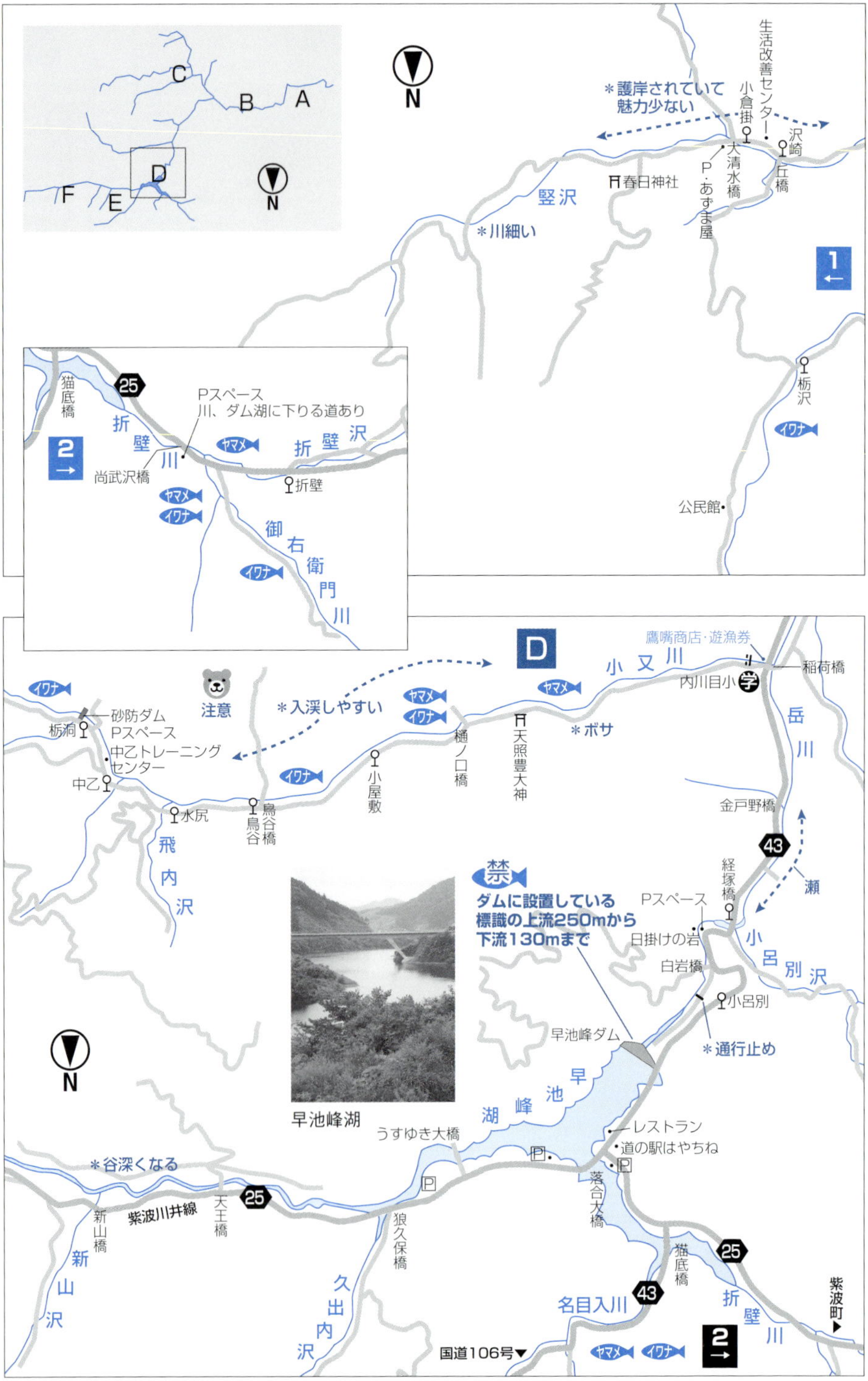
A
B
C
D
E
F
N
＊護岸されていて魅力少ない
生活改善センター
小倉掛
沢崎
大清水橋
P・あずま屋
丘橋
春日神社
竪沢
＊川細い
1
栃沢
イワナ
公民館
猫底橋
25
Pスペース
川、ダム湖に下りる道あり
折壁川
ヤマメ
折壁沢
2
尚武沢橋
折壁
御右衛門川
D
鷹嘴商店・遊漁券
小又川
稲荷橋
内川目小
注意
＊入渓しやすい
砂防ダム
栃洞
Pスペース
中乙トレーニングセンター
中乙
天照豊大神
＊ボサ
樋ノ口橋
小屋敷
水尻
鳥谷
鳥谷橋
飛内沢
岳川
金戸野橋
43
経塚橋
瀬
禁
ダムに設置している標識の上流250mから下流130mまで
Pスペース
日掛けの岩
白岩橋
小呂別沢
小呂別
早池峰ダム
＊通行止め
早池峰湖
うすゆき大橋
レストラン
道の駅はやちね
落合大橋
＊谷深くなる
天王橋
紫波川井線
新山橋
新山沢
狼久保橋
久出内沢
猫底橋
名目入川
国道106号▼
紫波町▶

Pointガイド

早池峰ダムより上流は次第に山岳渓相となり、大岩の間を清冽な冷たい流れがほとばしる雰囲気の中での釣りとなる。いつの間にかヤマメよりイワナ主体の魚影となり、とりわけ嫁ヶ淵には大イワナの魚影が見え隠れし、多くの釣り人が挑んでは敗れているようだ。

このエリアより上流は足場も悪く、ビギナーには困難な釣行となる。雨の後は大物の狙い目となるものの、急増水する暴れ川としても有名な川だけに細心の注意を払っていただきたい。早池峰神社付近からさらに上の源流部は魅力的ながら危険な川であり、ことさら注意を要する。

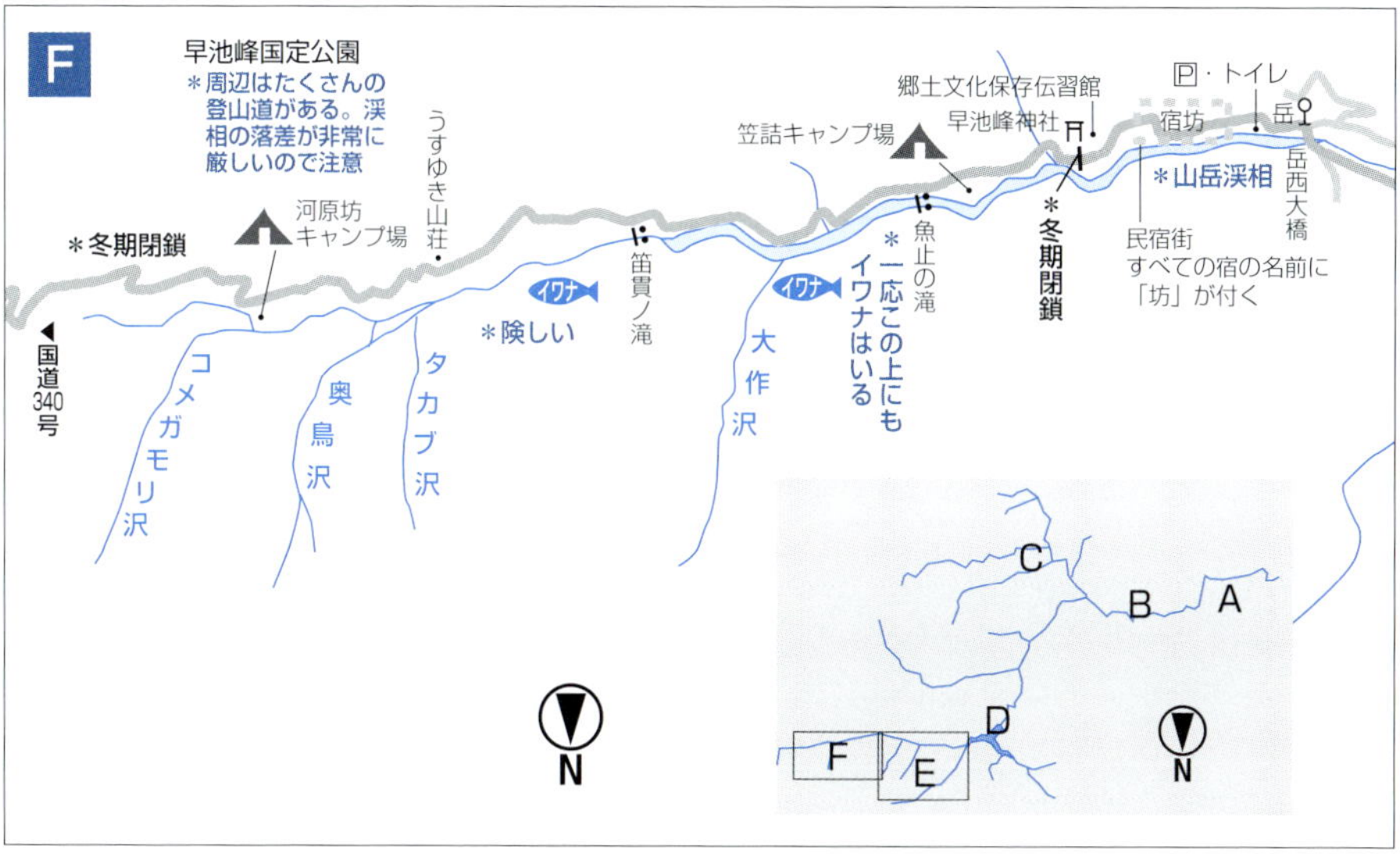

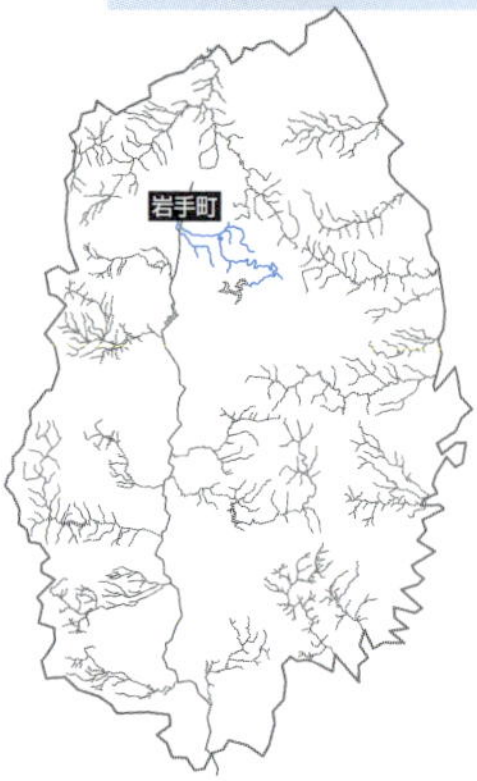

丹藤川

たんどうがわ

〈北上川水系〉

上北上川漁業協同組合
☎0195(65)2076

アユ
イワナ
ヤマメ

INFORMATION

¥	日釣券	年券
全魚種	1,000円	7,100円
雑魚	700円	6,100円

🚗 盛岡→岩手町方面(国道4号)

最上流部は岩洞湖に水源を発し、盛岡市と葛巻町の境を末崎川、崩川などの支流を集めて流れ、岩手町に位置する北上川本流に合流する。流程およそ60㎞。

下流域は淵、瀬、瀞《とろ》の交互する遊歩道の整備された大場所が続き、景観としても見事な渓相が続く。ただし、岩場の危険な場所も多く増水時の渓行には細心の注意が必要。ヤマメ主体の数釣りが楽しめるのは中流域だが、民家が少なく道路からのアクセスがあまり良くないために入渓地点は限られる。上流域は末崎川との合流点までは釣りになるが、渇水期は水量が少なくボサ川になる。

A

Pointガイド

丹藤川下流部合流点から遊歩道はイワナ、ヤマメともに生息しているが場荒れのせいか数釣りは期待できない。丹藤川に並び北上川へと注ぐ古館川は下流部こそ護岸されていて魅力が少ないが秋浦から土滝口上流部にかけては道路からのアクセスも良くヤマメの中型までがよく釣れる。川幅はあまり広くなく、ルアー、フライには難しいポイントが多い。

盛岡市街▲
好摩駅
伊五澤商店
遊漁券
IGRいわて銀河鉄道
花輪線
大更駅
西鹿川
巻堀小
巻堀神社
瀬
永井橋
才津長根
北上川
転作研修センター
陸羽街道(奥州街道)
田茂内川
158
養魚場
土滝口
*入渓しやすい
藤原商店
遊漁券
桑畑橋
集会場
薮川川口線
高梨
東北新幹線
巻堀トンネル
ローソン
遊漁券
トロ瀬
車輌通行止め
Pスペース
川口南大橋
岩崎橋
三駄沢
古館川
*護岸されていて
魅力少ない
社会体育館
岩手川口駅
4
*合流点好ポイント
N
秋浦
郷土芸能伝承館
秋浦トンネル
*車行き止まり
やな
*徒歩道(約8km)
丹藤川
川口小
Pスペース
川口中
川口北大橋
ファミリーマート
遊漁券
北上川
堰堤
丹藤トンネル
岩手中央自動車学校
芦田内川
孫太郎沢
ヤマメ
野原
丹藤橋
Pスペース
堰堤
*チャラ瀬中心のアユ好ポイント
Pスペース
雪浦橋
浄水センター
Pスペース
アユ
*アユこの辺りまで
芦田内トンネル
いわて沼宮内駅
D
C
B
A

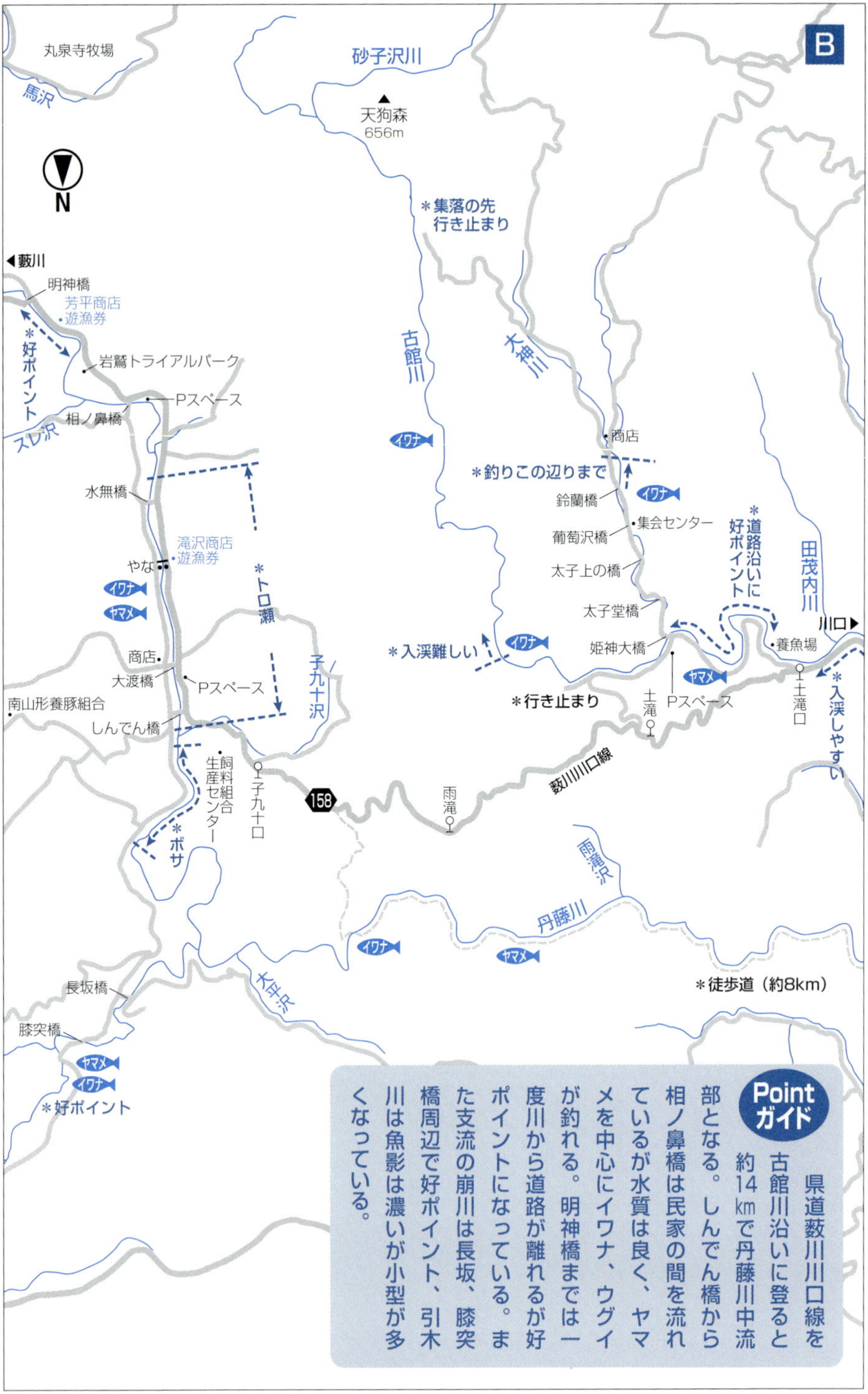
B
丸泉寺牧場
馬沢
砂子沢川
天狗森
656m
N
＊集落の先
行き止まり
◀薮川
明神橋
芳平商店
・遊漁券
＊好ポイント
岩鷲トライアルパーク
Pスペース
相ノ鼻橋
スレ沢
古館川
大神川
商店
イワナ
＊釣りこの辺りまで
鈴蘭橋
集会センター
葡萄沢橋
太子上の橋
太子堂橋
姫神大橋
＊道路沿いに
好ポイント
田茂内川
川口▶
養魚場
水無橋
滝沢商店
・遊漁券
やな
ヤマメ
＊トロ瀬
子九十沢
＊入渓難しい
＊行き止まり
土滝
Pスペース
土滝口
＊入渓しやすい
商店
大渡橋
Pスペース
南山形養豚組合
しんでん橋
飼料組合
生産センター
子九十口
158
雨滝
薮川川口線
＊ボサ
雨滝沢
丹藤川
＊徒歩道（約8km）
長坂橋
大平沢
膝突橋
＊好ポイント

Point ガイド

県道薮川川口線を古館川沿いに登ると約14㎞で丹藤川中流部となる。しんでん橋から相ノ鼻橋は民家の間を流れているが水質は良く、ヤマメを中心にイワナ、ウグイが釣れる。明神橋までは一度川から道路が離れるが好ポイントになっている。また支流の崩川は長坂、膝突橋周辺で好ポイント、引木川は魚影は濃いが小型が多くなっている。

丹藤川

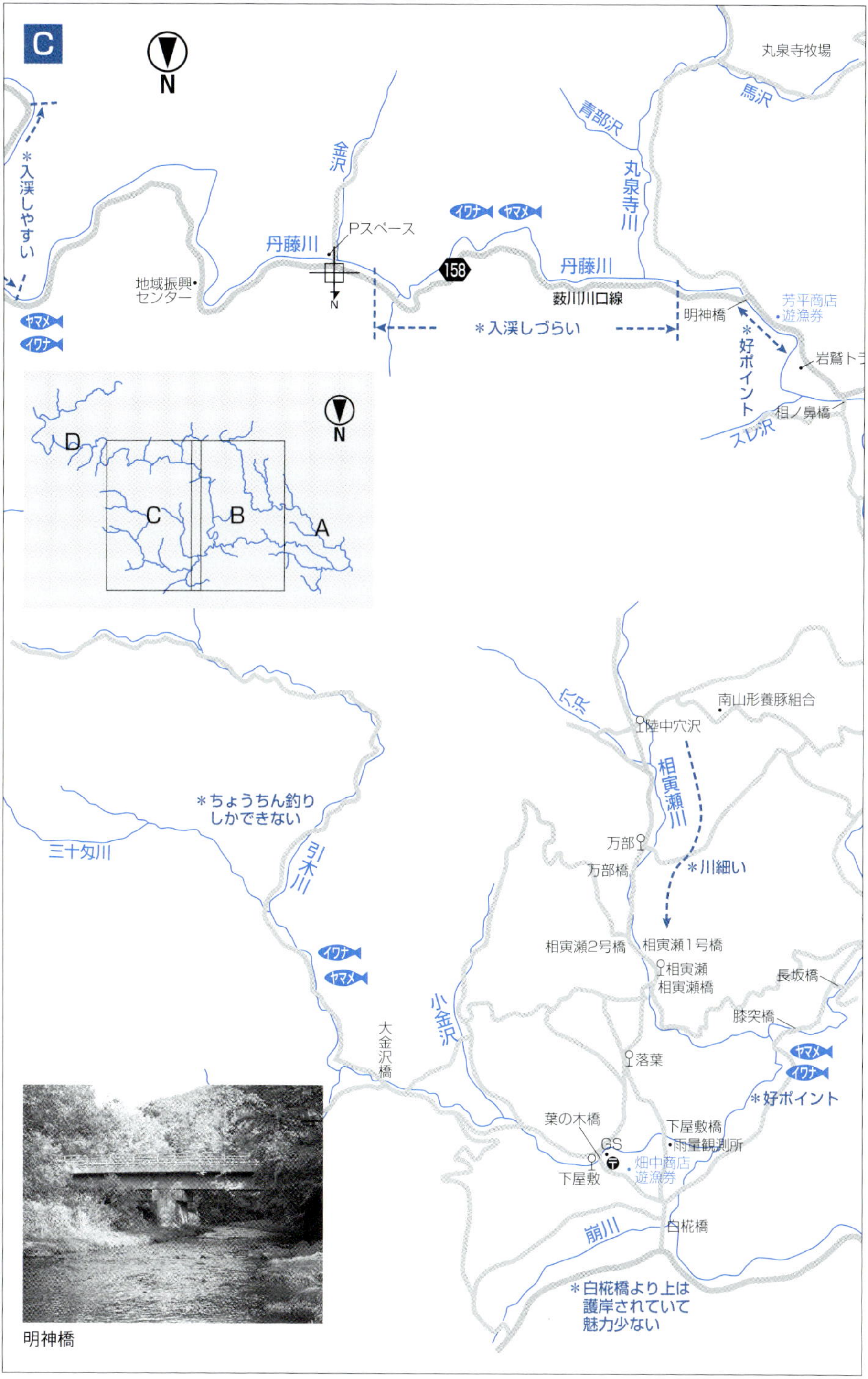
C
N
丸泉寺牧場
馬沢
青部沢
丸泉寺川
金沢
＊入渓しやすい
Pスペース
丹藤川
イワナ
ヤマメ
地域振興センター
158
丹藤川
薮川川口線
明神橋
芳平商店
遊漁券
＊入渓しづらい
＊好ポイント
岩鷲トラ
相ノ鼻橋
スレ沢
ヤマメ
イワナ
D
C
B
A
N
穴沢
南山形養豚組合
陸中穴沢
相寅瀬川
＊ちょうちん釣り
しかできない
三十刈川
引木川
万部
万部橋
＊川細い
相寅瀬2号橋
相寅瀬1号橋
相寅瀬
相寅瀬橋
長坂橋
イワナ
ヤマメ
小金沢
膝突橋
大金沢橋
落葉
ヤマメ
イワナ
＊好ポイント
葉の木橋
GS
下屋敷橋
雨量観測所
畑中商店
遊漁券
下屋敷
崩川
白椛橋
＊白椛橋より上は
護岸されていて
魅力少ない

明神橋

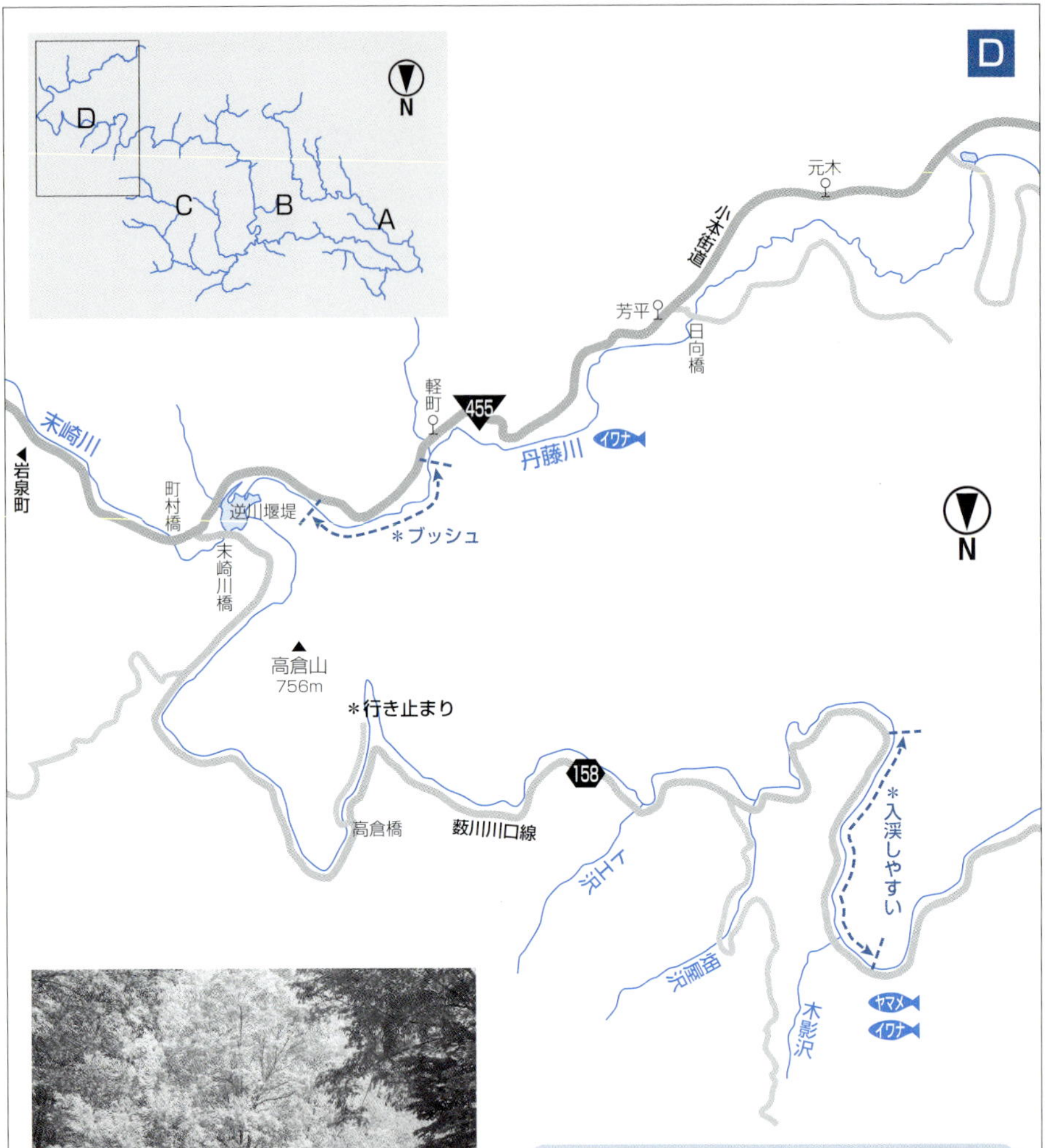
D
C
B
A
N
元木
小本街道
芳平
日向橋
軽町
455
丹藤川
イワナ
末崎川
岩泉町
町村橋
逆川堰堤
＊ブッシュ
末崎川橋
N
高倉山
756m
＊行き止まり
158
高倉橋
藪川川口線
上工沢
＊入渓しやすい
畑尾沢
木影沢
ヤマメ
イワナ

高倉橋下流

Pointガイド

岩洞湖周辺の雪代が残り、5月下旬から6月上旬まで全域にわたりルアー、フライは釣りそのものが難しい。また、水量も多くエサ釣りにおいても入渓には注意が必要だ。明神橋から上流部へ向かう道路沿いの流れは、渓相、水質ともに良いが竿を出すことが出来るポイントは多くはない。逆川堰堤より上流にはイワナの姿がよく見られるが川は細い。

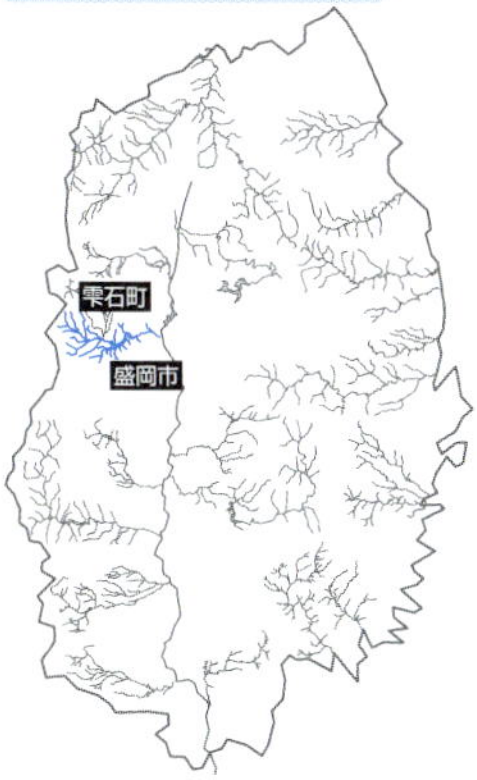

雫石川

しずくいしがわ

〈北上川水系〉

¥		日釣券	年券
（上流）	アユ	1,700円	−
	雑魚	1,000円	7,000円
	全魚種	−	10,000円

雫石川漁協管轄

（下流）	全魚種	1,200円	6,100円
	雑魚	700円	4,000円

雫石川東部漁協管轄

盛岡→秋田方面（国道46号）

アユ
イワナ
ヤマメ
サクラ
アメマス
コイ
フナ

雫石川東部漁業協同組合
☎019（659）0690
雫石川漁業協同組合
☎019（692）0569

岩手と秋田の県境・横岳（1583ｍ）から国見温泉方向への稜線を水源とする竜川《りゅうがわ》と、葛根田《かっこんだ》川（詳細は別項）が雫石町林付近で合流、雫石川と改称して東流し、御所湖を経て盛岡市で北上川に注ぎ込む。流程およそ50㎞。竜川の主な支流・枝沢には荒沢、小柳沢、坂本川、安栖沢、小志戸前沢、志戸前川、取染川など多数ある。また雫石川と名を改めてからも鶯宿川、南畑川、矢櫃川、仁沢瀬川など多数ある。

本流のほかに数多くの支流があることもあり釣り人も多いが、それ以上に釣りエリアが広いので自分の腕前や渓相の好みに応じて川を選び、楽しむことができる。初心者には本流下流部や南畑川が安心できる渓相であると思う。

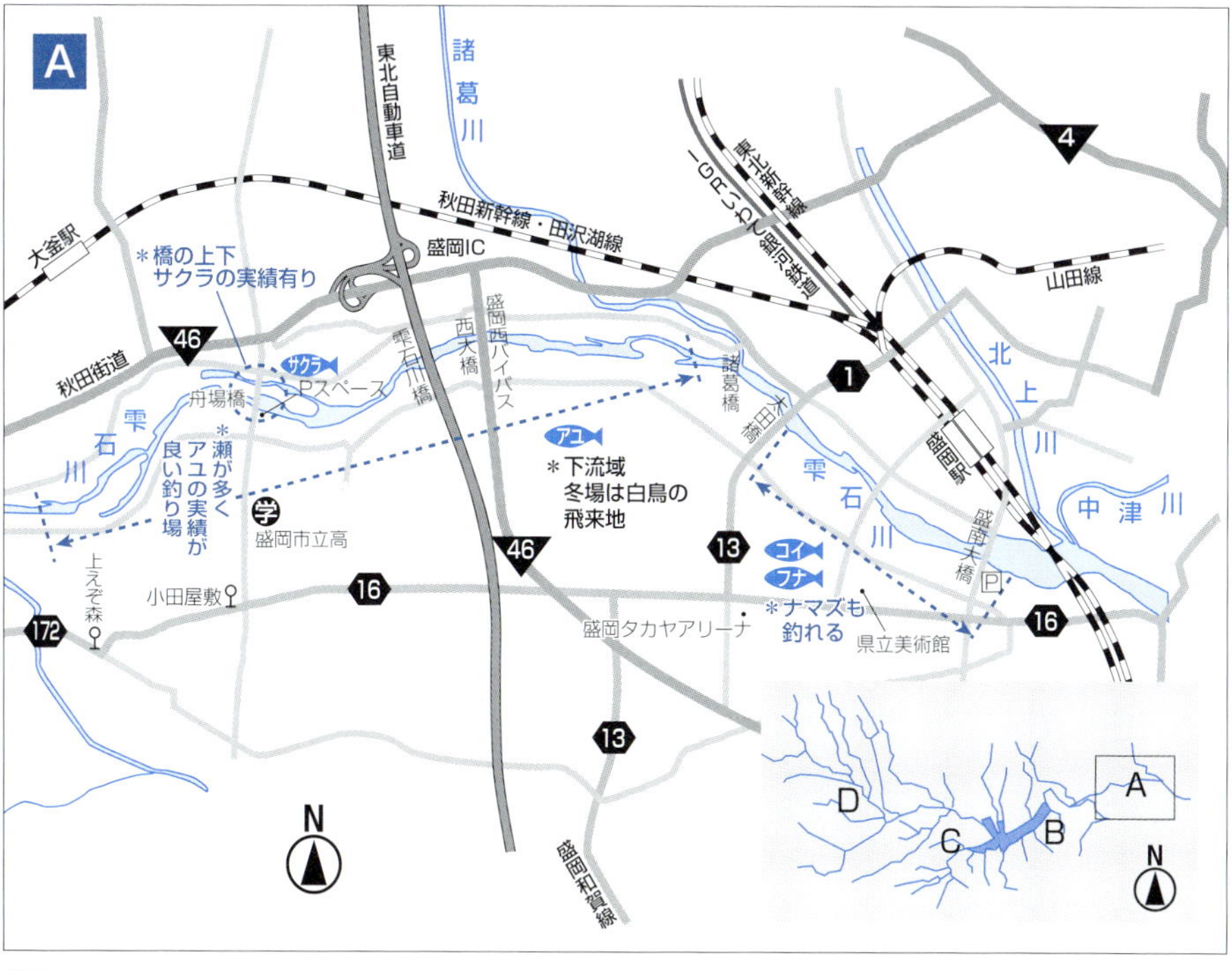

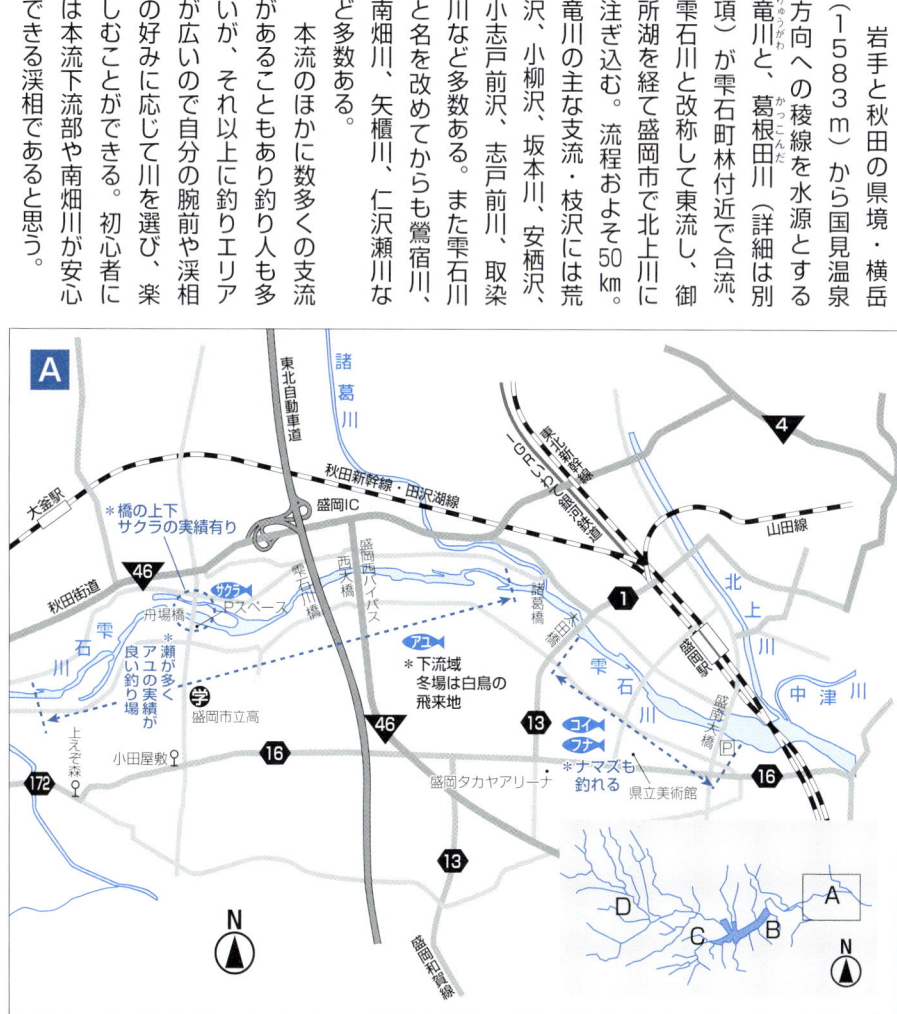

竜川上流の尺イワナ

Pointガイド

御所湖の下流域。盛夏、北上川との合流点までアユ釣りが楽しめる。舟場橋付近の瀬で実績が高い。盛岡市内からのアクセスが良く、手軽に竿を出せるポイントとして人気が高い。太田橋より下になると、コイやフナ、ウグイが主体となる。時々ナマズが釣れることも。滝太橋周辺の河原はキャンプやバーベキューを楽しむ人も。

B
A
B
C
D
N
219
小岩井駅
秋田新幹線・田沢湖線
大釜駅
＊周辺は河原が広くキャンプ・バーベキューにも最適
秋田街道
46
ファミリーマート 遊漁券
繋十文字
キャメマートル 遊漁券
滝太橋
＊橋の上下好釣り場
サクラ
アメマス
アユ
Pスペース
雫石川
鹿妻堰堤
アユ
上えぞ森
御所ダム
手づくり村
ローソン 遊漁券
さくら園 P·トイレ
172
太田スポーツセンター
老人ホーム千年苑
尾入野湿性植物園·P
大繋沢
禁
上流600m・下流450m禁漁区
イワナ
1
野菊公園 P·トイレ
繋大橋
御所湖
元御所橋
安庭橋
塩ケ森水辺園地 P·トイレ
つなぎ温泉
手つなぎ広場 P·トイレ
禁
鹿妻堰堤上流100m・下流50m禁漁区
猪去沢
立石沢
イワナ
莇内沢
上流
下流
雫石川漁業協同組合
雫石川東部漁業協同組合
＊堰堤を境として管轄漁協が変わります
わんぱく広場 P·トイレ
イワナ
町場橋
矢櫃川
N

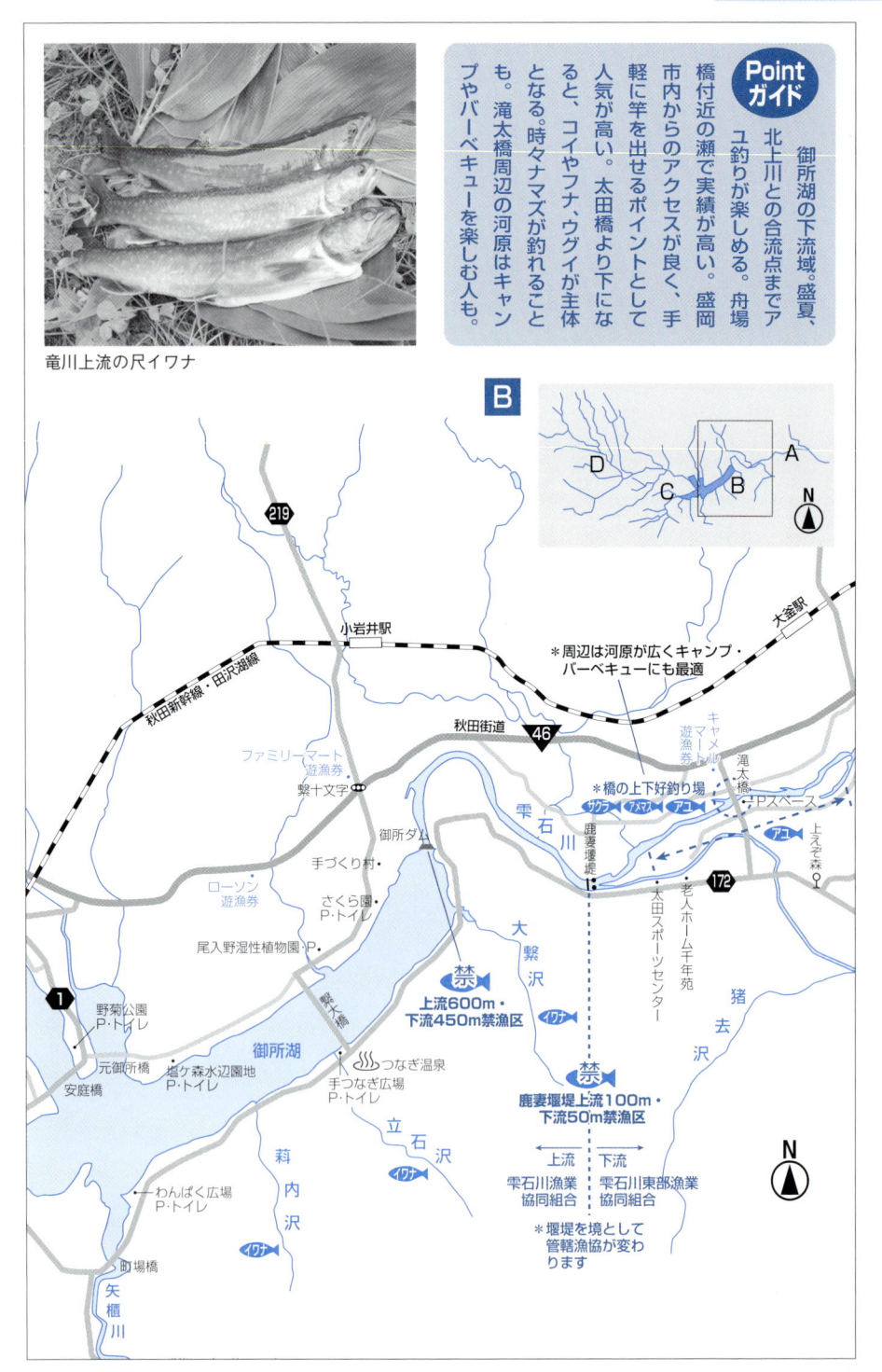

雫石川

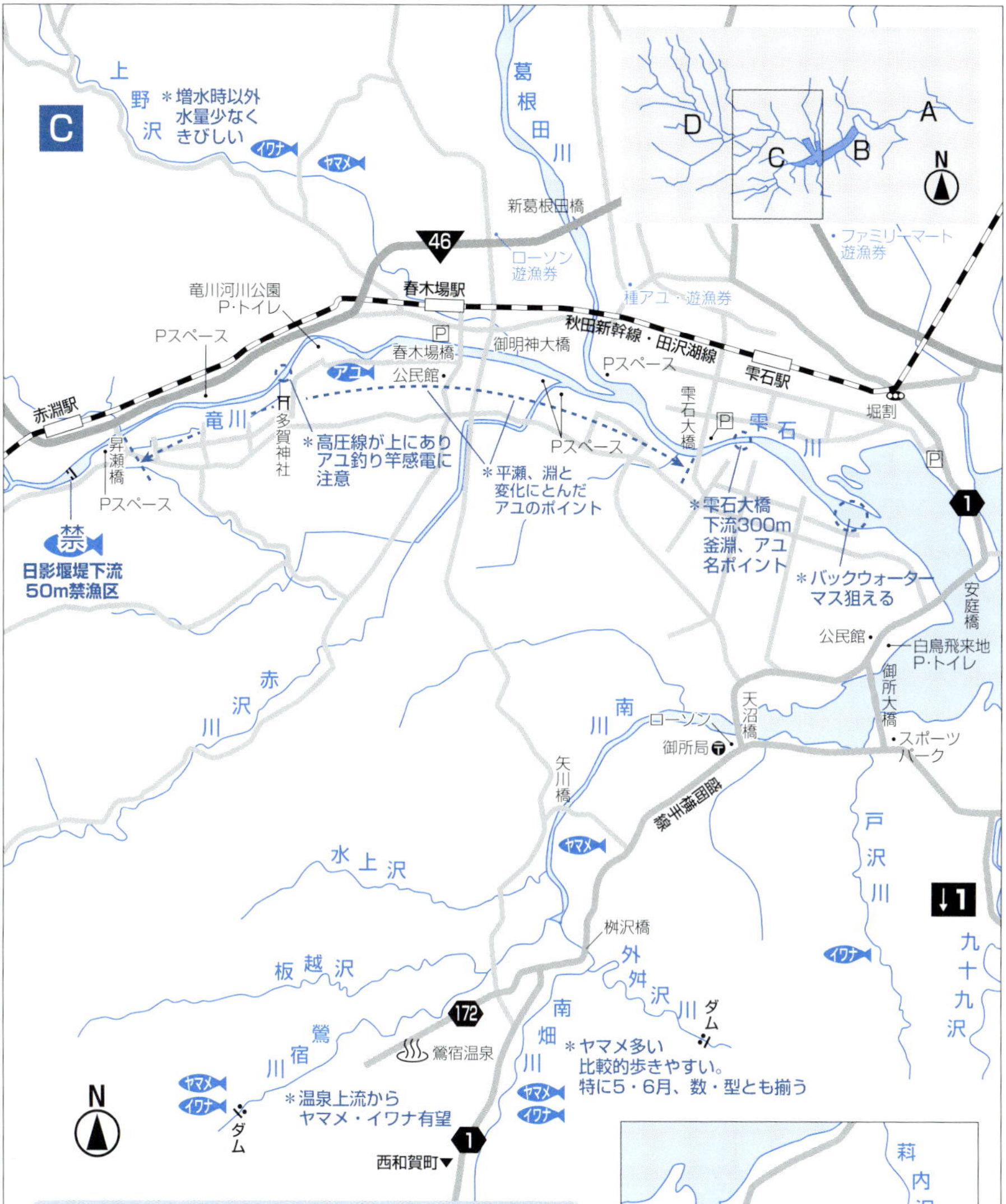

Point ガイド

御所湖へのバックウォーター付近は早春、アメマス釣りの人気が高いポイント。雫石大橋～赤淵にかけては夏のアユ釣りのポイントが続く。

水が清く冷たいことが理由か、雫石川のアユは美味しいと評判。早朝ならば本流域のヤマメを狙ってみるのも面白い。渓流域で有望な河川は南川上流の南畑川、鶯宿川。放流事業のおかげでヤマメの魚影が濃い。

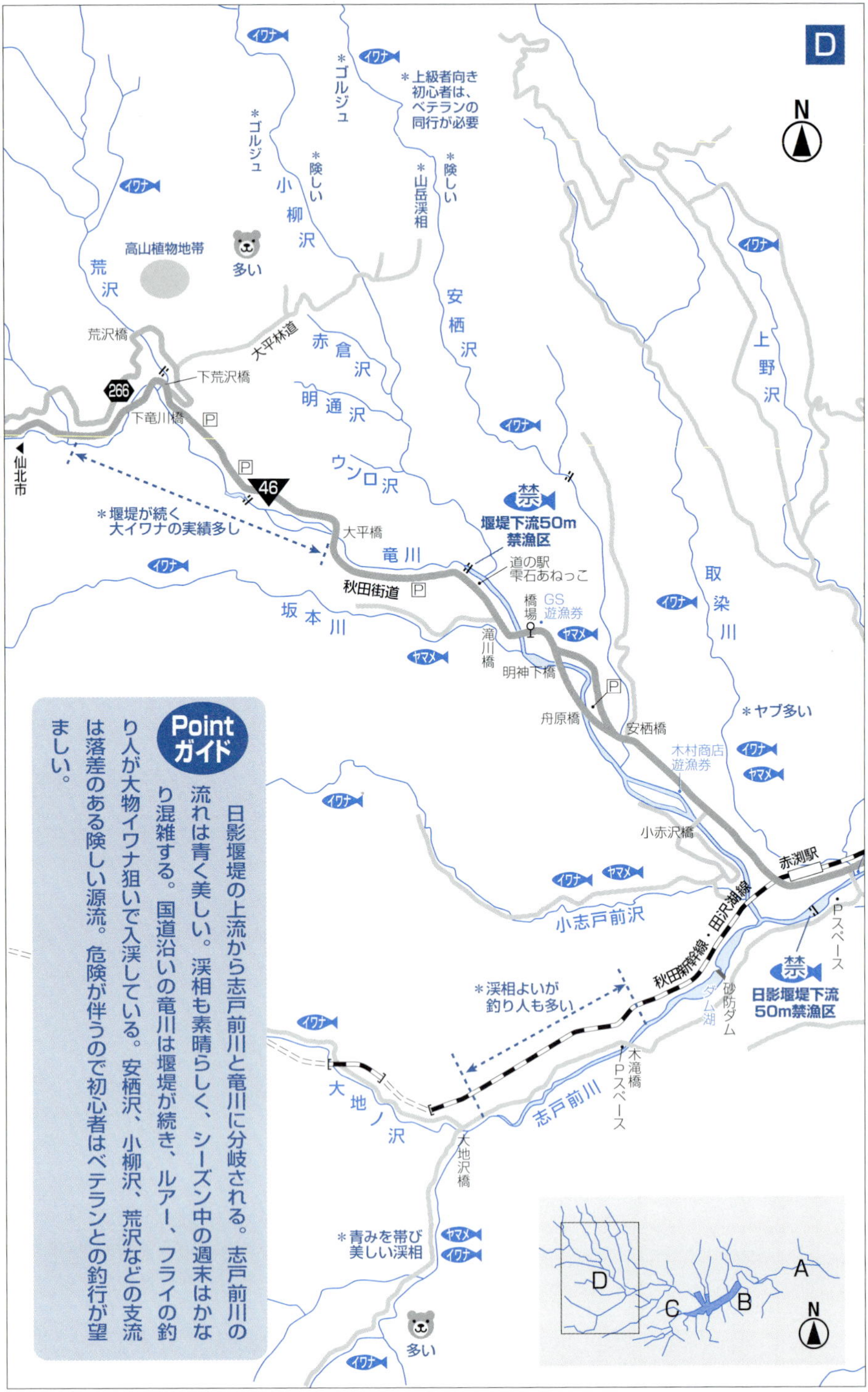
D
N
イワナ
＊ゴルジュ
＊上級者向き
初心者は、
ベテランの
同行が必要
＊ゴルジュ
＊険しい
小柳沢
＊山岳渓相
＊険しい
高山植物地帯
多い
荒沢
安栖沢
上野沢
荒沢橋
大平林道
赤倉沢
明通沢
下荒沢橋
266
下竜川橋
P
仙北市
ウンロ沢
46
禁
堰堤下流50m
禁漁区
＊堰堤が続く
大イワナの実績多し
大平橋
竜川
道の駅
雫石あねっこ
取染川
秋田街道
坂本川
橋場
GS
遊漁券
ヤマメ
滝川橋
明神下橋
舟原橋
安栖橋
＊ヤブ多い
木村商店
遊漁券
小赤沢橋
赤渕駅
秋田新幹線・田沢湖線
Pスペース
小志戸前沢
禁
日影堰堤下流
50m禁漁区
砂防ダム
ダム湖
＊渓相よいが
釣り人も多い
木滝橋
Pスペース
志戸前川
大地ノ沢
大地沢橋
＊青みを帯び
美しい渓相
多い
A
B
C
D
N

Point ガイド

日影堰堤の上流から志戸前川と竜川に分岐される。志戸前川の流れは青く美しい。渓相も素晴らしく、シーズン中の週末はかなり混雑する。国道沿いの竜川は堰堤が続き、ルアー、フライの釣り人が大物イワナ狙いで入渓している。安栖沢、小柳沢、荒沢などの支流は落差のある険しい源流。危険が伴うので初心者はベテランとの釣行が望ましい。

葛根田川

かっこんだがわ

INFORMATION

¥	日釣券	年券
全魚種	−	10,000円
アユ	1,700円	−
雑魚	1,000円	7,000円

盛岡→秋田方面（国道46号）

アユ
イワナ
ヤマメ
ウグイ
コイ

〈北上川水系〉

雫石川漁業協同組合
☎019（692）0569

雫石川最大の支流で、十和田・八幡平国立公園の南部に位置する曲崎山（1334ｍ）の稜線が源流部。多くの支流を合わせながら南東に流れるが、玄武洞付近で南に進路を変えて、やがて竜川と合流する。流程およそ31㎞。主な支流・枝沢に北ノ又沢、滝ノ又沢、中ノ又沢、アキドリ沢、大松倉沢、有根沢、斉内沢、湯ノ沢、荒沢、平出川など多数ある。

玄武洞より上流は降雨ともなると急激に水位が上がるなど注意点も多く、源流部に至っては装備も吟味する必要があるためビギナーには向かない。初心者には玄武洞より下流の開けた渓相のエリアがおすすめ。

また、中流域の矢筈橋～西根砂防ダム間約12㎞は「キャッチ&リリース区間」に設定されている。

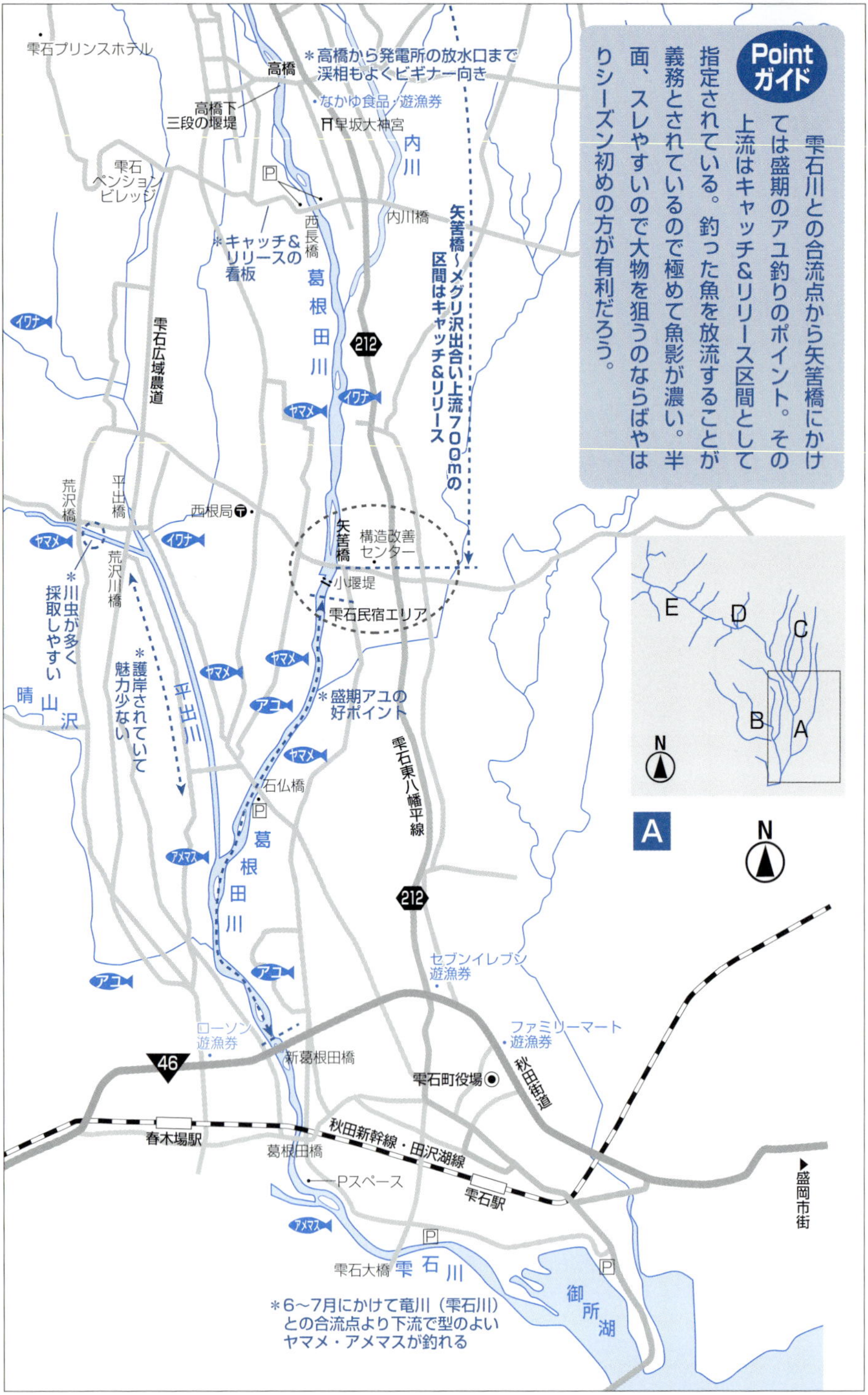
雫石プリンスホテル
＊高橋から発電所の放水口まで深相もよくビギナー向き
高橋
高橋下三段の堰堤
・なかゆ食品・遊漁券
早坂大神宮
内川
雫石ペンションビレッジ
P
西長橋
内川橋
＊キャッチ＆リリースの看板
葛根田川
矢筈橋～メグリ沢出合い上流700mの区間はキャッチ&リリース
イワナ
ヤマメ
212
雫石広域農道
荒沢橋
平出橋
西根局
矢筈橋
構造改善センター
小堰堤
雫石民宿エリア
荒沢川橋
＊川虫が多く採取しやすい
＊護岸されていて魅力少ない
平出川
晴山沢
アユ
＊盛期アユの好ポイント
石仏橋
雫石東八幡平線
アメマス
セブンイレブン遊漁券
ローソン遊漁券
ファミリーマート遊漁券
46
新葛根田橋
雫石町役場
秋田街道
春木場駅
秋田新幹線・田沢湖線
葛根田橋
Pスペース
雫石駅
盛岡市街
雫石大橋
雫石川
御所湖
＊6～7月にかけて竜川（雫石川）との合流点より下流で型のよいヤマメ・アメマスが釣れる
A
B
C
D
E
N

Pointガイド

雫石川との合流点から矢筈橋にかけては盛期のアユ釣りのポイント。その上流はキャッチ＆リリース区間として指定されている。釣った魚を放流することが義務とされているので極めて魚影が濃い。半面、スレやすいので大物を狙うのならばやはりシーズン初めの方が有利だろう。

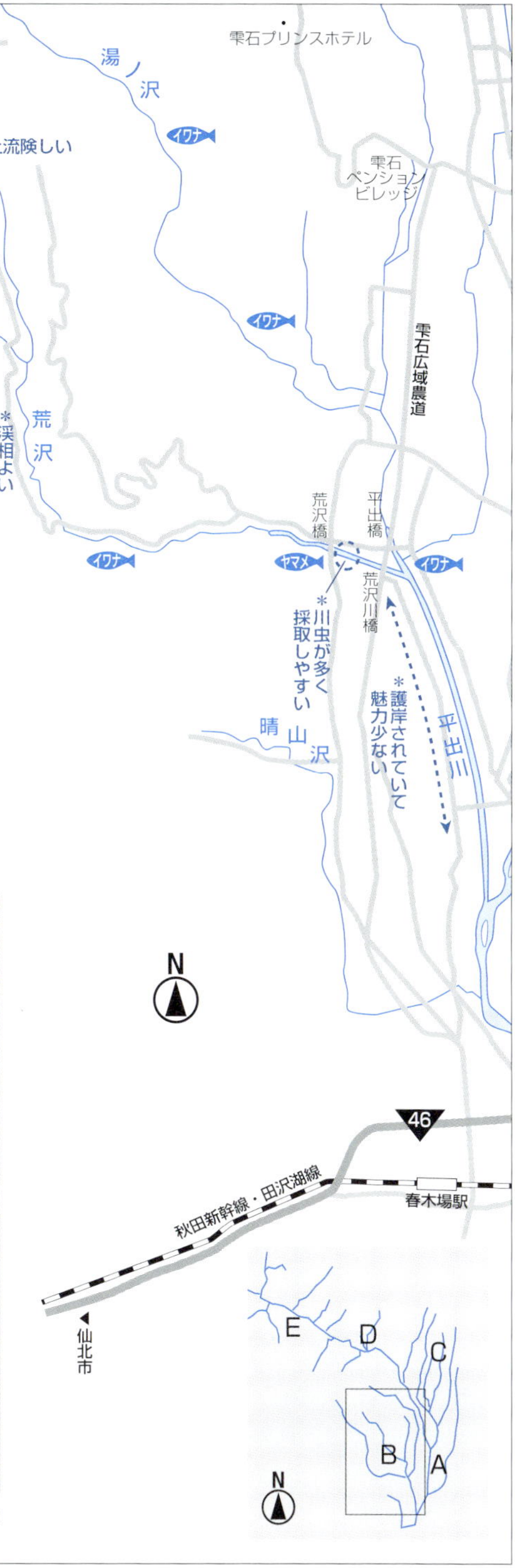
B
雫石プリンスホテル
湯ノ沢
イワナ
＊上流険しい
雫石
ペンション
ビレッジ
雫石広域農道
荒沢
＊渓相よい
荒沢橋
平出橋
ヤマメ
荒沢川橋
＊川虫が多く採取しやすい
＊護岸されていて魅力少ない
平出川
晴山沢
N
46
秋田新幹線・田沢湖線
春木場駅
仙北市
E
D
C
B
A

石仏橋上流

キャッチ＆リリース区間。高橋下三段の堰堤付近

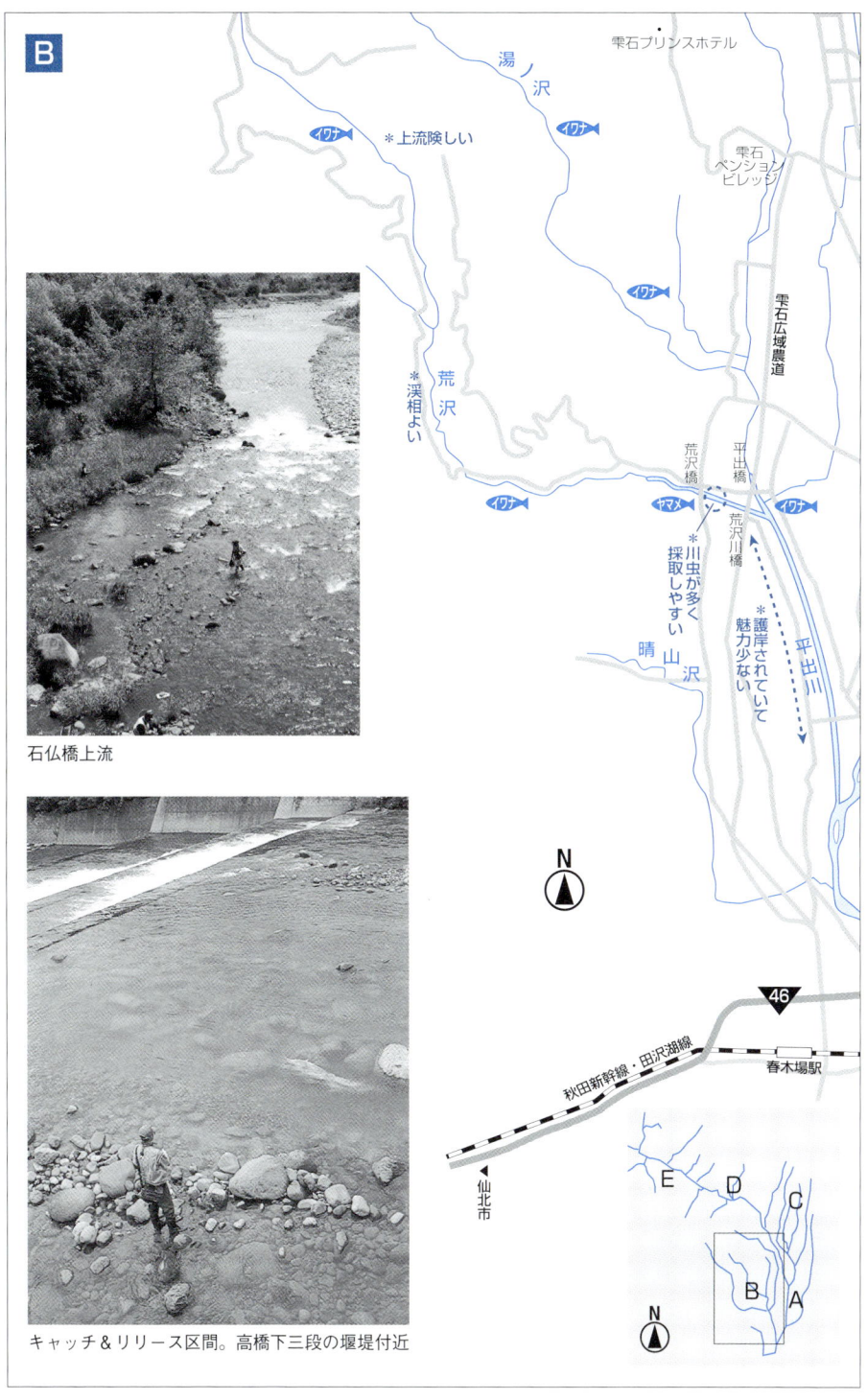

C

Point ガイド

高橋より上流の本流域は取水堰が2基設けられ、季節によって水位が安定しないためあまりおすすめできないが、条件によってはイワナの大型が釣れるようだ。ルアー、フライマンの姿が多い。玄武大橋手前に休憩所があり、そこを拠点に釣り歩いている。支流の有根沢、荒沢も春にイワナが有望。

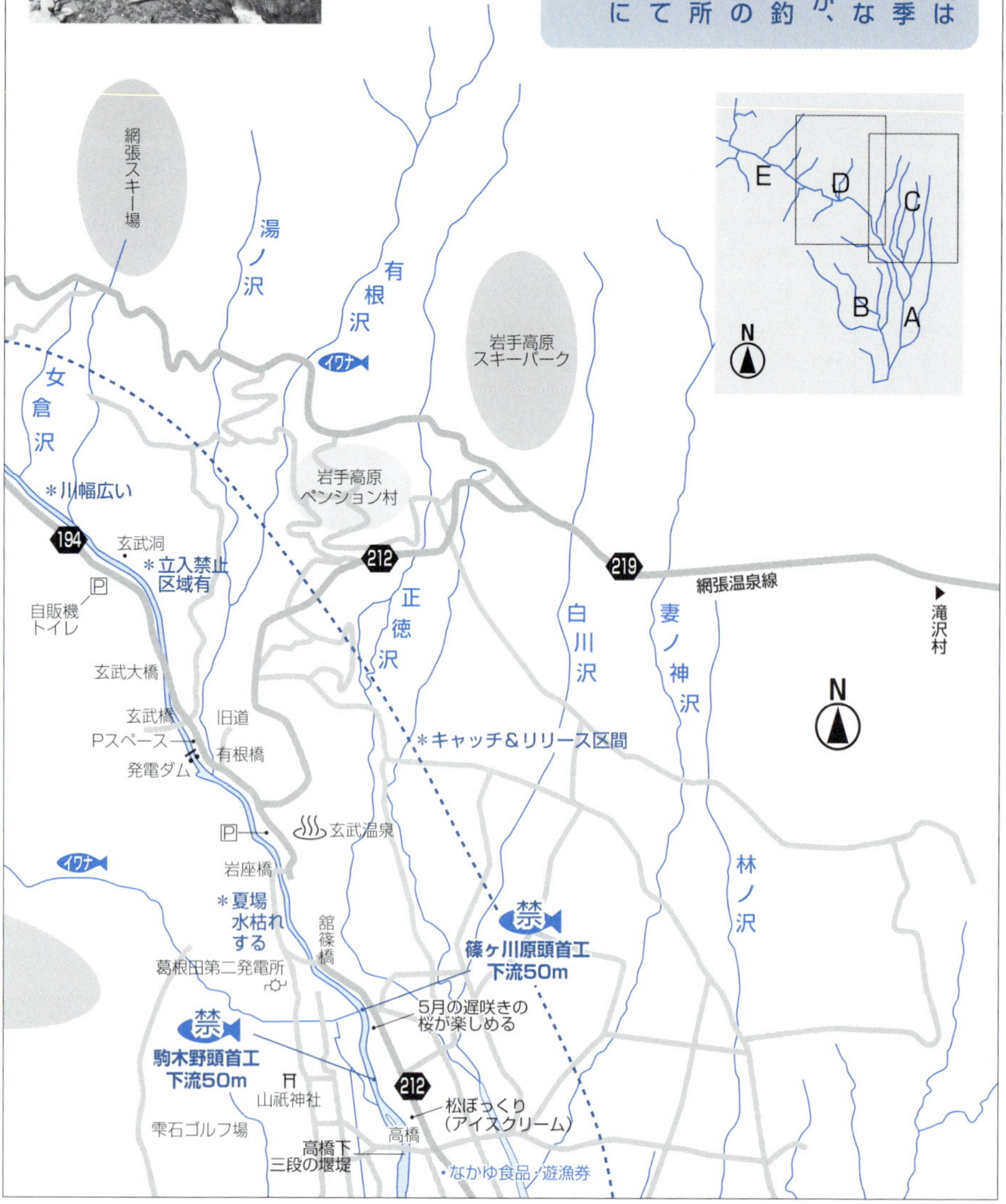
網張スキー場
湯ノ沢
有根沢
イワナ
岩手高原スキーパーク
女倉沢
岩手高原ペンション村
＊川幅広い
194
玄武洞
＊立入禁止区域有
212
219
網張温泉線
▶滝沢村
自販機トイレ
正徳沢
白川沢
妻ノ神沢
N
玄武大橋
玄武橋
旧道
Pスペース
有根橋
発電ダム
＊キャッチ＆リリース区間
玄武温泉
イワナ
岩座橋
＊夏場水枯れする
舘篠橋
禁
篠ヶ川原頭首工下流50m
林ノ沢
葛根田第二発電所
5月の遅咲きの桜が楽しめる
禁
駒木野頭首工下流50m
山祇神社
212
松ぼっくり（アイスクリーム）
雫石ゴルフ場
高橋
高橋下三段の堰堤
・なかゆ食品：遊漁券
E
D
C
B
A
N

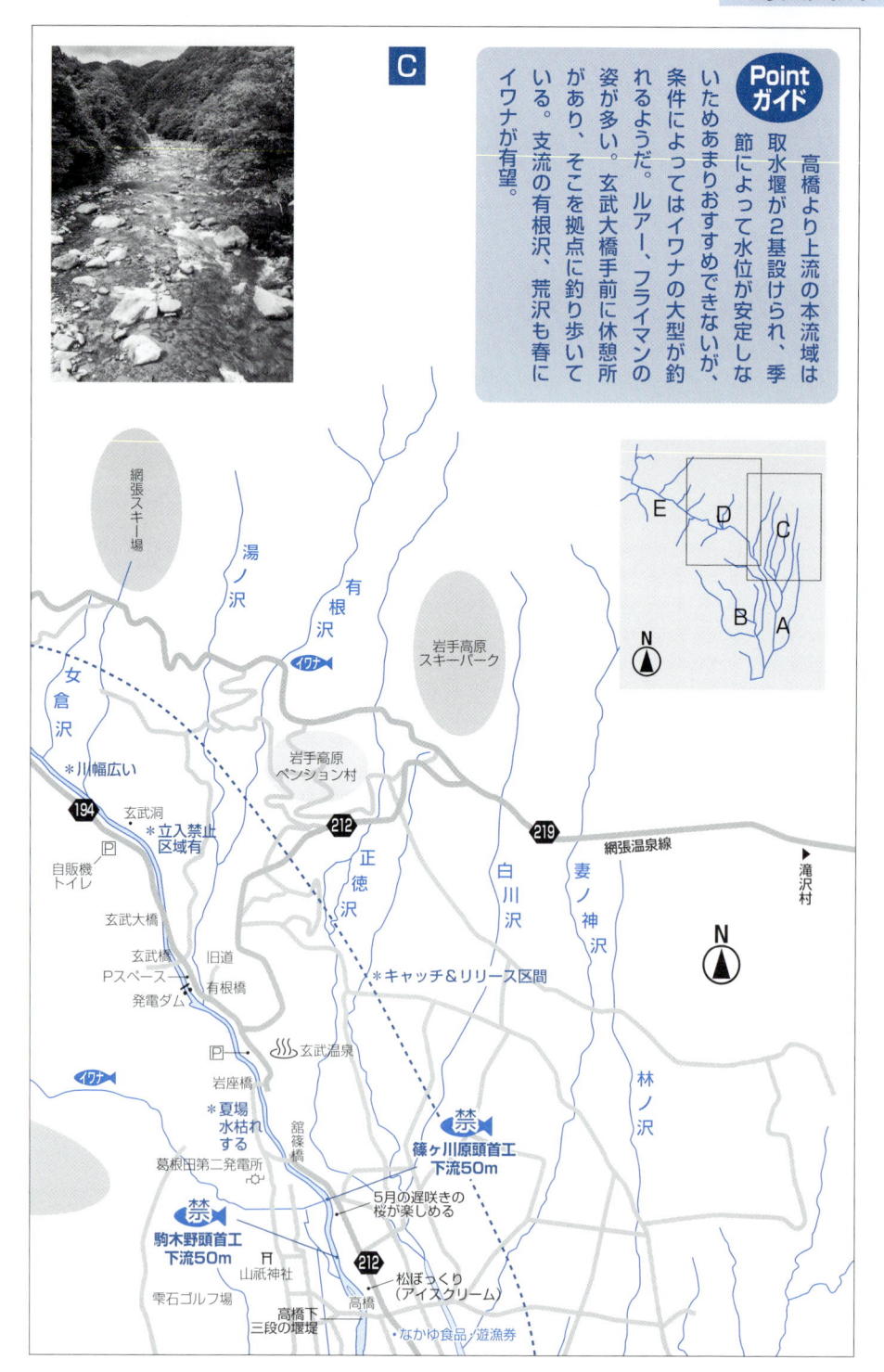

D
N
栗木ヶ原湿原
大松倉山
1408m
明通沢
松沢
日本重化学
滝ノ上キャンプ場（閉鎖中）
北白沢
イワナ
黒滝沢
滝ノ上橋
葛根田地熱発電所
一般車両通行止め
滝ノ上温泉
鳥越の滝
滝の上橋
葛根田渓谷
大松倉沢
網張スキー場
212
雫石東八幡平線
＊キャッチ＆リリース区間
赤粒沢
＊険しい
女倉沢
日本重化学大堰堤
大堰堤
登山口
メグリ沢橋
上小松倉橋
下小松倉橋
194
西山生保内線
＊川幅広い
南白沢
トチノキ群生地
白沼（モリアオガエル生息地）
平ヶ倉沼
コイ
メグリ沢
自販機
トイレ
斉内川
雫石スキー場

湯滝で有名な、鳥越の滝

Point ガイド

1999年の玄武洞崩で一時期立ち入り禁止となっていたが、現在は滝ノ上温泉、湯滝で有名な鳥越の滝周辺まで車で通行できるようになった。岩盤が露出しているのが葛根田渓谷の特徴で、特に大松倉沢との合流点周辺の渓谷美は素晴らしく、新緑や紅葉の時期にはたくさんの行楽客が訪れる。

大松倉沢の落差は険しいがかなり上流までイワナが釣れる。沢登りに慣れていないと事故を起こしやすいので注意してほしい。

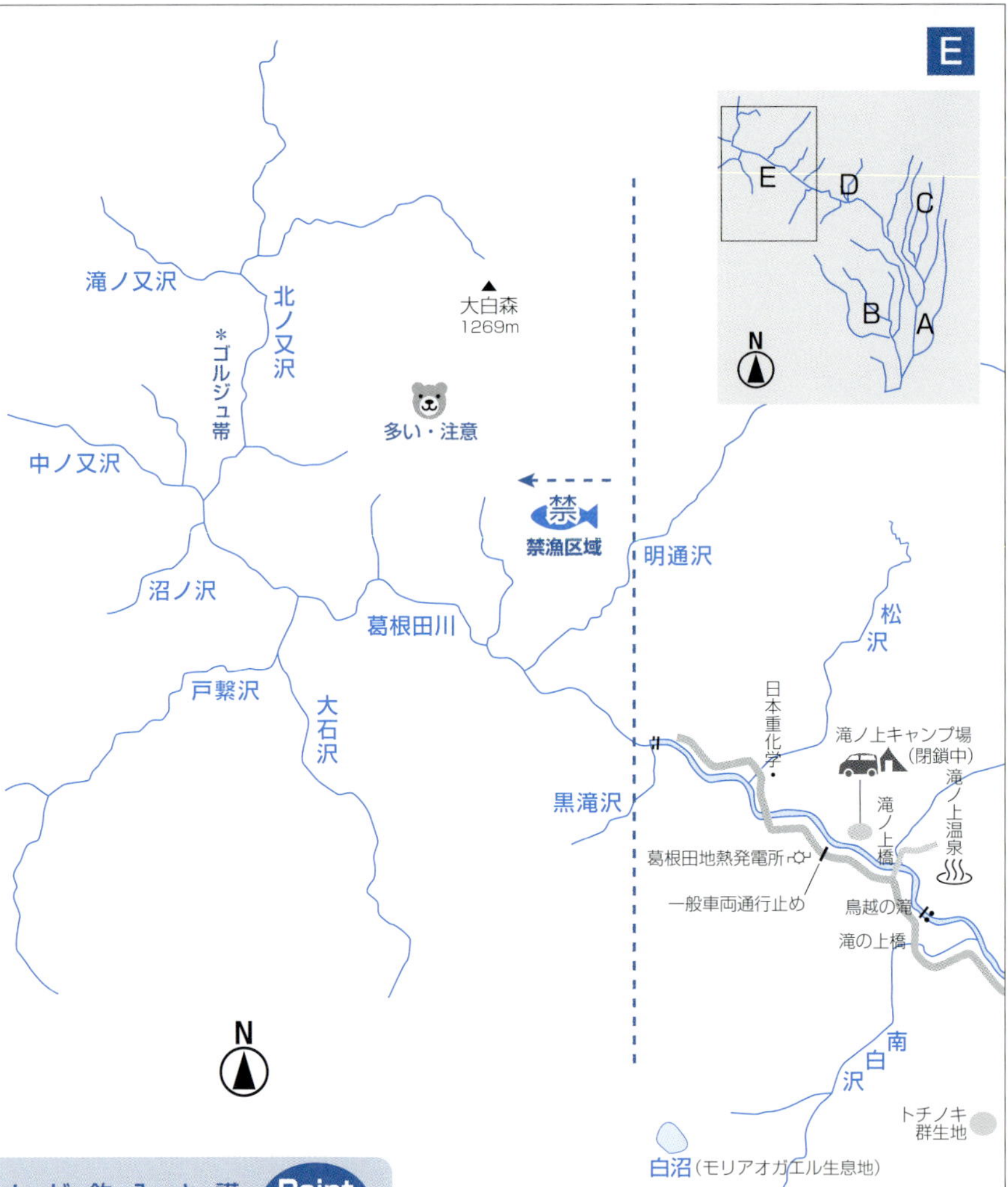
E
滝ノ又沢
北ノ又沢
＊ゴルジュ帯
大白森
1269m
多い・注意
中ノ又沢
禁
禁漁区域
明通沢
沼ノ沢
葛根田川
松沢
戸繋沢
大石沢
日本重化学
滝ノ上キャンプ場（閉鎖中）
黒滝沢
滝ノ上温泉
滝ノ上橋
葛根田地熱発電所
一般車両通行止め
鳥越の滝
滝の上橋
南白沢
トチノキ群生地
白沼（モリアオガエル生息地）
N

Point ガイド

道路が通行止めとなる葛根田地熱発電所から上流は、貴重なブナ林をはじめ、自然環境を保護するために森林生態系保護区に指定され、許可なしでは釣り目的としては入渓できない。昔から源流域のイワナ釣りとしては有名なポイントではあるが手付かずの自然を残すために、マナーは守ってもらいたい。

滝ノ上温泉までは大堰堤が続く

渓コラム❷
渓流
インフォメーション

葛根田川キャッチ＆リリース区間

幅広ヤマメで知られる葛根田川、その中流に位置する矢筈橋から西根砂防ダムまでの約12㎞の区間は、キャッチ＆リリース区間として設定されている。県内河川では猿ヶ石川、松川に同様の設定がある。

出発点といえる矢筈橋のたもとには駐車場も整備され、この区間設定を知らせる案内板が立っている。魚にダメージを与えない釣り方を心掛け、釣った魚はすみやかにリリースするように――そう案内板は呼び掛けている。

キャッチ＆リリース区間は、釣った魚をリリースすることでシーズンを通して渓流魚資源が維持され、それらの魚が再生産してくれることを目的にしている。地元漁協を中心に、葛根田川を愛する釣り人の協力によって設定へとこぎつけた。

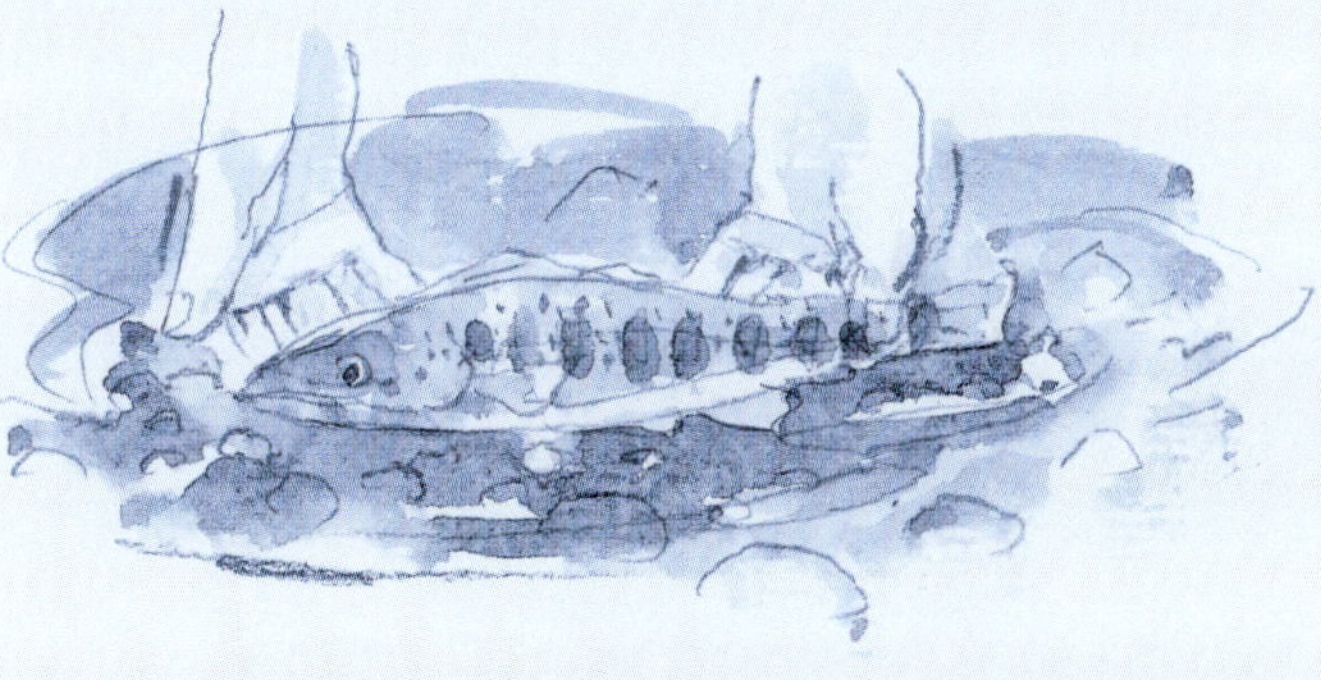

キャッチ＆リリースに関しての考え方は、古くから釣り人一人ひとりのスタイルや好みなどが異なるように賛否両論ある。ただ、昨今の釣りブームで一気に増加したアングラー人口に比例するかのように、乱獲などのマナー違反で渓流魚が危機に瀕している状況に対して有効な手段であることは間違いない。

釣り人それぞれのモラル低下が生んだ苦肉の策がキャッチ＆リリース区間の設定だとしたら、この区間設定の必要がないほど釣り人の意識が高まることを願いたいものである。

松　川

まつかわ

〈北上川水系〉

松川淡水漁業協同組合
☎0195（74）3414

アユ
イワナ
ヤマメ
ニジマス

INFORMATION

¥	日釣券	年券
全魚種	1,000円	6,000円
雑魚	800円	4,000円

盛岡→滝沢（国道4号）→西根（国道282号）

奥羽山脈・大深岳（1541m）を源流に、岩手山や八幡平より流れ出る数多くの支流を集めて八幡平市大更で赤川と合流、さらに盛岡市下田で北上川に注ぐ。流程およそ42km。

赤川は旧松尾鉱山の排水で魚がすめない状態になっていたが、新中和処理施設により大幅に水質改善されている。釣り場として安定しているのは赤川合流点より上となる。源流部の松川地熱発電所付近の数多くの支流・枝沢や、森の大橋下流部に注ぐ北ノ又川などがあるが、ビギナー向きなのは川幅の広い本流中流部。

2009年から、妻の神キャンプ場からトラウトガーデン近くの2.5kmがキャッチ&リリース区間として設定された。

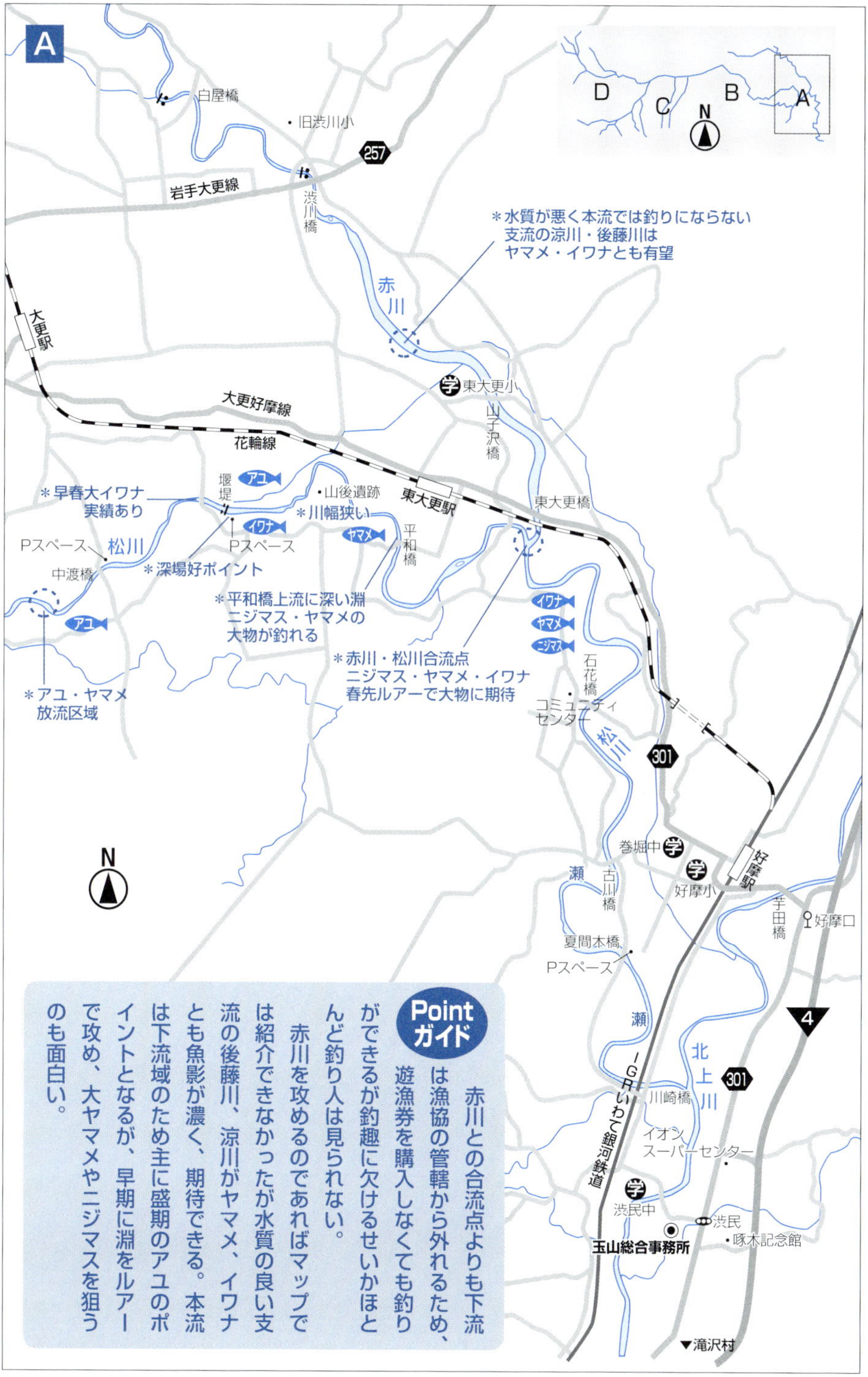
A
D
C
B
A
N
白屋橋
旧渋川小
257
岩手大更線
渋川橋
＊水質が悪く本流では釣りにならない
支流の涼川・後藤川は
ヤマメ・イワナとも有望
赤川
大更駅
東大更小
大更好摩線
山子沢橋
花輪線
堰堤
アユ
山後遺跡
東大更駅
＊早春大イワナ
実績あり
イワナ
＊川幅狭い
東大更橋
Pスペース
松川
Pスペース
ヤマメ
平和橋
中渡橋
＊深場好ポイント
＊平和橋上流に深い淵
ニジマス・ヤマメの
大物が釣れる
イワナ
ヤマメ
ニジマス
アユ
＊赤川・松川合流点
ニジマス・ヤマメ・イワナ
春先ルアーで大物に期待
石花橋
コミュニティセンター
＊アユ・ヤマメ
放流区域
松川
301
巻堀中
好摩小
好摩駅
N
瀬
古川橋
手田橋
好摩口
夏間木橋
Pスペース
瀬
4
北上川
301
IGRいわて銀河鉄道
川崎橋
イオンスーパーセンター
渋民中
渋民
玉山総合事務所
啄木記念館
▼滝沢村

Point ガイド

赤川との合流点よりも下流は漁協の管轄から外れるため、遊漁券を購入しなくても釣りができるが釣趣に欠けるせいかほとんど釣り人は見られない。

赤川を攻めるのであればマップでは紹介できなかったが水質の良い支流の後藤川、涼川がヤマメ、イワナとも魚影が濃く、期待できる。本流は下流域のため主に盛期のアユのポイントとなるが、早期に淵をルアーで攻め、大ヤマメやニジマスを狙うのも面白い。

B
▲松尾八幡平IC
東北自動車道
寄木小
大更八幡平線
301
八幡平市役所
23
Pスペース
山橋
＊ザラ瀬・瀬
ポイントつづく
＊ヤマメ放流区域
川幅広くルアー・フライに適している
＊橋上流小堰堤つづく
ヤマメ
取水堰堤
岩手山SA
ニジマス
イワナ
取水堰堤
Pスペース
松川
中の橋
＊入渓しやすい
西根病院
Pスペース
ファミリーマート
大更駅
駒形神社
Pスペース
＊チャラ瀬
下ノ橋
宮田神社
平笠小
233
焼走り線
N
ヤマメ
アユ
282
Pスペース
松川橋
アユ
・養魚場・種アユ
この周辺では
唯一の販売所
となる
西根IC
D
C
B
A
滝沢IC▼

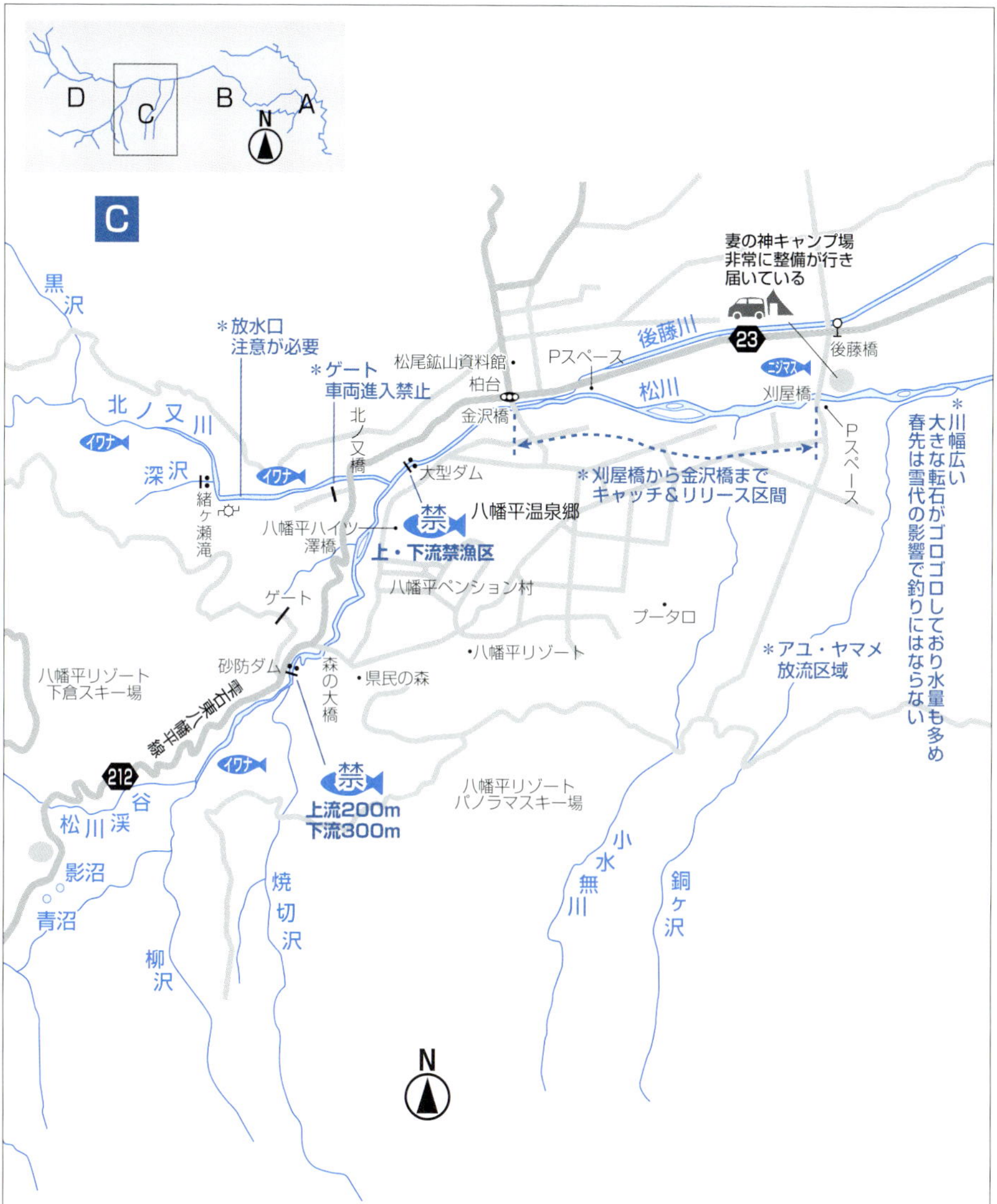
D
C
B
A
N
C
黒沢
＊放水口
注意が必要
＊ゲート
車両進入禁止
北ノ又橋
北ノ又川
イワナ
深沢
イワナ
緒ヶ瀬滝
松尾鉱山資料館
柏台
金沢橋
大型ダム
Pスペース
後藤川
妻の神キャンプ場
非常に整備が行き
届いている
23
後藤橋
ニジマス
松川
刈屋橋
Pスペース
＊刈屋橋から金沢橋まで
キャッチ＆リリース区間
＊川幅広い
大きな転石がゴロゴロしており水量も多め
春先は雪代の影響で釣りにはならない
八幡平温泉郷
禁
上・下流禁漁区
八幡平ハイツ
澤橋
八幡平ペンション村
ゲート
プータロ
＊アユ・ヤマメ
放流区域
八幡平リゾート
砂防ダム
森の大橋
県民の森
八幡平リゾート
下倉スキー場
雫石東八幡平線
212
イワナ
禁
上流200m
下流300m
八幡平リゾート
パノラマスキー場
谷
松川渓
影沼
青沼
焼切沢
柳沢
小水無川
銅ヶ沢
N

Point ガイド

中流域は護岸工事されているところが多く、ポイントを絞り込みにくいが川幅が広く、ルアーやフライに適している。時折、上流にある養殖場から逃げ出して野生化したニジマスがヒットするため人気が高い。周辺はキャンプ場、宿泊施設が充実しているので家族連れで楽しめる。

北ノ又川堰堤。中型のイワナが多い

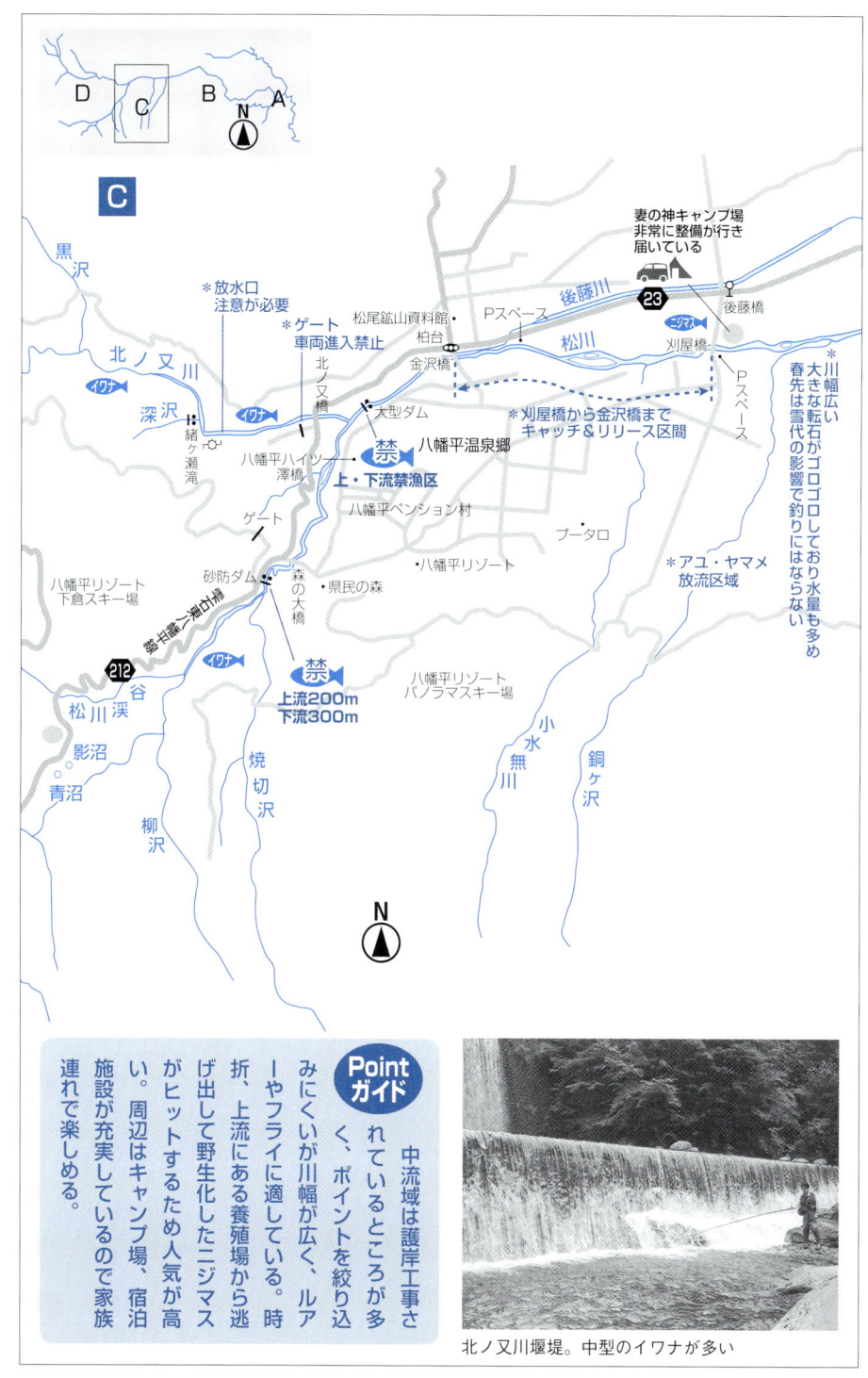

D
D
C
B
A
N
鹿角市
八幡平蓬莱
藤七温泉
黒川沢
イワナ
藤七沢
318
八幡平樹海ライン
八幡平公園線
硫黄鉱山跡
夜沼
多い
夜沼川
*数出るが小さい
北ノ又川
落峯
1066m
諸桧岳
1516m
大ノ助沢
赤川
上倉沢
黒沢
若旗滝
若旗沢
八幡平リゾート下倉スキー場
下倉山
1179m
中倉山
1372m
グンタリ沢
*魚影が濃いが沢登り困難
松川自然休養林キャンプ場
影沼
青沼
212
丸森川
松川温泉
P・トイレ
湯ノ沢
松川地熱発電所
*魚影が濃いが沢登り困難
4軒の秘湯が並ぶ川沿いの露天風呂が有名
澄川
赤川
大松倉山
1408m

Point ガイド

金沢橋の上流はイワナ主体の源流域。支流の北ノ又川はむしろ本流よりも渓が深く、道路も不便なために魚影が残されているが危険な場所も多いので、単独の釣行は避けたほうが無難。発電所より下流は放水時の増水が危険なため、その上流から入渓することをおすすめする。

本流側は砂防ダムの上から松川温泉までの区間がおすすめ。渓谷美が素晴らしく影沼、青沼も美しい。帰りに秘湯の露天風呂で疲れを癒やすコースはどうだろうか。

渓コラム❸
釣り人のよろこび

渓流釣り後の温泉の楽しみ

贅沢の極みといっていいだろう。渓流とお湯、その無限に近い組み合わせを楽しんでいただきたい。

渓流釣りのあとなら温泉がいい。春や秋ならじわじわ足元から体全体を包み込んでしまっていた冷たさを癒やすために、そして夏ならじんわり汗まみれになった体全体をさっぱりさせるために。

須川岳から流れ出す磐井川などは渓魚よりむしろ温泉を釣り歩くという風情だし、胆沢川や和賀川は焼石岳や真昼岳の恩恵につかることができる素朴な湯の里だ。雫石川や葛根田川、松川や安比川などは少しリゾート気分も交じり合う湯が楽しめる。

沿岸水系や北上山地を流れる川のそばに温泉は少ないが、それが温泉であるなしは別にして、ゆったり、じっくりとぬくもりを堪能できることに変わりはない。

とりわけ釣りと温泉の組み合わせでなかなか旅情をそそるのは豊沢川。宮沢賢治ゆかりの地で森羅万象に触れ、森羅万象に感謝する。豊沢川沿いに点在する湯の宿の露天風呂からは、湯船から竿が出せる雰囲気すらあってわくわくする。それだけ川とお湯が一体化した印象がある。

釣りをしたその足でぬくもりにつかれるなど、現代の

宮古市

閉伊川

へいがわ

〈沿岸水系〉

閉伊川漁業協同組合
☎0193（62）8711

アユ
イワナ
ヤマメ
ウグイ
サクラ
ヒカリ

INFORMATION

¥	日釣券	年券
全魚種	1,500円	10,000円
雑魚	1,000円	8,000円

🚗 盛岡→宮古方面（国道106号）

北上山地の岩神山（1003m）を水源として東流し、国道106号に沿って蛇行しながら、やがて宮古湾に注ぐ。流程およそ80㎞。主な支流に鞍沢、松草沢、御山川、吉部沢、達曽部沢、夏屋川、鈴久名川、小国川、刈屋川、長沢川など多数ある。

それぞれの支流に注ぐ枝沢も豊富であり、多くの釣り人を集める。とりわけ閉伊川最大の支流・小国川や、下流部の刈屋川などは、それぞれ流程が25㎞ほどと長く、ビギナーにもおすすめの支流といえる。

県内有数の長さを誇りながら、本流は国道106号沿いに流れているため入渓しやすい。

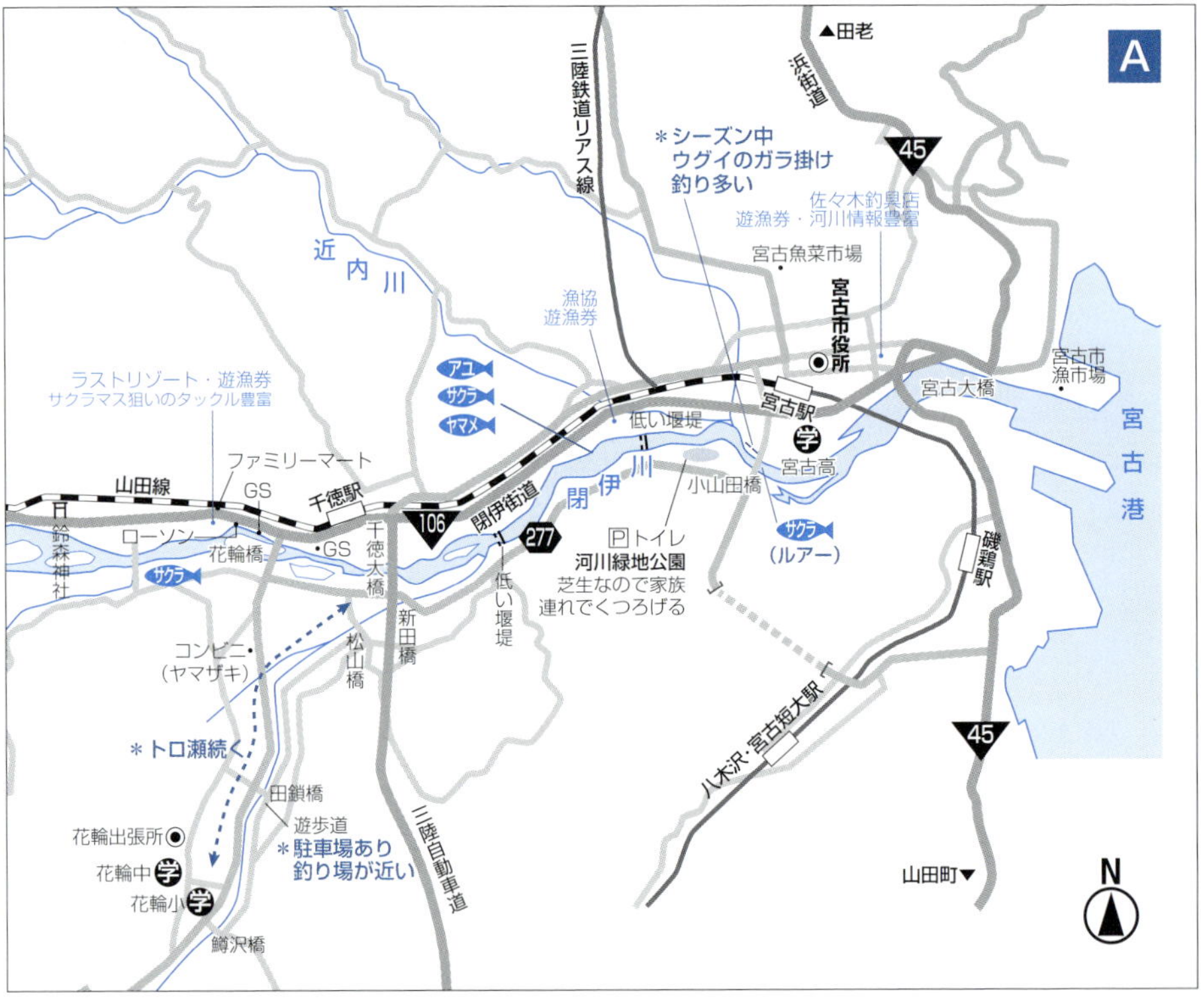
A
▲田老
浜街道
三陸鉄道リアス線
＊シーズン中
ウグイのガラ掛け
釣り多い
45
佐々木釣具店
遊漁券・河川情報豊富
宮古魚菜市場
近内川
漁協
遊漁券
宮古市役所
宮古市
漁市場
宮古大橋
宮古港
ラストリゾート・遊漁券
サクラマス狙いのタックル豊富
アユ
サクラ
ヤマメ
低い堰堤
宮古駅
宮古高
ファミリーマート
山田線
GS
千徳駅
閉伊街道
閉伊川
小山田橋
106
277
鈴森神社
ローソン
花輪橋
GS
千徳大橋
トイレ
河川緑地公園
芝生なので家族
連れでくつろげる
サクラ
（ルアー）
磯鶏駅
サクラ
低い堰堤
新田橋
松山橋
コンビニ
（ヤマザキ）
八木沢・宮古短大駅
45
＊トロ瀬続く
田鎖橋
遊歩道
＊駐車場あり
釣り場が近い
花輪出張所
花輪中
花輪小
三陸自動車道
山田町▼
鶴沢橋
N

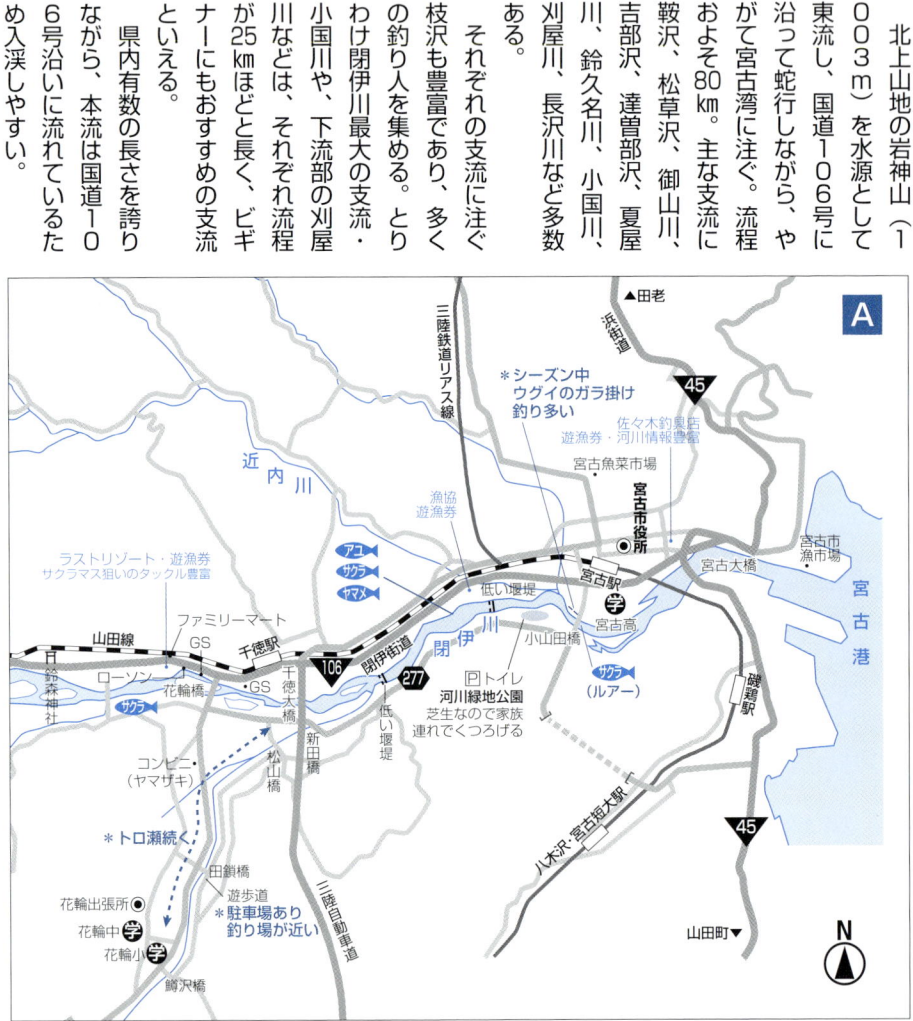

Point ガイド

閉伊川河口付近はサクラマスの実績が高い。シーズン中（春先）はたくさんのアングラーが大物を夢見て通う。ポイントとしては、小山田橋〜花輪橋周辺に人気がある。

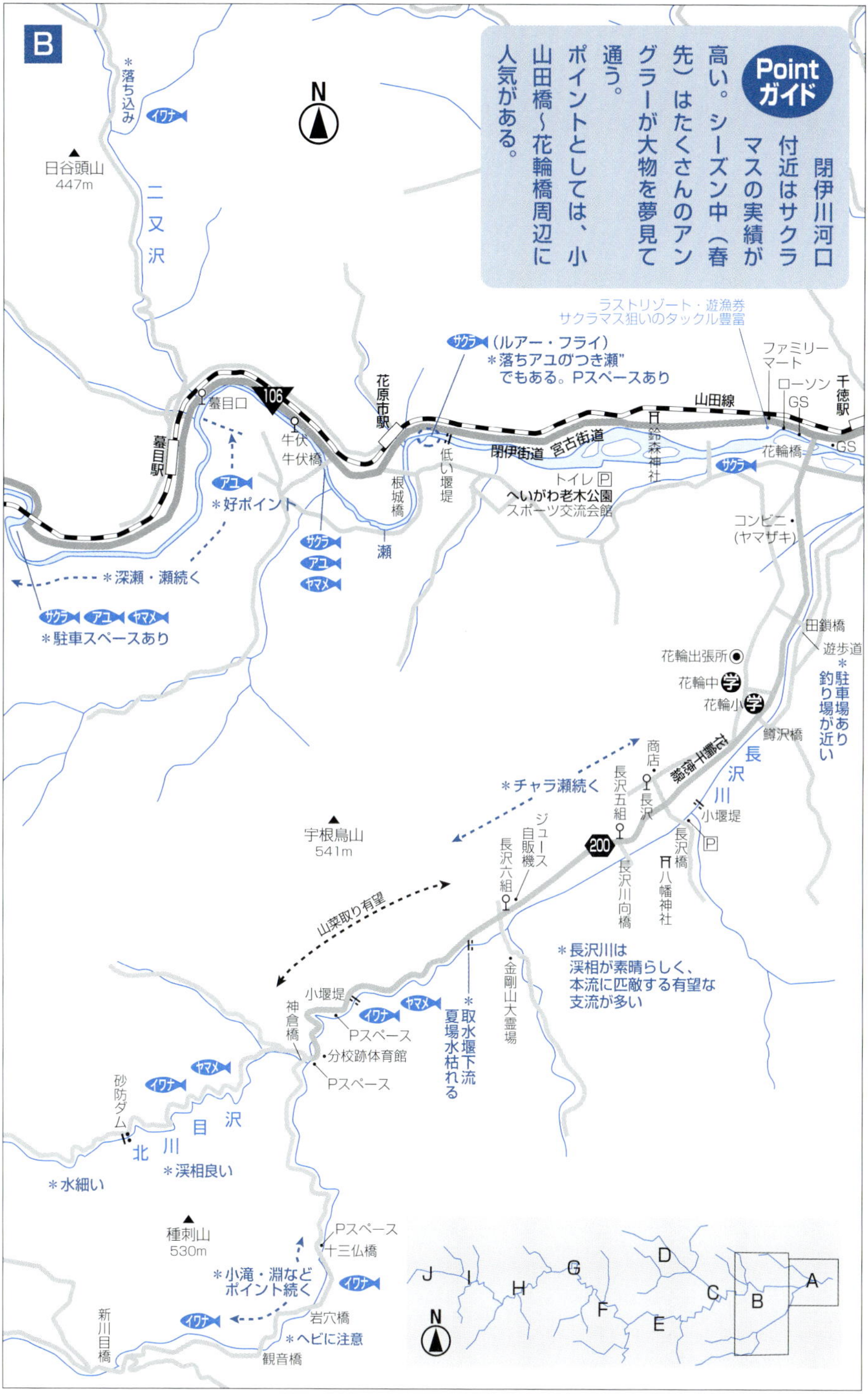
B
N
＊落ち込み
イワナ
日谷頭山
447m
二又沢
サクラ（ルアー・フライ）
＊落ちアユの"つき瀬"
でもある。Pスペースあり
ラストリゾート・遊漁券
サクラマス狙いのタックル豊富
ファミリーマート
ローソン
GS
千徳駅
山田線
106
蟇目口
蟇目駅
牛伏
牛伏橋
花原市駅
低い堰堤
閉伊街道
宮古街道
鈴森神社
花輪橋
GS
アユ
＊好ポイント
根城橋
トイレ P
へいがわ老木公園
スポーツ交流会館
サクラ
コンビニ・（ヤマザキ）
サクラ
アユ
ヤマメ
瀬
＊深瀬・瀬続く
サクラ アユ ヤマメ
＊駐車スペースあり
田鎖橋
遊歩道
＊駐車場あり
釣り場が近い
花輪出張所
花輪中
花輪小
鱒沢橋
商店
花輪千徳線
長沢川
＊チャラ瀬続く
長沢五組
長沢
小堰堤
P
長沢橋
八幡神社
ジュース自販機
200
長沢六組
長沢川向橋
宇根鳥山
541m
山菜取り有望
＊長沢川は
渓相が素晴らしく、
本流に匹敵する有望な
支流が多い
金剛山大霊場
小堰堤
神倉橋
ヤマメ
イワナ
Pスペース
分校跡体育館
Pスペース
＊取水堰下流
夏場水枯れる
ヤマメ
イワナ
砂防ダム
北川目沢
＊渓相良い
＊水細い
種刺山
530m
Pスペース
十三仏橋
＊小滝・淵など
ポイント続く
イワナ
イワナ
新川目橋
岩穴橋
＊ヘビに注意
観音橋
J I H G D C B A F E
N

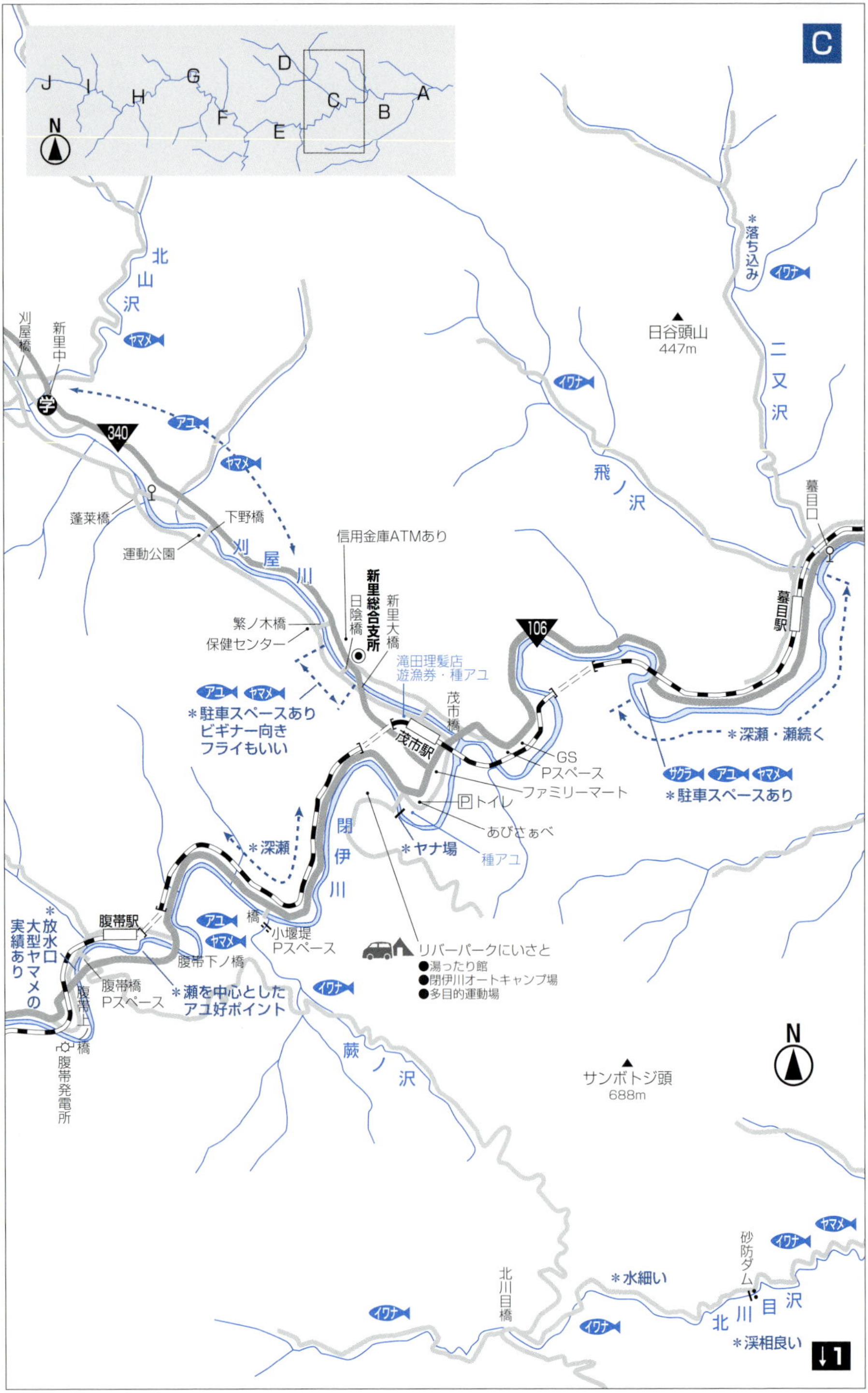
C
J
I
H
G
F
E
D
C
B
A
N
北山沢
ヤマメ
刈屋橋
新里中
学
アユ
340
ヤマメ
蓬莱橋
下野橋
運動公園
刈屋川
信用金庫ATMあり
新里総合支所
日陰橋
新里大橋
繋ノ木橋
保健センター
滝田理髪店
遊漁券・種アユ
アユ
ヤマメ
＊駐車スペースあり
ビギナー向き
フライもいい
茂市橋
茂市駅
GS
Pスペース
ファミリーマート
P トイレ
あびさぁべ
種アユ
＊ヤナ場
＊深瀬
閉伊川
腹帯駅
橋
小堰堤
Pスペース
アユ
ヤマメ
腹帯下ノ橋
＊放水口
大型ヤマメの
実績あり
腹帯橋
Pスペース
＊瀬を中心とした
アユ好ポイント
腹帯上ノ橋
腹帯発電所
リバーパークにいさと
●湯ったり館
●閉伊川オートキャンプ場
●多目的運動場
イワナ
蕨ノ沢
サンボトジ頭
688m
N
日谷頭山
447m
＊落ち込み
イワナ
二又沢
イワナ
飛ノ沢
蟇目口
蟇目駅
106
＊深瀬・瀬続く
サクラ
アユ
ヤマメ
＊駐車スペースあり
北川目橋
イワナ
＊水細い
イワナ
砂防ダム
イワナ
ヤマメ
北川目沢
＊渓相良い
↓1

新里周辺でのアユ釣り風景

Point ガイド

河口から花輪橋付近までは春先のヒカリ釣りのポイントとなる。花輪橋上流は蟇目付近までザラ瀬中心の流れ。蟇目から茂市までは淵や荒瀬、トロ場やザラ瀬が交互に現れ、曲がりくねって流れ、アユ、ヤマメ、サクラマス狙いの釣り人でにぎわう。

この区間の支流には、まず花輪橋下流に合流する長沢川がある。この川はやがて中流で北川目沢と分岐するが、この分岐まではヤマメ・イワナの混棲、分岐からはいずれもイワナ中心となる。さらに茂市付近で合流する刈屋川は魚影が濃く、その分入渓者も多い。刈屋川にも多くの枝沢があり、いずれの流れにも魚信はある。

↓1

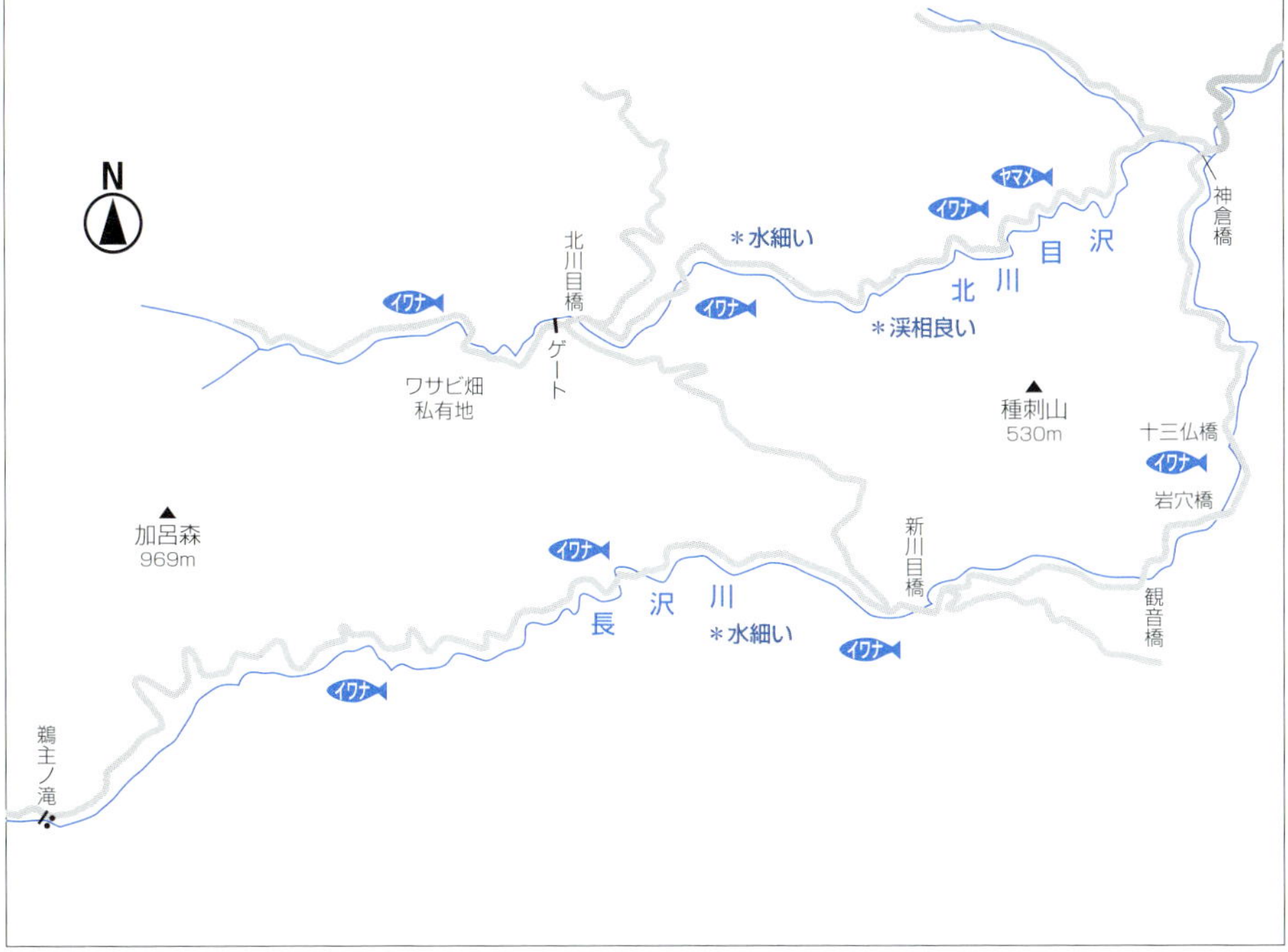
N
神倉橋
ヤマメ
イワナ
＊水細い
北川目沢
北川目橋
イワナ
イワナ
＊渓相良い
ゲート
ワサビ畑
私有地
種刺山
530m
十三仏橋
イワナ
岩穴橋
加呂森
969m
イワナ
新川目橋
長沢川
＊水細い
イワナ
観音橋
イワナ
鶏主ノ滝

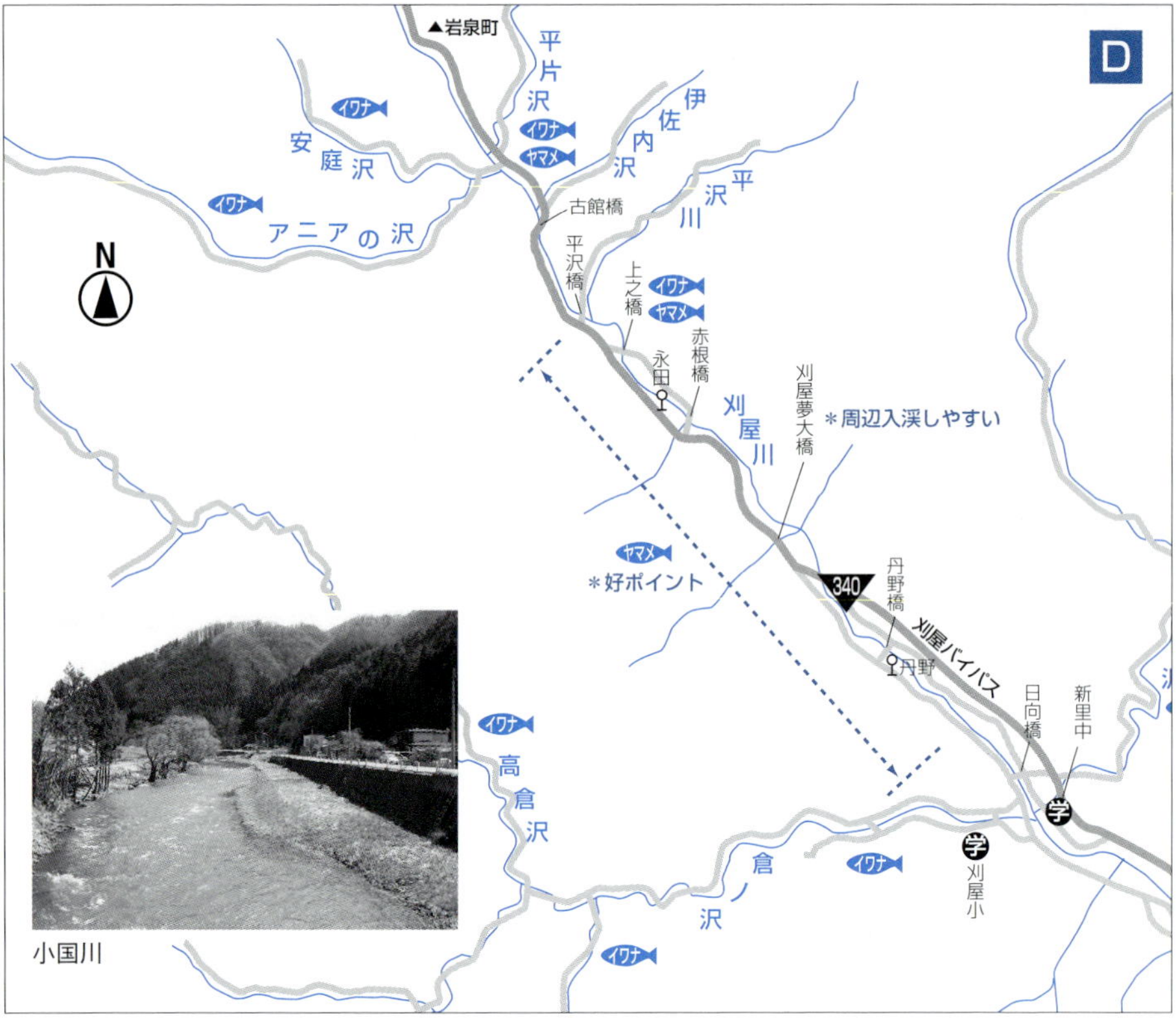
D
岩泉町
平片沢
伊佐内沢
安庭沢
アニアの沢
平川沢
古館橋
平沢橋
上之橋
赤根橋
永田
刈屋川
刈屋夢大橋
＊周辺入渓しやすい
＊好ポイント
340
丹野橋
丹野
刈屋バイパス
日向橋
新里中
高倉沢
倉ノ沢
刈屋小
イワナ
ヤマメ
N

小国川

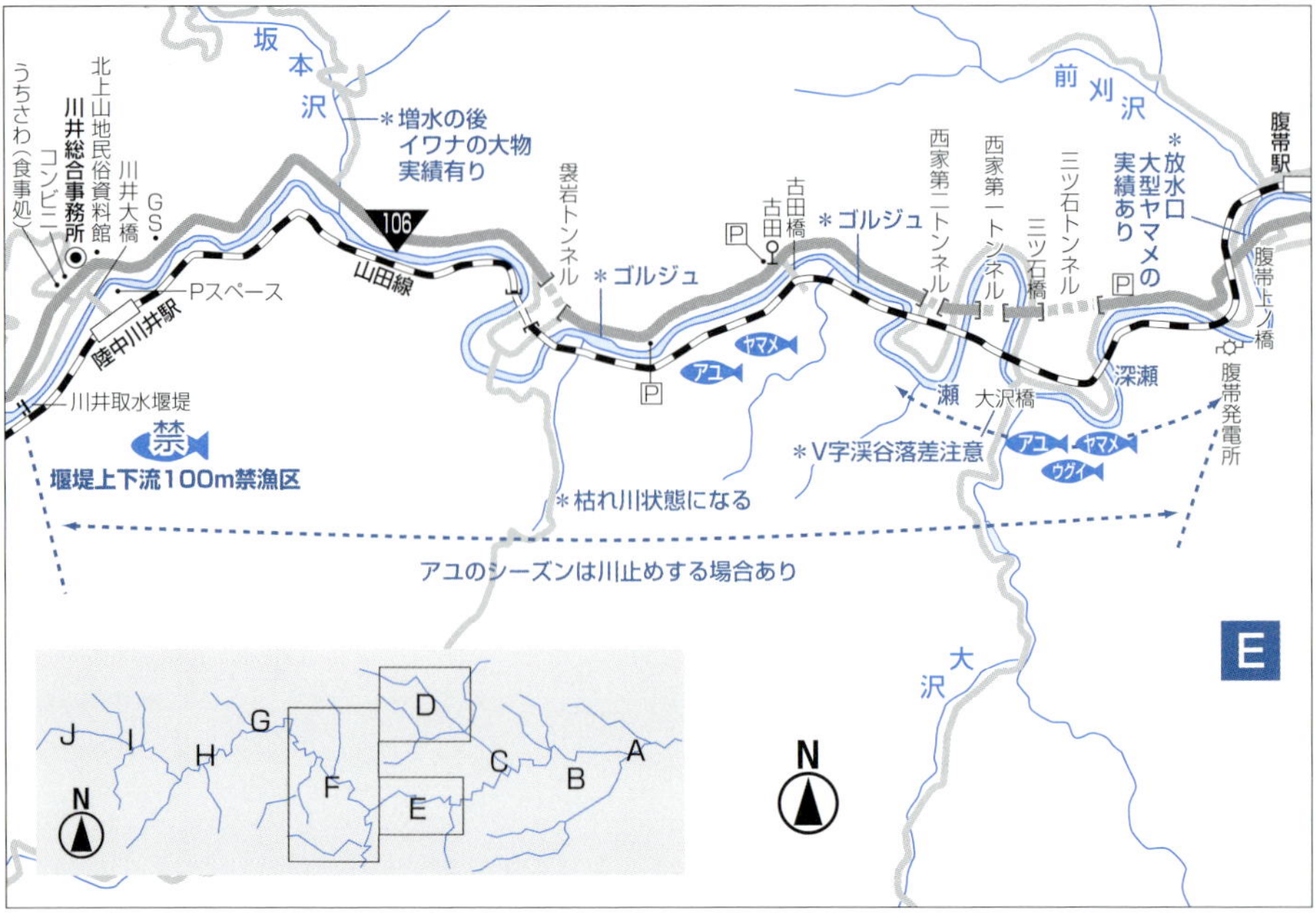
E
坂本沢
＊増水の後
イワナの大物
実績有り
うちさわ（食事処）
コンビニ
川井総合事務所
北上山地民俗資料館
川井大橋
GS
Pスペース
陸中川井駅
106
山田線
川井取水堰堤
禁
堰堤上下流100m禁漁区
箕岩トンネル
＊ゴルジュ
古田
古田橋
＊ゴルジュ
西家第二トンネル
西家第一トンネル
三ツ石トンネル
三ツ石橋
前刈沢
＊放水口
大型ヤマメの
実績あり
腹帯駅
腹帯上ノ橋
腹帯発電所
瀬
深瀬
大沢橋
＊V字渓谷落差注意
＊枯れ川状態になる
アユのシーズンは川止めする場合あり
大沢
アユ
ヤマメ
ウグイ
J I H G F D E C B A
N

Point ガイド

刈屋川合流点の茂市から腹帯までの区間は水量豊富に加え、渓相も素晴らしい。国道沿いに流れていることもあって、アユ、渓魚釣りなどの釣り人がポイントごとに見られ、大物の実績も多い。腹帯《はらたい》から上流部は陸中川井の取水堰堤の影響で通年渇水気味である。従って点々と見られる大淵にもいくぶん汚れが見受けられ、ウグイが幅をきかせていることが多くガッカリさせられる。取水堰堤上流で合流する閉伊川最大の支流・小国川は淵、ザラ瀬、岩盤の深場などの渓相であり、ヤマメを中心に魚影は濃い。合流点付近から上流1㎞はアユ釣りのポイントとなる。

枝沢の薬師川についても渓相は素晴らしく、県外から渓流ファンが数多く訪れる。閉伊川本流は水量も安定し、箱石、川内とさかのぼるほどに、変化に富んだ渓相と鈴久名川や夏屋川などの支流も安定感があって多くの釣り人を集めている。

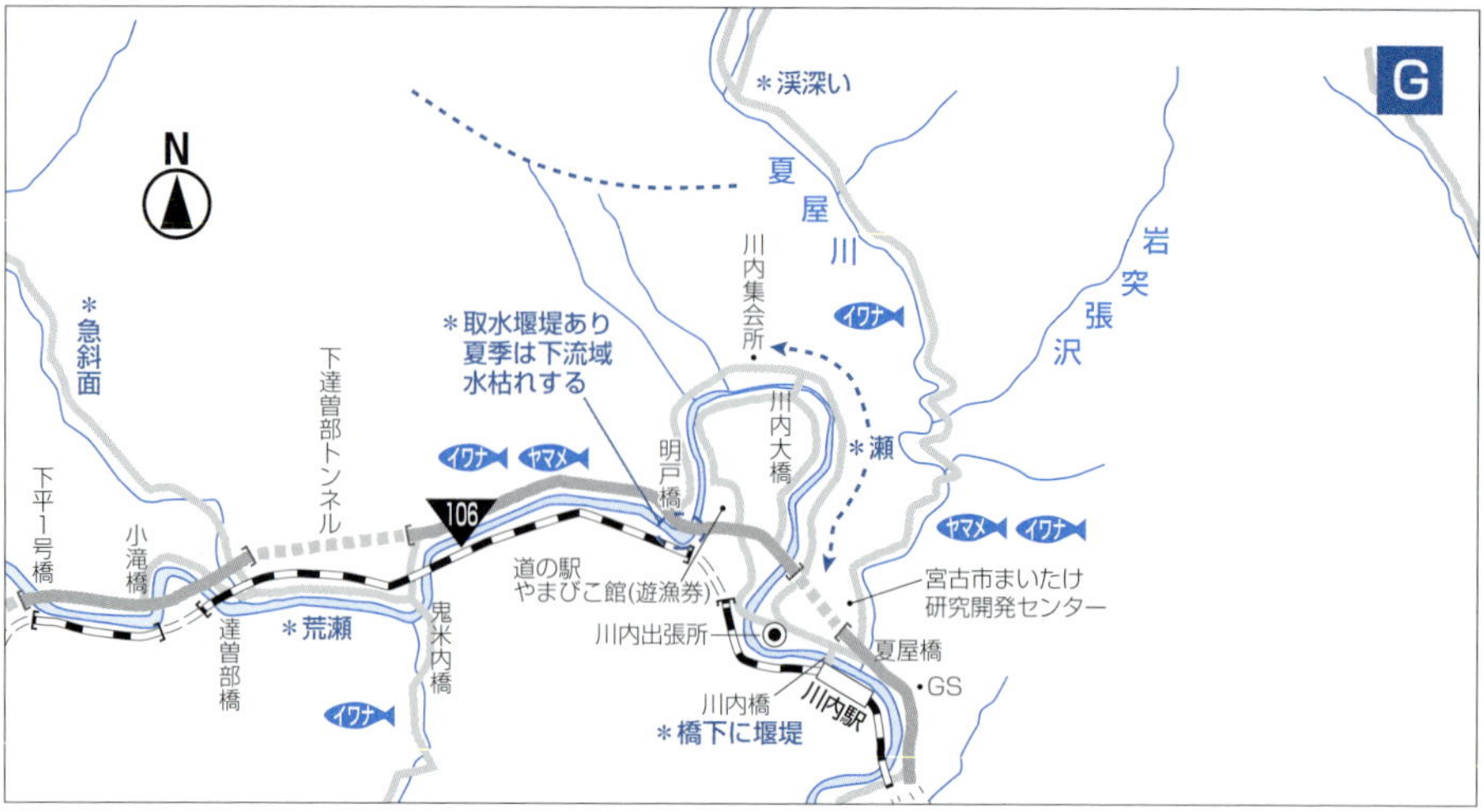
G
N
＊渓深い
夏屋川
岩突張沢
＊急斜面
川内集会所
＊取水堰堤あり
夏季は下流域
水枯れする
下達曽部トンネル
イワナ
ヤマメ
明戸橋
川内大橋
＊瀬
106
下平1号橋
小滝橋
道の駅
やまびこ館(遊漁券)
宮古市まいたけ
研究開発センター
川内出張所
夏屋橋
達曽部橋
＊荒瀬
鬼米内橋
川内橋
川内駅
GS
＊橋下に堰堤

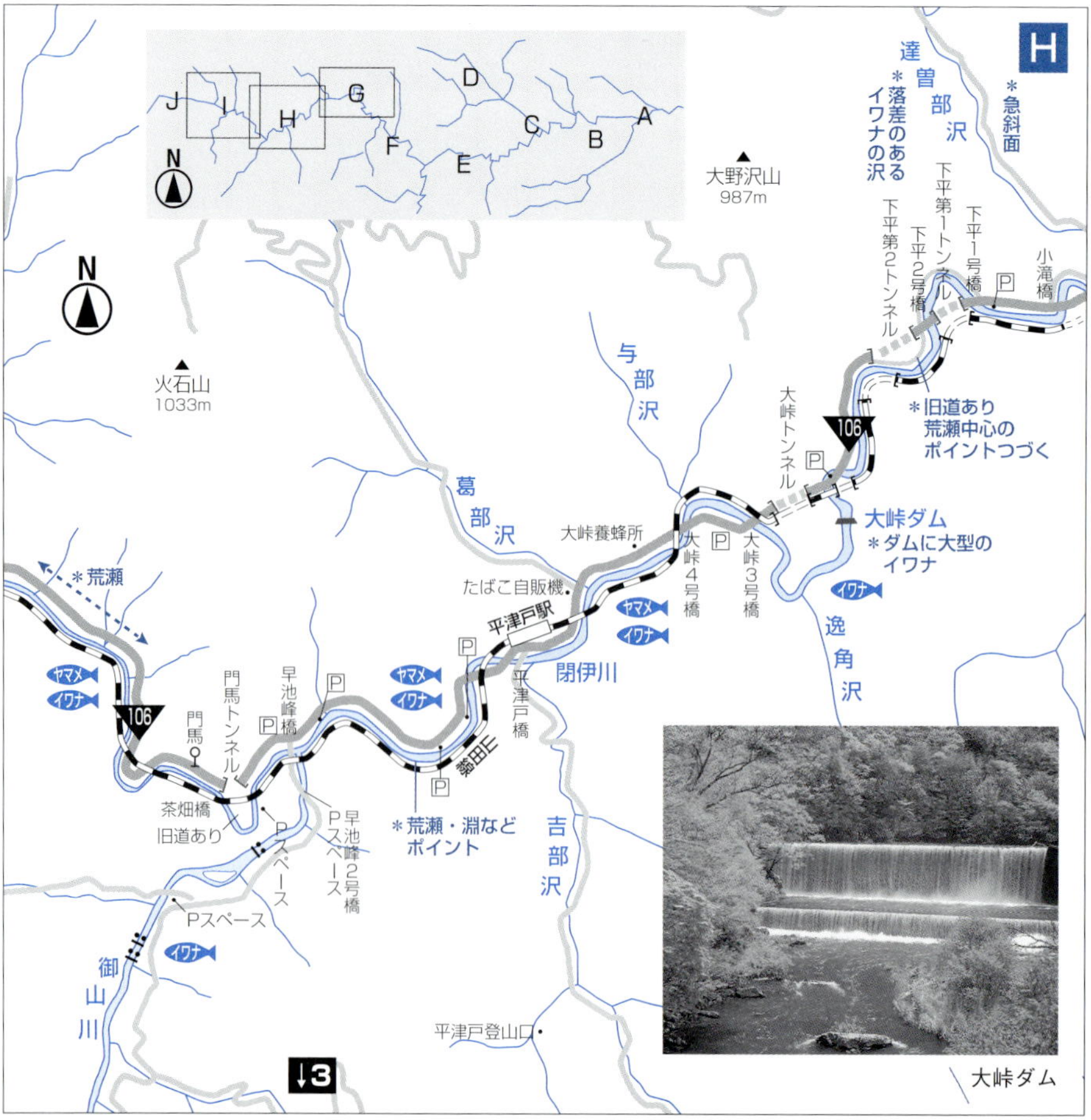
H
J
I
H
G
D
C
B
A
F
E
N
大野沢山
987m
達曽部沢
＊落差のある
イワナの沢
＊急斜面
下平第1トンネル
下平1号橋
下平2号橋
下平第2トンネル
小滝橋
P
火石山
1033m
与部沢
大峠トンネル
106
＊旧道あり
荒瀬中心の
ポイントつづく
葛部沢
大峠養蜂所
大峠ダム
＊ダムに大型の
イワナ
＊荒瀬
たばこ自販機
大峠4号橋
大峠3号橋
イワナ
ヤマメ
平津戸駅
逸角沢
閉伊川
平津戸橋
門馬トンネル
早池峰橋
門馬
蕎田E
茶畑橋
旧道あり
Pスペース
早池峰2号橋
＊荒瀬・淵など
ポイント
吉部沢
Pスペース
御山川
平津戸登山口
↓3
大峠ダム

Pointガイド

下達曽部トンネルを通らず旧道を迂回すると丹念に本流を釣り上ることができる。大淵あり、荒瀬ありの渓相には大ヤマメが潜んでいるといわれる。曲がりくねった川とともに続く旧道に沿って釣り上るとやがて大峠ダムへたどり着くが、この上下はサイズ・数ともに期待できる。

大峠付近からさらに上流も門馬付近まで川幅は安定し、水量も豊富な状態で流れる。途中、吉部沢や御山川といったイワナを育む名川と合流する。門馬から松草、そして盛岡との境界であり、水源のある区界まで魚影は濃く安定している。

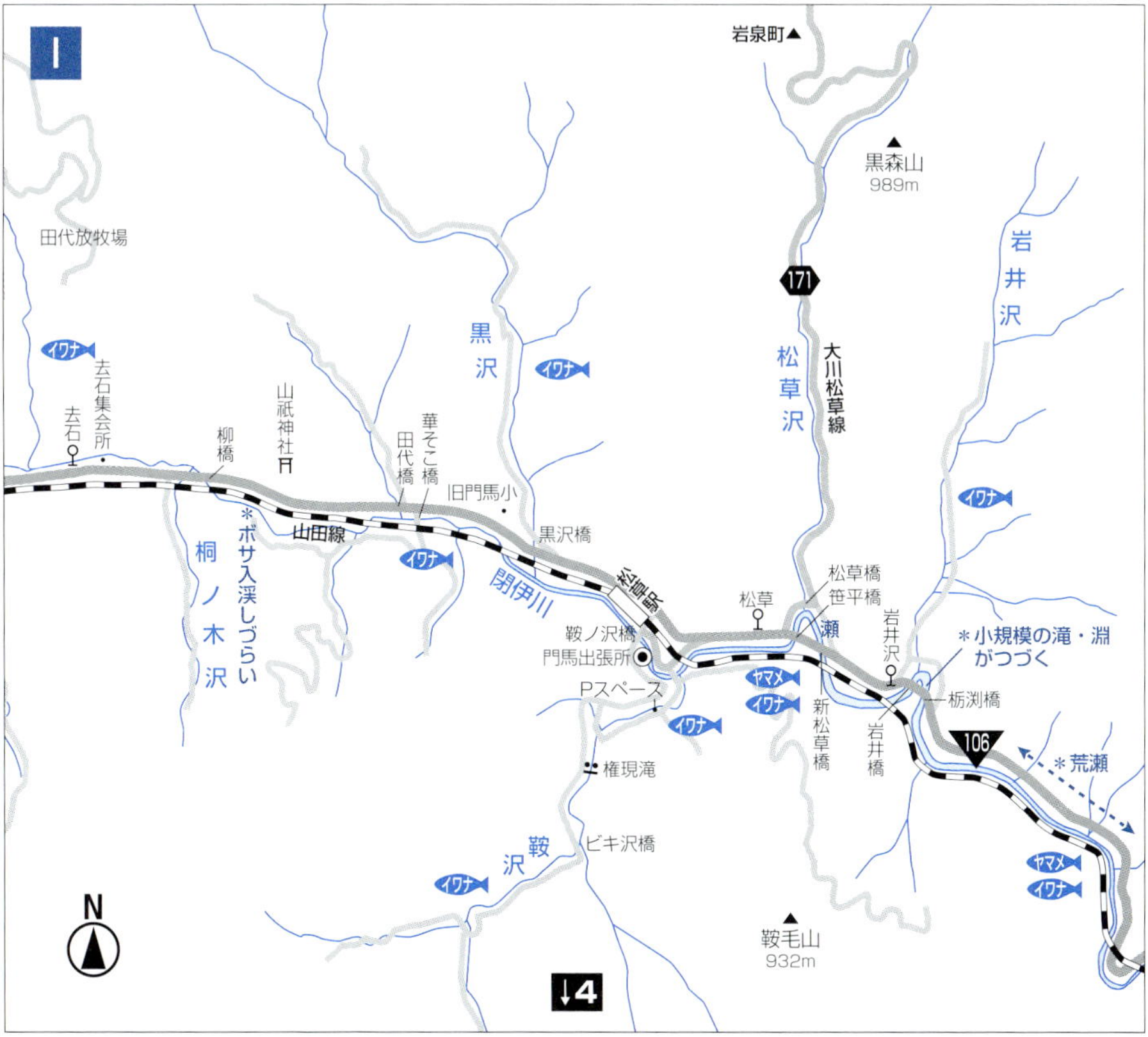

鞍沢の権現滝。10メートルもの落差がある

閉伊川
松草駅
松草沢口
笹平橋
鞍ノ沢橋
門馬出張所
↓4
Pスペース
ヤマメ
イワナ
権現滝
鞍
沢
ビキ沢橋
鞍毛山
932m
N

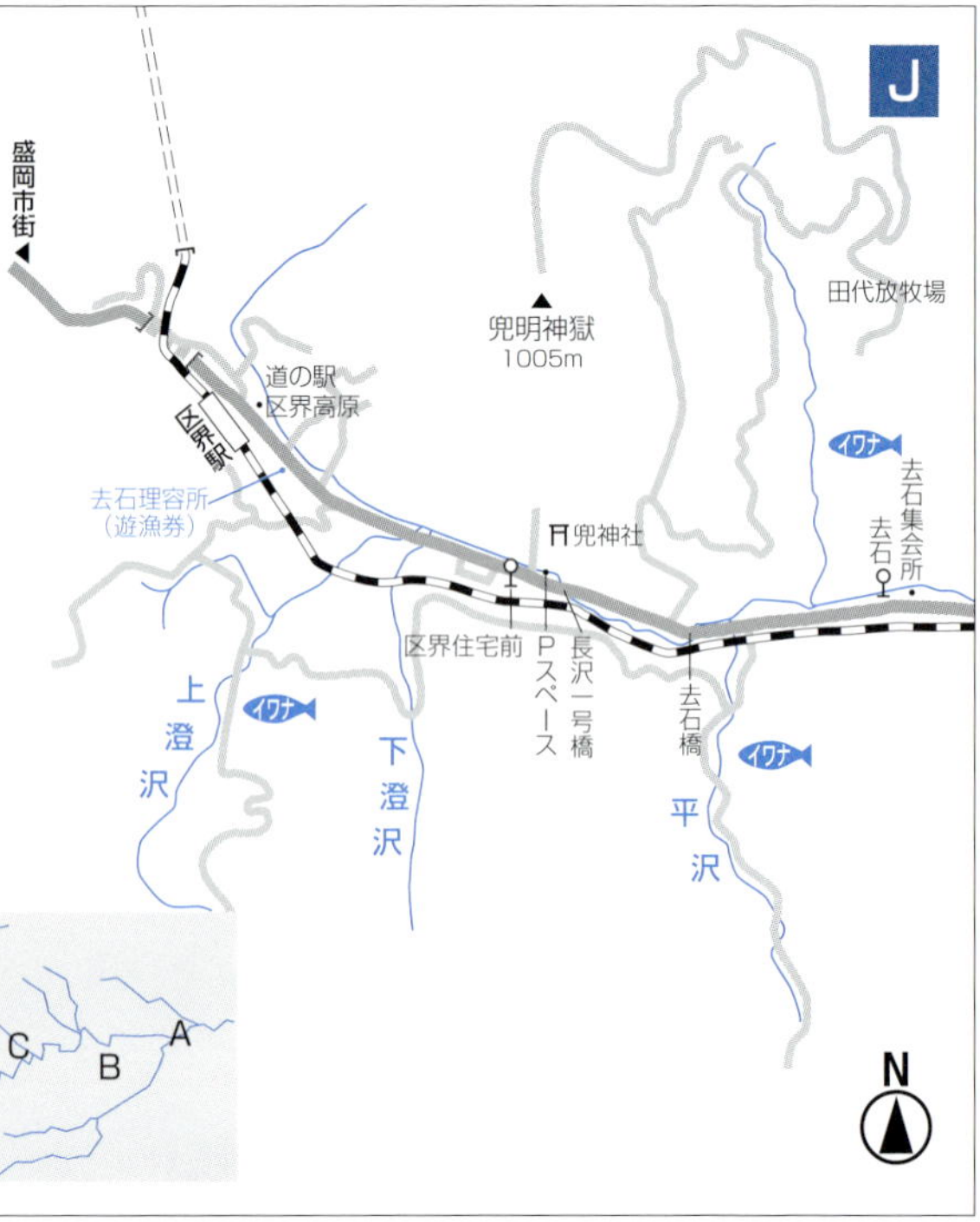
J
盛岡市街
兜明神獄
1005m
田代放牧場
道の駅
区界高原
区界駅
去石理容所
(遊漁券)
兜神社
区界住宅前
Pスペース
長沢一号橋
去石橋
去石
去石集会所
イワナ
上
澄
沢
下
澄
沢
平
沢
D
G
J
I
H
C
A
F
B
E
N

道の駅区界高原

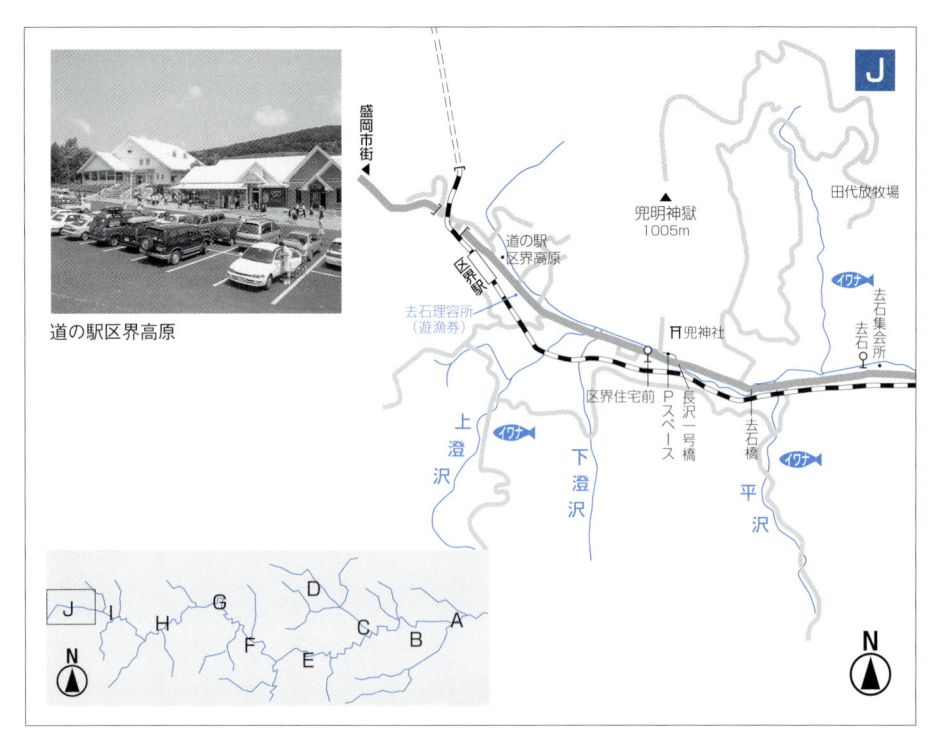

田老川

たろうがわ

〈沿岸水系〉

INFORMATION

¥	日釣券	年券
アユ	500円	3,000円
雑魚	400円	1,000円

盛岡→宮古（国道106号）→田老（国道45号）

アユ
イワナ
ヤマメ
サクラ
ヒカリ

田老町河川漁業協同組合
☎0193(87)3114

北上山地の亀ケ森（1112ｍ）付近を源流として東に流れ、田老湾に注ぐ。源流部では芋野川と呼び、亀ケ沢川と合流して田代川と改称する。また、やがて田老に入ると田老川となる。

源流部の芋野川は中級者以上向けの渓流で、最上部付近にある八瀬ノ滝や周辺のゴルジュの渓相は海に近い渓流とは思えない幽玄さがある。

初心者には中流から下流がおすすめ。サケの遡上が多い川としても有名である。

Point ガイド

河口に近い田老橋から支流の小田代川まではチャラ瀬ばかりのせいか魚影は薄い。小田代川自体も魚影は薄いので釣趣に欠ける。

釣りになるのは小田代川より上流。合流点から少しずつ渓相は良くなっていき、魚信も少しずつ出てくる。三陸鉄道の鉄橋下流の深場には増水後大物が潜んでいることもあるという。佐羽根駅から細越地区までは淵や瀬の連続となり、しばしば良型ヤマメが釣れている。

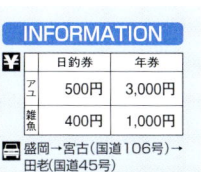

Pointガイド

細越地区から上流およそ2kmに田代橋があり、さらに上流部に野外活動センターがある。この区間、川幅はあまり広くなく、サイズは小さいものの魚影は濃い。ヤマメは活動センターのすぐ上流にある馬場の滝までで。これより上流部はイワナのみとなる。

馬場の滝の上流で流れは亀ケ沢川と分岐する。亀ケ沢川は岩盤の川であり、魚の気配を感じる渓相ながら意外と魚影は薄い。この分岐をきっかけに本流は芋野川と名を改め、直後に姿を見せる砂防ダムより上流部で荒々しい渓相に変化する。

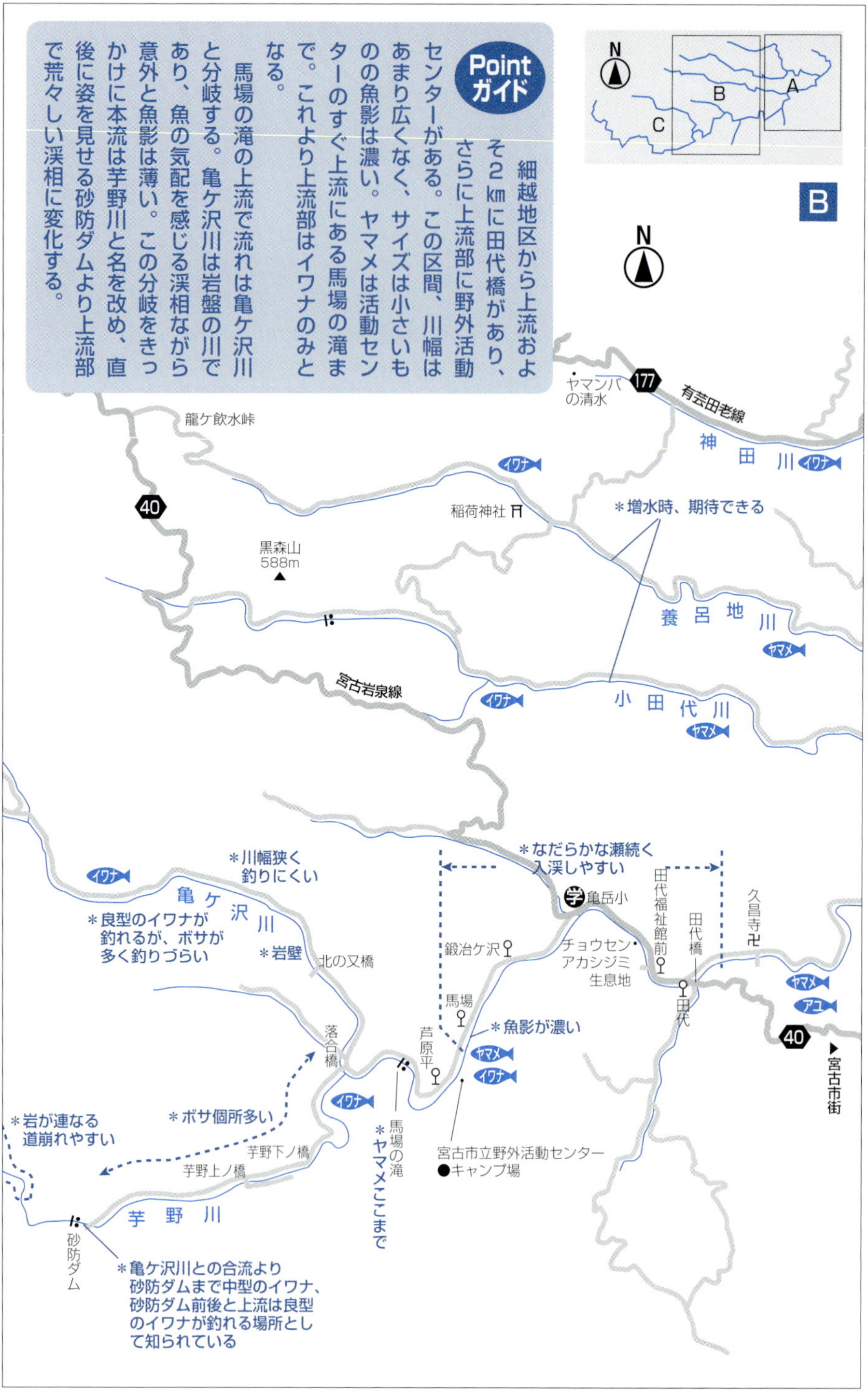
N
A
B
C
B
N
ヤマンバの清水
177
有芸田老線
神田川
イワナ
龍ケ飲水峠
40
稲荷神社
＊増水時、期待できる
黒森山
588m
養呂地川
ヤマメ
宮古岩泉線
小田代川
＊川幅狭く
釣りにくい
＊なだらかな瀬続く
入渓しやすい
亀ケ沢川
＊良型のイワナが
釣れるが、ボサが
多く釣りづらい
＊岩壁
北の又橋
学 亀岳小
田代福祉館前
田代橋
久昌寺
鍛冶ケ沢
チョウセンアカシジミ生息地
田代
アユ
馬場
＊魚影が濃い
落合橋
芦原平
宮古市街
＊岩が連なる
道崩れやすい
＊ボサ個所多い
芋野下ノ橋
芋野上ノ橋
馬場の滝
＊ヤマメここまで
宮古市立野外活動センター
●キャンプ場
芋野川
砂防ダム
＊亀ケ沢川との合流より
砂防ダムまで中型のイワナ、
砂防ダム前後と上流は良型
のイワナが釣れる場所とし
て知られている

Point ガイド

砂防ダムより上の流れに踏み入るのは中級者以上の人に限る。まずまともな道がなくなるから、そしてクマやマムシの出没エリアに入っていくからである。渓相は大岩と淵、そして荒瀬の連続となり、大イワナの気配が濃厚になる。

源流部はゴルジュ帯（V字谷）で流れは速い。八瀬ノ滝と呼ばれる幻の滝があり、尺イワナの魚影が見え隠れしていたとの報告もある。

C
岩泉町▲
N
40
亀ケ森牧場
亀ケ森
1112m
新里放牧場
亀ケ沢川
イワナ
大鰐谷森
788m
源兵衛平
八瀬ノ滝
＊岩が連なるゴルジュ帯
イワナ
注意
＊岩が連なる道崩れやすい
＊イワナの大物実績あり
＊ヘビ注意
砂防ダム
芋野川

のどかな田老川下流のアユ釣り

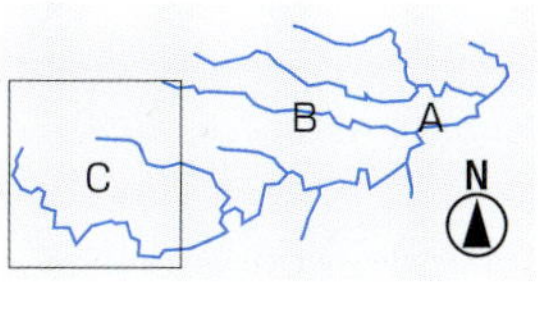
B
A
C
N

摂待川

せったいがわ

〈沿岸水系〉

田老町河川漁業協同組合
☎0193（87）3114

アユ
イワナ
ヤマメ
サクラ
ヒカリ

INFORMATION

¥	日釣券	年券
アユ	500円	3,000円
雑魚	400円	1,000円

盛岡→宮古（国道106号）→摂待（国道45号）

北上山地の峠の神山（1193m）を水源に東へ流れ出し、摂待で太平洋へと注ぐ。流程およそ26㎞。源流域は松屋敷川と皆ノ川からなり、栃ノ木で合流する。

魚影は濃いが小型が多い。ボサの多い個所もあるが比較的穏やかな渓相のため、ビギナー向きといえる。積雪が少なめの川なので解禁当初から釣果が期待できる。

解禁直後の摂待川の渓流釣り

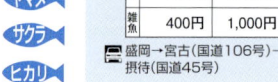

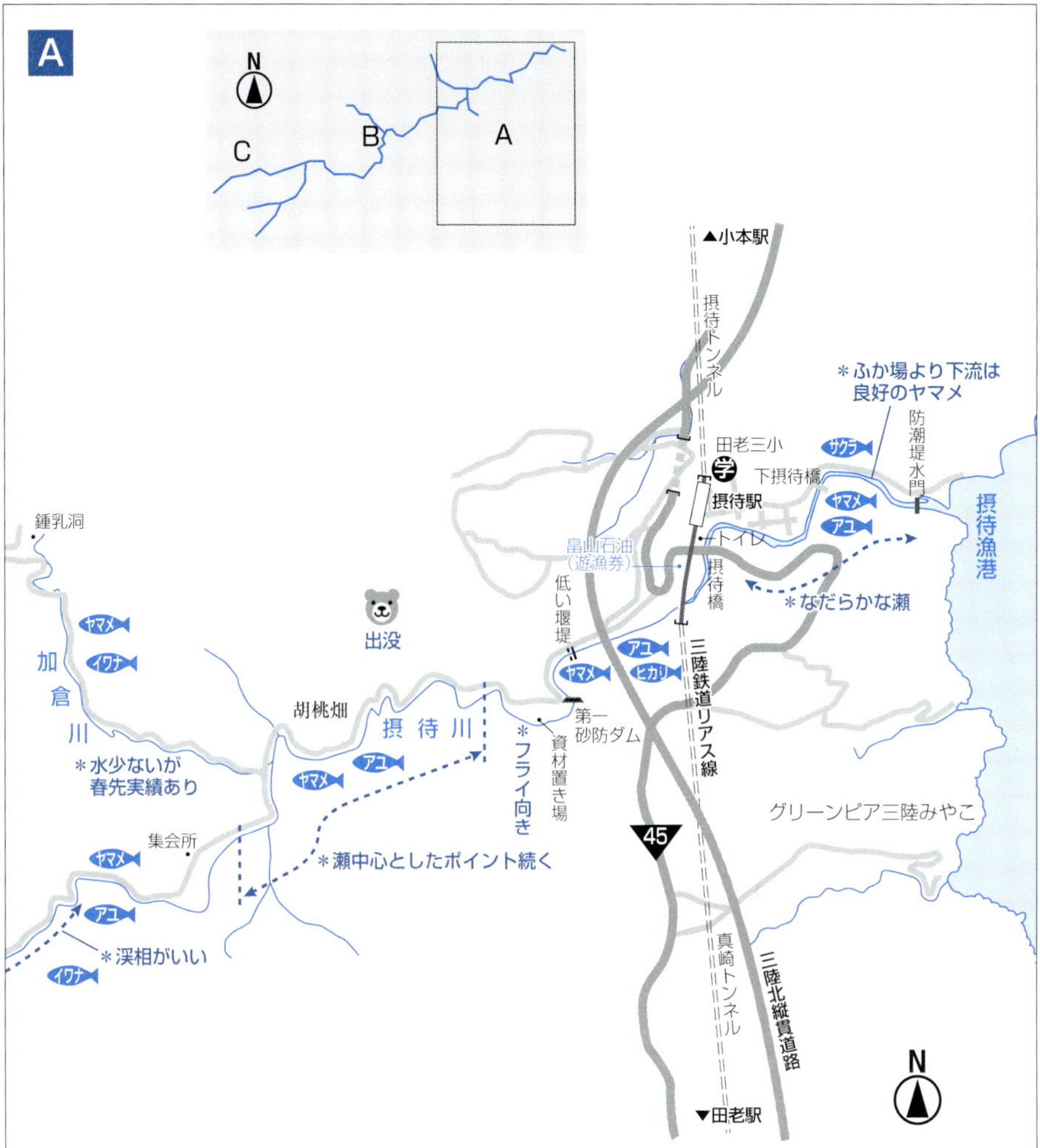
A
N
A
B
C
▲小本駅
摂待トンネル
＊ふか場より下流は良好のヤマメ
防潮堤水門
田老三小
サクラ
下摂待橋
ヤマメ
アユ
摂待駅
摂待漁港
畠山石油（遊漁券）
トイレ
摂待橋
＊なだらかな瀬
鍾乳洞
低い堰堤
ヤマメ
イワナ
出没
加倉川
アユ
ヒカリ
ヤマメ
三陸鉄道リアス線
胡桃畑
摂待川
第一砂防ダム
＊水少ないが春先実績あり
アユ
ヤマメ
＊フライ向き
資材置き場
グリーンピア三陸みやこ
45
集会所
ヤマメ
＊瀬中心としたポイント続く
アユ
＊渓相がいい
イワナ
真崎トンネル
三陸北縦貫道路
N
▼田老駅

Point ガイド

下流部は防潮堤水門の約50m上流の深いトロ場でサクラマスがねらえる。国道にかかる摂待橋より上流にいくつかポイントがあるが、いずれも釣れるのは小型が多い。約1㎞上流に第一砂防ダムがあり、このダム下の淀みにサクラマスがたまるといわれる。ルアーやフライでぜひ狙ってみたい大場所だ。このダム上は川幅も狭まり、しばらくは流れが道路と離れるので意外な良型に出合える可能性を秘めている。

その後、胡桃畑付近までは瀬が続くが小型中心の釣果に終わることが多い。やがて加倉川が合流するが、この上下は入渓しやすく、ビギナー向き。その先は第二砂防ダムまで、いかにも渓流と呼ぶにふさわしい変化に富んだ渓相であり、魚信もほどほどあるので釣り飽きることなく楽しめる。

Pointガイド

中流部は第二砂防ダムの上流は川幅は狭いものの、ポイントを丁寧に探ればヤマメやイワナの納得サイズが釣れる。槻ノ木橋の真下には深い淵があり、しばしば大イワナが釣れることがある。

ここから上流の肘葛橋までは狭いながら時折深場で良型のイワナ・ヤマメが釣れるエリア。以降、栃ノ木橋付近までイワナ狙いとなり、飽きない程度の魚信を味わえる。

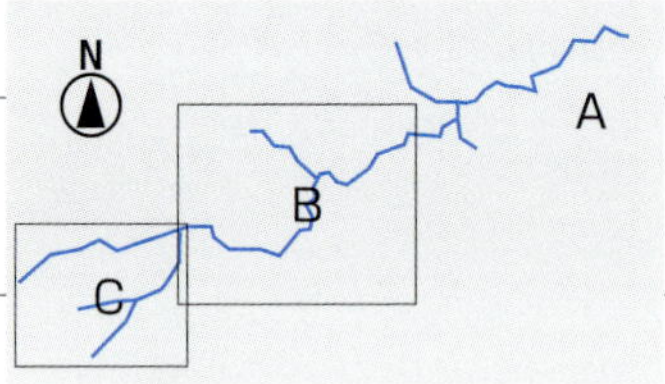

Pointガイド

栃ノ木橋付近より上流部は松屋敷川と皆ノ川に分かれる。どちらもイワナのみの川であるものの、細い川となるため釣りづらい。クマの出没にも注意して釣行を楽しみたい。

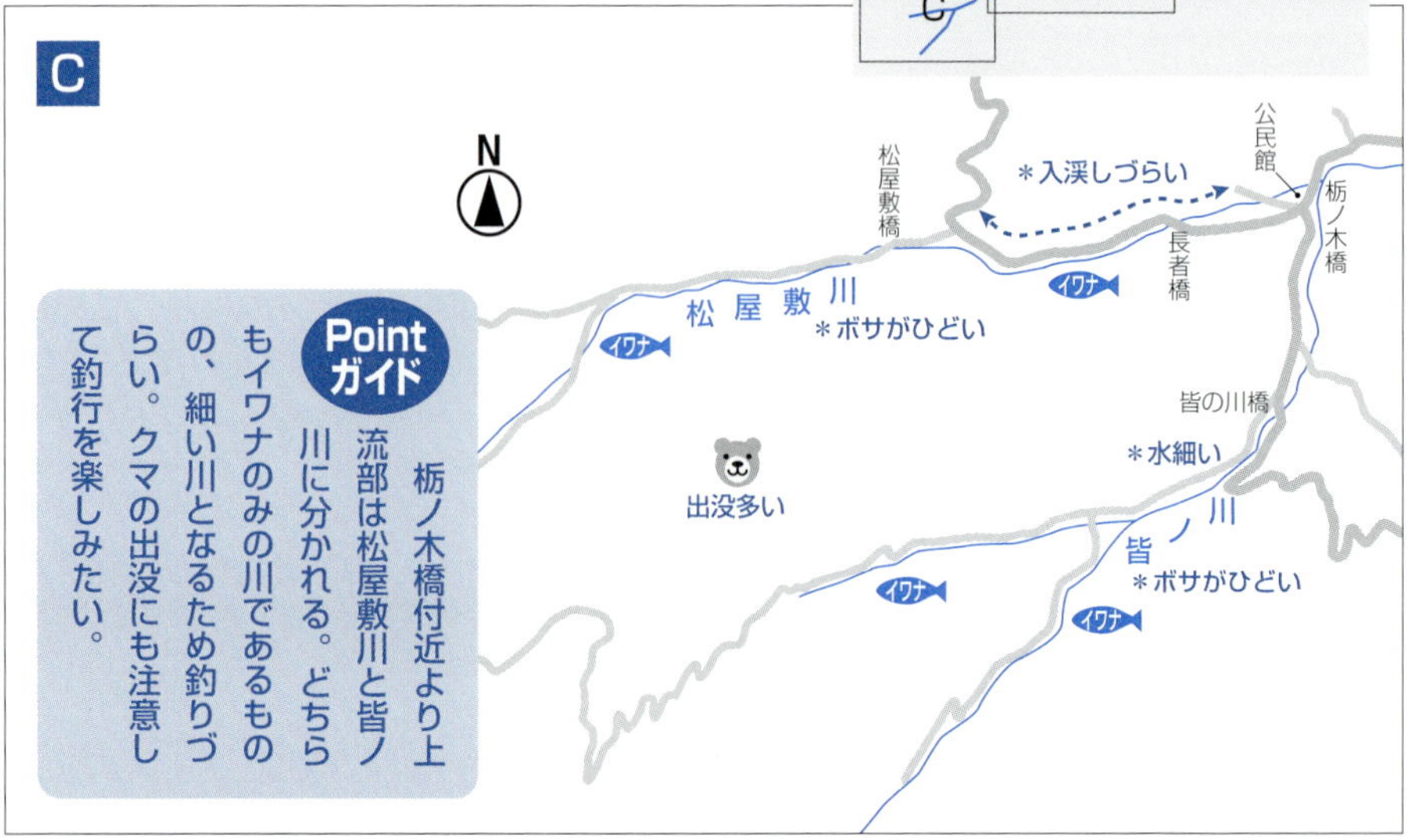

岩泉町

小本川

おもとがわ

〈沿岸水系〉

INFORMATION

¥	日釣券	年券
アユ	1,400円	7,000円
雑魚	1,000円	5,000円

盛岡→岩泉（国道455号）

アユ
イワナ
ヤマメ
サクラ
アメマス
ヒカリ

小本河川漁業協同組合
☎0194（28）2700
小本川漁業協同組合
☎0194（32）3215

岩泉町と葛巻町の境界に位置する国境峠付近を水源とする本流に、その南側の上明神山（1118m）北麓から生まれる見内川を合わせ、早坂高原の東麓からあふれる三田貝川、さらに落合で支流・枝沢の多い大川と合流して小本で太平洋に注ぐ。流程およそ70km。落合より下流部にも支流は多く、清水川、鼠入川、猿沢川、三田市川などがある。

下流域の「ふれあいらんど岩泉」にはオートキャンプ場やコテージなどがあり、釣り人にもうれしい。国道をはじめ道に沿って川が流れているのでビギナー向きだ。

Pointガイド

小本川河口はアユの他に、サクラマス・アメマスも有望。エサ釣りにはサケの稚魚がヒットすることも多い。必ずリリースすること。

河口域だが、護岸工事個所は少なく、水質も素晴らしい。

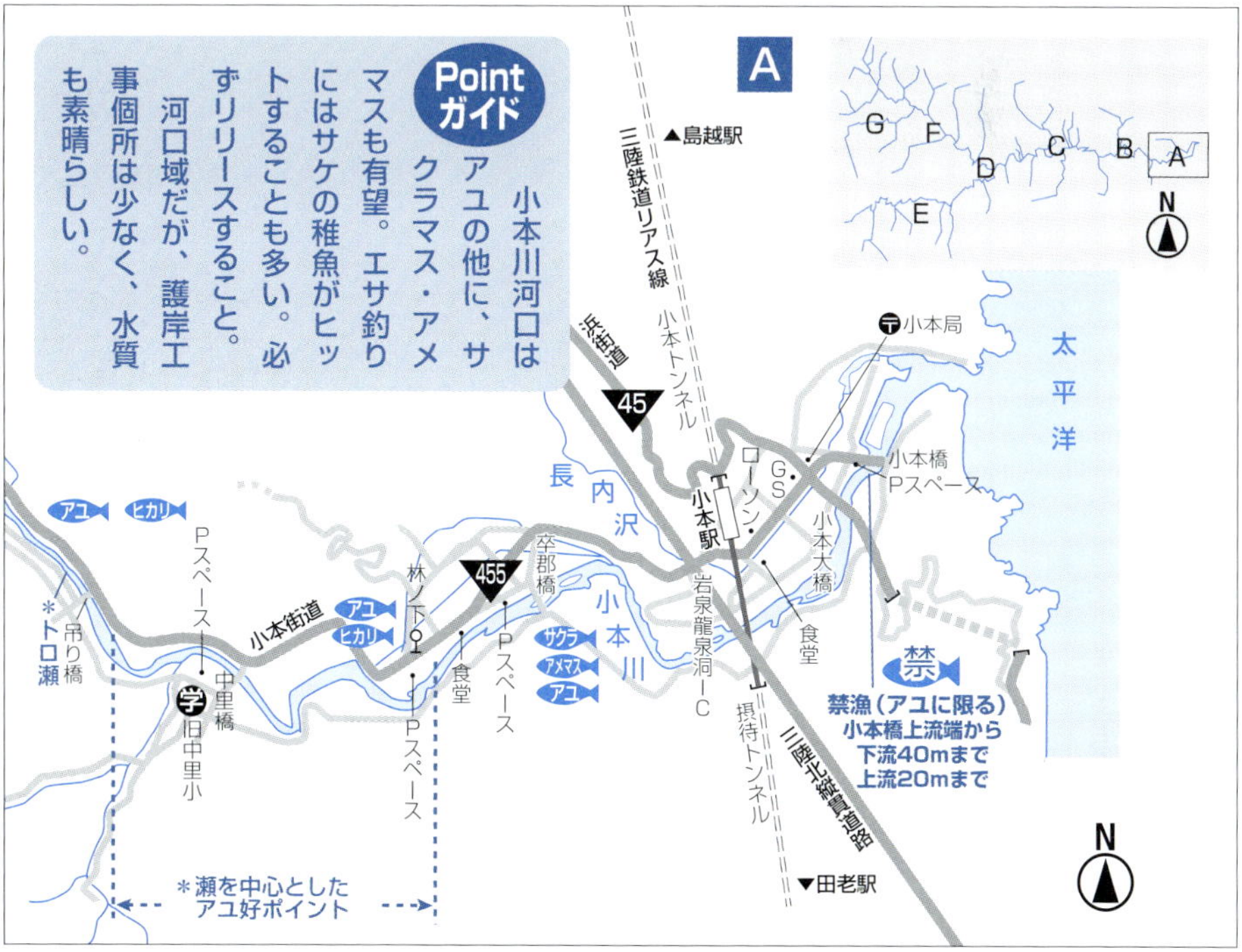
A
G
F
D
C
B
E
N
▲島越駅
三陸鉄道リアス線
浜街道
45
小本トンネル
小本局
太平洋
小本橋
Pスペース
G.S
ローソン
小本駅
長内沢
小本大橋
食堂
岩泉龍泉洞IC
摂待トンネル
三陸北縦貫道路
▼田老駅
禁
禁漁（アユに限る）
小本橋上流端から
下流40mまで
上流20mまで
455
卒郡橋
林ノ下
Pスペース
食堂
小本川
アユ
ヒカリ
サクラ
アメマス
小本街道
Pスペース
中里橋
学 旧中里小
吊り橋
＊トロ瀬
＊瀬を中心とした
アユ好ポイント

B

小本川アユ釣り風景。周辺にアシが生い茂り、アユの良い居着き場所になっている

三田市川
＊橋より上流を境にして
管轄漁協が変わる
小本川漁協
小本河川漁協
禁
堰堤から
三田市橋まで
禁漁区
44
＊瀬
自販機
アユ
ヒカリ
荷内川橋
＊トロ瀬
岩泉球場
藤清商店
種アユ・遊漁券
いわいずみ
道の駅
455
三田市橋
褜野大橋
小本街道
公民館
Pスペース
Pスペース
国道45号▶
アユ
ヤマメ
コメリ
ふれあいらんど岩泉
Pスペース
小本川
Pスペース
アユ
ヒカリ
赤鹿橋
熊野神社
＊トロ瀬
乙茂橋
禁
禁漁（全魚種）
岩泉町褜野字褜野えん堤
下流端から下流20mまで、
上流100mまで
中里橋
＊瀬を中心とした
アユ好ポイント
ヤマメ
本宮橋
宮古岩泉線
猿沢川
＊瀬 アユ好ポイント
N
40
乱搭橋
禁
中倉口橋から
上流岩瀬張橋
・上野商店（遊漁券）
中倉口橋
中倉川
イワナ
中倉口橋
イワナ

Point ガイド

赤鹿橋までは長いザラ瀬やトロ瀬が交互に続く。褜野《ほろの》大橋までは小石の底石が平らに続く渓相で釣趣に欠ける。褜野大橋から乙茂橋までの区間には幅広ヤマメが潜んでいると言われる。

ふれあいらんど岩泉のコテージやオートキャンプ場はビギナー向きの宿泊地。

C

龍泉洞の清水が注ぐ清水川での釣り

Point ガイド

乙茂橋の上流で猿沢川が合流してくるが、ここから上流はアユの好ポイントでもある。やがて現れる缺橋（かけはし）付近から女神橋までは実に変化に富んだ渓相で、大型ヤマメが狙える。トロ場と淵が点在する渓相は鼠入《そいり》川の合流点付近まで続き、アユ、ヤマメとも大型で、しかも数がそろう好ポイントといえる。鼠入川橋から岩泉駅付近までの区間も迫力ある渓相で良型ヤマメが釣れる可能性大。

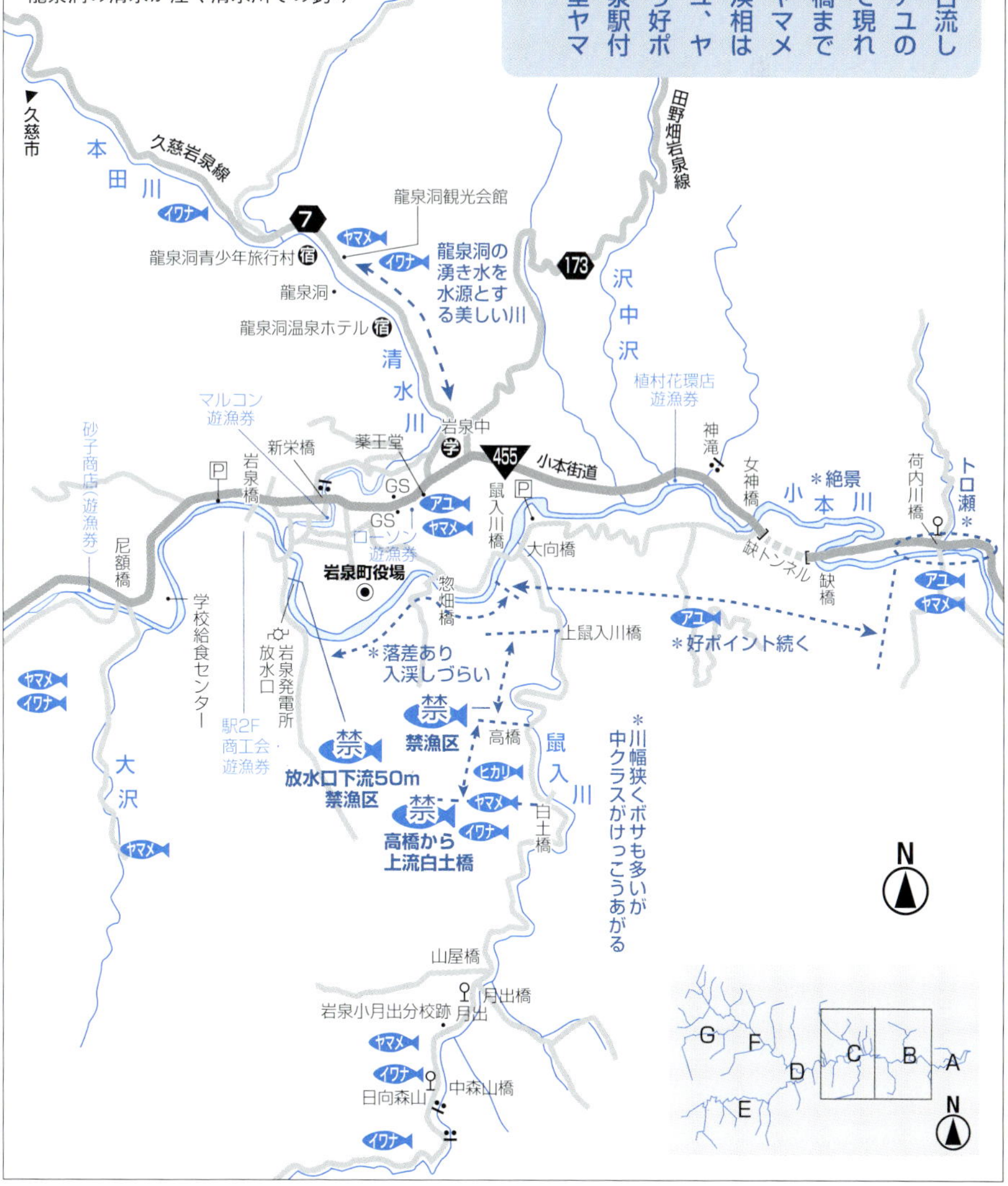

▼久慈市
本田川
久慈岩泉線
イワナ
7
ヤマメ
龍泉洞観光会館
龍泉洞青少年旅行村
イワナ
龍泉洞の湧き水を水源とする美しい川
龍泉洞
龍泉洞温泉ホテル
田野畑岩泉線
173
沢中沢
清水川
植村花環店 遊漁券
マルコン 遊漁券
砂子商店（遊漁券）
新栄橋
薬王堂
岩泉中
455
小本街道
神滝
女神橋
＊絶景
小本川
荷内川橋
トロ瀬＊
岩泉橋
GS
アユ
ヤマメ
GS
ローソン 遊漁券
鼠入川橋
大向橋
缺トンネル
缺橋
アユ
ヤマメ
尼額橋
岩泉町役場
惣畑橋
学校給食センター
岩泉発電所
放水口
上鼠入川橋
アユ
＊好ポイント続く
＊落差あり入渓しづらい
ヤマメ
イワナ
禁
禁漁区
高橋
禁
放水口下流50m 禁漁区
駅2F 商工会 遊漁券
大沢
ヒカリ
ヤマメ
禁
高橋から上流白土橋
イワナ
白土橋
鼠入川
＊川幅狭くボサも多いが中クラスがけっこうあがる
ヤマメ
N
山屋橋
月出橋
岩泉小月出分校跡
月出
ヤマメ
イワナ
中森山橋
日向森山
イワナ
G
F
D
C
B
A
E
N

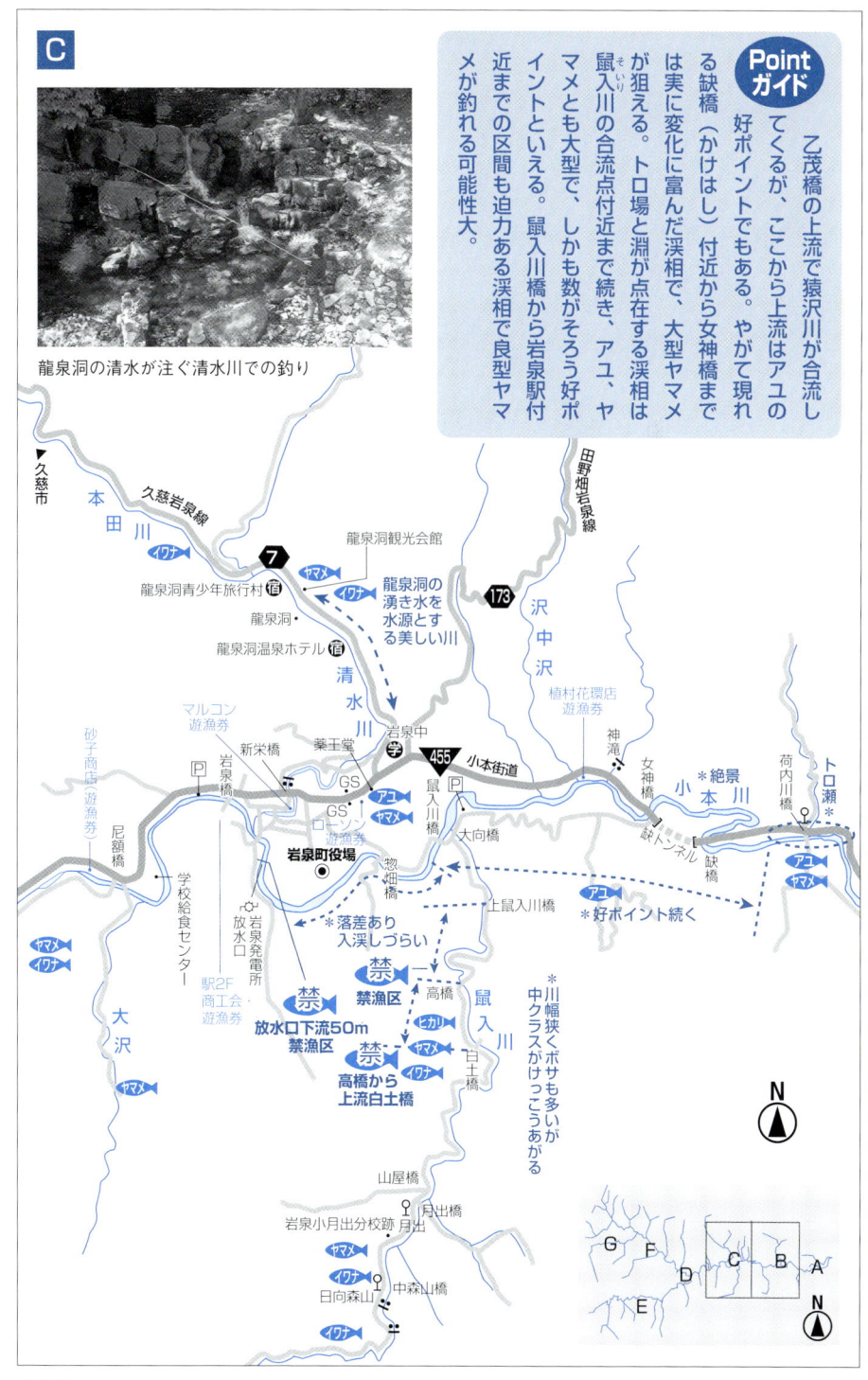

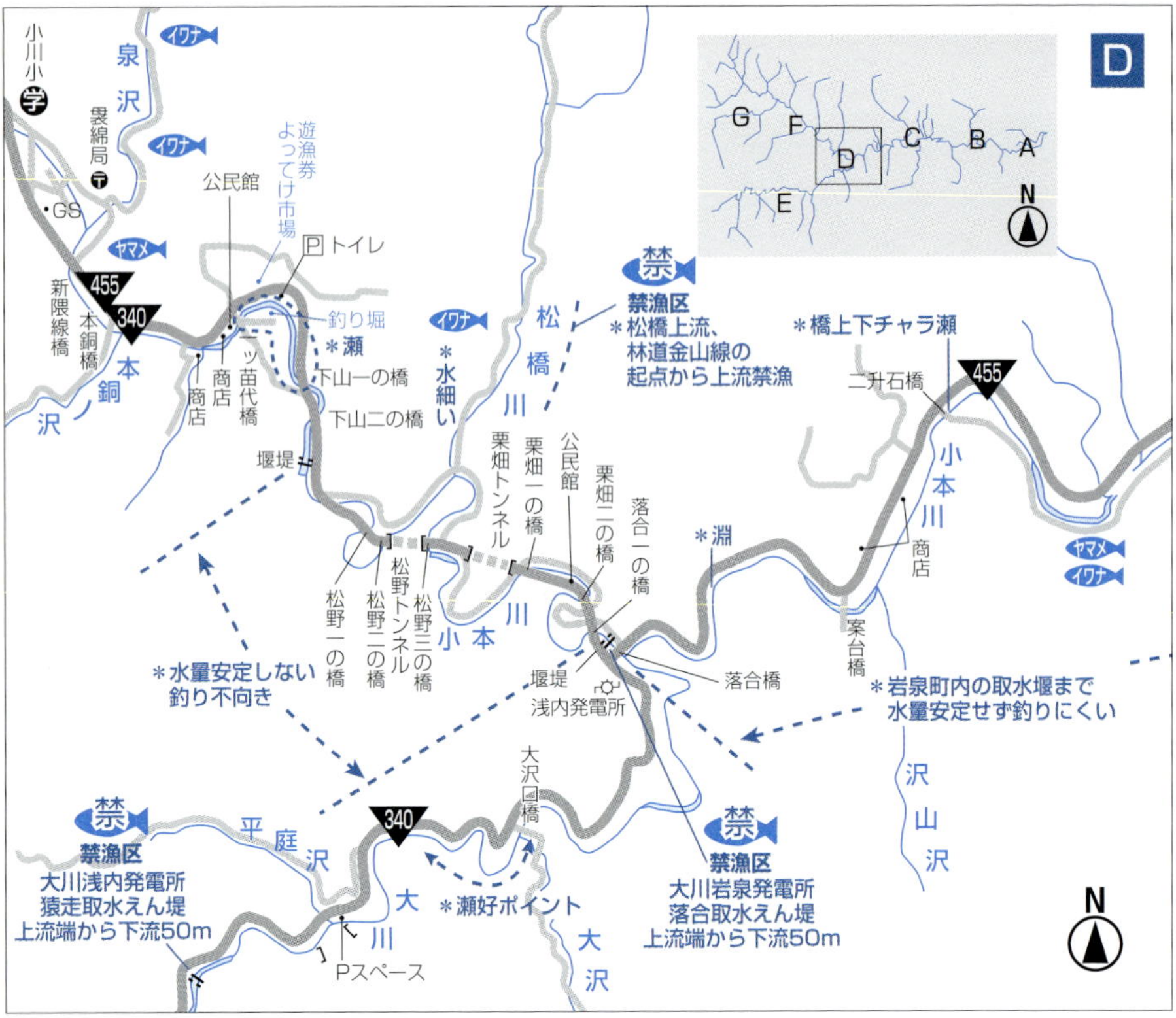
D
小川小
泉沢
裏綿局
遊漁券 よってけ市場
公民館
GS
トイレ
釣り堀
＊瀬
新隈線橋
本銅橋
本銅ノ沢
一ッ苗代橋
商店
下山一の橋
下山二の橋
堰堤
＊水細い
松橋川
禁漁区
＊松橋上流、林道金山線の起点から上流禁漁
＊橋上下チャラ瀬
二升石橋
小本川
商店
栗畑トンネル
栗畑一の橋
公民館
栗畑二の橋
落合一の橋
＊淵
松野一の橋
松野トンネル
松野二の橋
松野三の橋
小本川
堰堤
浅内発電所
落合橋
案台橋
＊水量安定しない 釣り不向き
＊岩泉町内の取水堰まで 水量安定せず釣りにくい
沢山沢
禁漁区
大川浅内発電所 猿走取水えん堤 上流端から下流50m
平庭沢
大沢橋
＊瀬好ポイント
大川
Pスペース
大沢
禁漁区
大川岩泉発電所 落合取水えん堤 上流端から下流50m
N

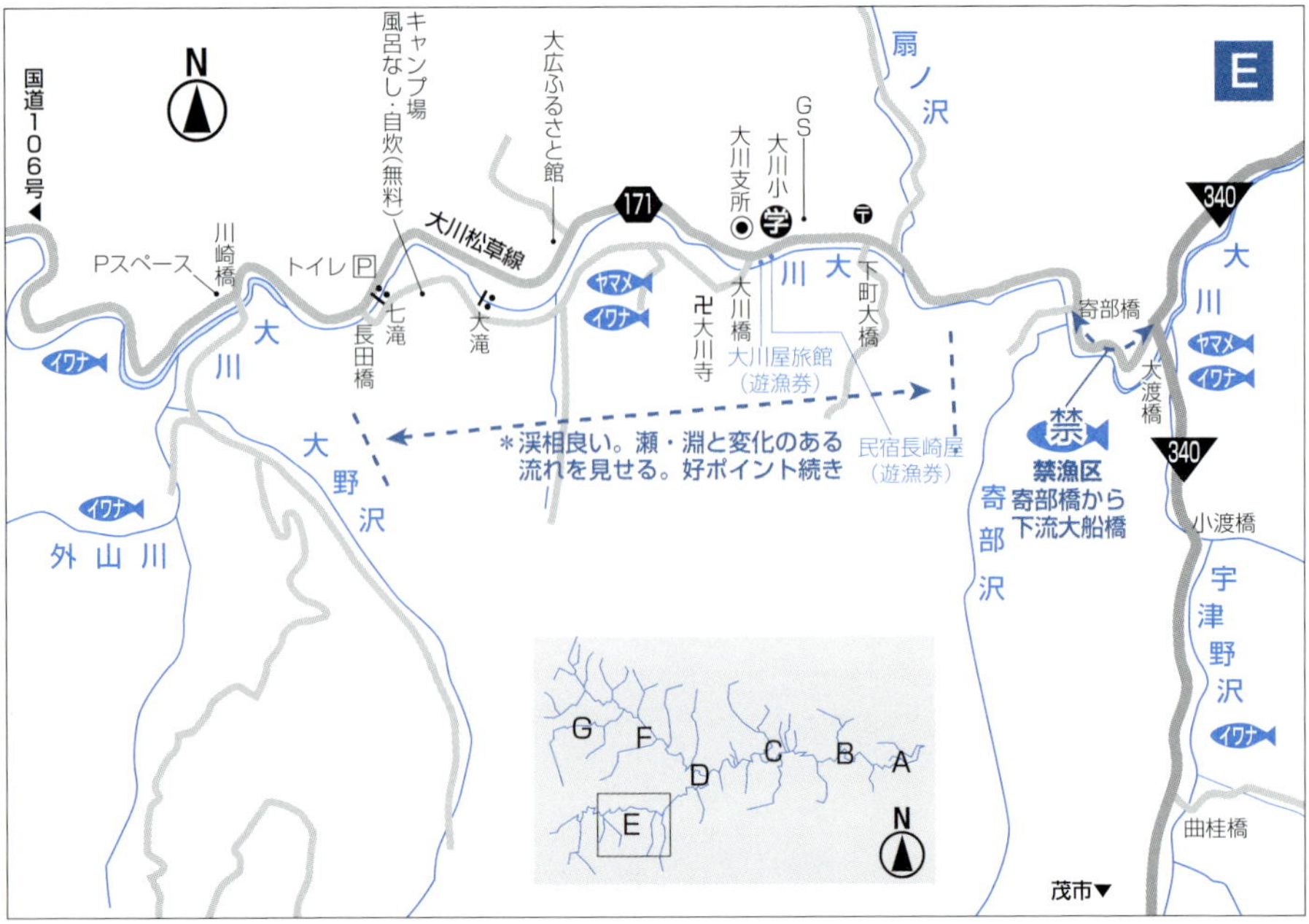
E
N
国道106号
キャンプ場 風呂なし・自炊(無料)
大広ふるさと館
大川支所
大川小
GS
扇ノ沢
Pスペース
川崎橋
トイレ
大川松草線
七滝
長田橋
大滝
大川橋
大川寺
大川
大川屋旅館 (遊漁券)
下町大橋
寄部橋
大渡橋
大川
大野沢
＊渓相良い。瀬・淵と変化のある流れを見せる。好ポイント続き
民宿長崎屋 (遊漁券)
禁漁区
寄部橋から下流大船橋
寄部沢
小渡橋
外山川
宇津野沢
曲桂橋
茂市▼

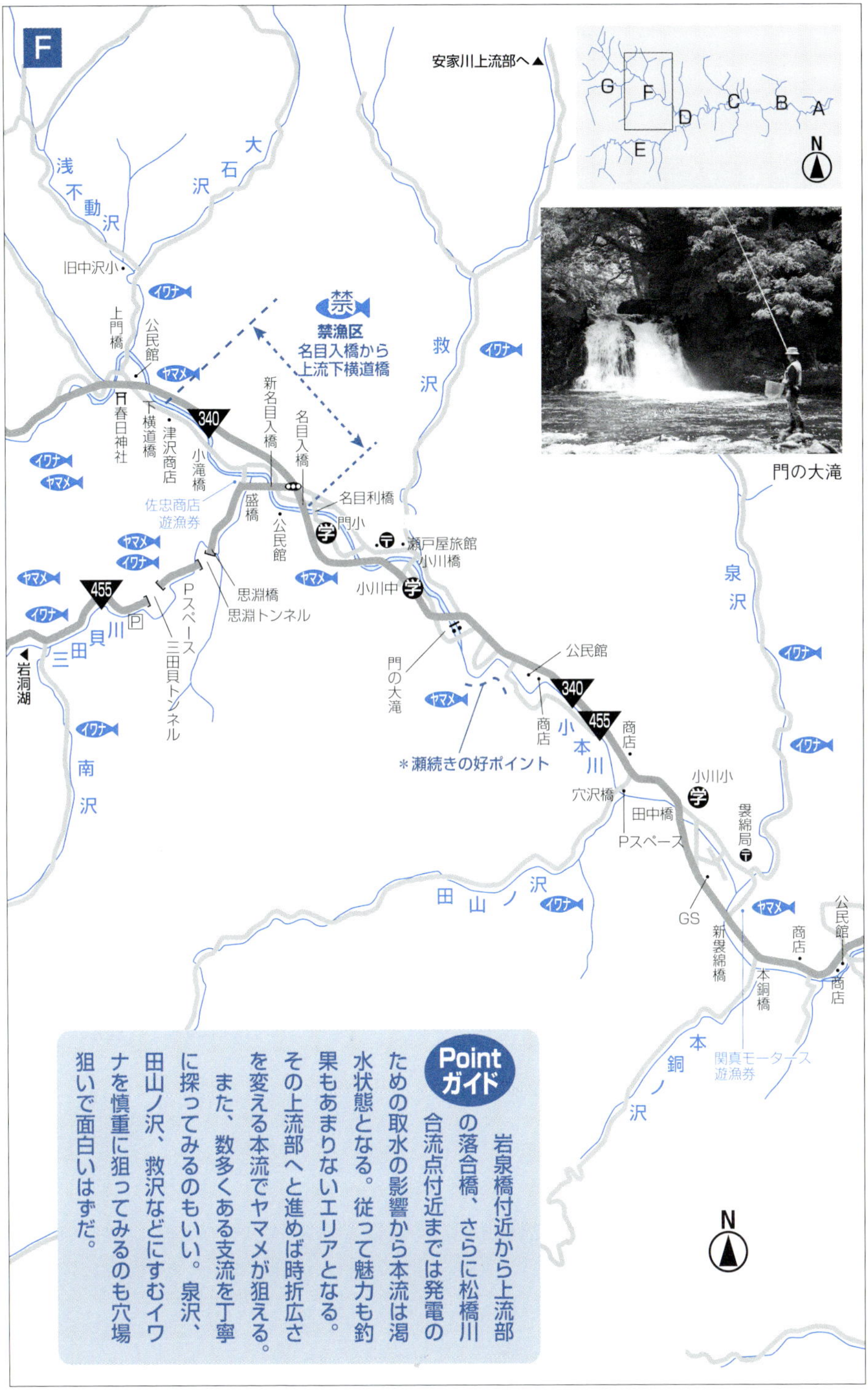
F
安家川上流部へ▲
G
F
D
C
B
A
E
N
浅不動沢
大石沢
旧中沢小
イワナ
ヤマメ
上門橋
公民館
春日神社
下横道橋
津沢商店
小滝橋
佐忠商店
遊漁券
禁
禁漁区
名目入橋から
上流下横道橋
新名目入橋
名目入橋
名目利橋
盛橋
公民館
門小
瀬戸屋旅館
小川橋
小川中
救沢
340
455
思渕橋
思渕トンネル
Pスペース
三田貝トンネル
三田貝川
◀岩洞湖
南沢
門の大滝
＊瀬続きの好ポイント
公民館
商店
小本川
商店
穴沢橋
田中橋
Pスペース
小川小
泉沢
袰綿局
GS
田山ノ沢
新袰綿橋
本銅橋
商店
公民館
商店
本銅ノ沢
関真モータース
遊漁券
N
門の大滝

Pointガイド

岩泉橋付近から上流部の落合橋、さらに松橋川合流点付近までは発電のための取水の影響から本流は渇水状態となる。従って魅力も釣果もあまりないエリアとなる。その上流部へと進めば時折広さを変える本流でヤマメが狙える。また、数多くある支流を丁寧に探ってみるのもいい。泉沢、田山ノ沢、救沢などにすむイワナを慎重に狙ってみるのも穴場狙いで面白いはずだ。

Pointガイド

本流も、名目入橋付近で合流してくる三田貝川もイワナとヤマメの魚影がある。いくぶん本流の方が川は広めで釣りやすく、三田貝川の流れは次第に細く速くなっていくのでビギナー向きではないかもしれない。

渓コラム④
釣り人のもうひとつの釣果

渓流釣りと山菜採り

渓流釣りが解禁になる春先から初夏にかけて岩手の山野では山菜採りのシーズンを迎えます。岩手の豊かな自然の恩恵を受ける楽しみのひとつとして食べて美味しい山菜の知識を身に付けておくと一層、山里歩きが面白いものになっていくかもしれません。

たとえ釣果が期待通りでなくとも魚籠に川沿いの山菜があれば家族への美味しいお土産になります。

ここでは比較的釣りで目にしやすい岩手の山菜を紹介します。

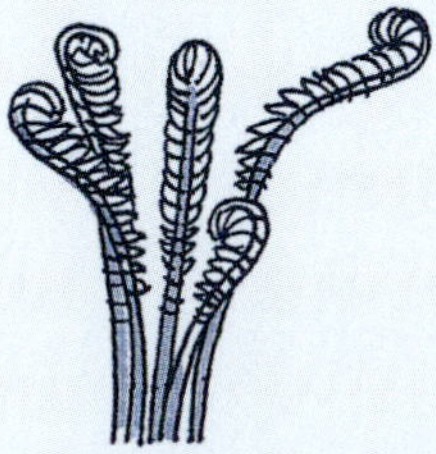

クサソテツ(方言でコゴミ)

採取期／春
生育場所／山地の林内、沢沿いの草地など
料理方法／春、葉の先がまだ内側に巻いている状態のものを摘みとる。生のまま天ぷらにする。ゆでて、おひたしやゴマあえに。煮付け、汁ものの具、漬物にも良い。

ワラビ

採取期／春
生育場所／高原、草地、山中の道端など
料理方法／葉が開く前の握りこぶし状態のものを採取する。重曹を入れた熱湯でさっとゆでる。そのまま冷めるまで放置しアク抜きをする。水洗いしておひたし、みそ汁の具、煮物等にする。細かく刻んで納豆のように食べてもおいしい。

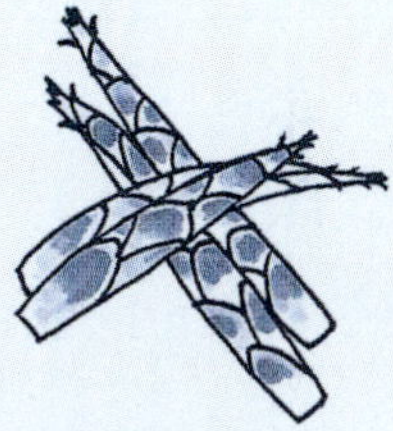

ネマガリダケ

採取期／春～初夏
生育場所／山地の林下、ヤブ
料理方法／北国のタケノコ。皮ごとあぶり、味噌や醤油で食べる。ゆでてから皮をむき、マヨネーズで食べてもおいしい。その他、おひたし、あえもの、油炒め、煮物など。タケノコご飯も美味。

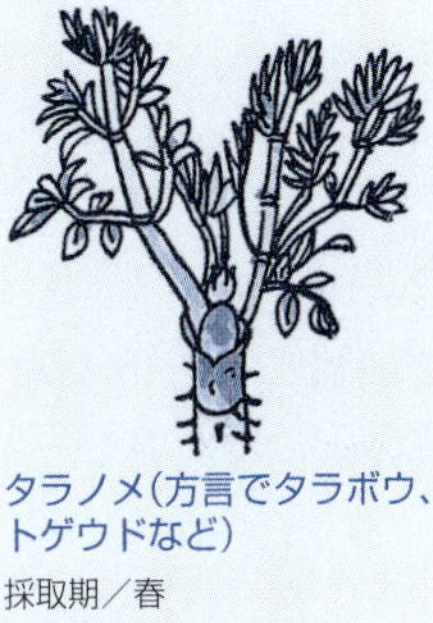

タラノメ(方言でタラボウ、トゲウドなど)

採取期／春
生育場所／林道沿い、ヤブ
料理方法／鋭いトゲが生えるタラの木の芽を採取。一番おいしいのは天ぷら。軽くゆでて水にさらしゴマあえ、クルミあえにしたりおひたし、煮付けなどにも。

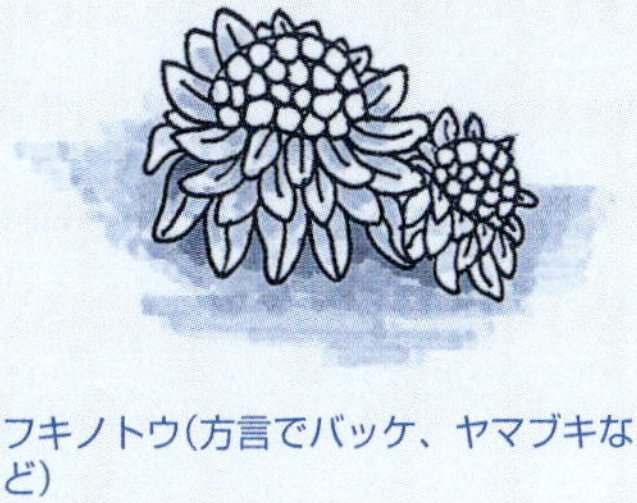

フキノトウ(方言でバッケ、ヤマブキなど)

採取期／早春
生育場所／川沿いの土手、野原など
料理方法／フキノトウは早春、つぼみの状態のものを摘む。そのまま天ぷらにしたり、刻んで汁に放ち、その風味を楽しむ。刻んだものを甘味噌と合わせて油で炒めるバッケ味噌も後を引く。イワナ、ヤマメの焼き魚との相性も抜群。

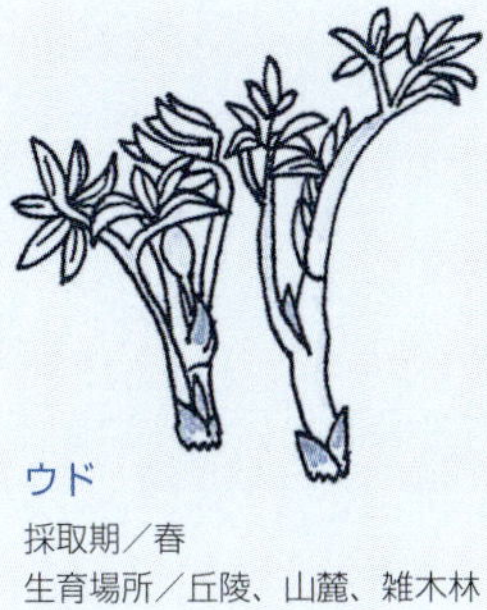

ウド

採取期／春
生育場所／丘陵、山麓、雑木林
料理方法／春先の若芽のころに採取。生のまま薄く短冊に切り、酢味噌あえにする。サラダ、煮付け、天ぷらもおいしい。皮を炒めてきんぴらにしたり、豚肉と味噌炒めにするとご飯がすすむ。

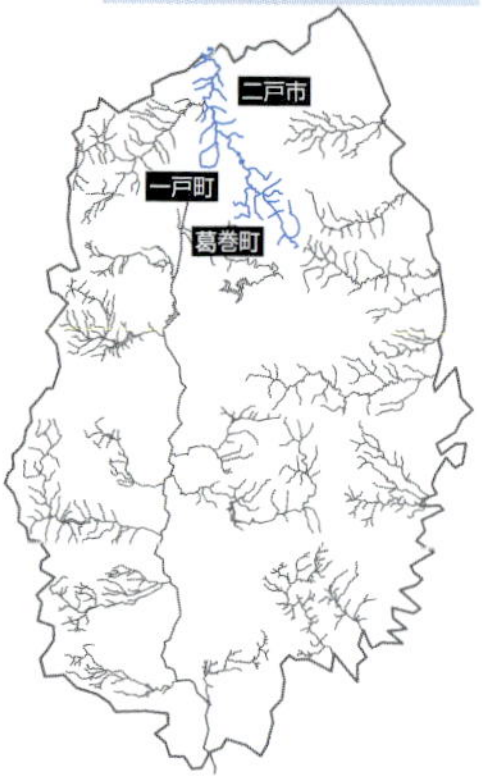

馬淵川

まべちがわ

〈馬淵川水系〉

アユ　イワナ　ヤマメ

南部馬淵川漁業協同組合
☎0195(27)3139
上馬淵川漁業協同組合（一戸町庁舎内）
☎0195(33)2111(内276)

情報協力者　**髙山　晃（一戸町在住）**

INFORMATION

¥		日釣券	年券
（上流）	アユ	1,200円	7,000円
	雑魚	600円	5,000円

上馬淵川漁協管轄

（下流）	全魚種	1,500円	10,000円
	雑魚	700円	5,000円

南部馬淵川漁協管轄

盛岡→二戸(国道4号)※上流域 盛岡→沼宮内(国道4号)→葛巻(国道281号)

葛巻町と岩泉町の境に位置する安家森連峰、その袖山（1215m）を源流として北に流れ、八戸港に注ぐ。流程およそ142km。川の呼び名は「大きい川」を意味するアイヌ語「マベツ」に由来するという。

その由来通り、本流は大淵や荒瀬などの変化に富んだ渓相となっており、川幅も広い。支流・枝沢に元町川、外川、山形川、平糠川、小繋川、女鹿川、龍頭川などがある。さまざまな表情をもつ本流・支流は初心者から上級者まで大いに楽しむことができる。

馬仙峡を望みながらのアユ釣り

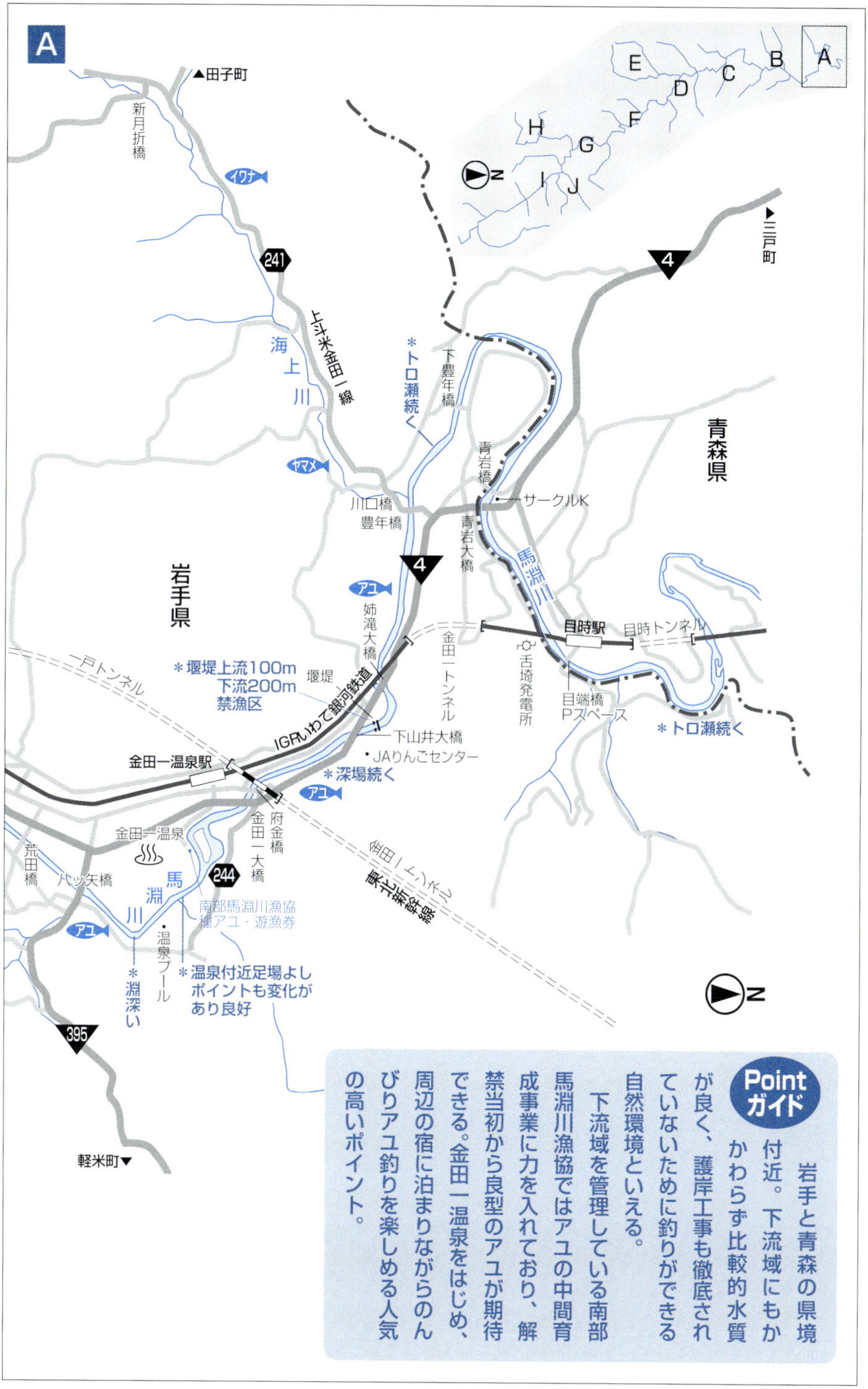
A
E
D
C
B
A
F
H
G
I
J
N
▲田子町
新月折橋
イワナ
241
上斗米金田一線
海上川
＊トロ瀬続く
下豊年橋
ヤマメ
青岩橋
川口橋
豊年橋
青岩大橋
・サークルK
▶三戸町
4
青森県
岩手県
アユ
馬淵川
姉滝大橋
金田一トンネル
舌崎発電所
目時駅
目時トンネル
目端橋
Pスペース
＊トロ瀬続く
一戸トンネル
＊堰堤上流100m
下流200m
禁漁区
堰堤
IGRいわて銀河鉄道
下山井大橋
・JAりんごセンター
金田一温泉駅
＊深場続く
府金橋
金田一大橋
金田一温泉
荒田橋
八ツ矢橋
244
金田一トンネル
東北新幹線
南部馬淵川漁協
稚アユ・遊漁券
・温泉プール
＊淵深い
＊温泉付近足場よし
ポイントも変化が
あり良好
395
軽米町▼

Pointガイド

岩手と青森の県境付近。下流域にもかかわらず比較的水質が良く、護岸工事も徹底されていないために釣りができる自然環境といえる。

下流域を管理している南部馬淵川漁協ではアユの中間育成事業に力を入れており、解禁当初から良型のアユが期待できる。金田一温泉をはじめ、周辺の宿に泊まりながらのんびりアユ釣りを楽しめる人気の高いポイント。

B
N
▲田子町
新月折橋
イワナ
256
大宮神社
卍聖副院
二戸田子線
十文字川
32
沢内川
ヤマメ
4
二戸駅
石切所小
総合スポーツセンター
清掃事業所・
＊学校前、深場
東北新幹線
一戸トンネル
馬淵川
川原橋
・山和旅館
274
二戸局
二戸大橋
浄水場・
上之橋
アユ
斗米駅
卍安穏寺
中央小
斗米橋
＊瀬
IGRいわて銀河鉄道
なわや精肉店
種アユ・遊漁券
コクブン
遊漁券
馬淵川公園
P・トイレ
村田旅館
ホテル村井
二戸市役所
天神橋
・中央公民館
＊トロ場
下流は瀬
ホームセンター
かんぶん
遊漁券
274
長瀬橋
金田一
・県立二戸病院
＊立ち込みづらいが型も数も期待できる
＊荒瀬
アユ
4
荒田橋
金田一温泉
＊瀬と淵が交互にあり良好
二戸軽米線
白鳥川
矢神住宅前
車検場前
264
八ッ矢橋
＊淵深い
折爪口
24
二戸九戸線
ヤマメ
395
軽米町▼

Pointガイド

二戸市内を流れる交通の便が良いアユの好釣り場。川幅が広く、近くまで車で下りることができるポイントが多いためにビギナーにもおすすめだ。

市街地を抜けると県立自然公園に指定されている景勝地、馬仙峡沿いに荒瀬が続く。立ち込む際には流されないように十分に注意してほしい。安比川との合流点まではその川幅、水量からいっても長竿が有利。

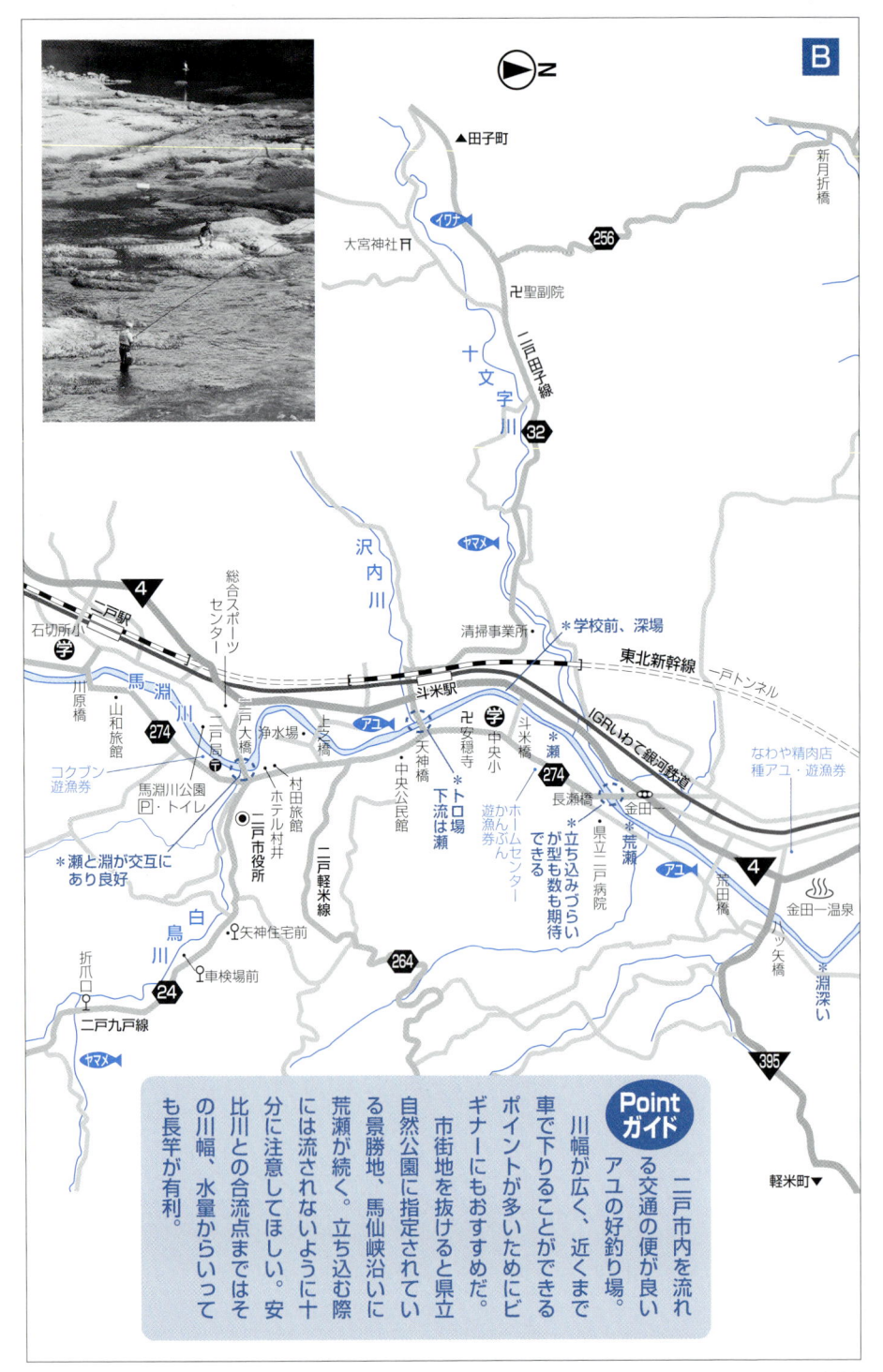

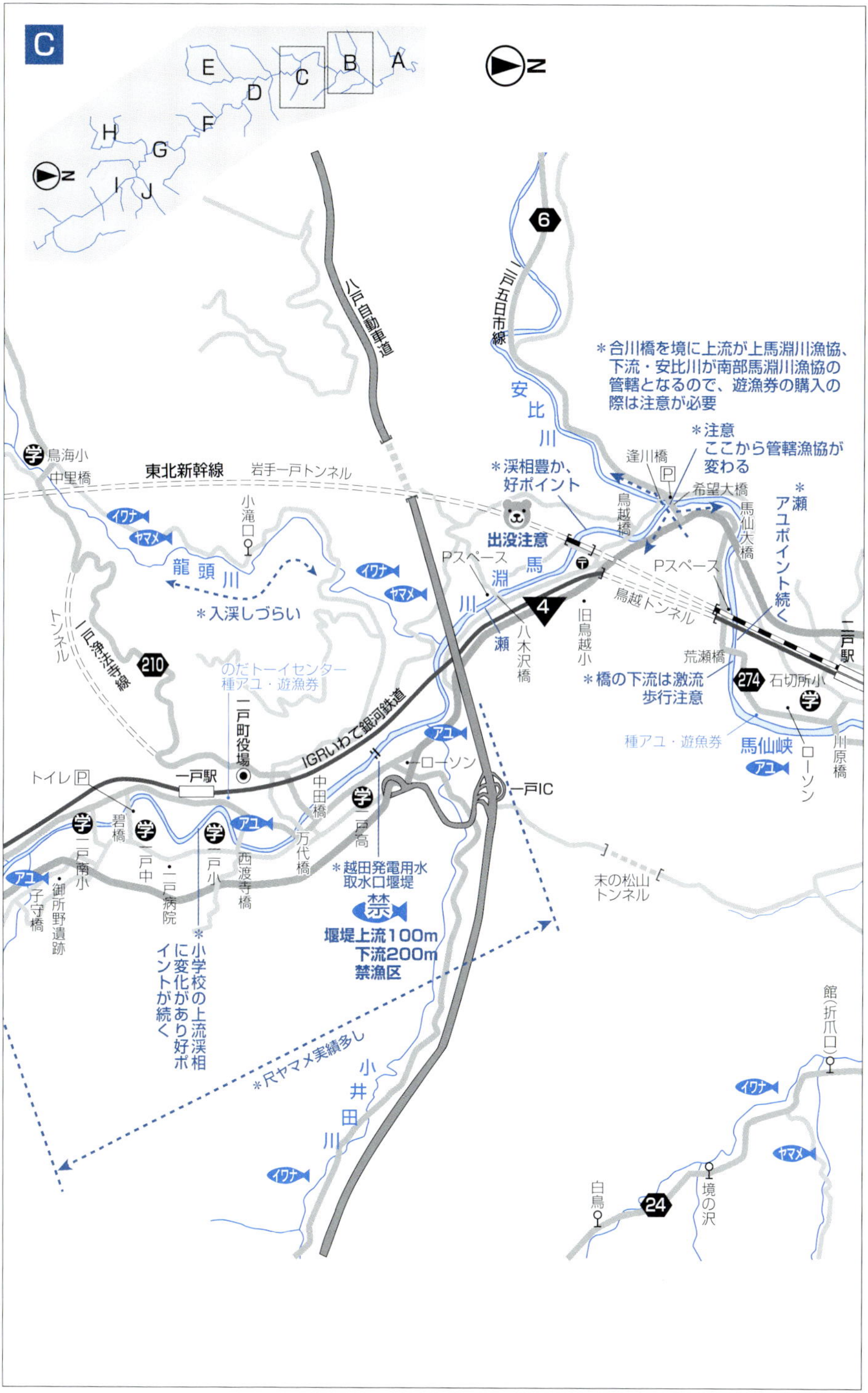
C
A
B
C
D
E
F
G
H
I
J
N
八戸自動車道
二戸五日市線
安比川
＊合川橋を境に上流が上馬淵川漁協、下流・安比川が南部馬淵川漁協の管轄となるので、遊漁券の購入の際は注意が必要
＊注意 ここから管轄漁協が変わる
逢川橋
希望大橋
＊瀬 アユポイント続く
馬仙大橋
鳥越橋
＊深相豊か、好ポイント
出没注意
東北新幹線
岩手一戸トンネル
鳥海小
中里橋
小滝口
龍頭川
＊入渓しづらい
Pスペース
馬淵川
八木沢橋
旧鳥越小
瀬
鳥越トンネル
一戸駅
荒瀬橋
＊橋の下流は激流 歩行注意
石切所小
二戸浄法寺線
トンネル
のだトーイセンター 種アユ・遊漁券
一戸町役場
IGRいわて銀河鉄道
種アユ・遊魚券
馬仙峡
ローソン
川原橋
トイレ
一戸駅
中田橋
一戸IC
碧橋
一戸南小
一戸中
一戸病院
一戸小
西渡寺橋
万代橋
一戸高
＊越田発電用水取水口堰堤
禁
堰堤上流100m 下流200m 禁漁区
末の松山トンネル
子守橋
御所野遺跡
＊小学校の上流渓相に変化があり好ポイントが続く
＊尺ヤマメ実績多し
小井田川
館(折爪口)
白鳥
境の沢
イワナ
ヤマメ
アユ
6
4
210
274
24

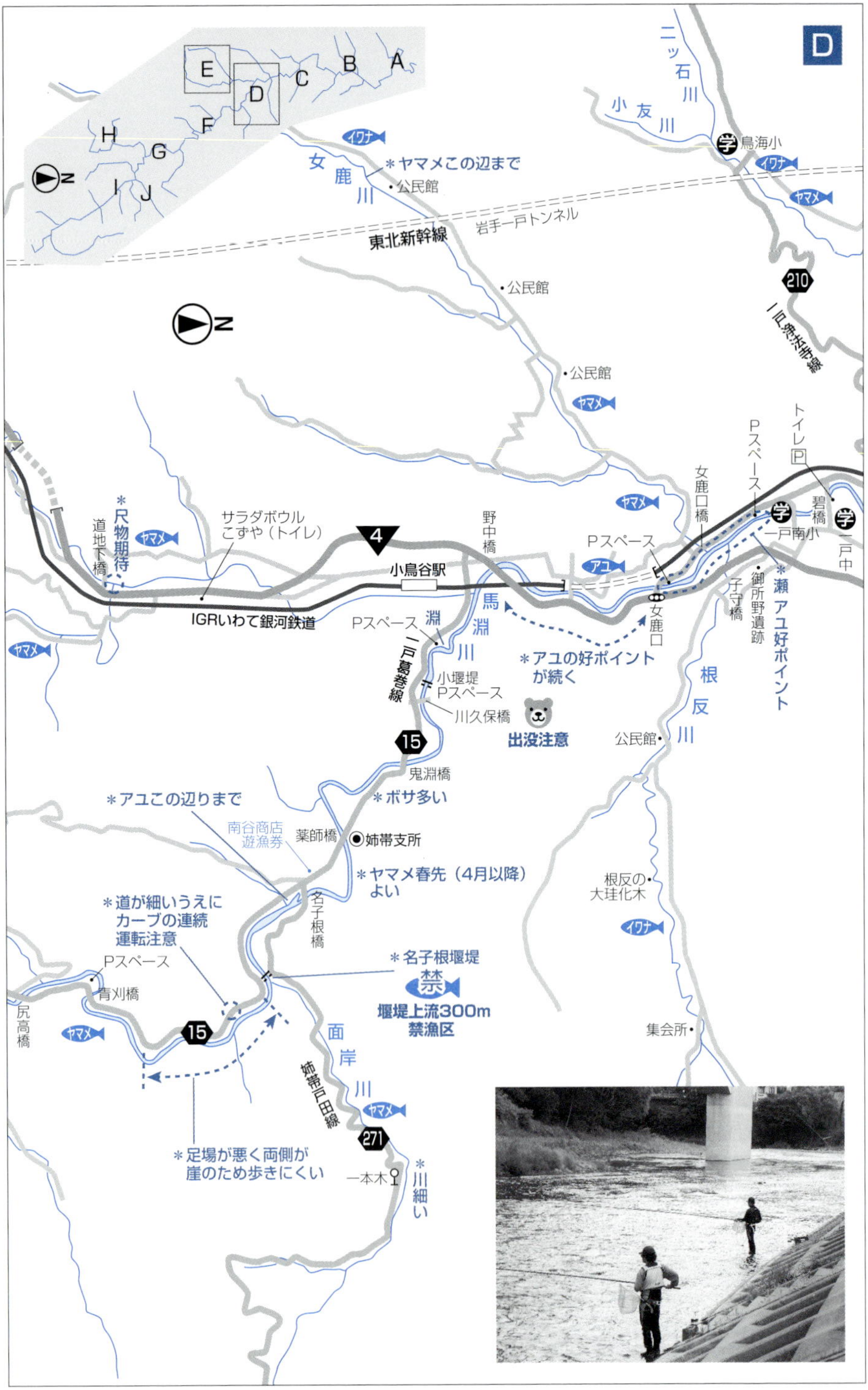
D
E
D
C
B
A
F
H
G
I
J
N
二ッ石川
小友川
鳥海小
イワナ
ヤマメ
女鹿川
＊ヤマメこの辺まで
公民館
岩手一戸トンネル
東北新幹線
210
一戸浄法寺線
公民館
公民館
ヤマメ
N
トイレ
P
Pスペース
女鹿口橋
ヤマメ
碧橋
一戸南小
一戸中
Pスペース
アユ
＊瀬アユ好ポイント
御所野遺跡
子守橋
女鹿口
＊尺物期待
道地下橋
ヤマメ
サラダボウル
こずや（トイレ）
4
野中橋
小鳥谷駅
IGRいわて銀河鉄道
ヤマメ
Pスペース
馬淵川
一戸葛巻線
＊アユの好ポイント
が続く
小堰堤
Pスペース
川久保橋
出没注意
根反川
公民館
15
鬼淵橋
＊ボサ多い
＊アユこの辺りまで
南谷商店
遊漁券
薬師橋
姉帯支所
＊ヤマメ春先（4月以降）
よい
根反の
大珪化木
イワナ
＊道が細いうえに
カーブの連続
運転注意
名子根橋
Pスペース
青刈橋
尻高橋
ヤマメ
15
＊名子根堰堤
禁
堰堤上流300m
禁漁区
面岸川
姉帯戸田線
集会所
ヤマメ
271
＊足場が悪く両側が
崖のため歩きにくい
一本木
＊川細い

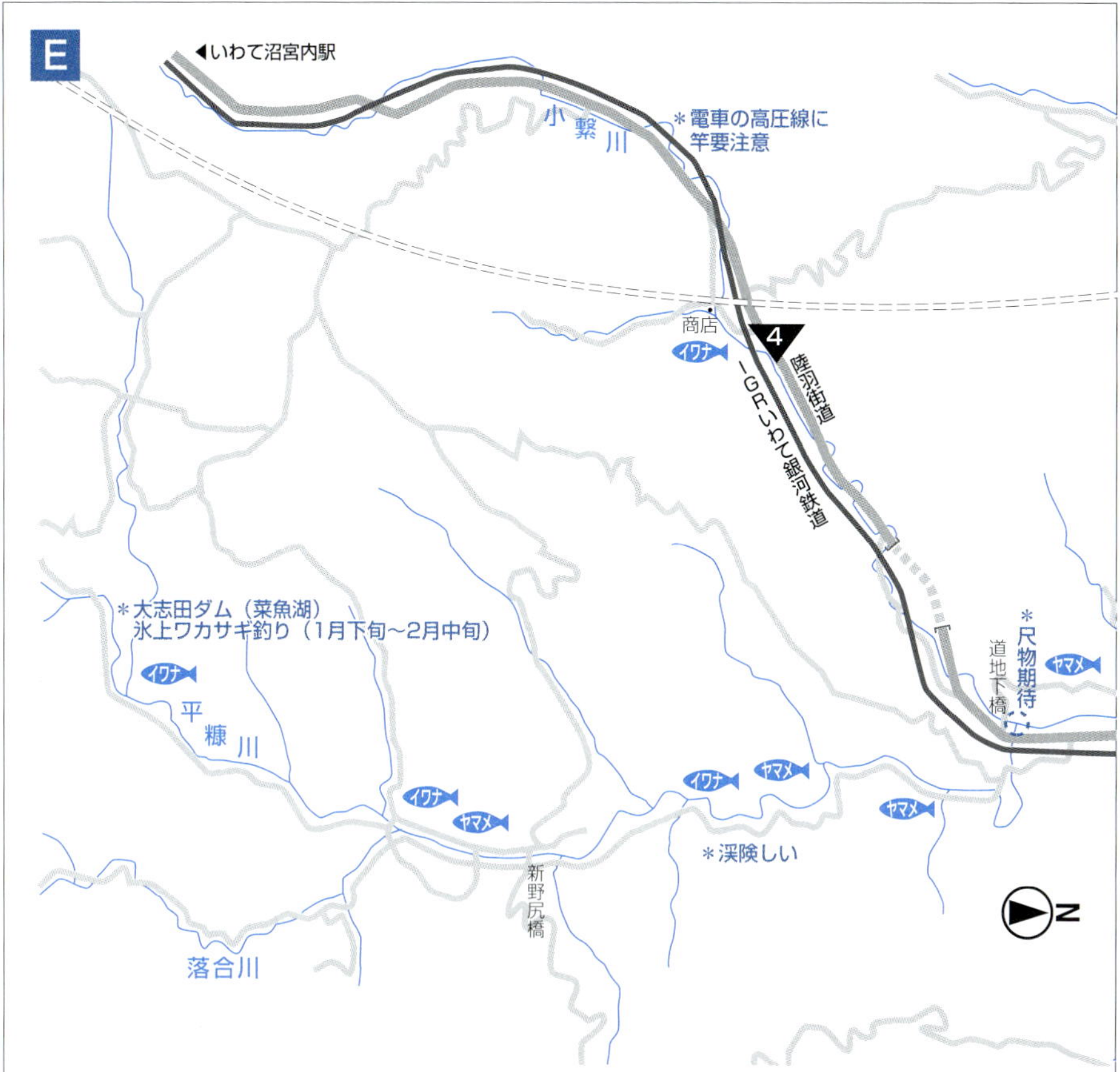
E
◀いわて沼宮内駅
＊電車の高圧線に
竿要注意
小繋川
商店
4
陸羽街道
IGRいわて銀河鉄道
イワナ
＊大志田ダム（菜魚湖）
氷上ワカサギ釣り（1月下旬〜2月中旬）
イワナ
平糠川
イワナ
ヤマメ
イワナ
ヤマメ
ヤマメ
ヤマメ
＊尺物期待
道地下橋
ヤマメ
＊渓険しい
新野尻橋
落合川
N

小繋川の渓相

Point ガイド

名子根堰堤までの区間はアユとヤマメの混棲。盛期はアユに追われるため、ヤマメは雪代の落ち着く4月から6月が勝負。小、中型だが数は狙える。堰堤より上は禁漁区をはさんで険しい渓谷となる。徒渉困難。川沿いの道路は道幅が狭い上にカーブの連続なので車の運転にも注意が必要。

支流の平糠川もかなり上流までヤマメ、イワナが釣れるが小繋川との合流点より上流になると渓相が険しく変化するので気をつけてほしい。周辺はゴミの投棄も気になるところだ。くれぐれもマナーは守ること。

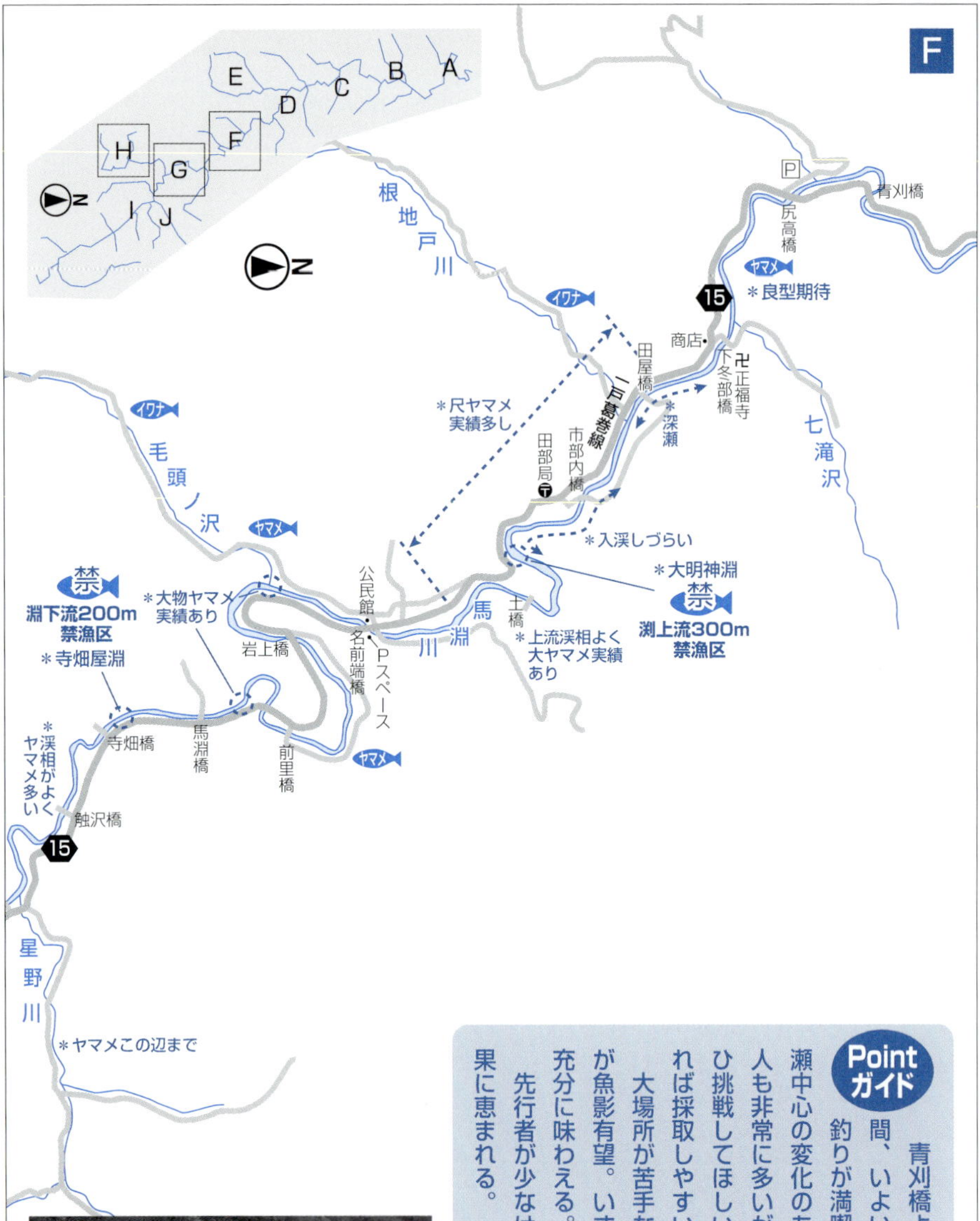
F
A
B
C
D
E
F
G
H
I
J
根地戸川
イワナ
P
青刈橋
尻高橋
ヤマメ
15
＊良型期待
商店
田屋橋
一戸葛巻線
卍正福寺
下冬部橋
＊深瀬
七滝沢
＊尺ヤマメ実績多し
市部内橋
田部局
毛頭ノ沢
イワナ
ヤマメ
＊入渓しづらい
＊大明神淵
禁
淵上流300m禁漁区
禁
淵下流200m禁漁区
＊寺畑屋淵
＊大物ヤマメ実績あり
公民館
名前端橋
Pスペース
馬淵川
土橋
＊上流渓相よく大ヤマメ実績あり
岩上橋
寺畑橋
馬淵橋
前里橋
ヤマメ
＊渓相がよくヤマメ多い
触沢橋
15
星野川
＊ヤマメこの辺まで

Point ガイド

青刈橋より上流は葛巻町内までの区間、いよいよ本格的な本流域のヤマメ釣りが満喫できる。足場が比較的良く、瀬中心の変化のある流れとなっている。釣り人も非常に多いが7m以上の長竿と細糸でぜひ挑戦してほしい。餌の川虫もこの区間であれば採取しやすい。

大場所が苦手な人は支流の山形川、外川川が魚影有望。いずれの河川も里川の雰囲気を充分に味わえる。

先行者が少なければヤマメ、イワナとも釣果に恵まれる。

葛巻町役場裏の流れ

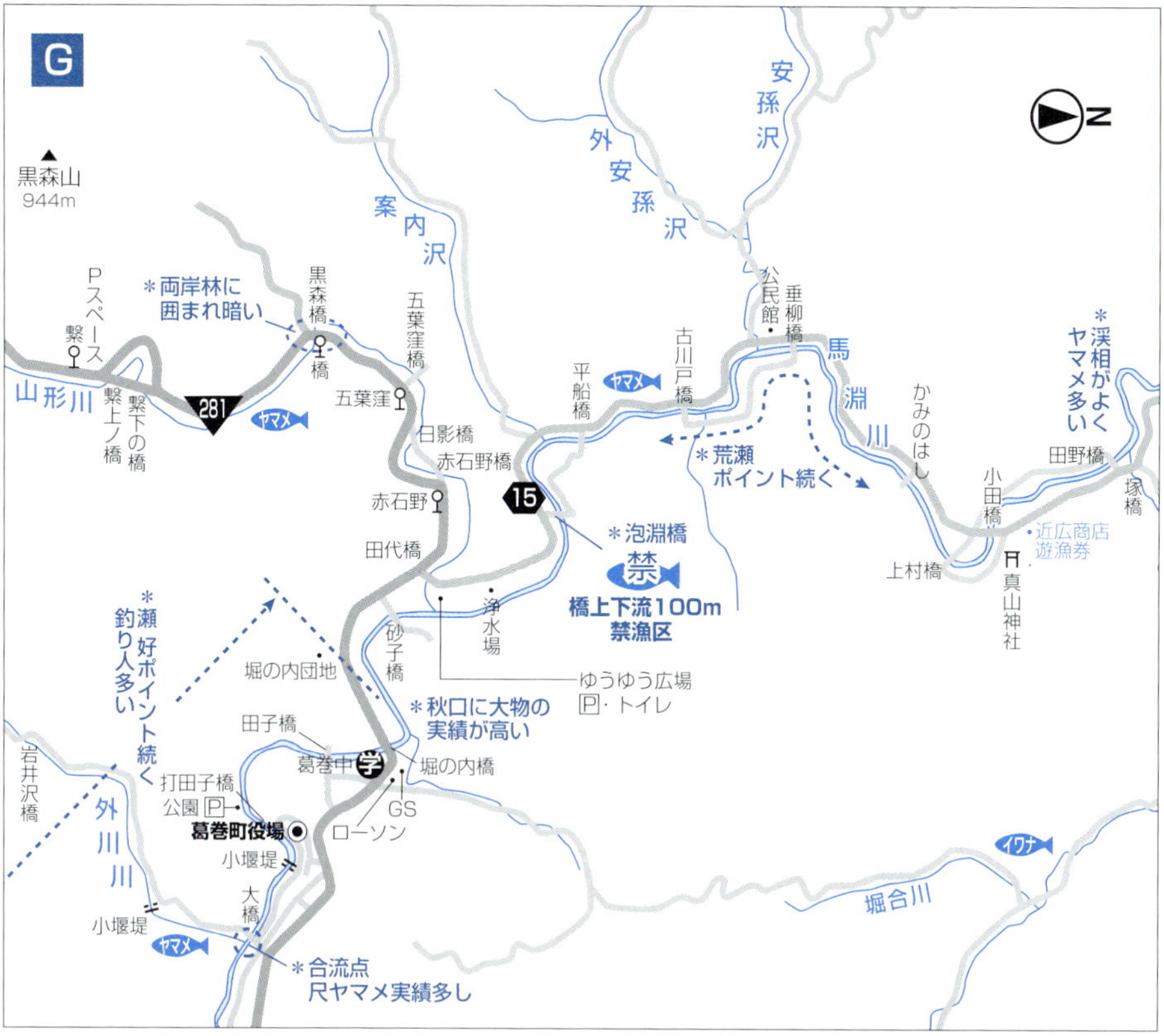
G
N
黒森山
944m
Pスペース
繋
＊両岸林に
囲まれ暗い
黒森橋
黒森橋
五葉窪橋
案内沢
外安孫沢
安孫沢
公民館
垂柳橋
馬淵川
＊渓相がよく
ヤマメ多い
山形川
繋上ノ橋
繋下の橋
281
ヤマメ
五葉窪
臼影橋
赤石野橋
赤石野
15
平船橋
ヤマメ
古川戸橋
＊荒瀬
ポイント続く
かみのはし
田野橋
小田橋
塚橋
近広商店
遊漁券
上村橋
真山神社
＊泡淵橋
禁
橋上下流100m
禁漁区
田代橋
浄水場
砂子橋
＊瀬
好ポイント続く
釣り人多い
堀の内団地
ゆうゆう広場
P・トイレ
＊秋口に大物の
実績が高い
田子橋
葛巻中
堀の内橋
岩井沢橋
打田子橋
公園 P
GS
ローソン
外川川
葛巻町役場
小堰堤
大橋
小堰堤
ヤマメ
＊合流点
尺ヤマメ実績多し
イワナ
堀合川

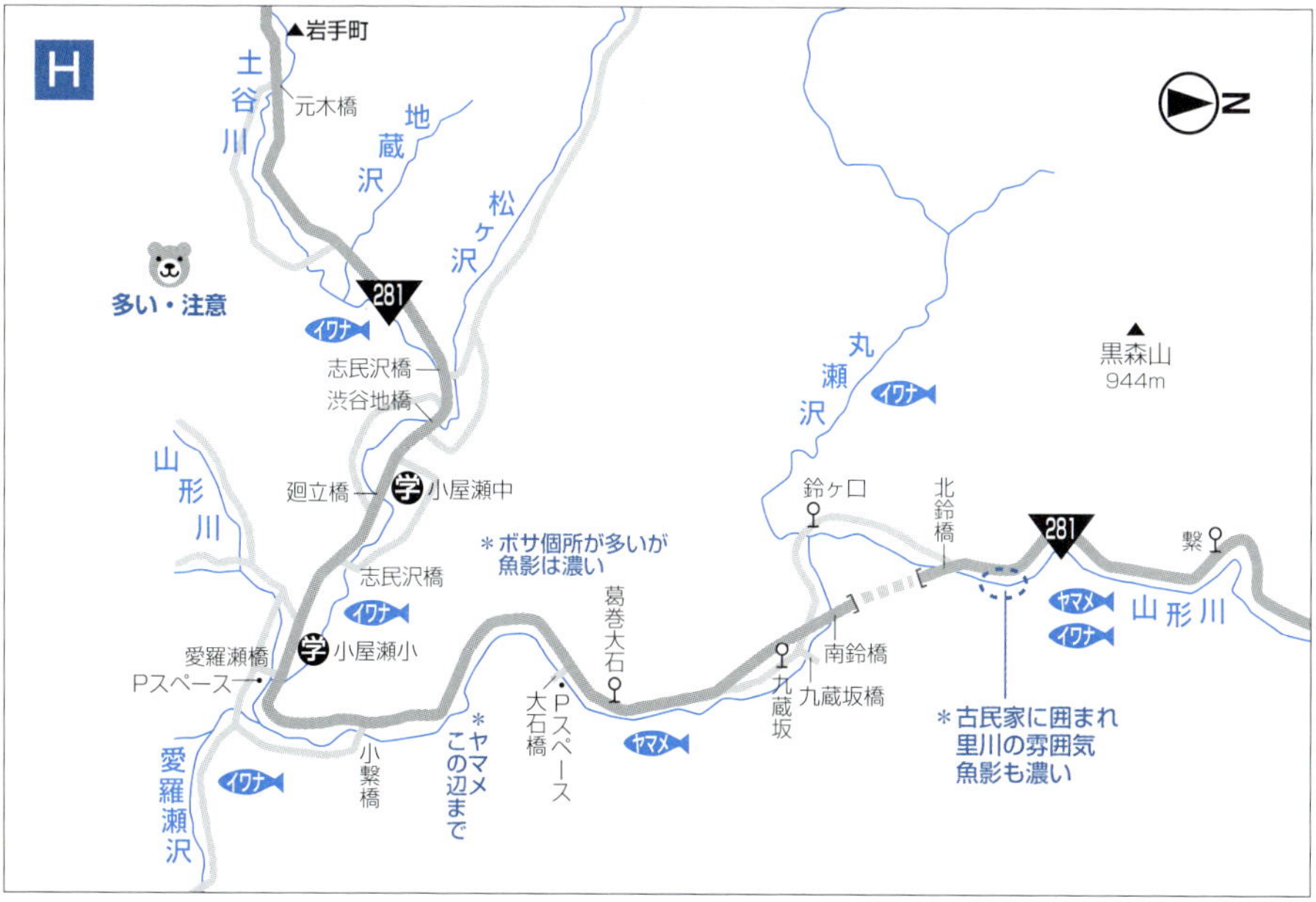
H
岩手町
土谷川
元木橋
地蔵沢
松ケ沢
N
多い・注意
281
イワナ
志民沢橋
渋谷地橋
丸瀬沢
イワナ
黒森山
944m
山形川
廻立橋
小屋瀬中
鈴ケ口
北鈴橋
281
繋
＊ボサ個所が多いが
魚影は濃い
志民沢橋
ヤマメ
イワナ
山形川
イワナ
葛巻大石
愛羅瀬橋
小屋瀬小
南鈴橋
Pスペース
九蔵坂橋
九蔵坂
大石橋
Pスペース
＊ヤマメ
この辺まで
小繋橋
ヤマメ
＊古民家に囲まれ
里川の雰囲気
魚影も濃い
愛羅瀬沢
イワナ

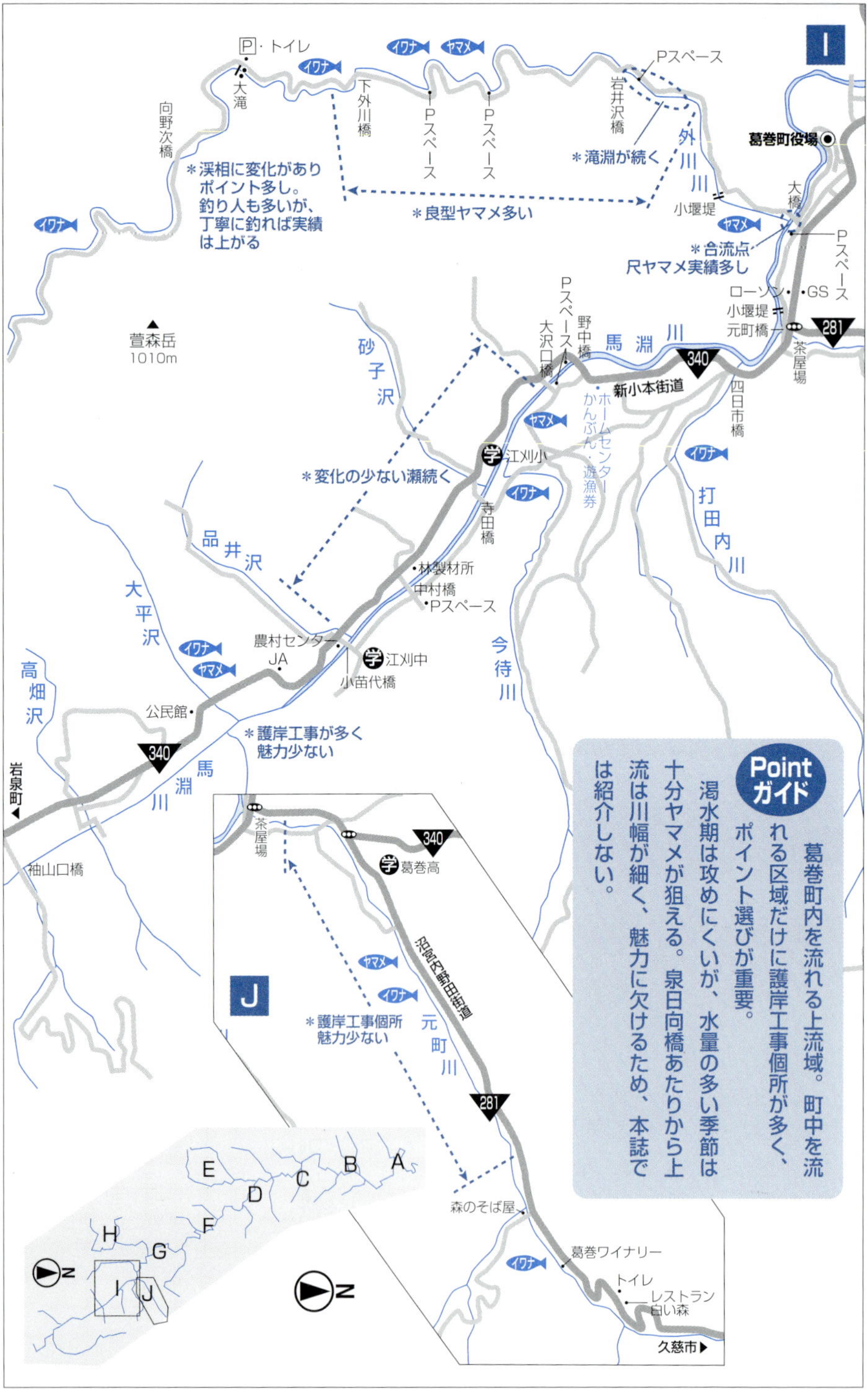
I
P・トイレ
大滝
向野次橋
下外川橋
Pスペース
Pスペース
Pスペース
岩井沢橋
*滝淵が続く
外川川
葛巻町役場
*渓相に変化があり
ポイント多し。
釣り人も多いが、
丁寧に釣れば実績
は上がる
*良型ヤマメ多い
小堰堤
大橋
*合流点
尺ヤマメ実績多し
Pスペース
ローソン
GS
小堰堤
元町橋
281
茶屋場
萱森岳
1010m
砂子沢
Pスペース
大沢口橋
野中橋
馬淵川
340
新小本街道
四日市橋
ホームセンター
かんぶん・遊漁券
江刈小
*変化の少ない瀬続く
寺田橋
打田内川
品井沢
林製材所
中村橋
Pスペース
大平沢
農村センター
JA
江刈中
小苗代橋
今待川
高畑沢
公民館
*護岸工事が多く
魅力少ない
340
岩泉町
馬淵川
袖山口橋
茶屋場
340
葛巻高
沼宮内野田街道
J
*護岸工事個所
魅力少ない
元町川
281
森のそば屋
葛巻ワイナリー
トイレ
レストラン
白い森
久慈市
E
B
A
C
D
F
H
G
I
J
N
N
イワナ
ヤマメ

Point ガイド

葛巻町内を流れる上流域。町中を流れる区域だけに護岸工事個所が多く、ポイント選びが重要。渇水期は攻めにくいが、水量の多い季節は十分ヤマメが狙える。泉日向橋あたりから上流は川幅が細く、魅力に欠けるため、本誌では紹介しない。

安比川

あっぴがわ

INFORMATION

¥	日釣券	年券
全魚種	1,500円	10,000円
雑魚	700円	5,000円

🚗 盛岡→滝沢(国道4号)→安代(国道282号)

アユ
イワナ
ヤマメ

〈馬淵川水系〉

南部馬淵川漁業協同組合
☎0195（27）3139

情報協力者 髙山　晃（一戸町在住）

十和田・八幡平国立公園の北東に位置する安比岳（1458m）を源流とし、馬仙峡付近で馬淵川と合流する。流程およそ53㎞。

流れが安比付近から荒屋新町までは国道282号、荒屋新町から浄法寺町を経由して馬淵川との合流点までは県道6号に沿っているので入渓しやすく、初心者にも気軽に北の釣りが堪能できる。

秋には流域で多く栽培されているリンドウの花を眺めながら釣りを楽しめる。竿をたたんで天台寺を参詣するのもいい。

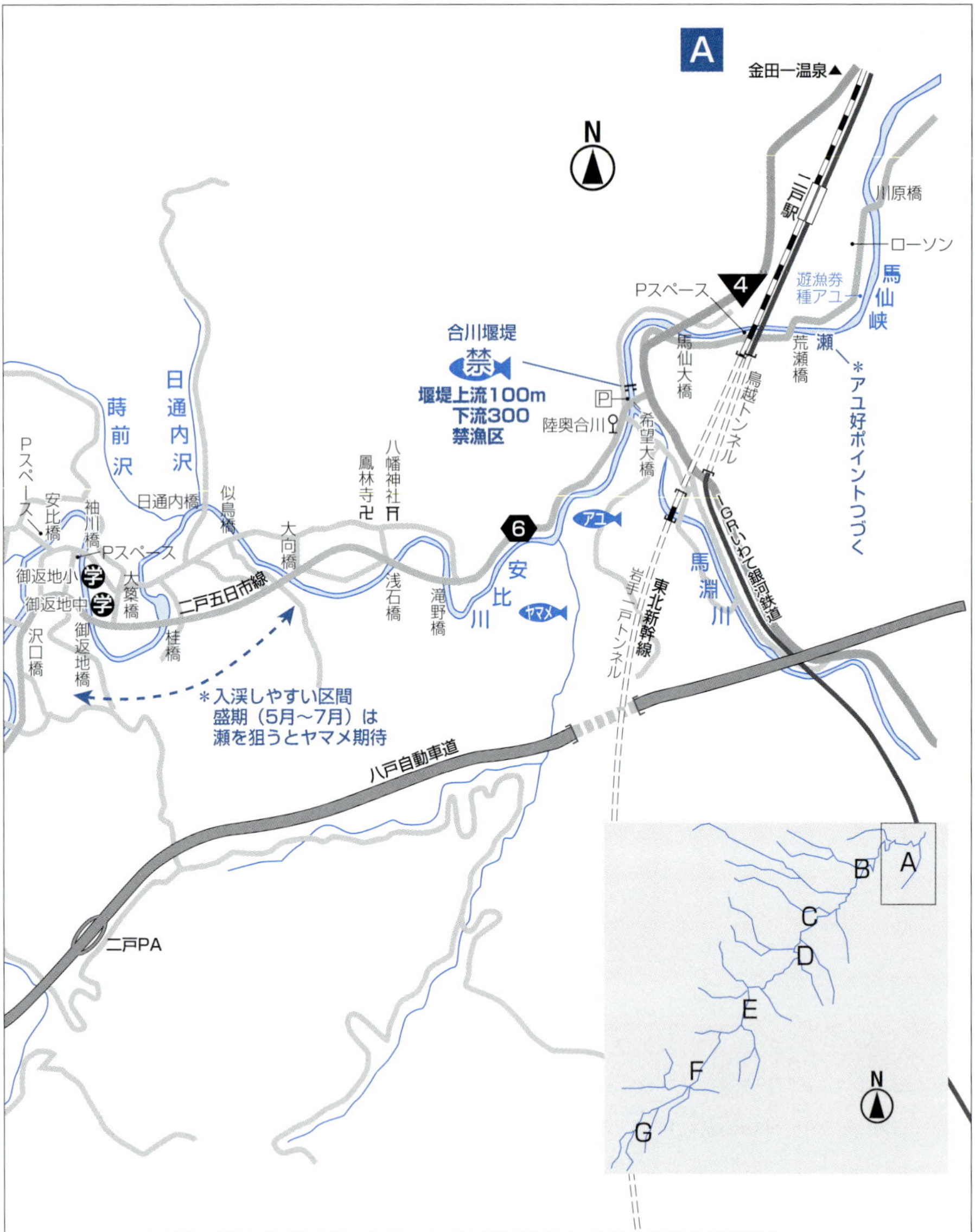
A
金田一温泉
N
二戸駅
川原橋
ローソン
4
Pスペース
遊漁券
種アユ
馬仙峡
合川堰堤
禁
堰堤上流100m
下流300
禁漁区
瀬
馬仙大橋
荒瀬橋
＊アユ好ポイントつづく
鳥越トンネル
陸奥合川
希望大橋
IGRいわて銀河鉄道
時前沢
日通内沢
Pスペース
安比橋
袖川橋
日通内橋
似鳥橋
鳳林寺
八幡神社
大向橋
6
アユ
安比川
馬淵川
東北新幹線
岩手一戸トンネル
Pスペース
御返地小
御返地中
大築橋
二戸五日市線
浅石橋
滝野橋
ヤマメ
沢口橋
御返地橋
桂橋
＊入渓しやすい区間
盛期（5月～7月）は
瀬を狙うとヤマメ期待
八戸自動車道
二戸PA
A
B
C
D
E
F
G
N

Pointガイド

馬淵川合流点から安比橋までの区間。盛期はアユ、春はヤマメのポイントとなる。アユは川幅と足場の関係から短竿で十分だが、安比川の荒瀬で釣れるアユは型が良いのでタメが利かずにのされることも。

比較的川に下りやすい。ヤマメのポイントとしては本流域なので雪代のおさまる４月以降に狙いたい。

浄法寺町内のアユ釣り風景

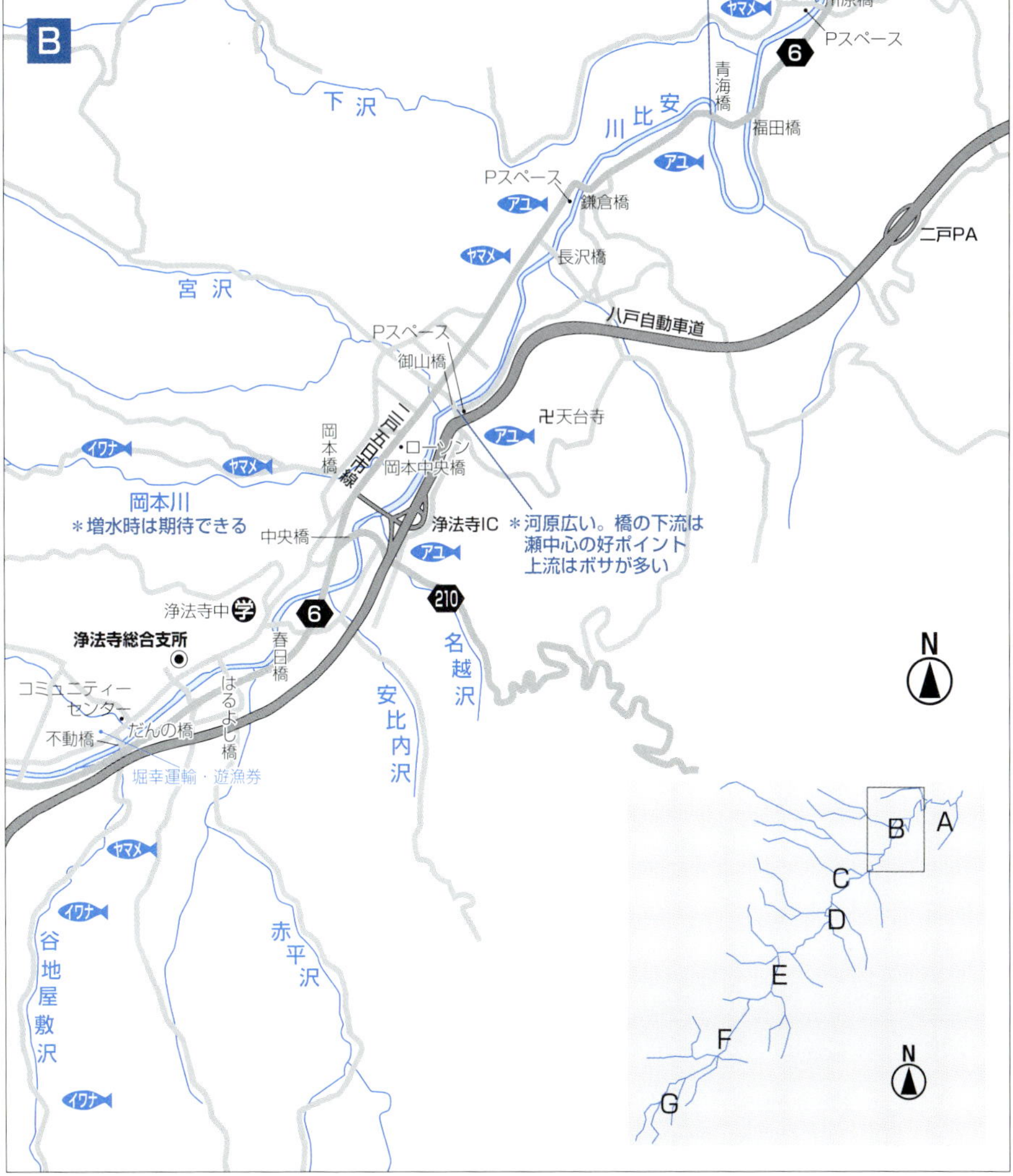
B
蒔前沢
＊橋付近
足場も良く
好ポイント
Pスペース
安比橋
袖川橋
Pスペース
御返地小
御返地中
大築橋
沢口沢
沢口橋
御返地橋
アユ
ヤマメ
川原橋
Pスペース
6
青海橋
安比川
福田橋
下沢
アユ
Pスペース
鎌倉橋
アユ
ヤマメ
長沢橋
二戸PA
宮沢
八戸自動車道
Pスペース
御山橋
岡本橋
IGRいわて銀河鉄道
卍天台寺
アユ
イワナ
ヤマメ
ローソン
岡本中央橋
岡本川
＊増水時は期待できる
中央橋
浄法寺IC
＊河原広い。橋の下流は
瀬中心の好ポイント
上流はボサが多い
アユ
210
浄法寺中
6
浄法寺総合支所
春日橋
名越沢
コミュニティーセンター
はるよし橋
安比内沢
不動橋
だんの橋
堀幸運輸・遊漁券
ヤマメ
イワナ
赤平沢
谷地屋敷沢
イワナ
N
A
B
C
D
E
F
G
N

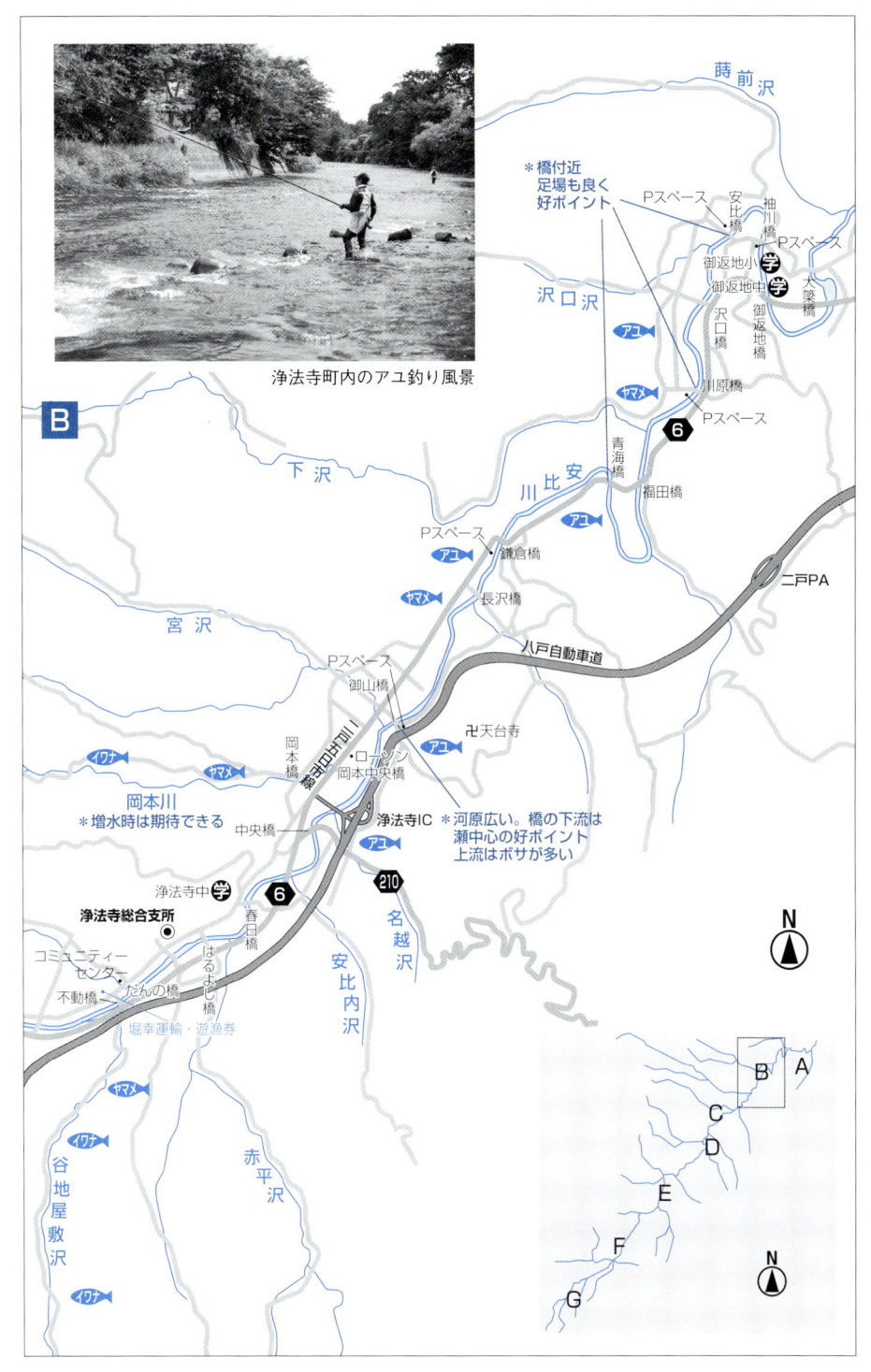

Point ガイド

安比橋より上流域。鎌倉橋から上流は浄法寺町内の流れとなるために護岸工事の影響でポイントに乏しいが滝見橋より上は本来の流れが戻り、魚影も濃い。特にヤマメは大型の実績が多い場所。

安比川屈指の好ポイントといえ、激戦区なので仕掛け、餌の工夫が必要。餌は濁りが入っている状況ではミミズ、そうでない時はやはり川虫が良い。しっかりと底波をとらえて餌を流すことだ。

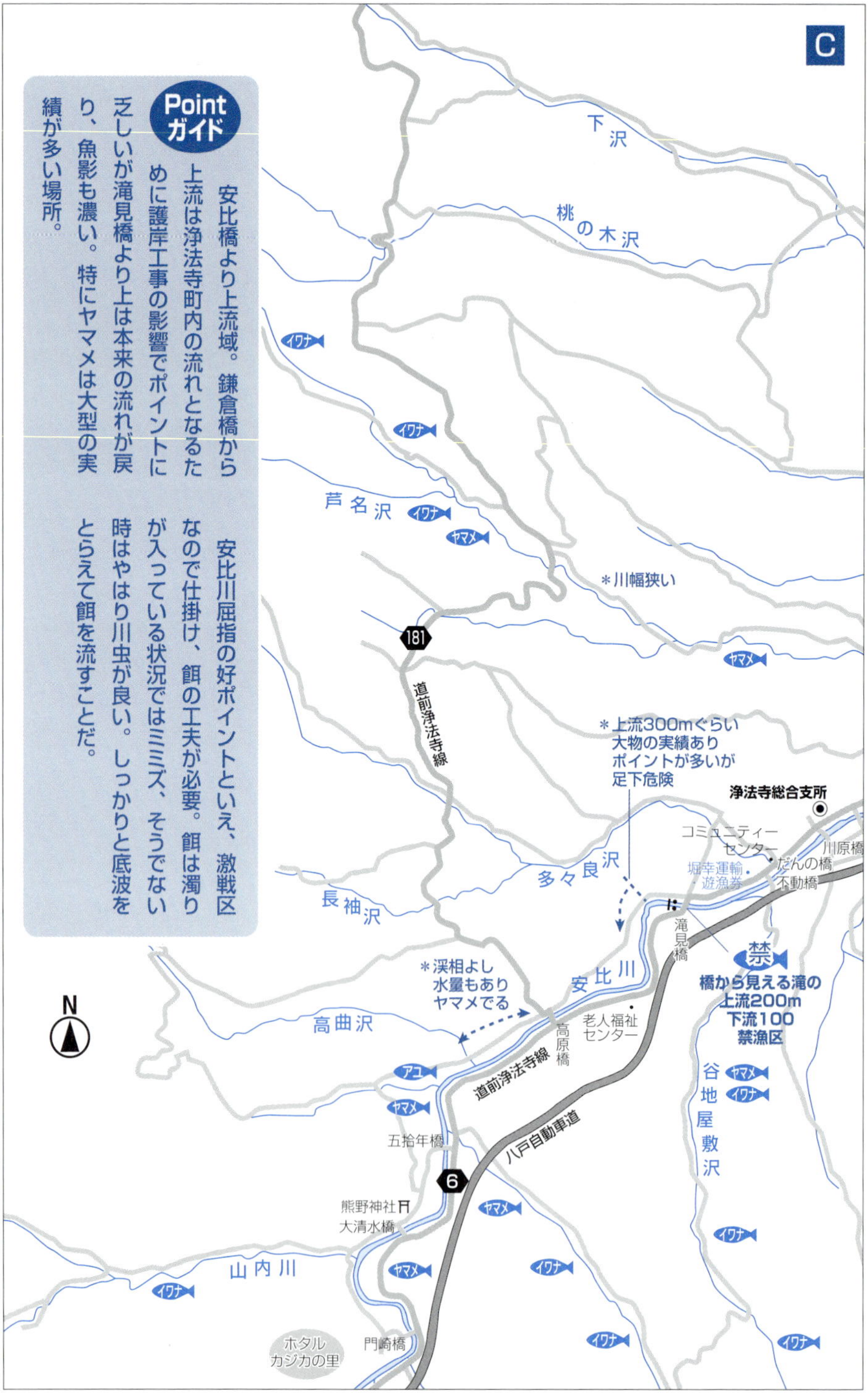
C
下沢
桃の木沢
イワナ
芦名沢
ヤマメ
＊川幅狭い
181
道前浄法寺線
＊上流300mぐらい
大物の実績あり
ポイントが多いが
足下危険
浄法寺総合支所
コミュニティーセンター
川原橋
堀幸運輸・遊漁券
だんの橋
不動橋
多々良沢
長袖沢
滝見橋
禁
橋から見える滝の
上流200m
下流100
禁漁区
安比川
＊渓相よし
水量もあり
ヤマメでる
高曲沢
老人福祉センター
高原橋
アユ
谷地屋敷沢
八戸自動車道
五拾年橋
6
熊野神社
大清水橋
山内川
ホタル
カジカの里
門崎橋
N

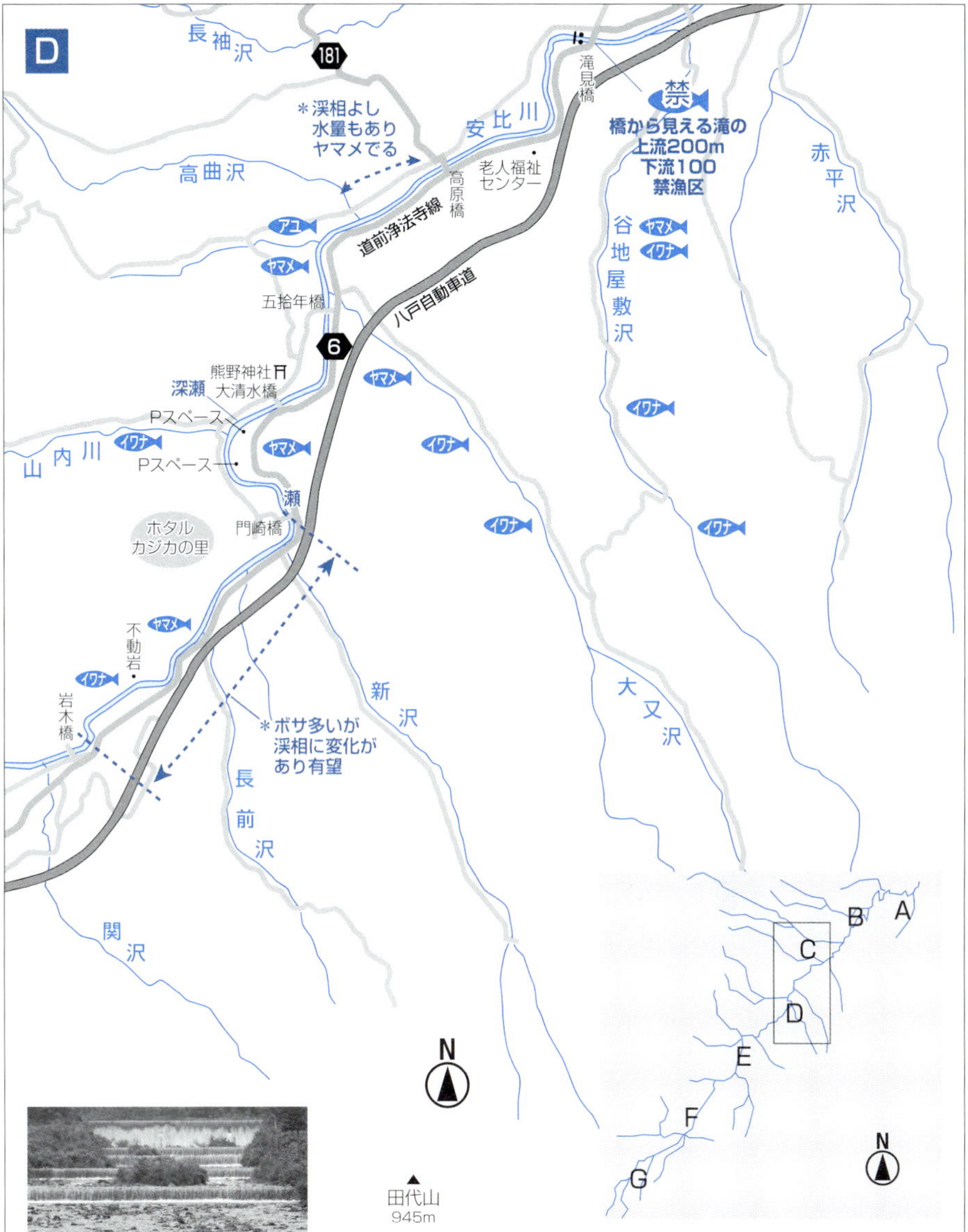
D
長袖沢
181
＊渓相よし
水量もあり
ヤマメでる
安比川
滝見橋
禁
橋から見える滝の
上流200m
下流100
禁漁区
高曲沢
高原橋
老人福祉センター
道前浄法寺線
赤平沢
アユ
ヤマメ
イワナ
谷地屋敷沢
五拾年橋
八戸自動車道
6
熊野神社
深瀬
大清水橋
Pスペース
山内川
Pスペース
瀬
門崎橋
ホタル
カジカの里
不動岩
岩木橋
新沢
大又沢
＊ボサ多いが
渓相に変化が
あり有望
長前沢
関沢
N
A
B
C
D
E
F
G
田代山
945m

Point ガイド

岩木橋までは良い渓相が続くが安代に近くなるにつれて護岸個所が増える。河原に入りやすく、放流場所にあたるため盛期はアユ釣りでにぎわう区間だ。

整備された河川敷公園でバーベキューを楽しむ家族連れも多い。ヤマメ釣りのポイントは限られているが、川幅が広いのでフライ、ルアーの釣り人が多い。

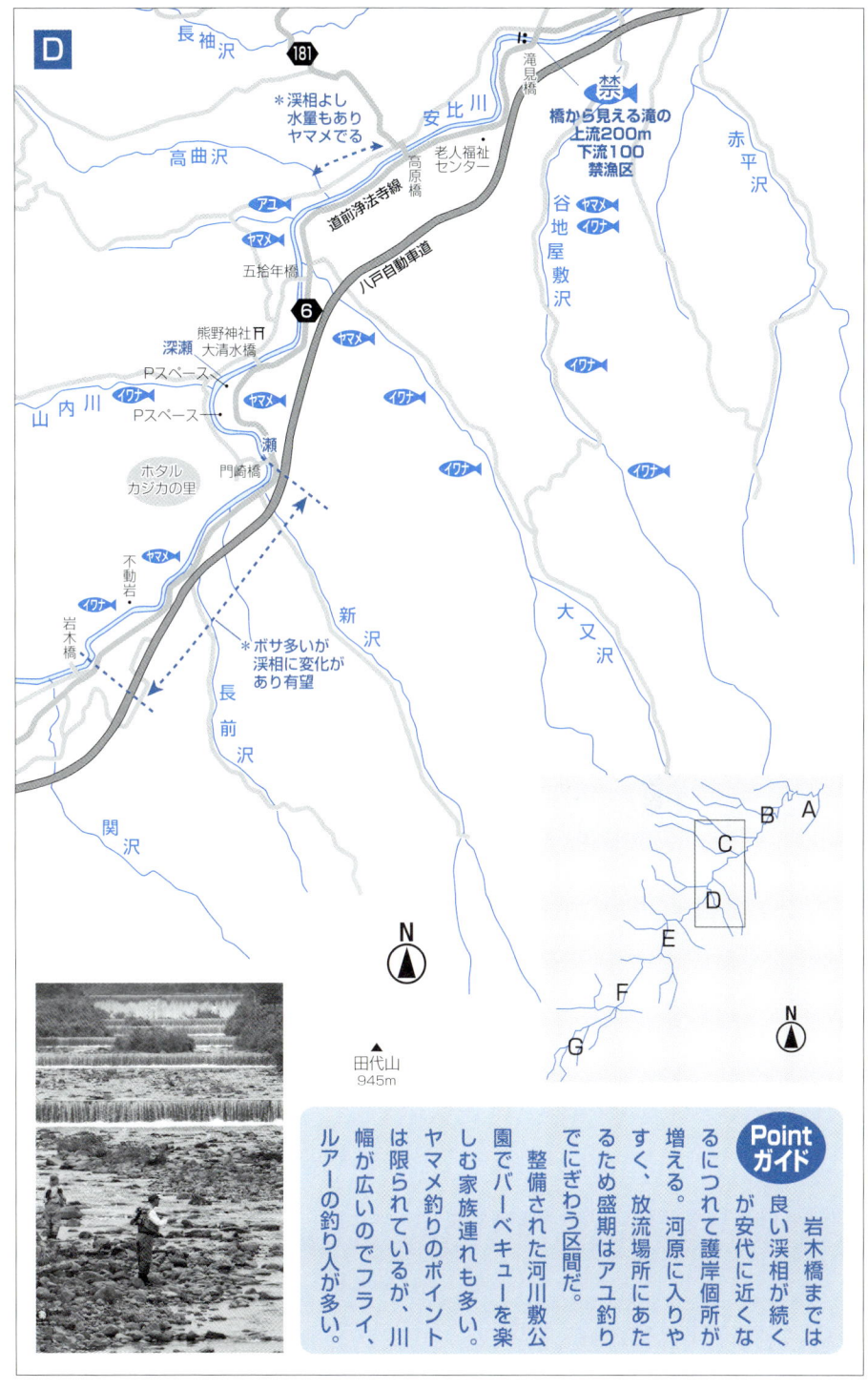

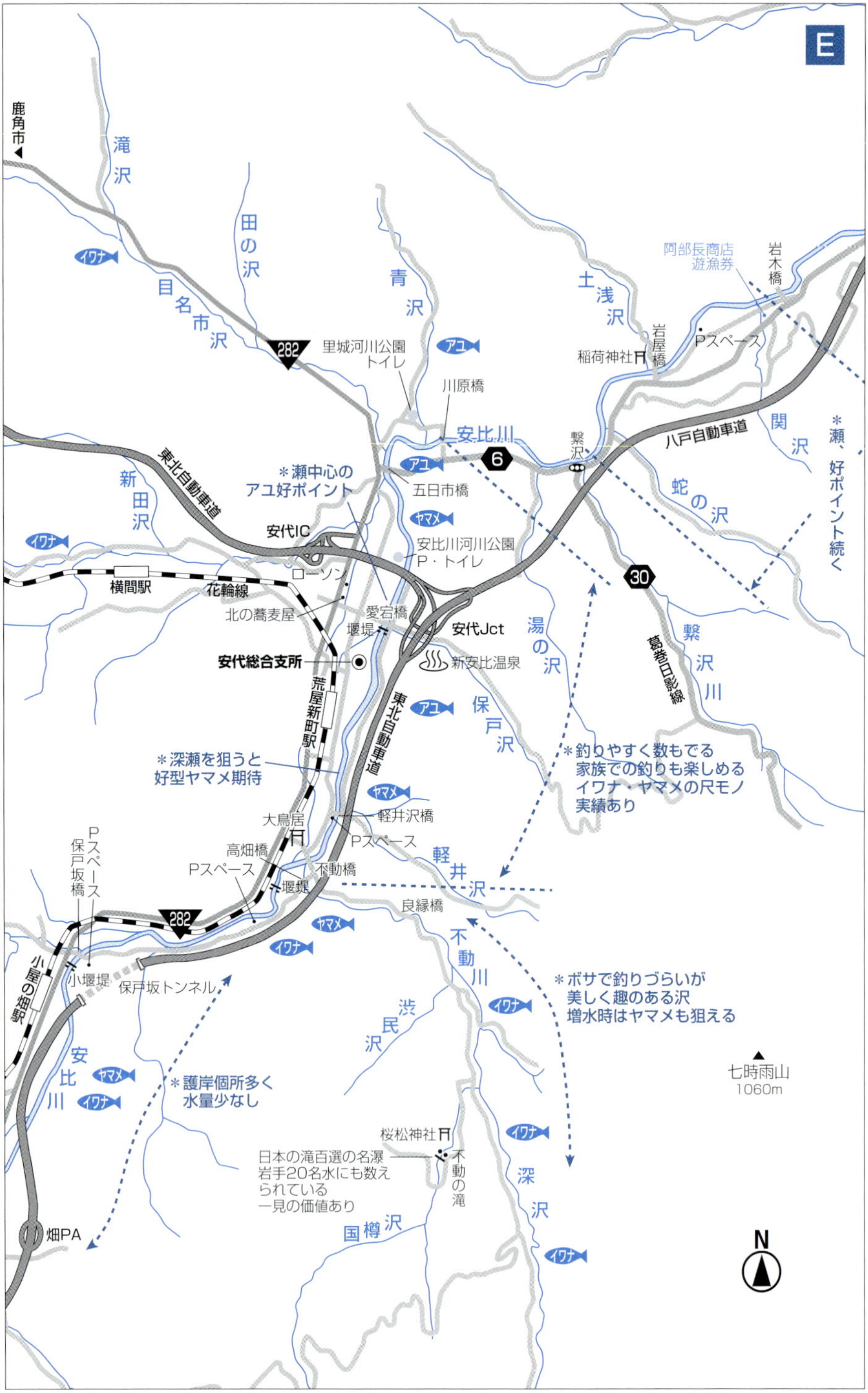
E
鹿角市
滝沢
田の沢
目名市沢
青沢
土浅沢
阿部長商店遊漁券
岩木橋
岩屋橋
稲荷神社
Pスペース
里城河川公園トイレ
川原橋
安比川
五日市橋
＊瀬中心のアユ好ポイント
繋沢
八戸自動車道
関沢
＊瀬、好ポイント続く
蛇の沢
東北自動車道
新田沢
安代IC
安比川河川公園P・トイレ
ローソン
横間駅
花輪線
北の蕎麦屋
愛宕橋
堰堤
安代Jct
湯の沢
葛巻日影線
繋沢川
新安比温泉
安代総合支所
荒屋新町駅
保戸沢
＊釣りやすく数もでる
家族での釣りも楽しめる
イワナ・ヤマメの尺モノ
実績あり
＊深瀬を狙うと
好型ヤマメ期待
軽井沢橋
大鳥居
Pスペース
高畑橋
Pスペース
不動橋
堰堤
軽井沢
良縁橋
保戸坂橋
Pスペース
小屋の畑駅
小堰堤
保戸坂トンネル
不動川
＊ボサで釣りづらいが
美しく趣のある沢
増水時はヤマメも狙える
渋民沢
安比川
＊護岸個所多く
水量少なし
七時雨山
1060m
桜松神社
日本の滝百選の名瀑
岩手20名水にも数え
られている
一見の価値あり
不動の滝
深沢
国樽沢
畑PA
N
アユ
ヤマメ
イワナ
282
6
30

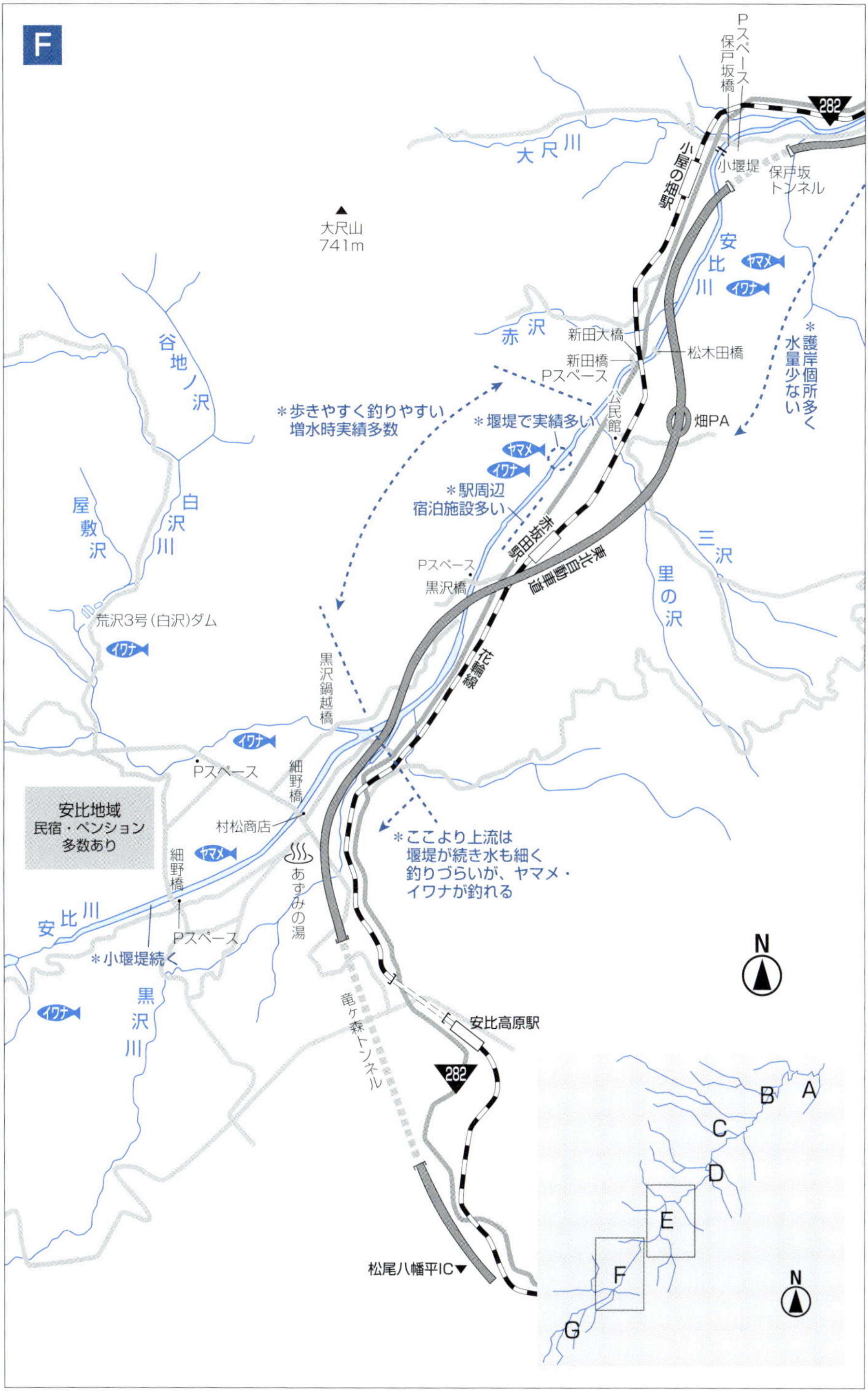
F
Pスペース
保戸坂橋
282
大尺川
小屋の畑駅
小堰堤
保戸坂トンネル
大尺山
741m
安比川
ヤマメ
イワナ
谷地ノ沢
赤沢
新田大橋
新田橋
Pスペース
松木田橋
＊護岸個所多く水量少ない
＊歩きやすく釣りやすい
増水時実績多数
＊堰堤で実績多い
公民館
畑PA
ヤマメ
イワナ
＊駅周辺宿泊施設多い
屋敷沢
白沢川
赤坂田駅
東北自動車道
三沢
Pスペース
黒沢橋
里の沢
荒沢3号（白沢）ダム
イワナ
花輪線
黒沢鍋越橋
イワナ
Pスペース
細野橋
安比地域
民宿・ペンション
多数あり
村松商店
＊ここより上流は
堰堤が続き水も細く
釣りづらいが、ヤマメ・
イワナが釣れる
ヤマメ
細野橋
あずみの湯
安比川
Pスペース
＊小堰堤続く
N
イワナ
黒沢川
竜ケ森トンネル
安比高原駅
282
松尾八幡平IC
B
A
C
D
E
F
G
N

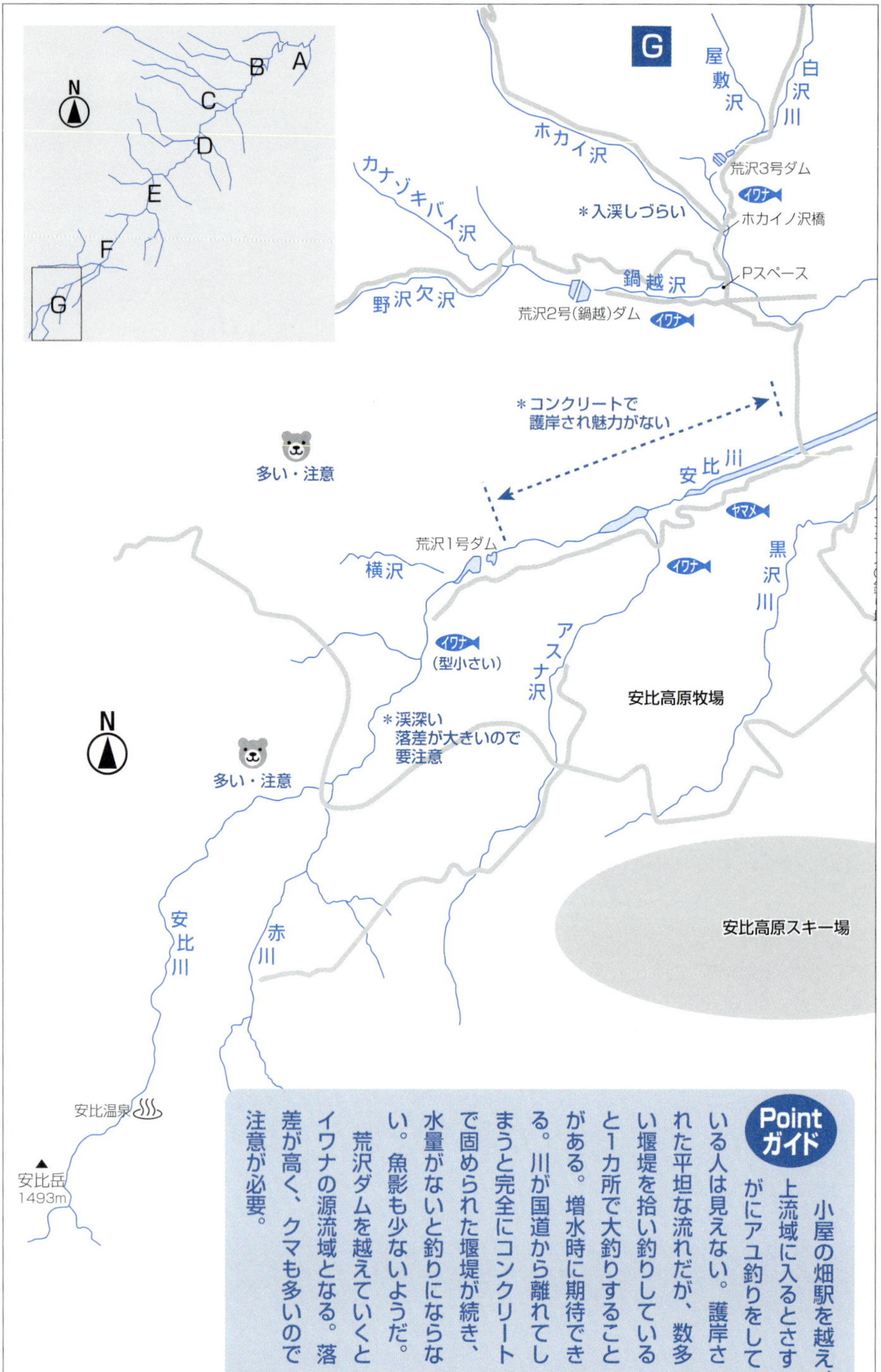

Pointガイド

小屋の畑駅を越え、上流域に入るとさすがにアユ釣りをしている人は見えない。護岸された平坦な流れだが、数多い堰堤を拾い釣りしていると1カ所で大釣りすることがある。増水時に期待できる。川が国道から離れてしまうと完全にコンクリートで固められた堰堤が続き、水量がないと釣りにならない。魚影も少ないようだ。

荒沢ダムを越えていくとイワナの源流域となる。落差が高く、クマも多いので注意が必要。

米代川

よねしろがわ

INFORMATION

¥

	日釣券	年券
全魚種	−	−
雑魚	500円	3,000円

盛岡→滝沢（国道4号）→安代（国道282号）

イワナ
ヤマメ
ニジマス

〈米代川水系〉

岩手県米代川漁業協同組合
☎0195(73)2144（事務局）

情報協力者　髙山　晃（一戸町在住）

八幡平市と二戸市の境界に位置する稲庭岳（１０７８ｍ）を源とする根石川・大沢川と、岩手・秋田・青森の県境付近の中岳（１０２４ｍ）を水源とする切通川・瀬ノ沢川が安代で合流。岩手県で唯一、日本海を目指して西に流れる河川だ。河口は能代市。流程およそ１３６㎞のうち、岩手に属するのは約10㎞ほどだが源流部に位置するだけあり、魚影の濃さとしばしば大物が上がることで有名。もっともその分、入渓者は多い。岩手県内の米代川において最大の兄川をはじめ、大小数多くの支流・枝沢がある。

本流は国道２８２号に沿っている上、ほとんどの支流にも流れに沿って道があり、駐車場所も比較的多いので入りやすい川ではあるが、豪雪地帯を流れるので総じて水量も多く、注意が必要だ。

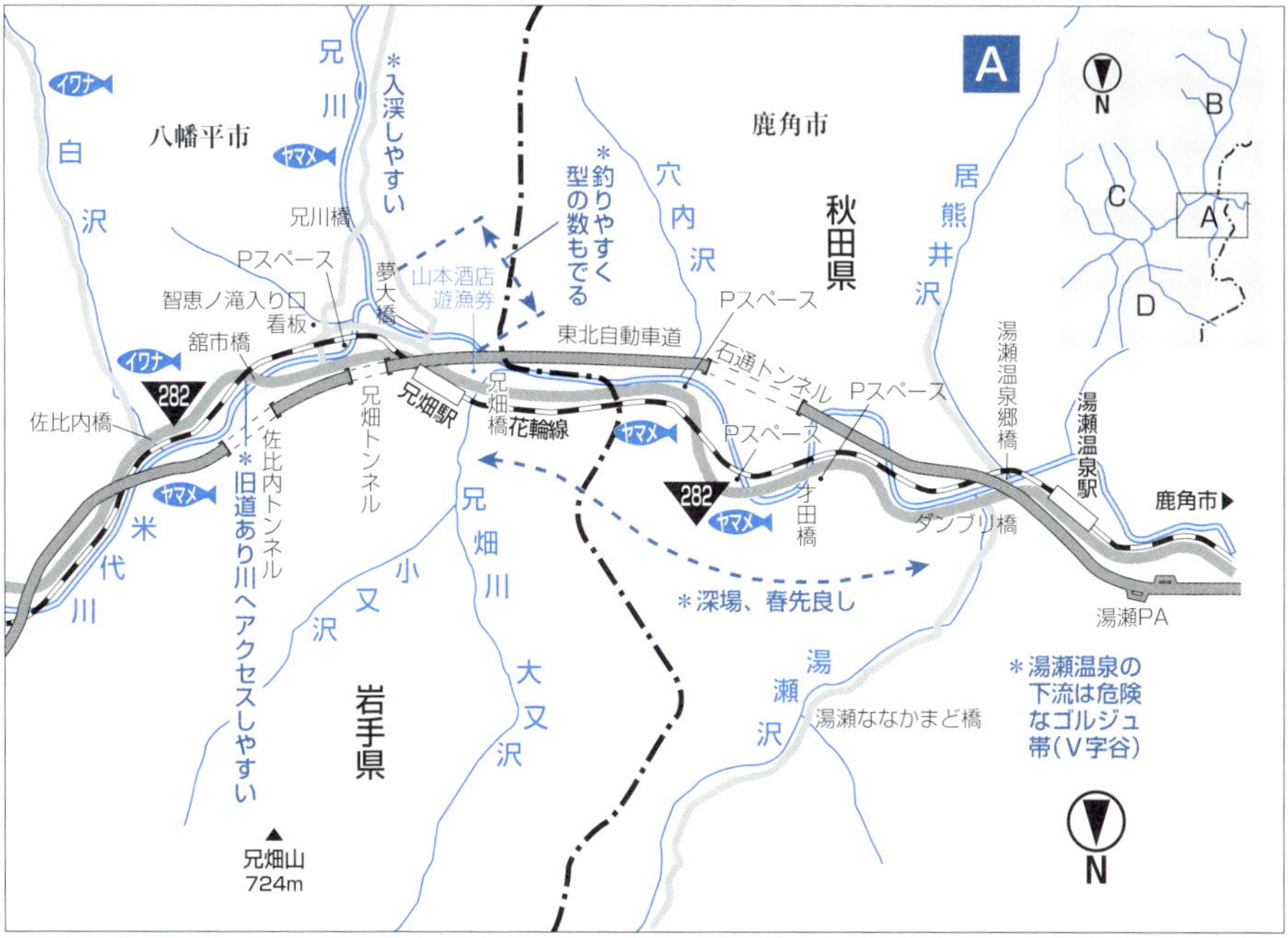

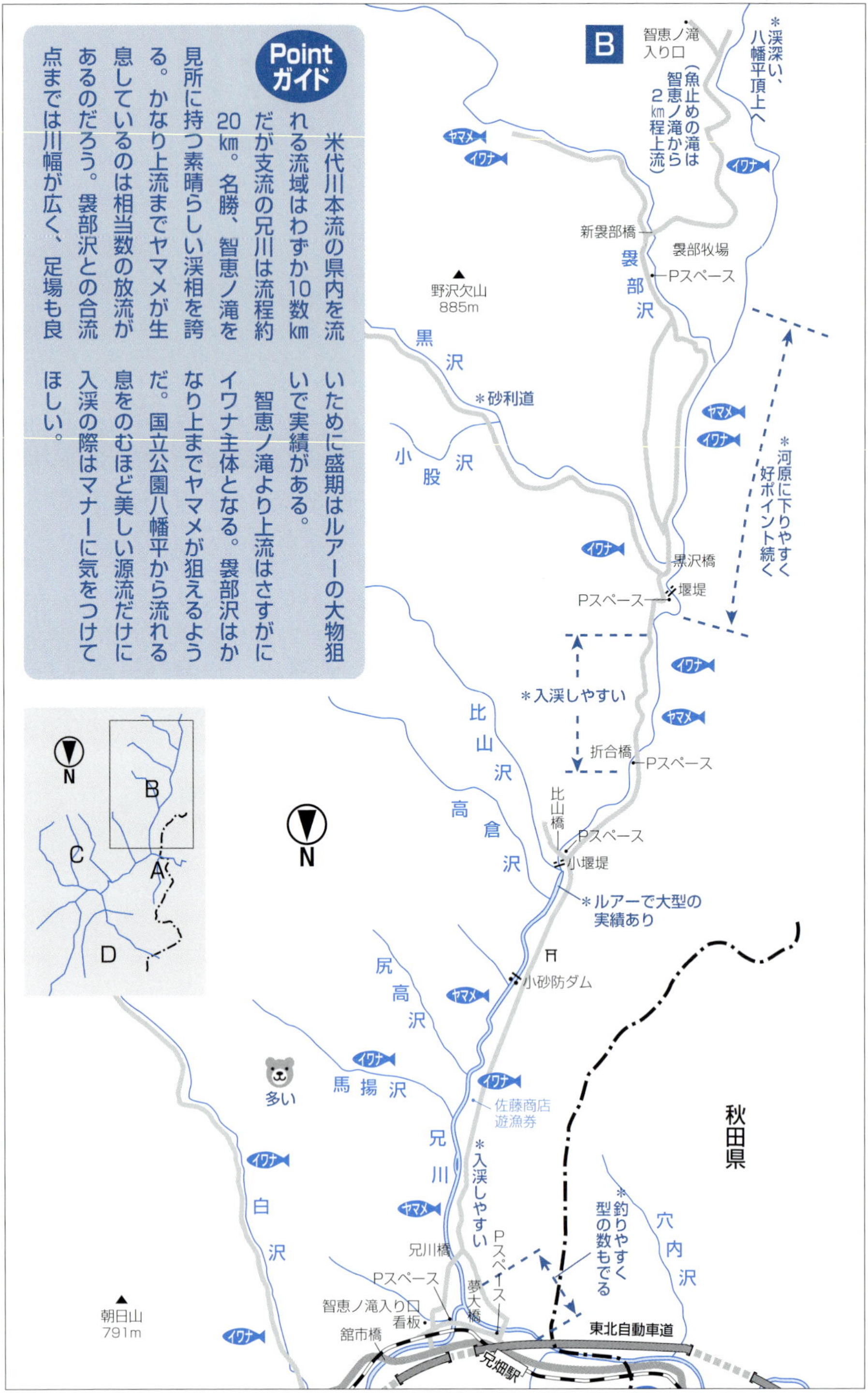
B
智恵ノ滝入り口
（魚止めの滝は智恵ノ滝から2km程上流）
＊深深い、八幡平頂上へ
新袰部橋
袰部牧場
袰部沢
Pスペース
野沢欠山 885m
黒沢
＊砂利道
小股沢
＊河原に下りやすく好ポイント続く
黒沢橋
堰堤
Pスペース
＊入渓しやすい
折合橋
Pスペース
比山沢
高倉沢
比山橋
Pスペース
小堰堤
＊ルアーで大型の実績あり
小砂防ダム
尻高沢
馬揚沢
多い
佐藤商店 遊漁券
兄川
＊入渓しやすい
秋田県
白沢
＊釣りやすく型の数もでる
穴内沢
朝日山 791m
兄川橋
Pスペース
Pスペース
智恵ノ滝入り口看板
夢大橋
舘市橋
兄畑駅
東北自動車道
ヤマメ
イワナ
N
A
B
C
D

Pointガイド

米代川本流の県内を流れる流域はわずか10数kmだが支流の兄川は流程約20km。名勝、智恵ノ滝を見所に持つ素晴らしい渓相を誇る。かなり上流までヤマメが生息しているのは相当数の放流があるのだろう。袰部沢との合流点までは川幅が広く、足場も良いために盛期はルアーの大物狙いで実績がある。

智恵ノ滝より上流はさすがにイワナ主体となる。袰部沢はかなり上までヤマメが狙えるようだ。国立公園八幡平から流れる息をのむほど美しい源流だけに入渓の際はマナーに気をつけてほしい。

比山沢合流付近

C
N
B
A
D
長崎沢
イワナ
*上流型望めず
ヤマメ
コブナ沢橋
相沢川
杉沢
イワナ
朝日山
791m
ヤマメ
藤倉トンネル
田沢
イワナ
丑山沢
イワナ
ヤマメ
*瀬が多く
盛期は毛針がよい
ヤマメ
イワナ
矢神岳
666m
田山スキー場
ヤマメ
相沢橋
安代Jct
花輪線
Pスペース
鹿角市
矢神丑山橋
山専旅館
山本商店
遊漁券
八坂神社
川又商店・遊漁券
田山トンネル
米代川
天満神社
282
田山橋
瀬の沢橋
蛇石橋
米代川
東北自動車道
田山PA
282
*雪代後に
良い型がでる
田山小
田山駅
苗代沢
中ノ橋
田山橋
田山ドライブイン遊漁券
天狗森
756m
*合流点有望
田山稲荷神社
上ノ橋
米白河川公園
田山花輪線
瀬ノ沢川
杉沢
大沢川
公民館
ヤマメ
*ボサ川で
釣りにくい
水少ない
Pスペース
大多利沢
切掛台橋
佐妻橋
米代川
大原橋
タバコ畑
イワナ
ヤマメ
新田橋
ヤマメ
195
竜ケ森
554m
大峠橋
イワナ
ヤマメ
鹿角市

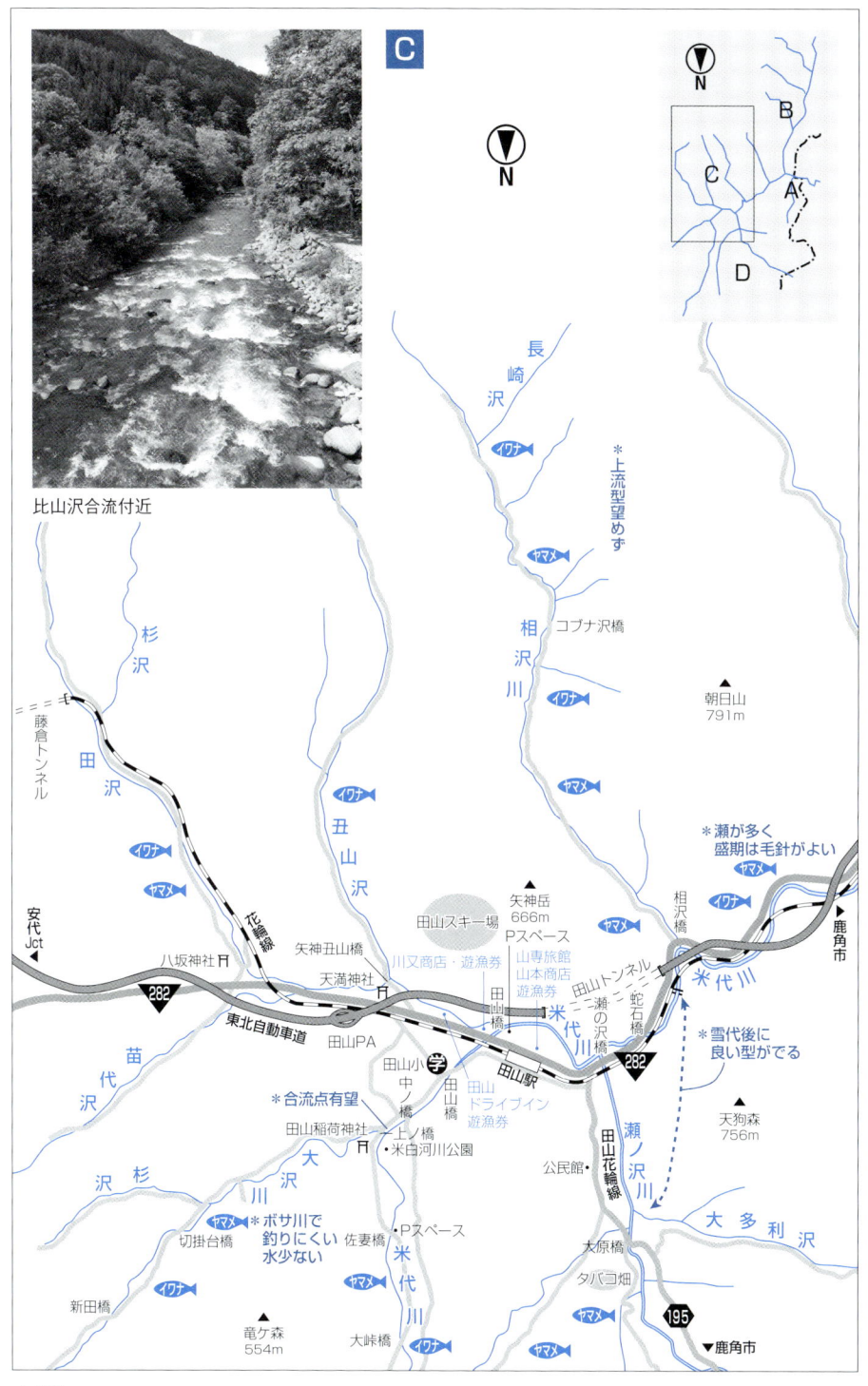

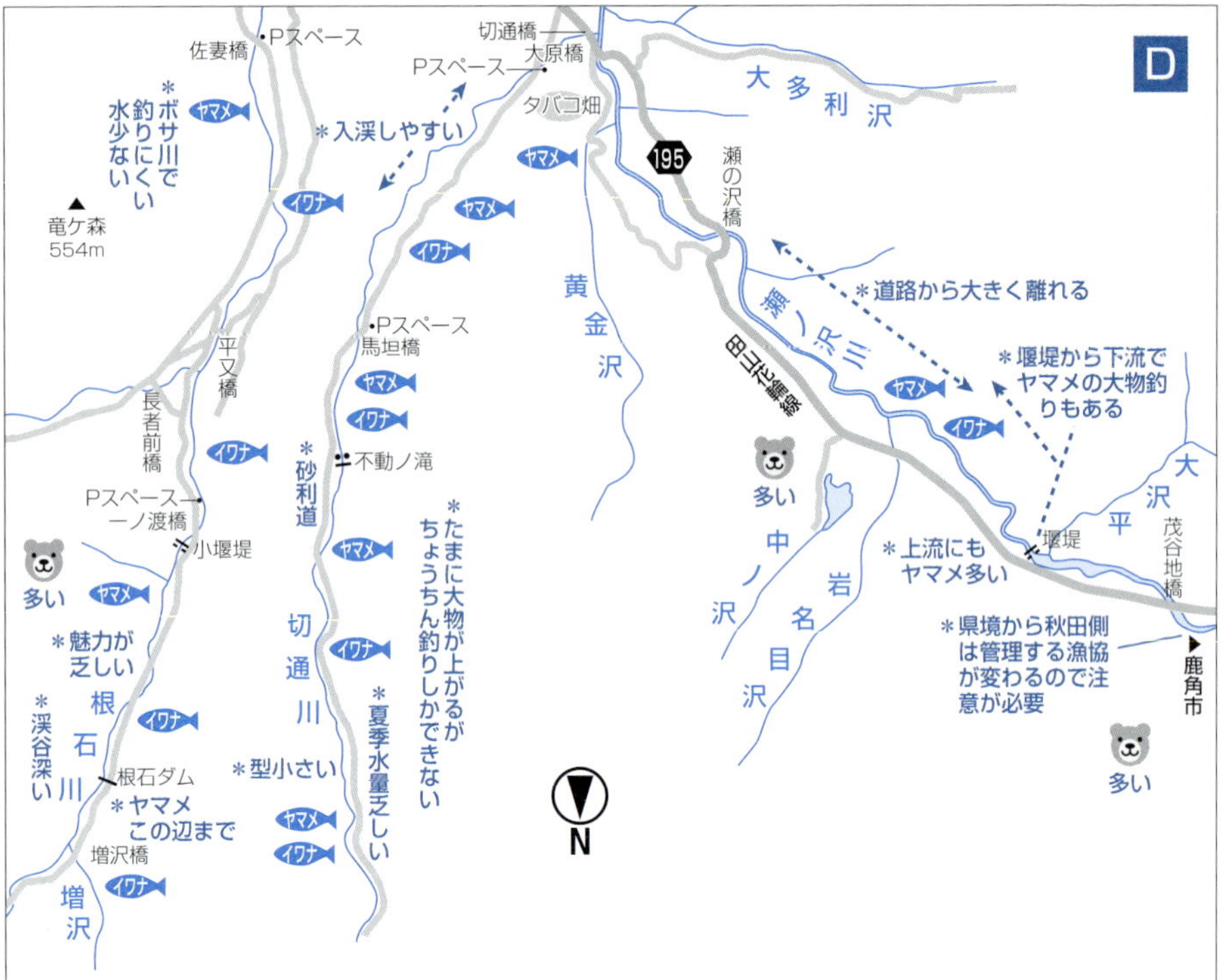
D
Pスペース
佐妻橋
切通橋
大原橋
Pスペース
タバコ畑
大多利沢
195
瀬の沢橋
＊ボサ川で釣りにくい 水少ない
ヤマメ
＊入渓しやすい
ヤマメ
ヤマメ
イワナ
イワナ
竜ケ森 554m
黄金沢
瀬ノ沢川
＊道路から大きく離れる
田山花輪線
＊堰堤から下流でヤマメの大物釣りもある
ヤマメ
イワナ
•Pスペース
馬坦橋
平又橋
長者前橋
ヤマメ
イワナ
イワナ
＊砂利道
不動ノ滝
多い
大沢
平
茂谷地橋
Pスペース
一ノ渡橋
小堰堤
ヤマメ
＊たまに大物が上がるがちょうちん釣りしかできない
中ノ沢
岩名目沢
＊上流にもヤマメ多い
堰堤
多い
ヤマメ
＊魅力が乏しい
切通川
イワナ
＊県境から秋田側は管理する漁協が変わるので注意が必要
鹿角市
根石川
イワナ
＊渓谷深い
根石ダム
＊ヤマメこの辺まで
＊型小さい
＊夏季水量乏しい
多い
N
ヤマメ
イワナ
増沢橋
イワナ
増沢

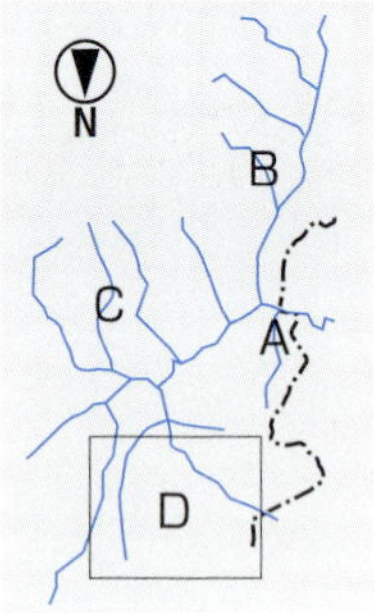
N
B
C
A
D

Pointガイド

比較的水量の豊富な瀬ノ沢川の出合いまでは本流域の釣りを楽しめる。数は望めないものの大型のヤマメ、ニジマスが期待できる。川幅が広いのでルアー、餌釣りは長竿が有利。

田山駅近くになると水量が減るがポイントは多い。大沢川との合流点を経て長者前で根石川と名前を変え、小規模の河川となる。支流の相沢川、大沢川、切通川もボサの気になる川だが下流域はヤマメ、イワナとも有望。

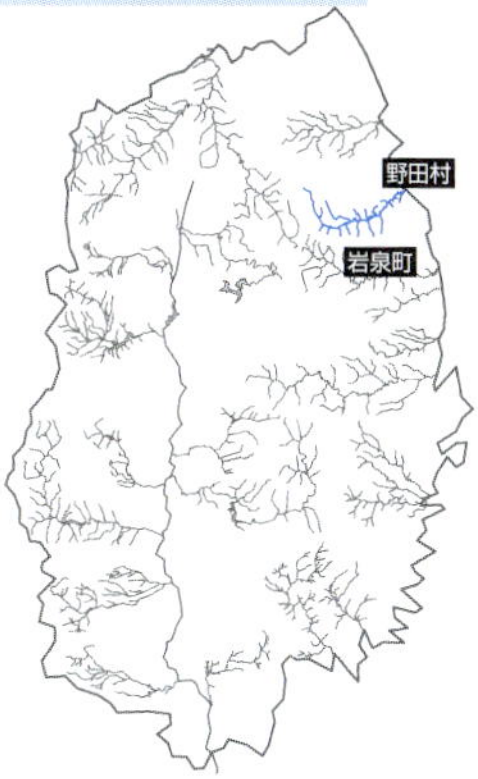
野田村
岩泉町

安家川

あっかがわ

INFORMATION

¥	日釣券	年券
全魚種	1,500円	12,200円
雑魚	1,300円	8,600円

盛岡→岩泉（国道455号）→安家（県道7号）

アユ
イワナ
ヤマメ
ウグイ

〈沿岸水系〉

下安家漁業協同組合
☎0194（78）2353
安家川漁業協同組合
☎0194（24）2031

情報協力釣具店　**渡辺釣具店（久慈市）**
☎0194（53）5021

北上山地北端部の安家森（1 2 3 9 m）を源流に東流し、いくつもの支流を集めてやがて野田村で太平洋に注ぐ。流程およそ50㎞。原始河川のたたずまいを残し、優れた水質指標ともなり得るカワシンジュガイが生息することで有名。

また、安家洞や氷渡洞などの鍾乳洞に代表されるように、中流域は石灰層（安家カルスト）の地質となっている。曲がりくねりながら、落ち込み、淵、荒瀬が連続する渓相には多種多様の渓流魚が育まれている。支流・枝沢に折壁川、松ケ沢などあるが、本流・支流含めて禁漁区設定の多い河川なので、事前に地図等で調べた上で入渓してもらいたい。源流部付近こそ砂利道ながら、ほぼ川沿いに道が通じているので入渓は容易である。

守られた自然美を守るモラルを意識して釣行してもらいたい。

Pointガイド

河口域は主にアユのポイントとなる。日本一遅い8月1日の解禁のため、野性味あふれるアユの追いが楽しめる。

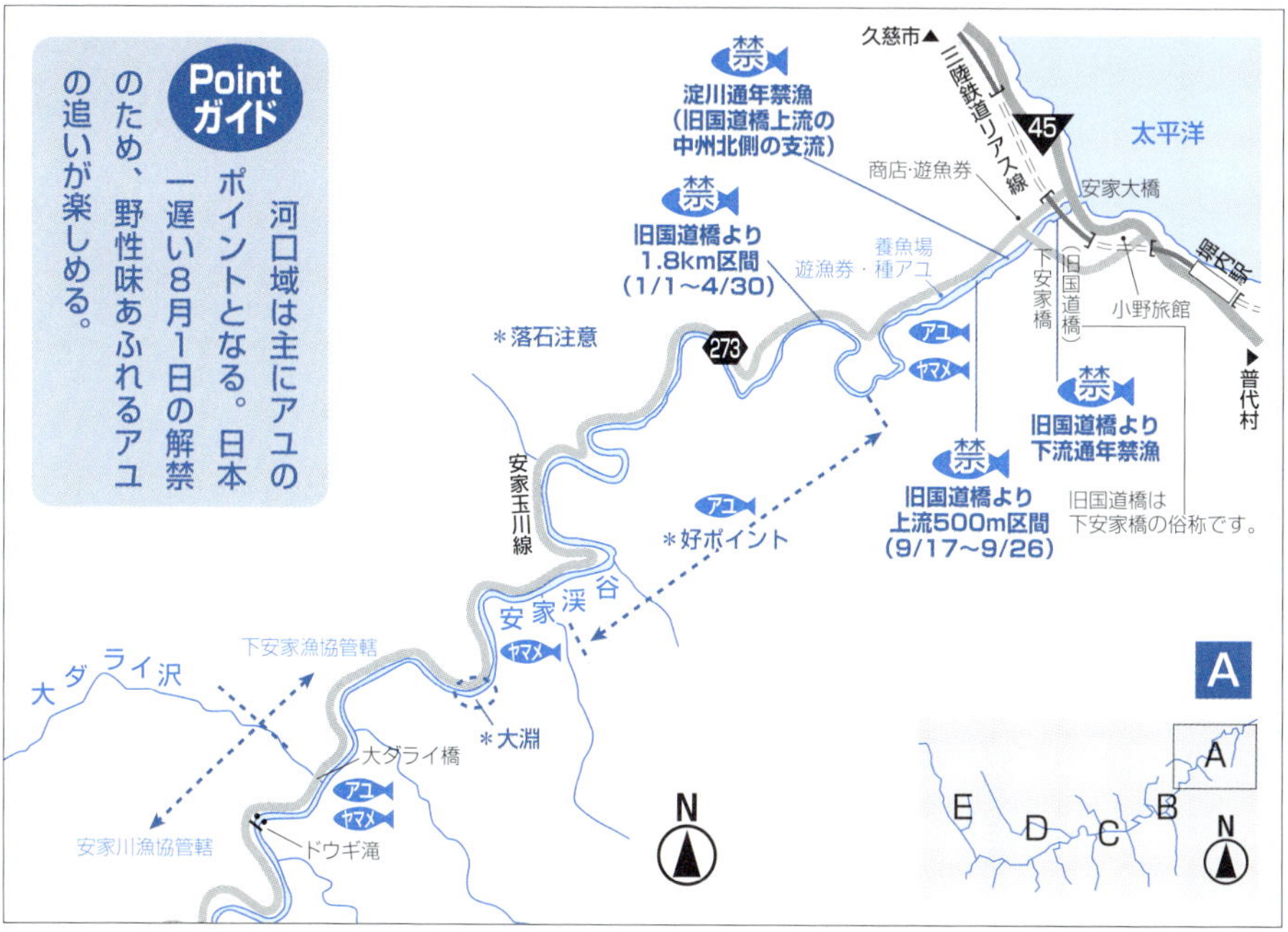
久慈市
三陸鉄道リアス線
45
太平洋
禁
淀川通年禁漁
（旧国道橋上流の
中州北側の支流）
商店・遊魚券
安家大橋
禁
旧国道橋より
1.8km区間
（1/1～4/30）
養魚場
遊漁券・種アユ
下安家橋
（旧国道橋）
野田駅
小野旅館
普代村
＊落石注意
273
アユ
ヤマメ
禁
旧国道橋より
下流通年禁漁
安家玉川線
禁
旧国道橋より
上流500m区間
（9/17～9/26）
旧国道橋は
下安家橋の俗称です。
アユ
＊好ポイント
安家渓谷
ヤマメ
下安家漁協管轄
大ダライ沢
＊大淵
大ダライ橋
アユ
ヤマメ
安家川漁協管轄
ドウギ滝
N
A
E
D
C
B
N

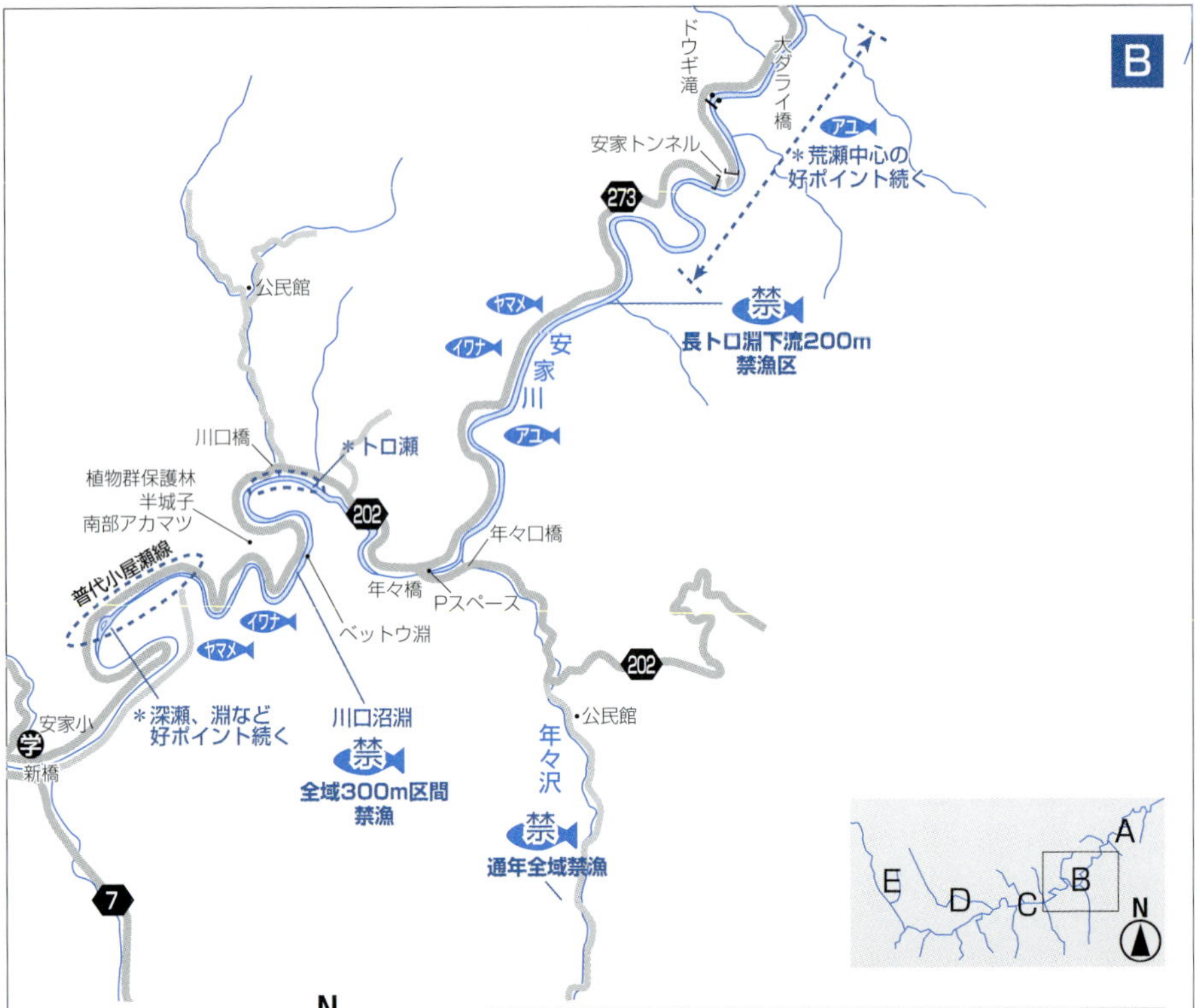
B
ドウギ滝
大ダライ橋
安家トンネル
アユ
＊荒瀬中心の
好ポイント続く
273
公民館
ヤマメ
イワナ
安
家
川
禁
長トロ淵下流200m
禁漁区
アユ
川口橋
＊トロ瀬
植物群保護林
半城子
南部アカマツ
202
年々口橋
普代小屋瀬線
年々橋
Pスペース
イワナ
ベットウ淵
ヤマメ
202
公民館
安家小
学
新橋
＊深瀬、淵など
好ポイント続く
川口沼淵
禁
全域300m区間
禁漁
年
々
沢
禁
通年全域禁漁
7
N
A
B
C
D
E
N

安家川下流域の釣り風景

Pointガイド

この区間Bの大ダライ橋（下安家橋から約8km地点）までが下安家漁協の管轄、それより上流部が安家川漁協の管轄である。河口から山間に入って間もなく、瀬と淵とが連続する濃厚な渓相となる。岩盤のV字谷、大淵、飛沫を上げる落ち込みの連続など、迫力あふれる表情の安家川には良型ヤマメやアユの魚影が濃い。

原始河川を守る安家川は、下安家漁協、安家川漁協ともに各所に禁漁区を設定するなどして資源保護に努めている。釣り人もこの点を理解し、注意・協力していただきたい。

氷渡橋にあるキャンプ場

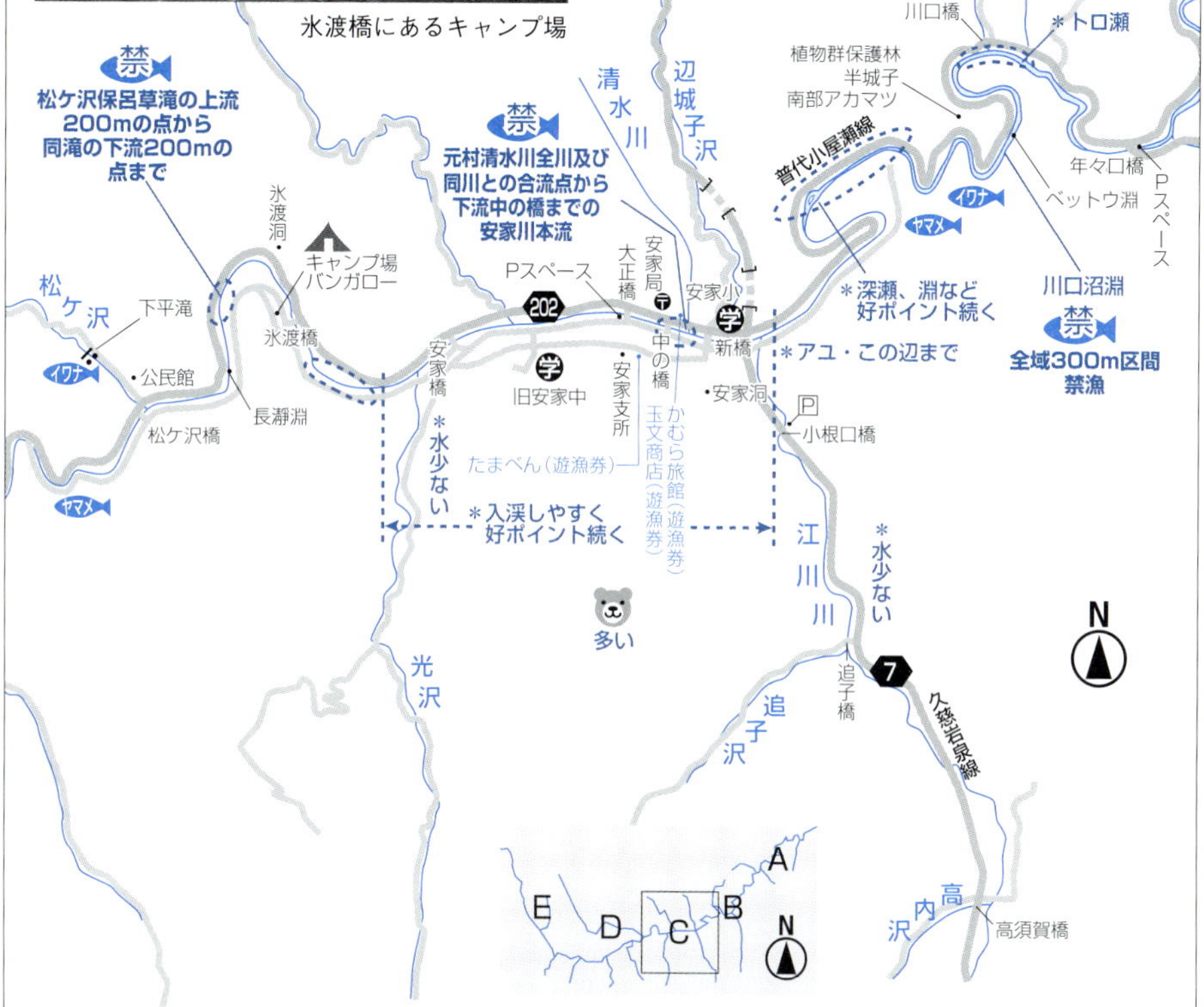
C
久慈市
半城子沢
公民館
川口橋
＊トロ瀬
植物群保護林
半城子
南部アカマツ
普代小屋瀬線
年々口橋
Pスペース
イワナ
ヤマメ
ベットウ淵
＊深瀬、淵など
好ポイント続く
川口沼淵
禁
全域300m区間
禁漁
清水川
辺城子沢
禁
元村清水川全川及び
同川との合流点から
下流中の橋までの
安家川本流
禁
松ケ沢保呂草滝の上流
200mの点から
同滝の下流200mの
点まで
氷渡洞
キャンプ場
バンガロー
Pスペース
大正橋
安家局
安家小
新橋
202
松ケ沢
下平滝
氷渡橋
公民館
長瀞淵
松ケ沢橋
安家橋
学
旧安家中
中の橋
安家支所
安家洞
＊アユ・この辺まで
P
小根口橋
たまべん（遊漁券）
かむら旅館（遊漁券）
玉文商店（遊漁券）
＊水少ない
＊入渓しやすく
好ポイント続く
江川川
＊水少ない
多い
光沢
追子沢
追子橋
7
久慈岩泉線
N
高内沢
高須賀橋
A
B
C
D
E
N

Pointガイド

安家洞のある元村地区付近の流れは透明感に満ちている。集落を過ぎると淵と荒瀬の交互に連続する渓相が続く。このエリアでも禁漁区を設けて渓魚を保護している。

氷渡《すがわたり》洞に隣接するキャンプ場およびコテージはビギナーにも上級者にも適した穴場的宿泊地。

松ケ沢橋付近から大鳥橋付近までは上流に釣り上るにしたがって川幅は狭まり、ヤブも多くなって釣りづらくなる。しかし魚信は飽きない程度にくる。支流の松ケ沢はイワナのみであり、入渓してほどなくして出合う大淵には大物の魚影が見え隠れしている。

D

折壁川合流点上流。イワナ

氷渡橋付近

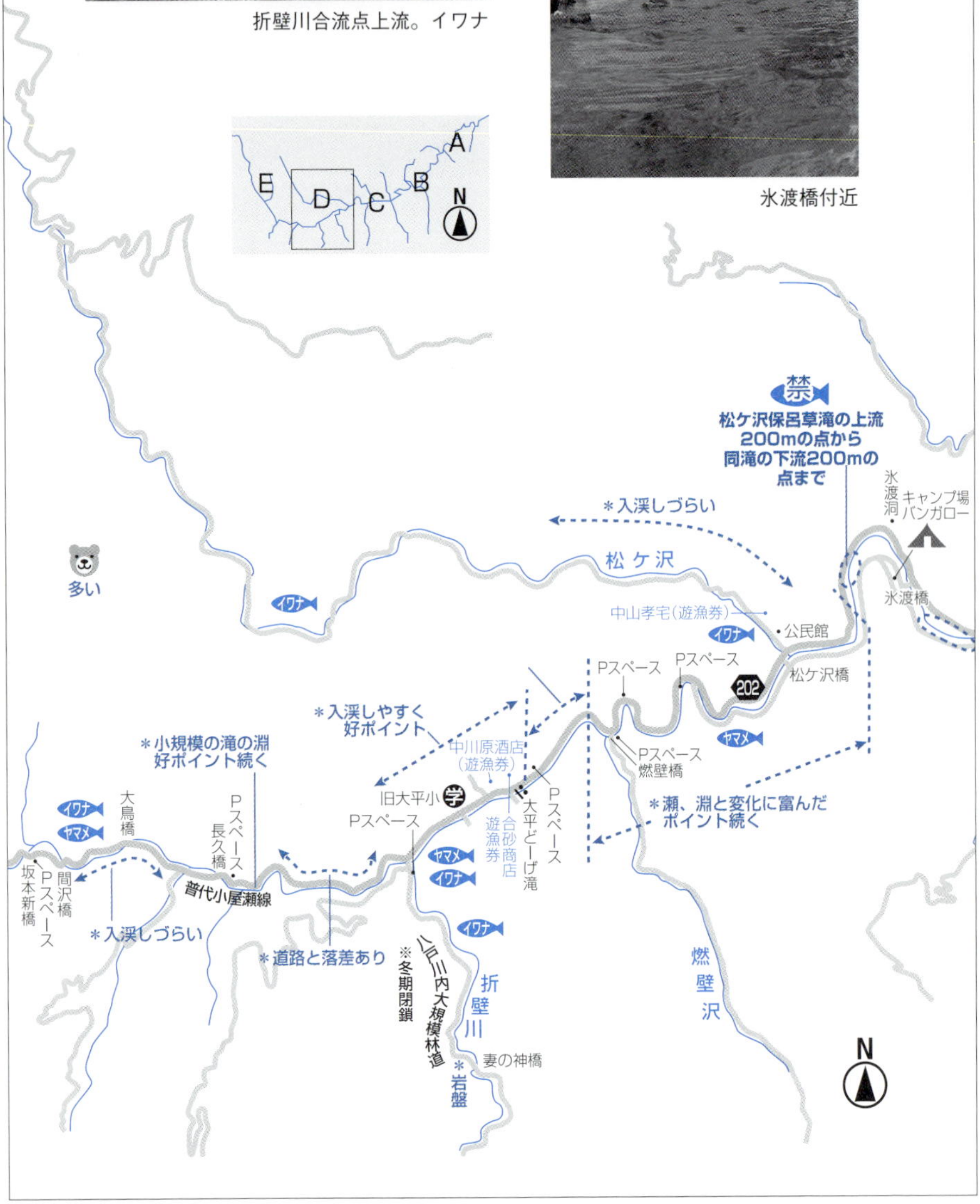
A
B
C
D
E
N
禁
松ケ沢保呂草滝の上流
200mの点から
同滝の下流200mの
点まで
氷渡洞
キャンプ場
バンガロー
氷渡橋
＊入渓しづらい
松ケ沢
多い
イワナ
中山孝宅(遊漁券)
公民館
Pスペース
Pスペース
松ケ沢橋
202
ヤマメ
Pスペース
燃壁橋
＊入渓しやすく
好ポイント
中川原酒店
(遊漁券)
＊瀬、淵と変化に富んだ
ポイント続く
＊小規模の滝の淵
好ポイント続く
旧大平小
Pスペース
Pスペース
大平どーげ滝
合砂商店
遊漁券
Pスペース
長久橋
大鳥橋
イワナ
ヤマメ
ヤマメ
イワナ
間沢橋
Pスペース
坂本新橋
普代小屋瀬線
＊入渓しづらい
＊道路と落差あり
※冬期閉鎖
八戸川内大規模林道
イワナ
折壁川
妻の神橋
＊岩盤
燃壁沢
N

E
奥岩泉スーパー林道
▲安家森
1239m
八戸川内大規模林道
イワナ
＊険しい
ヤブ多い
N
安
家
川
イワナ
大
越
沢
A
B
C
D
E
N
大坂本
砂利道
大
坂
本
橋
大堀内橋
下渡橋
大明神橋
多い
Pスペース
天摩神社
小端橋
坂本地区集会所
Pスペース
坂本橋
岩井橋
坂本新橋
Pスペース
間沢橋
イワナ
ヤマメ
大鳥橋
＊入渓しづらい
※冬期閉鎖
202
葛巻町▼

源流域。ヤブが多くなる

Pointガイド

大鳥橋付近ではイワナのみとなり、良型の型揃いも難しくないほど魚影は濃い。

また砂のたまった岸辺近くには川の環境指標として貴重といえるカワシンジュガイを見つけることも珍しくない。

大越沢が合流したのち大坂本で舗装道は切れ、ここより上は砂利道の林道となる。林道からヤブをかいて川べりまで下りると意外にも治山ダムがあり、そのプールには小型のイワナが群れていた。

久慈川

くじがわ

〈沿岸水系〉

久慈川漁業協同組合
☎0194(53)2358

アユ
イワナ
ヤマメ
サクラ
ヒカリ
コイ

INFORMATION

¥	日釣券	年券
全魚種	1,500円	10,000円
雑魚	1,000円	6,000円

🚗 盛岡→沼宮内(国道4号)→葛巻(国道281号)→久慈(国道287号)

久慈市山形町・明神岳（887ｍ）の北斜面を水源とする川井川と、遠別岳（1235ｍ）を源流とする遠別川が沼袋付近で交わり流れ、また芋谷橋付近で日野沢川が合流して久慈川の名になる。さらに東流しながら戸呂町川、沢山川、岩井川、そして久慈川最大の支流・長内川や夏井川と河口付近で合流し、久慈湾で太平洋に注ぎ込む。流程およそ30㎞。

国道281号が本流に沿って走り、芋谷橋付近から岩井橋付近まで県立自然公園に指定されている「久慈渓流」の景観美が堪能できる。その険しくも見事な渓相に大物を夢見て竿を出す釣り人も多い。

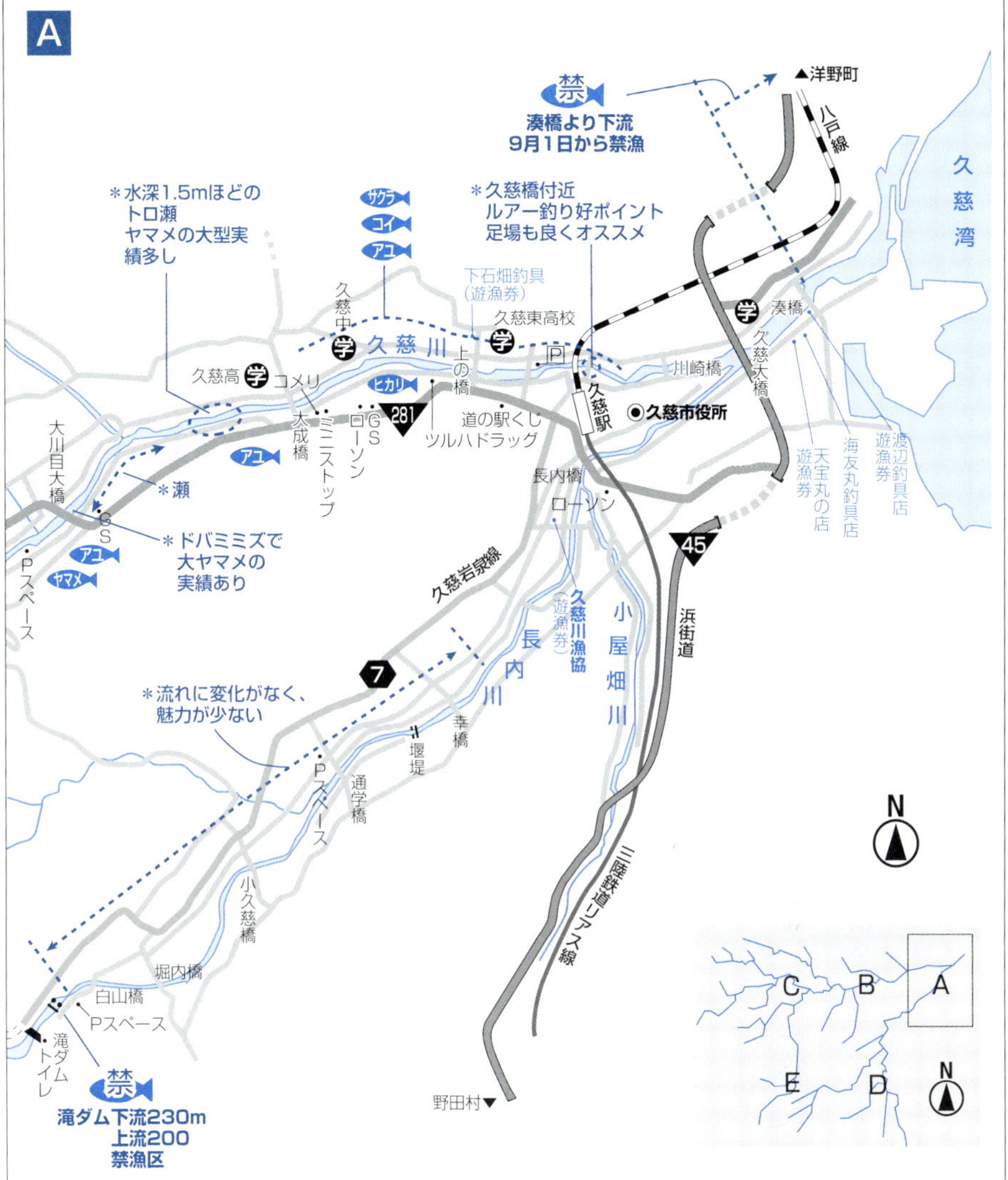
A
▲洋野町
禁
湊橋より下流
9月1日から禁漁
八戸線
久慈湾
＊水深1.5mほどの
トロ瀬
ヤマメの大型実
績多し
サクラ
コイ
アユ
＊久慈橋付近
ルアー釣り好ポイント
足場も良くオススメ
下石畑釣具
（遊漁券）
久慈中
久慈東高校
久慈川
湊橋
久慈大橋
川崎橋
久慈高
コメリ
上の橋
ヒカリ
P
久慈駅
久慈市役所
大川目大橋
大成橋
ミニストップ
GS
ローソン
281
道の駅くじ
ツルハドラッグ
アユ
＊瀬
長内橋
ローソン
天宝丸の店
遊漁券
海友丸釣具店
渡辺釣具店
遊漁券
GS
＊ドバミミズで
大ヤマメの
実績あり
アユ
ヤマメ
Pスペース
久慈岩泉線
45
浜街道
久慈川漁協
（遊漁券）
長内川
小屋畑川
7
＊流れに変化がなく、
魅力が少ない
幸橋
堰堤
Pスペース
通学橋
N
三陸鉄道リアス線
小久慈橋
堀内橋
白山橋
Pスペース
滝ダム
トイレ
禁
滝ダム下流230m
上流200
禁漁区
野田村▼
C
B
A
E
D
N

Point ガイド

下流（河口域）は市街地の流れとなり、泥底ではコイやウグイが主体だが春先、ルアー釣りで天然遡上《そじょう》のサクラマス、アメマスの実績がある。

支流の長内川は滝ダム下流域としてはポイントが少ないものの市内にある堰堤でやはり春先、マスが狙える。水質があまり良いとはいえないので食べるのはおすすめしない。餌で釣るのであれば大物一発狙いでドバミミズが面白い。

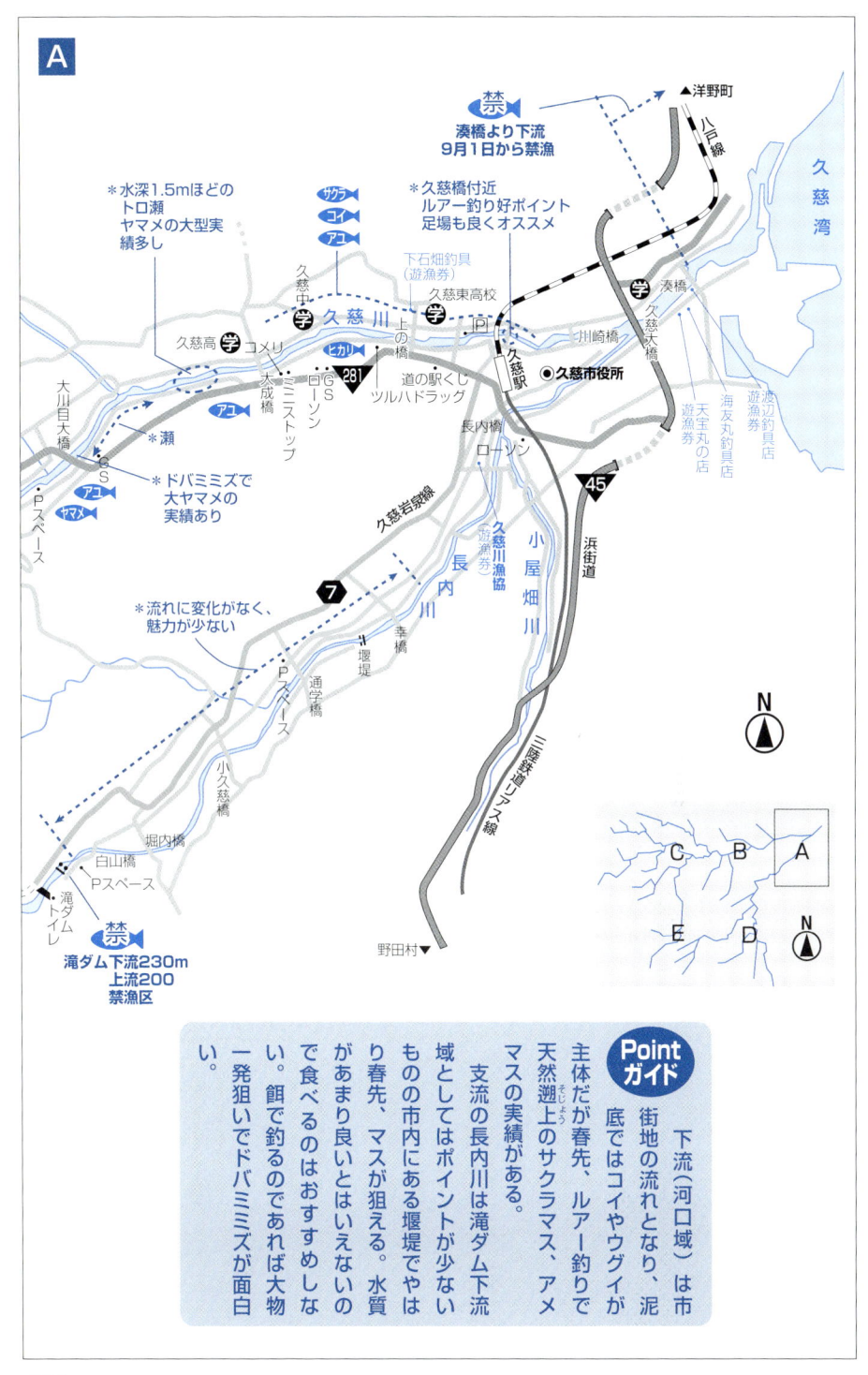

Pointガイド

岩井橋より上流は県立自然公園に指定されている久慈渓流らしいダイナミックな渓谷美を満喫できる。特に大滝周辺のポイントは落ち込みの連続で、ルアーマンが大物狙いで後を絶たない。

足場の悪い岩場での釣りを余儀なくされることが多く、足を滑らせると大変危険なので十分注意すること。

B
N
枝成沢小
田深川
田子内川
岩井川
佐々木酒店 種アユ・遊漁券
森信次郎宅（種アユ・遊漁券）
＊通称ヘビ川 ヘビ多し
＊秋良型狙える
＊ヤブ多し
大川目小
大川目中
Pスペース
堰堤
三日町橋
＊ヤブ多し
岩井橋
山口トンネル
山口小橋
＊橋の付近車止めやすい
久慈川
281
湧き水飲むと不老長寿の伝説
トイレ
尻跳1号橋
尻跳トンネル
尻跳2号橋
久慈渓流
＊荒瀬 アユ大物期待できる
鱒滝1号橋
鱒滝2号橋
堰堤
沢山川
鱒滝
芽森下ノ橋
芽森橋
＊渓景大迫力 ヤマメ狙いでルアーが有効
Pスペース
馬渡上ノ橋
馬渡下ノ橋
陣内橋
Pスペース
猿枝橋
Pスペース
落合橋
戸呂町口
Pスペース
＊大滝
禁
堰堤～河口まで6月1日からアユ解禁まで禁漁
沢山川
＊谷深い
＊大型の実績あり
白山第二トンネル
白山大橋
長内渓流
滝トンネル
滝展望台
＊サクラマス・アメマスの実績多し
Pスペース
幕館橋
滝橋
Pスペース
川原商店 遊漁券
瀬
禁
久慈市山根町端神橋から遠川隧道口まで禁漁区
遠川隧道
7
赤防橋
川又
＊ヤブ多し チョウチン釣りが主体
＊悪路
＊イワナ濃い
沢田深
ヤマメ
イワナ
アユ
コイ
フナ

岩井橋付近

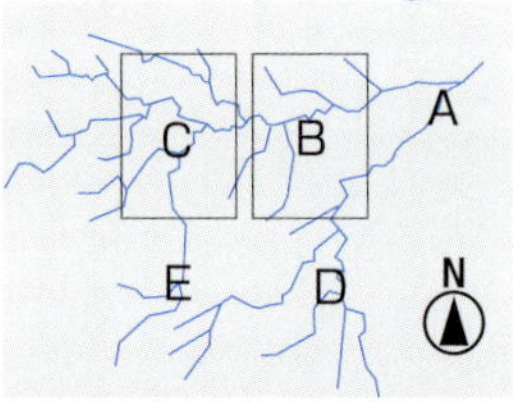
A
B
C
D
E
N

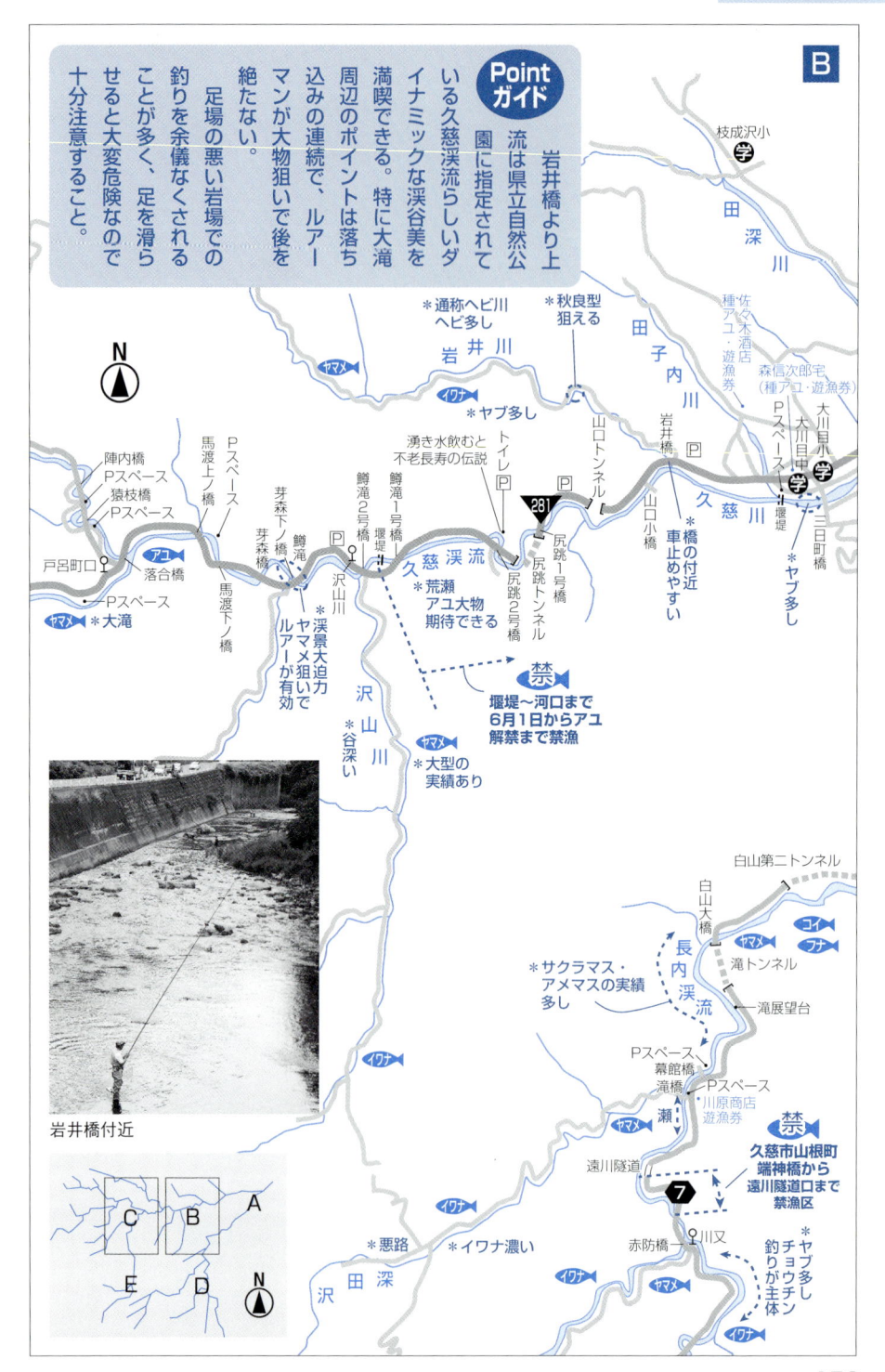

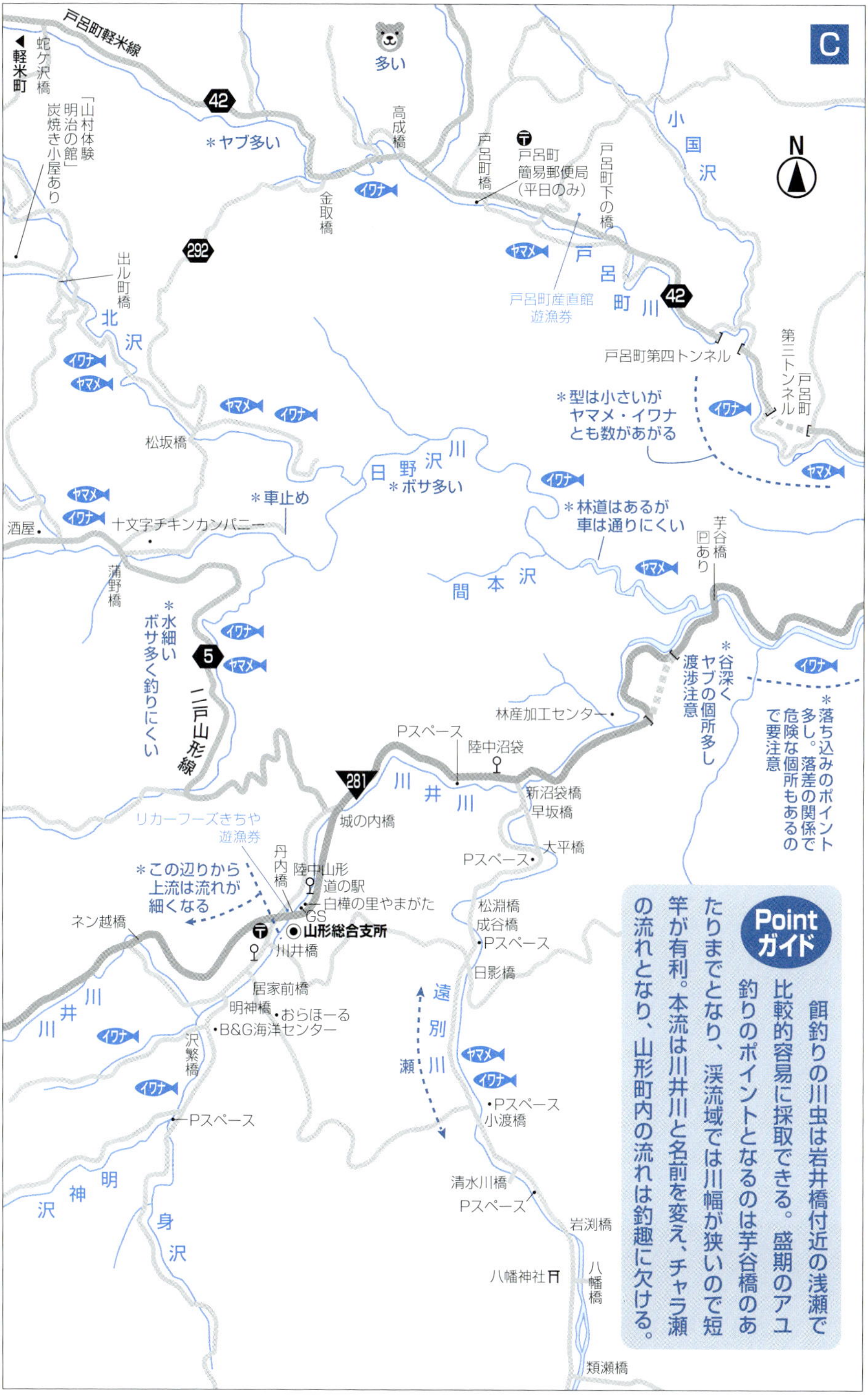
C
戸呂町軽米線
◀軽米町
蛇ケ沢橋
「山村体験明治の館」炭焼き小屋あり
42
多い
＊ヤブ多い
高成橋
金取橋
イワナ
戸呂町橋
戸呂町簡易郵便局（平日のみ）
戸呂町下の橋
小国沢
N
292
出ル町橋
ヤマメ
戸呂町川
戸呂町産直館遊漁券
戸呂町第四トンネル
第三トンネル
戸呂町
北沢
＊型は小さいがヤマメ・イワナとも数があがる
松坂橋
日野沢川
＊ボサ多い
＊車止め
＊林道はあるが車は通りにくい
酒屋
十文字チキンカンパニー
芋谷橋 P あり
蒲野橋
間本沢
＊水細いボサ多く釣りにくい
5
二戸山形線
＊谷深くヤブの個所多し渡渉注意
＊落ち込みのポイント多し。落差の関係で危険な個所もあるので要注意
林産加工センター
Pスペース
陸中沼袋
281
川井川
新沼袋橋
早坂橋
城の内橋
リカーフーズきちや遊漁券
大平橋
Pスペース
丹内橋
陸中山形
道の駅
白樺の里やまがた
＊この辺りから上流は流れが細くなる
GS
ネン越橋
山形総合支所
川井橋
松淵橋
成谷橋
Pスペース
日影橋
居家前橋
明神橋
おらほーる
B&G海洋センター
遠別川
瀬
沢繋橋
Pスペース
小渡橋
Pスペース
明神沢
清水川橋
Pスペース
身沢
岩渕橋
八幡神社
八幡橋
類瀬橋

Pointガイド

餌釣りの川虫は岩井橋付近の浅瀬で比較的容易に採取できる。盛期のアユ釣りのポイントとなるのは芋谷橋のあたりまでとなり、渓流域では川幅が狭いので短竿が有利。本流は川井川と名前を変え、チャラ瀬の流れとなり、山形町内の流れは釣趣に欠ける。

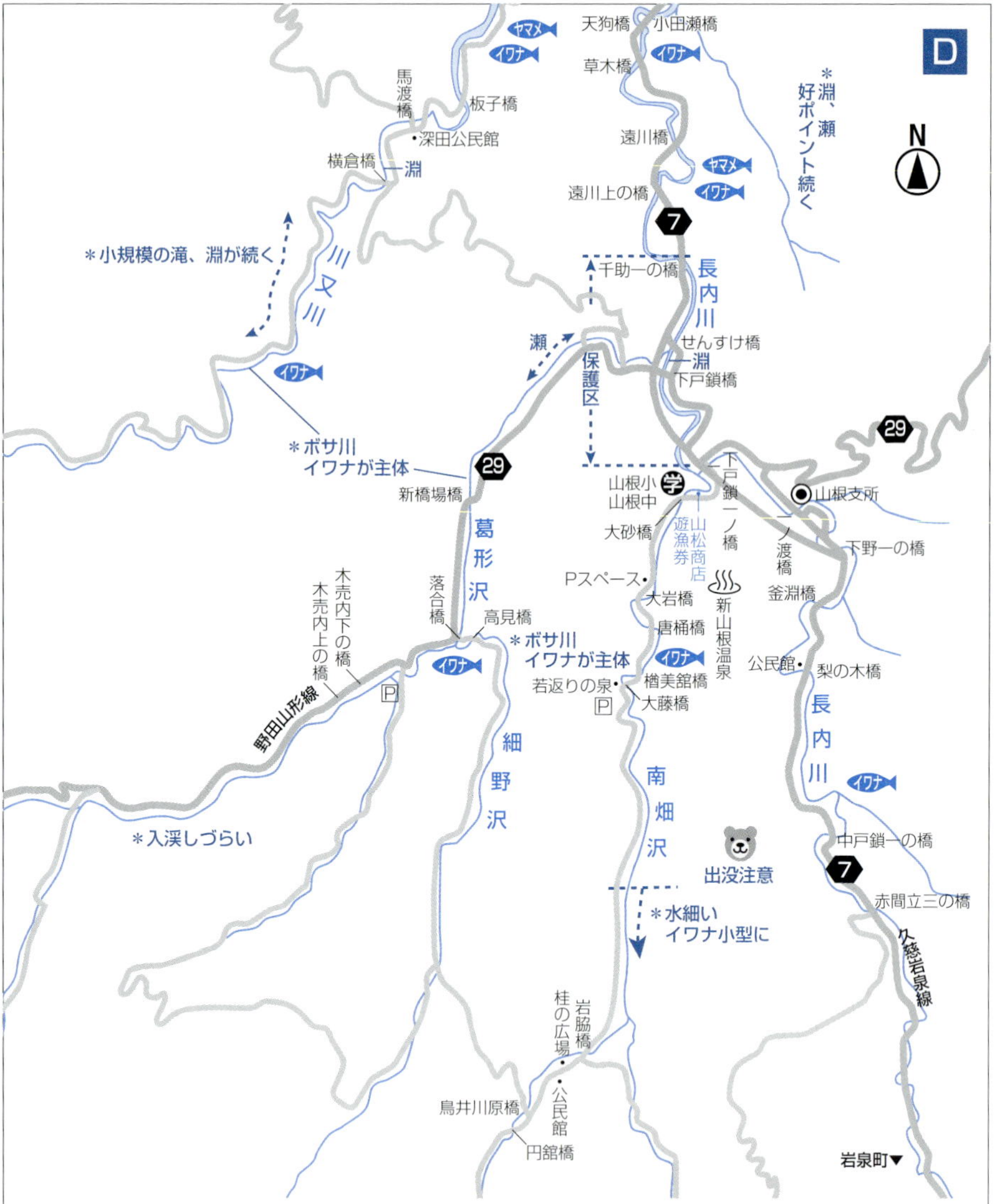
D
N
天狗橋
小田瀬橋
ヤマメ
イワナ
草木橋
＊淵、瀬
好ポイント続く
馬渡橋
板子橋
•深田公民館
横倉橋
一淵
遠川橋
遠川上の橋
7
＊小規模の滝、淵が続く
川又川
千助一の橋
長内川
瀬
保護区
せんすけ橋
一淵
下戸鎖橋
29
＊ボサ川
イワナが主体
新橋場橋
山根小
山根中
学
下戸鎖一ノ橋
山根支所
大砂橋
山松商店
遊漁券
一ノ渡橋
下野一の橋
葛形沢
Pスペース•
大岩橋
新山根温泉
釜淵橋
木売内下の橋
木売内上の橋
落合橋
高見橋
唐桶橋
＊ボサ川
イワナが主体
公民館•
梨の木橋
楢美舘橋
若返りの泉•
大藤橋
P
野田山形線
細野沢
南畑沢
＊入渓しづらい
中戸鎖一の橋
出没注意
＊水細い
イワナ小型に
赤間立三の橋
久慈岩泉線
岩脇橋
桂の広場•
•公民館
鳥井川原橋
円舘橋
岩泉町▼

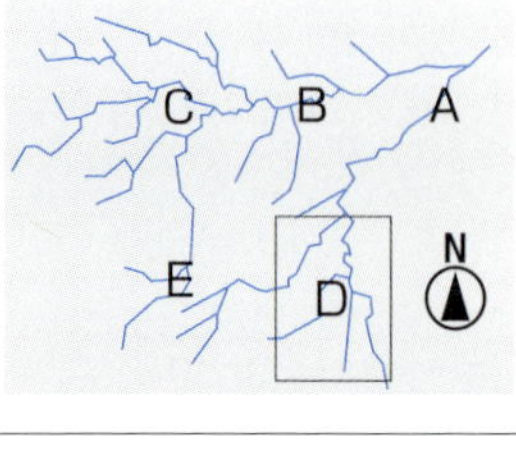
C
B
A
E
D
N

長内川の渓相

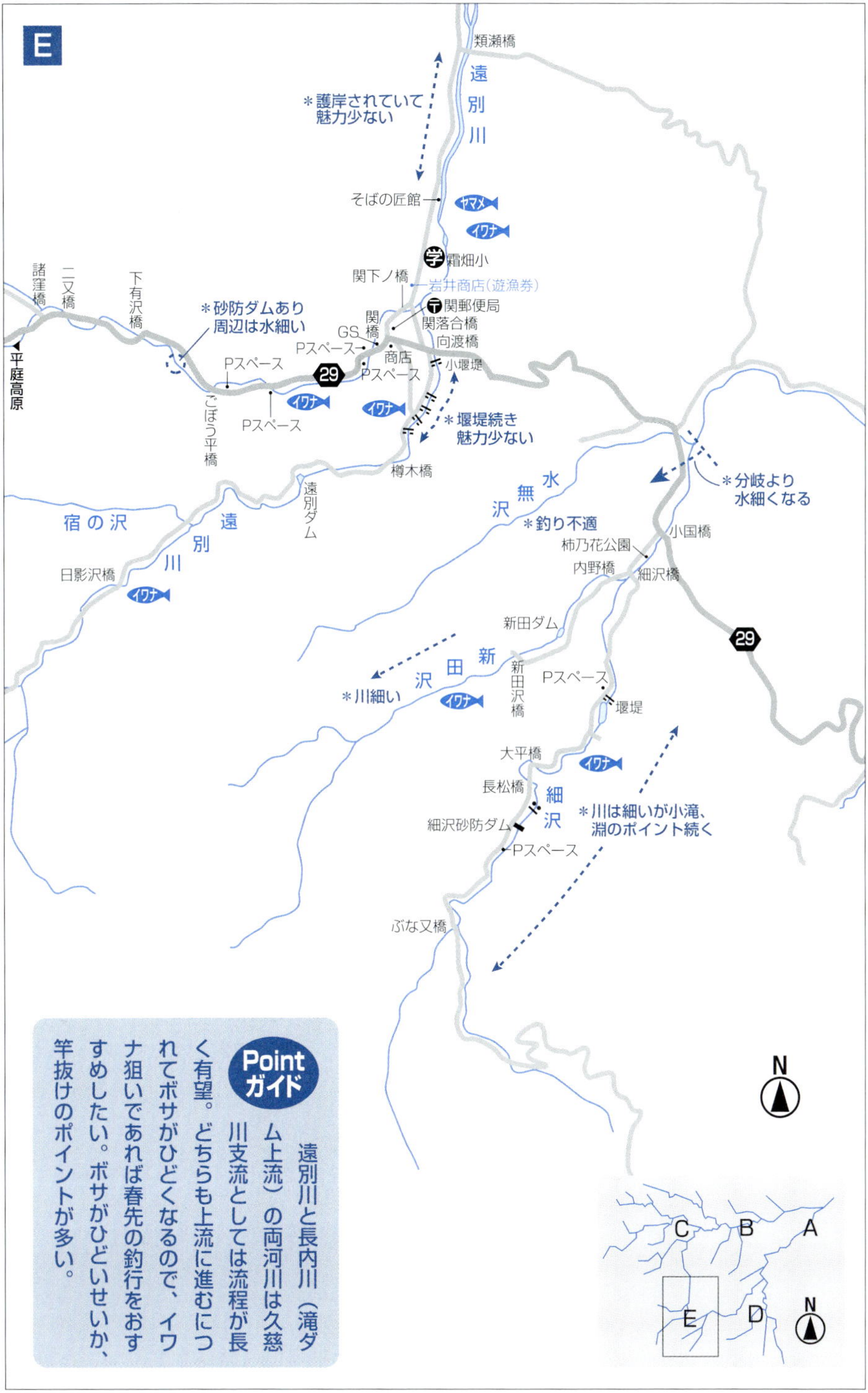
E
類瀬橋
遠別川
＊護岸されていて
魅力少ない
そばの匠館
ヤマメ
イワナ
霜畑小
関下ノ橋
岩井商店（遊漁券）
関郵便局
関落合橋
向渡橋
関橋
GS
Pスペース
商店
Pスペース
小堰堤
29
諸濯橋
二又橋
下有沢橋
＊砂防ダムあり
周辺は水細い
平庭高原
Pスペース
ごぼう平橋
Pスペース
イワナ
イワナ
＊堰堤続き
魅力少ない
樽木橋
遠別ダム
宿の沢
遠別川
日影沢橋
イワナ
無水沢
＊釣り不適
＊分岐より
水細くなる
小国橋
柿乃花公園
内野橋
細沢橋
新田ダム
29
新田沢
新田沢橋
Pスペース
堰堤
＊川細い
イワナ
大平橋
イワナ
長松橋
細沢
細沢砂防ダム
＊川は細いが小滝、
淵のポイント続く
Pスペース
ぶな又橋
N
C
B
A
E
D
N

Point ガイド

遠別川と長内川（滝ダム上流）の両河川は久慈川支流としては流程が長く有望。どちらも上流に進むにつれてボサがひどくなるので、イワナ狙いであれば春先の釣行をおすすめしたい。ボサがひどいせいか、竿抜けのポイントが多い。

渓コラム5
釣り人のレクチャー

ビギナーのためのエサあれこれ

フライフィッシングやルアーによる釣り人たちが、狙う魚種や渓相、水温などの状況に応じてアイテムを変えるように、エサ釣り愛好者もまた釣行する川によってエサに変化をもたせることが多い。

フライ、ルアーのように疑似餌ではなく、ナマの生き餌を使うエサ釣りは、ミミズやブドウムシなど釣り具店で売っているお手軽なエサを使うことも多いものの、釣行する川の中や川を取り巻く環境に生息する生き物をエサとして用いるのが基本といえる。その川の渓流魚たちがいつも食べているものをエサとして使うのがベターなのは言うまでもない。

水際の石をひっくり返してみて、カゲロウの幼虫の類が石の裏側に見つかるような川は、この川虫が有効である。川によって、あるいは時期によって（川虫がカゲロウに羽化した後）川虫がいない川もあるので、そんな時は別のエサでトライした方が無難である。

今や商品化もされているミミズは濁り気味の川に有効とよく言われる。万能なエサと信じてシーズンを通して常備する釣り人も多いが、同じミミズでも天然ものを現地調達してエサにすると食いつきも段違いにいいし、大物狙いもできる。ただし、これも川による。魚影はあるのにミミズに全く食いつかない川もある。それは源流部や流域にミミズがいないため、普段食べ慣れていないのだ。こうしたものは相当腹でもすかない限り食べないのだ。川の周辺環境を調べ、例えば流域に田畑があったり沼があったりするとミミズはシーズンを通じて有効のエサとなりえる。とりわけ田おこしの季節などはミミズ食べ放題の状況となり、魚たちはミミズ以外食べない。

いずれにしてもエサ釣りをより深く楽しむ方法として、川を眺め、流域や源流を確かめ、さらに季節などの状況を考慮して、それぞれの川に合ったエサは何だろうかと研究しながら釣行に赴くことも一案である。また、その川べりの人たちがどんな方法で、どんなエサを使って釣りをしているのかを、見聞きして発見する楽しみもある。幼いころからその川で遊び、その川を熟知した川の番人たちの話は、エサについての話だけでなく総じて大変面白いものが多いのである。

いわて4湖沼ポイント・ガイド

岩洞湖
御所湖
四十四田ダム
田瀬湖

※湖沼ポイントガイドの誌面では、アイコンのヤマメ、イワナの扱いに関しては、サクラ（湖沼型ヤマメ）、アメマス（湖沼型イワナ）に統一しています

岩洞湖でのワカサギ釣り風景

岩洞湖

がんどうこ

盛岡市玉山区

岩洞湖漁業協同組合
☎019（681）5678（組合監視詰所）

1月中旬～3月中旬　ワカサギ
4月下旬～6月　サクラ　アメマス
6月～9月　コイ　フナ

INFORMATION

¥	日釣券	年券
全魚種	600円	6,000円
雑魚	−	−

盛岡→岩泉方面（国道455号）

盛岡から国道455号（小本街道）を岩泉町方面へ向かって約40分。丹藤川の源流のひとつをせき止めて1960年に完成した人造湖である。そのたたずまいは人工的とは思えない雄大さで環境に調和している。

白樺並木が美しく、周辺人家や工場からの排水が少ないこともあり、日本一美しい人造湖と評価が高い。アクセスもよく、魚種も豊富なので多くのアングラーを集める。湖のある薮川地区は、本州一の寒さを記録し、冬期には湖面が分厚い雪氷で覆い尽くされ、ワカサギ釣りでにぎわっている。

湖畔にはレストハウスや家族旅行村などがあり、澄んだ空気のもと大自然を満喫できる施設も豊富だ。

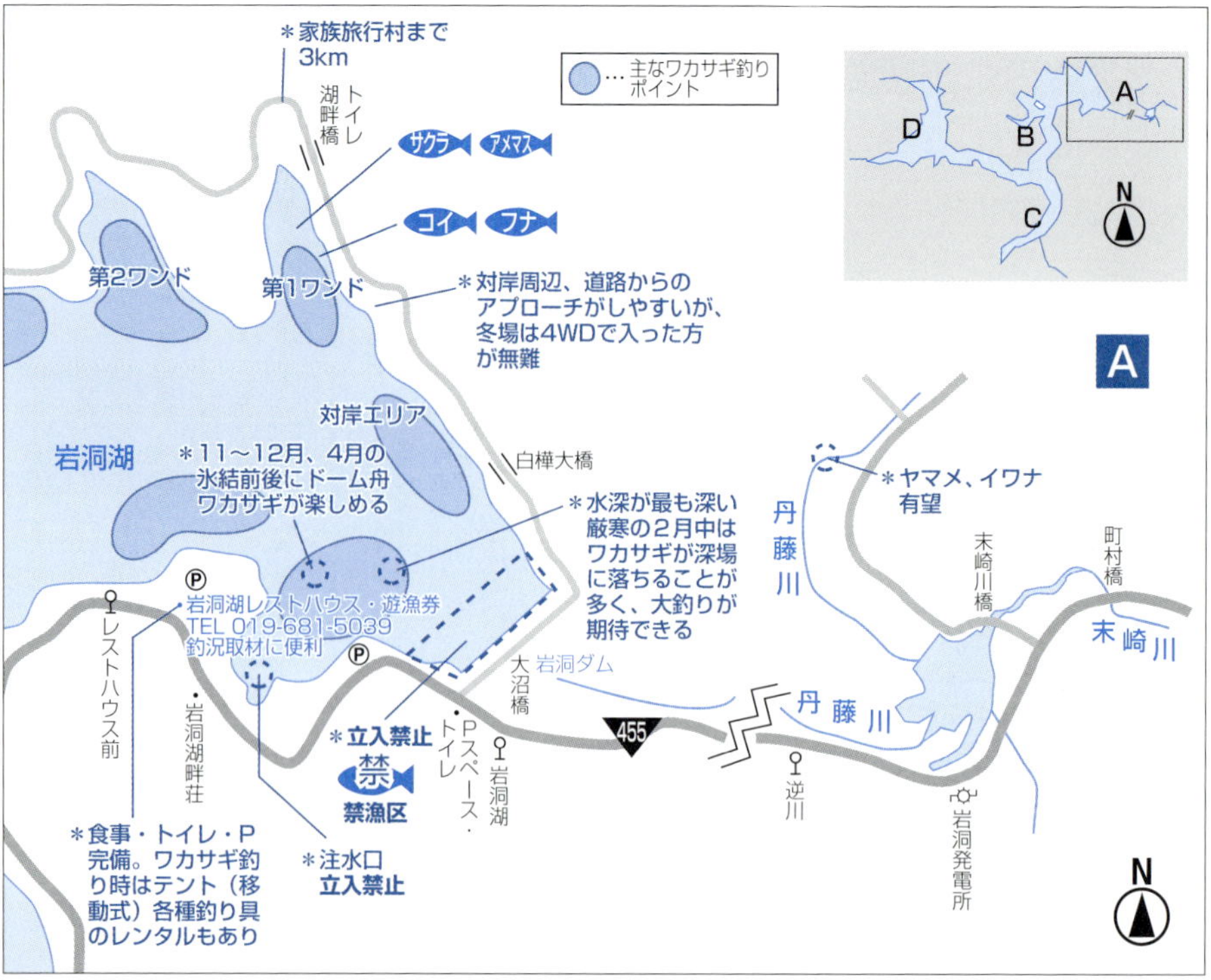
＊家族旅行村まで3km
…主なワカサギ釣りポイント
トイレ
湖畔橋
サクラ　アメマス
コイ　フナ
A
B
C
D
N
第2ワンド
第1ワンド
＊対岸周辺、道路からのアプローチがしやすいが、冬場は4WDで入った方が無難
A
対岸エリア
岩洞湖
＊11～12月、4月の氷結前後にドーム舟ワカサギが楽しめる
白樺大橋
＊水深が最も深い厳寒の2月中はワカサギが深場に落ちることが多く、大釣りが期待できる
＊ヤマメ、イワナ有望
丹藤川
末崎川橋
町村橋
末崎川
岩洞湖レストハウス・遊漁券
TEL 019-681-5039
釣況取材に便利
レストハウス前
岩洞湖畔荘
大沼橋
岩洞ダム
丹藤川
455
＊立入禁止
禁
禁漁区
Pスペース・トイレ
岩洞湖
逆川
岩洞発電所
＊食事・トイレ・P完備。ワカサギ釣り時はテント（移動式）各種釣り具のレンタルもあり
＊注水口立入禁止
N

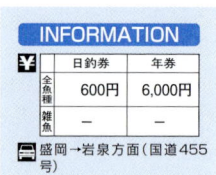

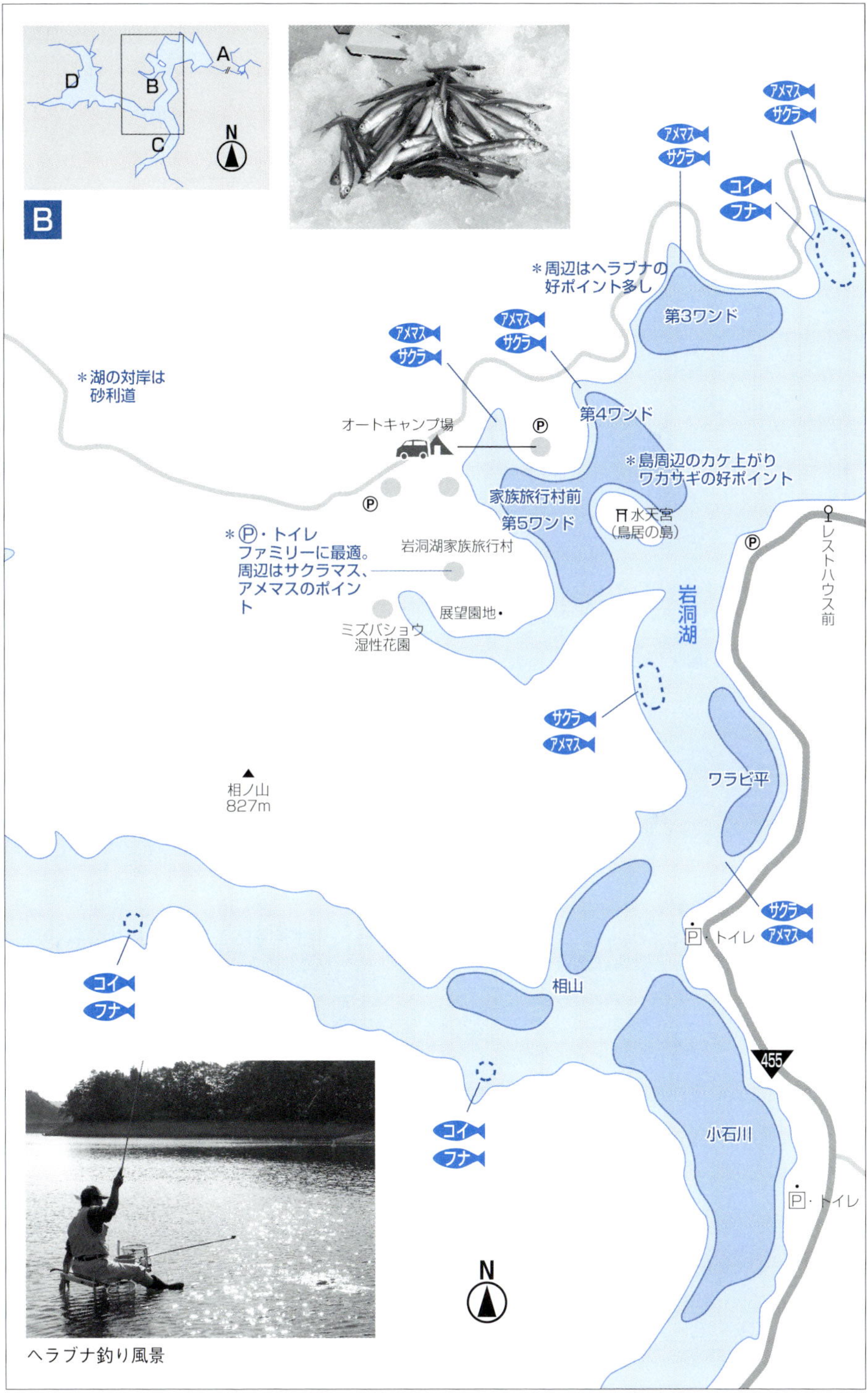
A
B
C
D
N
B
アメマス
サクラ
コイ
フナ
＊周辺はヘラブナの
好ポイント多し
第3ワンド
＊湖の対岸は
砂利道
オートキャンプ場
第4ワンド
＊島周辺のカケ上がり
ワカサギの好ポイント
家族旅行村前
第5ワンド
水天宮
(鳥居の島)
レストハウス前
＊Ⓟ・トイレ
ファミリーに最適。
周辺はサクラマス、
アメマスのポイント
岩洞湖家族旅行村
展望園地
ミズバショウ
湿性花園
岩洞湖
相ノ山
827m
ワラビ平
P・トイレ
相山
455
小石川
N

ヘラブナ釣り風景

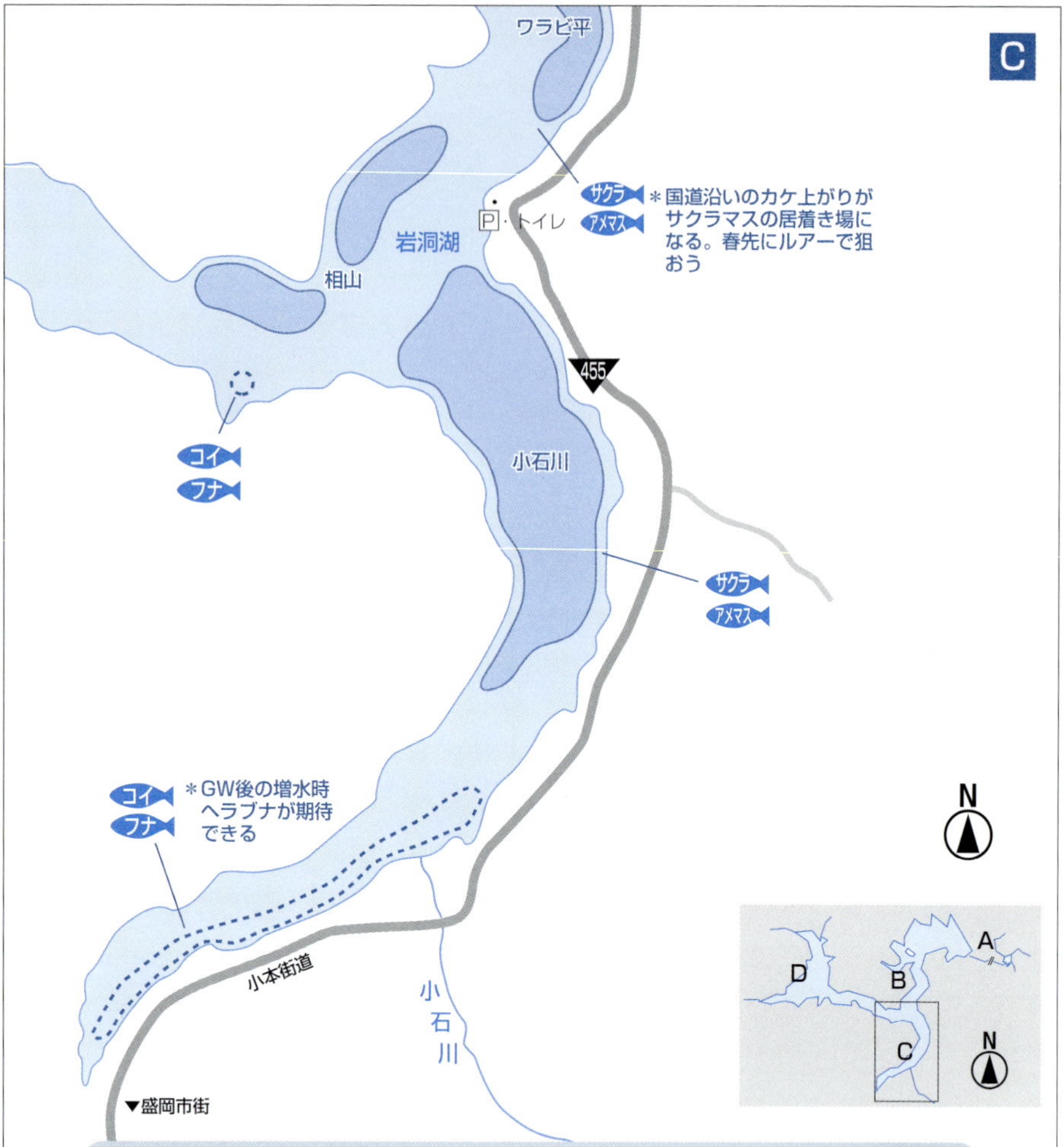
C
ワラビ平
サクラ
アメマス
＊国道沿いのカケ上がりがサクラマスの居着き場になる。春先にルアーで狙おう
P・トイレ
岩洞湖
相山
455
コイ
フナ
小石川
サクラ
アメマス
コイ
フナ
＊GW後の増水時ヘラブナが期待できる
N
小本街道
小石川
▼盛岡市街
A
B
C
D
N

Pointガイド

冬場のワカサギが有名。1月から3月まで長く氷上釣りを楽しめるとあって、県内外からファンが集まる。最近は秋のドーム舟（固定式）でも暖かく釣りができるようだ。女性が一緒ならば、やはりトイレが完備されているレストハウス前がおすすめ。対岸にある中島の鳥居周辺や小石川辺りの人気が高い。

長い冬が終わり、氷が完全に解けてから産卵のため岸に寄るワカサギを追ってサクラマスが接岸してくる。5月から6月にかけてはキャスティングで湖岸から狙いやすい。対岸の岩洞湖家族旅行村はキャンプ設備が整っているのでビギナーや家族連れにもおすすめだ。白樺並木の美しい湖畔でルアーフィッシングが満喫できる。

県内では珍しいヒメマスが釣れることもある。夏、秋はヘラブナやコイ釣りも楽しめる魚種の豊富な美しい湖だけにゴミの投棄等、マナー違反は絶対にやめてほしい。

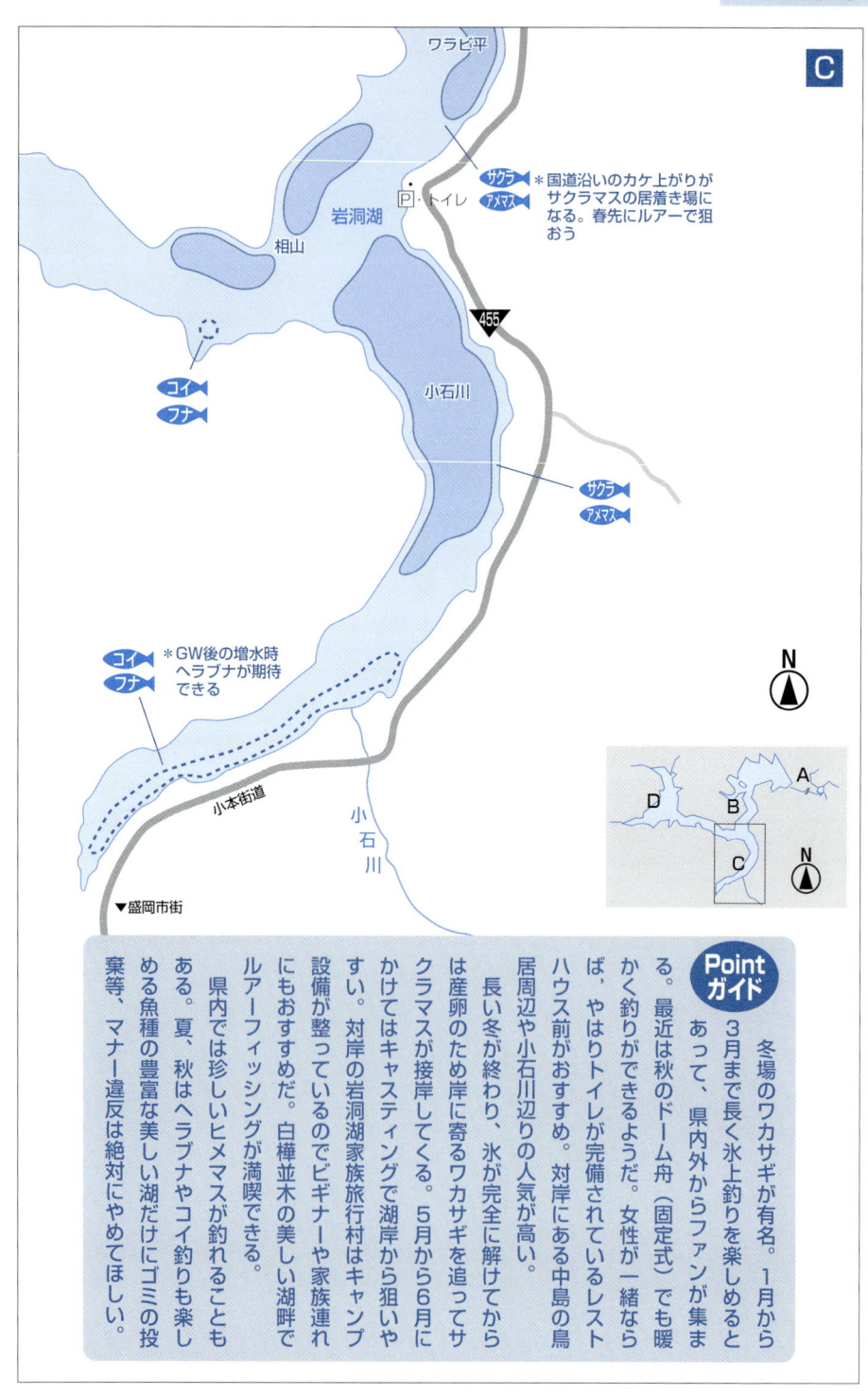

岩洞湖のサクラマス

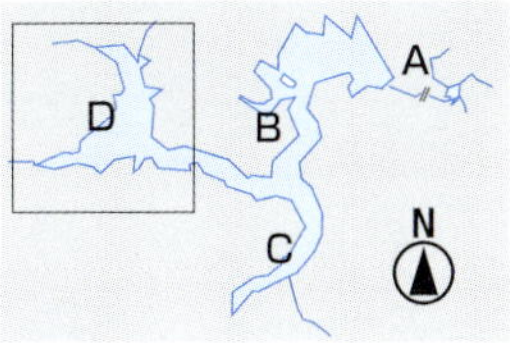
A
B
C
D
N

D
N
▲岩手町川口
アメマス
コイ
サクラ
フナ
岩洞大野台ビレッジ
柴沢川
取水口付近
禁
禁漁区
立入禁止

早春の接岸するサクラマスを狙ってのルアー釣り

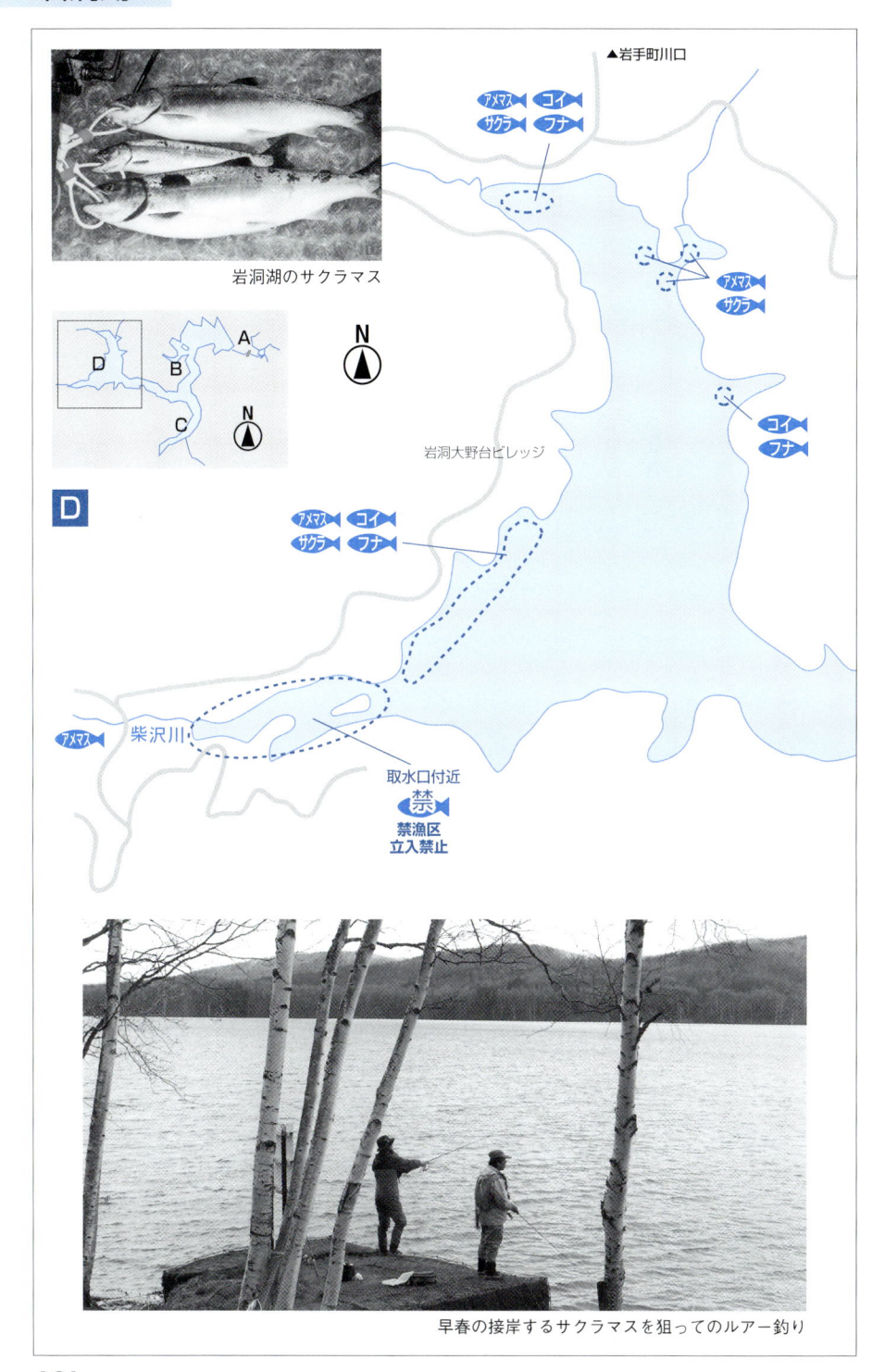

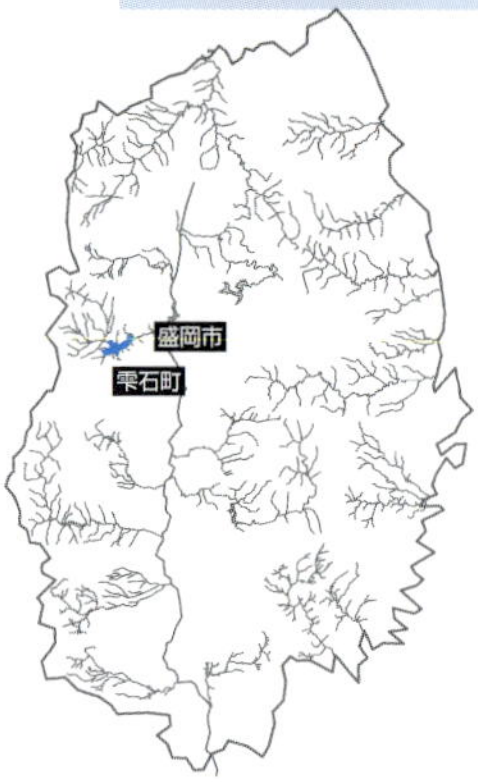

御所湖

ごしょこ

雫石川漁業協同組合
☎019(692)0569

2月 ワカサギ
3月〜6月 サクラ アメマス ニジマス
5月〜9月 コイ フナ

INFORMATION

¥

	日釣券	年券
全魚種	−	10,000円
雑魚	1,000円	7,000円

🚗 盛岡→秋田方面(国道46号)→繋(県道258号)

1982年に完成した多目的ダム湖。盛岡から国道46号を西に向かい、繋十文字の交差点を左折すれば、ほどなくして光り輝く湖面が広がる。

雫石川をせき止めて造られた人造湖には多くの渓流が注ぎ込み、多様な釣りが楽しめる。

周辺には盛岡手づくり村、つなぎ温泉、御所湖広域公園、小岩井農場などがあり観光拠点ともなっている。冬には白鳥が飛来し、ワカサギの放流も行われている。

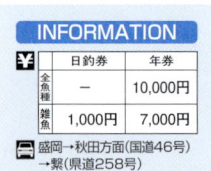

安庭橋周辺でのコイの投げ釣り

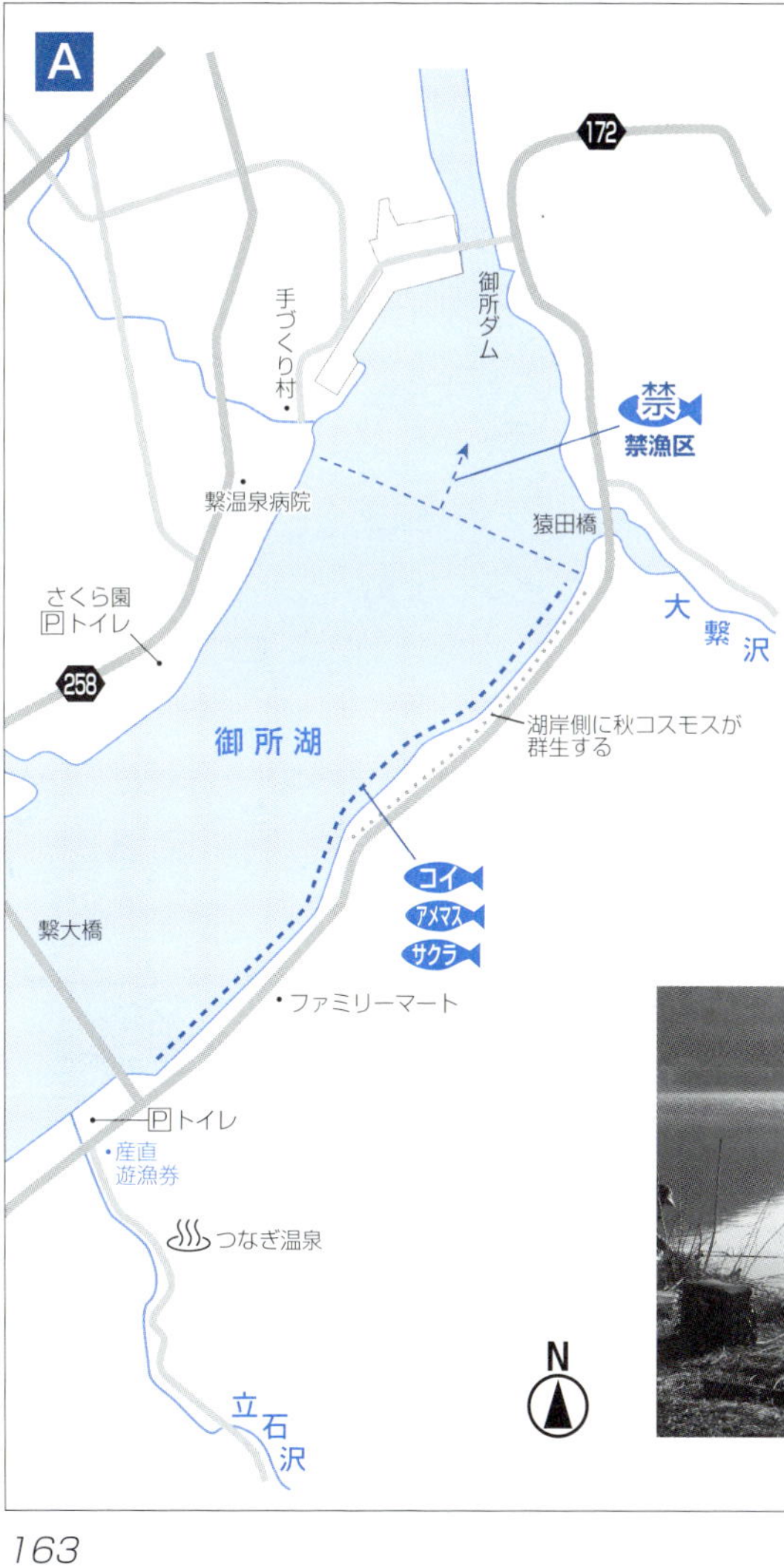
A
172
手づくり村
御所ダム
禁
禁漁区
繋温泉病院
猿田橋
さくら園
P トイレ
258
大繋沢
御所湖
湖岸側に秋コスモスが群生する
コイ
アメマス
サクラ
繋大橋
ファミリーマート
P トイレ
産直
遊漁券
つなぎ温泉
立石沢
N
A
B
C

Pointガイド

猿田橋よりつなぎ温泉街までの区間は護岸工事が徹底されているので釣趣にかけるが、湖に立ち込みやすい。底に変化のある入り江を探そう。ルアー、フライでアメマス、サクラマスが狙える。対岸は足場が良くないせいか、あまり釣り人は見られない。

早春のヘラブナ釣り風景

B
手づくり村
御所ダム
禁
禁漁区
繋温泉病院
尾入野湿性植物園
さくら園
P トイレ
新戒橋
258
活動センター
サクラ
アメマス
繋大橋
ファミリーマート
サクラ
コイ
アメマス
フナ
実績多し
P トイレ
産直
遊漁券
172
つなぎ温泉
サクラ
アメマス
莉内橋
御 所 湖
立石沢
わんぱく広場
P トイレ
盛岡鶯宿温泉線
莉内沢
N
慰霊の森

御所湖のワカサギ釣り風景

Point ガイド

たくさんの支流が注ぎ込むのが御所湖の特徴。その河口付近が主なポイントとなる。中でも人気が高いのは雫石川、黒沢川の注ぐ安庭橋、元御所橋付近。橋の周辺は駐車場、トイレ、休憩所が整備されているのでビギナーにもおすすめだ。

コイ、フナ釣り、ルアーやフライ、季節によっていろいろな釣り師が集まる。その他の支流、矢櫃川はヤマメの魚影が濃く、渓流域の釣りも楽しい。

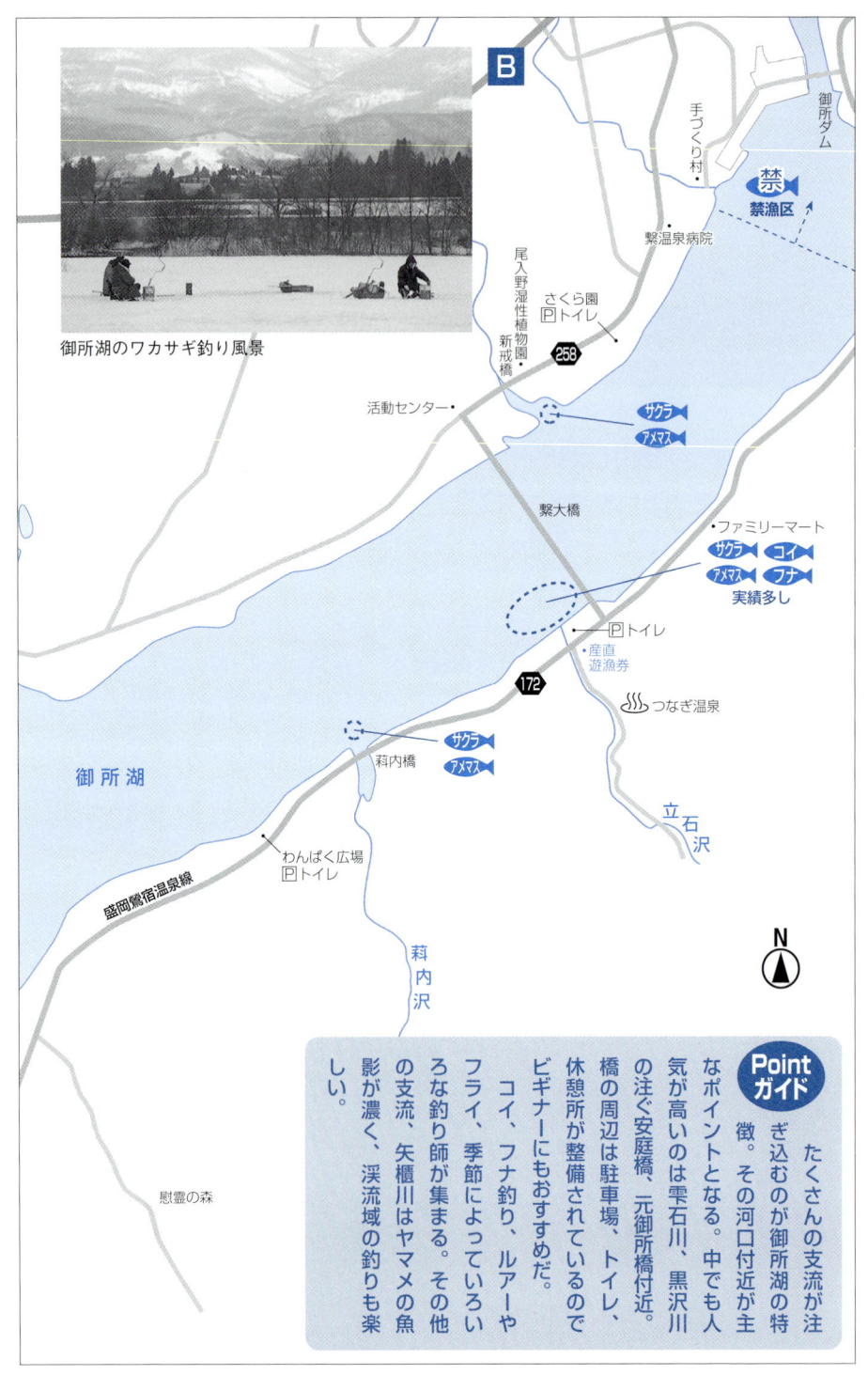

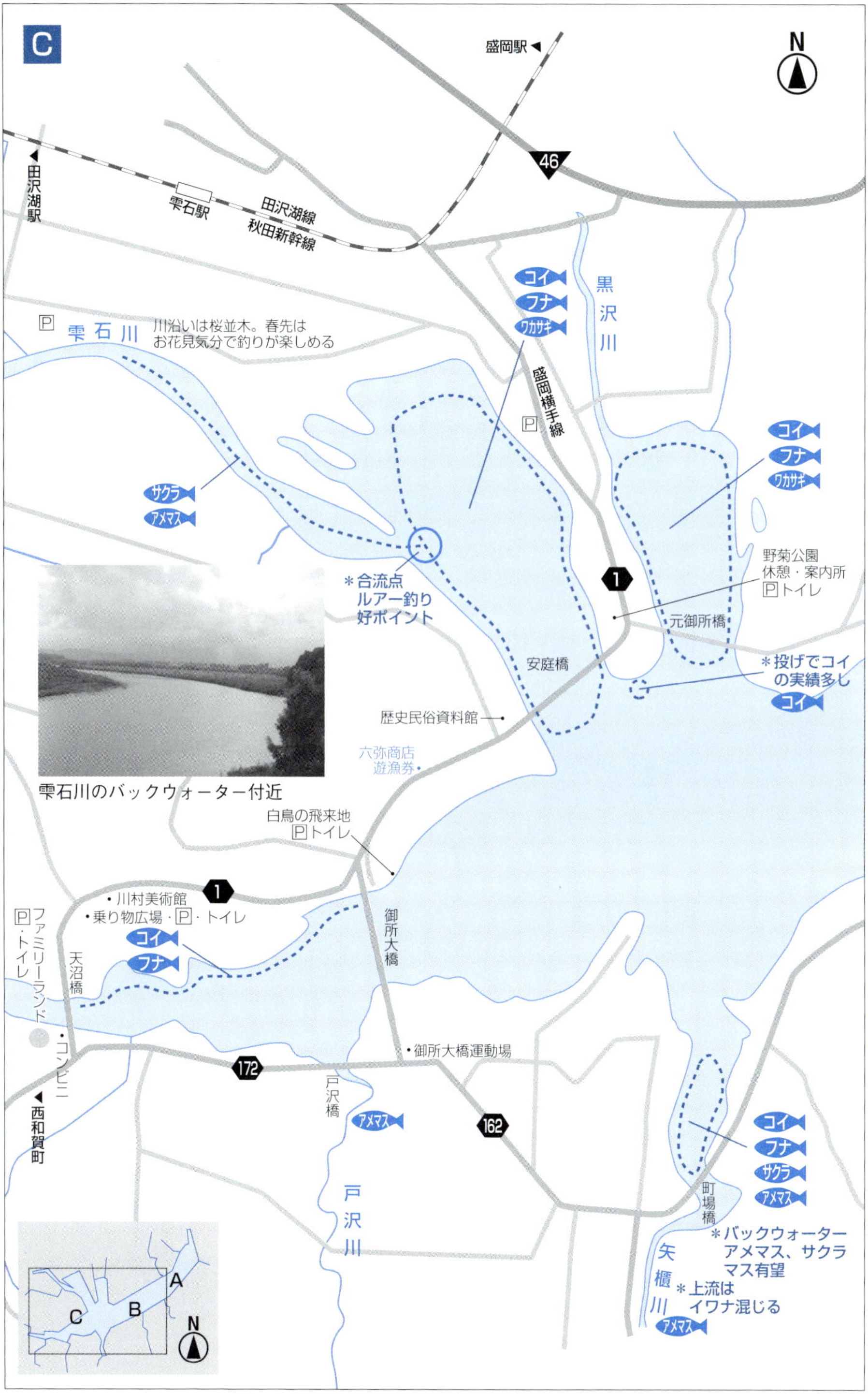
C
盛岡駅◀
N
46
◀田沢湖駅
雫石駅
田沢湖線
秋田新幹線
コイ
フナ
ワカサギ
黒沢川
雫石川
川沿いは桜並木。春先は
お花見気分で釣りが楽しめる
盛岡横手線
コイ
フナ
ワカサギ
サクラ
アメマス
＊合流点
ルアー釣り
好ポイント
1
野菊公園
休憩・案内所
P トイレ
元御所橋
安庭橋
＊投げでコイ
の実績多し
コイ
歴史民俗資料館
六弥商店
遊漁券
白鳥の飛来地
P トイレ
1
・川村美術館
・乗り物広場・P・トイレ
P ファミリーランド・トイレ
コイ
フナ
天沼橋
御所大橋
・コンビニ
・御所大橋運動場
172
◀西和賀町
戸沢橋
アメマス
162
戸沢川
コイ
フナ
サクラ
アメマス
町場橋
＊バックウォーター
アメマス、サクラ
マス有望
矢櫃川
＊上流は
イワナ混じる
アメマス
A
B
C
N

雫石川のバックウォーター付近

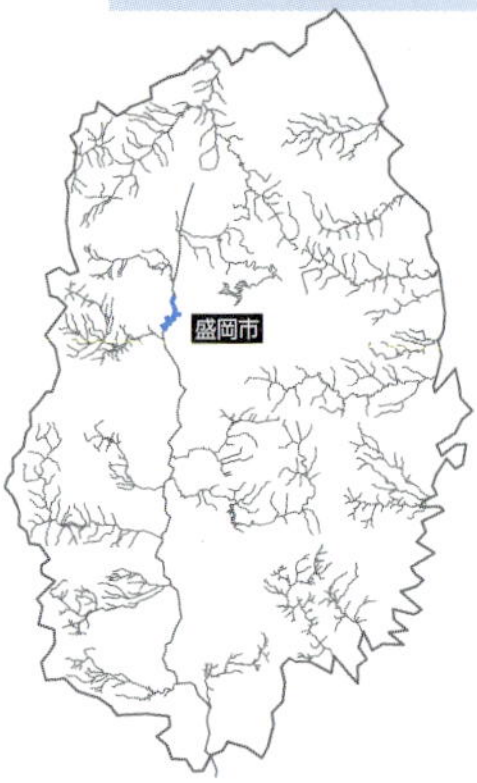

四十四田ダム

しじゅうしだ

四十四田ダム

3月～6月 アメマス サクラ ニジマス

3月～9月 コイ

INFORMATION

¥	日釣券	年券
全魚種	–	–
雑魚	–	–

盛岡→松園

正式な名称を南部片富士湖という。実際、湖から見える岩手山は富士山に似て、とても美しい。

北上川の本流をせき止め、1968年に完成した人造湖だが、どこか幻想的な雰囲気をもつ。

以前は水質の悪化で魚は極端に少なかったものの、中和処理施設などの完成によって最近ではニジマス、イワナなどの大物の実績も多い。盛岡市の北部に位置し、アクセスも良い。

正式名称「南部片富士湖」。湖畔から見事な岩手山が望める

四十四田ダム

Point ガイド

イワナ・ニジマス狙いのルアーのポイントとしては、四十四田公園付近〜観音橋までの右岸側の各ワンドで実績が高いようだ。

比較的なだらかに落ちこんでいるポイントが多いので、深場まで近づくためにウェーダーが必要。

なお、直接漁協の管轄下にないため、釣魚は全て天然魚。小物のリリースは徹底すること。

▲渋民
アメマス
ニジマス
放水口
＊足場が制限されるが、大イワナ・ニジマスの（ルアー）実績多し
北上川
N
柳平水辺公園
P・トイレ
岩姫橋
16
アメマス
ニジマス
コイ
巣子駅
▲
蒼前長根山
249m
IGRいわて銀河鉄道
東北新幹線
観音橋
・松園公園墓地
南部片富士湖
東北農業研究センター
＊サクラマスのポイント道路から入りやすいのでおすすめ
サクラ
アメマス
＊5月・6月が狙い目
＊浅いポイントなので深場までウェーダーで立ち込む必要あり
P・松園水辺公園
サクラ
盛岡青松支援学校
コイ
ワカサギ
アメマス
アメマス
サクラ
・県立博物館
四十四田公園（桜の時期は見事な景観）
・P・トイレ
遊歩道
＊大イワナの実績あり
管理事務所
＊ダムサイト上の道路から竿を出す人多し（右写真）
四十四田ダム
＊放水口付近は危険立入禁止
四十四田橋
盛岡市街▼

晩秋のアメマス、サクラマス狙いの釣り人

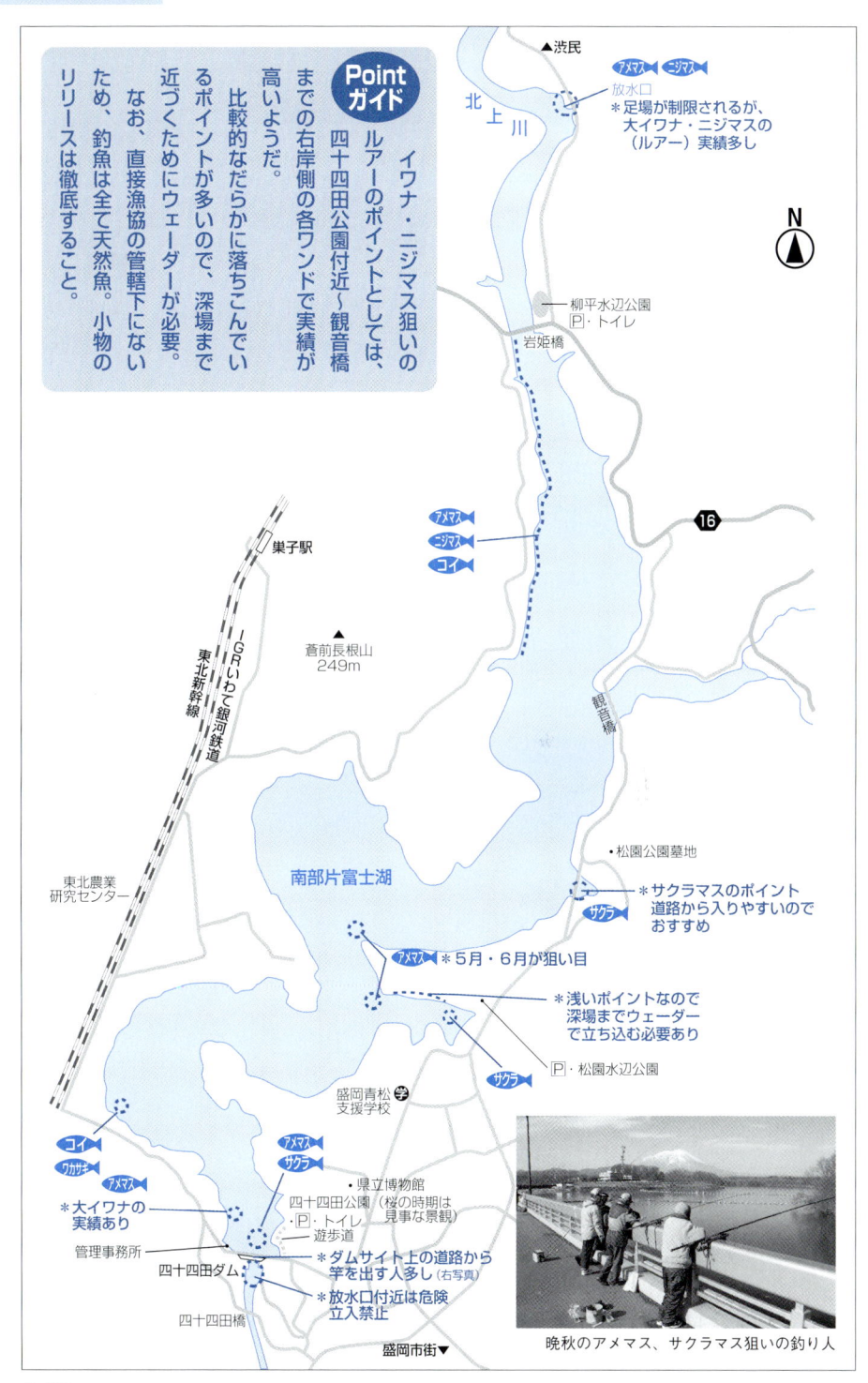

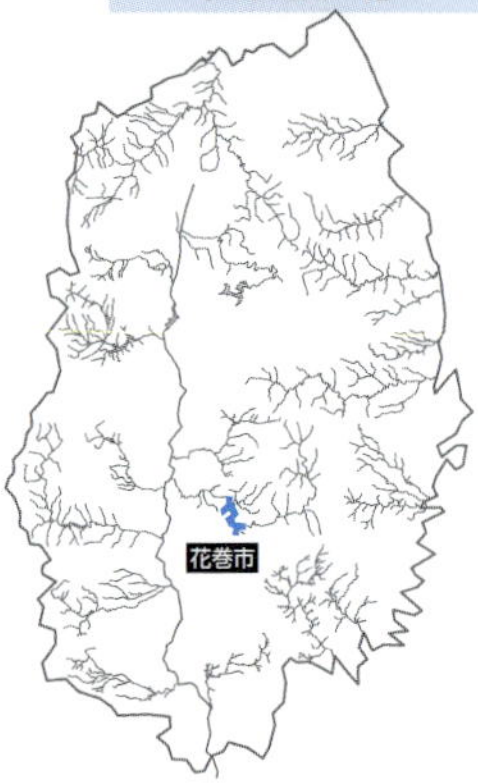

田瀬湖

たせこ

猿ヶ石川漁業協同組合
☎0198(42)2777

3月末～5月上旬 サクラ アメマス
5月～10月 コイ フナ
10月～2月 ワカサギ （氷上釣りは年によって可能な場合あり）

INFORMATION

¥	日釣券	年券
全魚種	－	－
雑魚	900円	6,500円

盛岡→花巻(国道4号)→東和(国道283号)

１９５４年に完成した多目的ダム湖。花巻市から国道283号を遠野方面に進むと約30分で着く。猿ヶ石川の清流をせき止めて造られた湖はじつに風光明媚で多くの釣り人を集めている。

釣りの対象魚は多種多様。冬は氷上でのワカサギ釣りでも賑わう（気候により氷上釣りが不可能な年もある）。

周辺には田瀬湖オートキャンプ場、釣り公園、貸ボートなどもあって家族で楽しめる。また、釣りのほかにも山菜採りやキノコ狩りなどを目的に訪れる人も多い和みの空間といえる。

田瀬湖畔、釣り公園でのヘラブナ釣り風景

田瀬湖

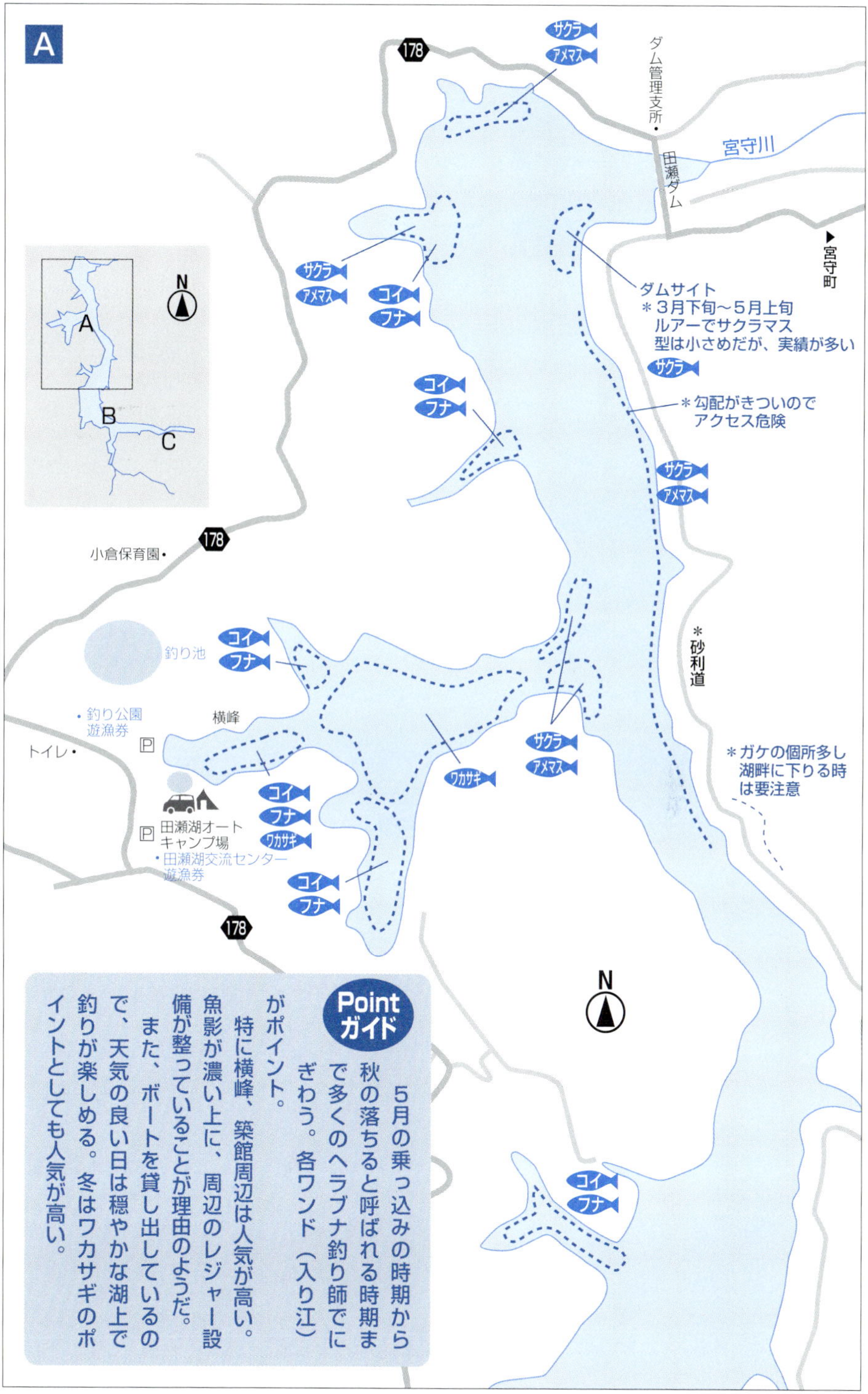
A
178
サクラ
アメマス
ダム管理支所
宮守川
田瀬ダム
▶宮守町
サクラ
アメマス
コイ
フナ
ダムサイト
＊3月下旬～5月上旬
ルアーでサクラマス
型は小さめだが、実績が多い
サクラ
コイ
フナ
＊勾配がきついので
アクセス危険
サクラ
アメマス
N
A
B
C
178
小倉保育園
＊砂利道
釣り池
コイ
フナ
・釣り公園
遊漁券
横峰
トイレ
サクラ
アメマス
ワカサギ
＊ガケの個所多し
湖畔に下りる時
は要注意
コイ
フナ
ワカサギ
田瀬湖オート
キャンプ場
・田瀬湖交流センター
遊漁券
コイ
フナ
178
N
コイ
フナ

Point ガイド

5月の乗っ込みの時期から秋の落ちると呼ばれる時期まで多くのヘラブナ釣り師でにぎわう。各ワンド（入り江）がポイント。

特に横峰、築館周辺は人気が高い。魚影が濃い上に、周辺のレジャー設備が整っていることが理由のようだ。

また、ボートを貸し出しているので、天気の良い日は穏やかな湖上で釣りが楽しめる。冬はワカサギのポイントとしても人気が高い。

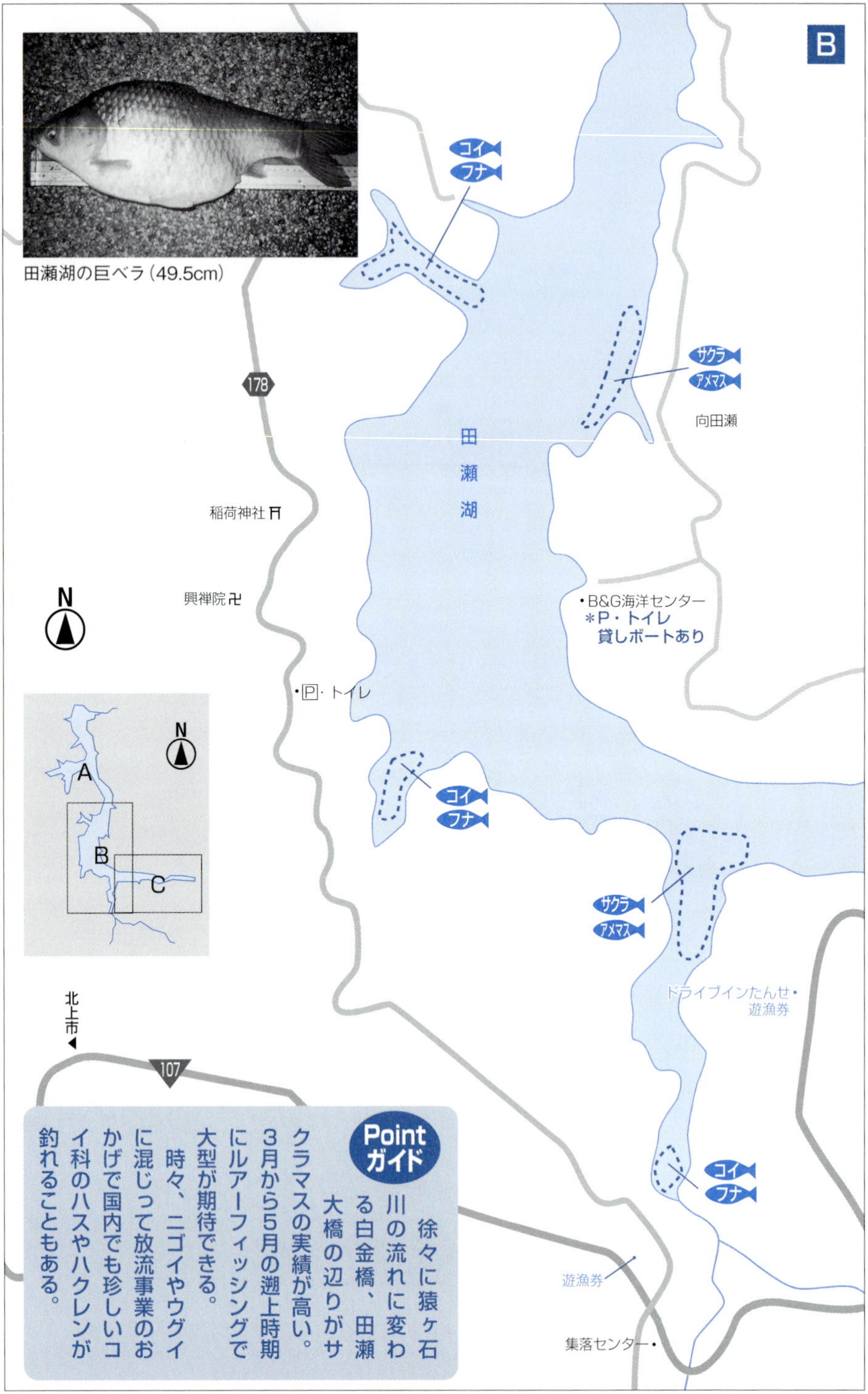
B
コイ
フナ
サクラ
アメマス
向田瀬
178
田
瀬
湖
稲荷神社
興禅院
N
•B&G海洋センター
＊P・トイレ
貸しボートあり
•P・トイレ
A
B
C
N
コイ
フナ
サクラ
アメマス
ドライブインたんせ•
遊漁券
北上市
107
コイ
フナ
遊漁券
集落センター•

田瀬湖の巨ベラ（49.5cm）

Point ガイド

徐々に猿ヶ石川の流れに変わる白金橋、田瀬大橋の辺りがサクラマスの実績が高い。3月から5月の遡上時期にルアーフィッシングで大型が期待できる。

時々、ニゴイやウグイに混じって放流事業のおかげで国内でも珍しいコイ科のハスやハクレンが釣れることもある。

田瀬湖

田瀬湖、釣り公園風景

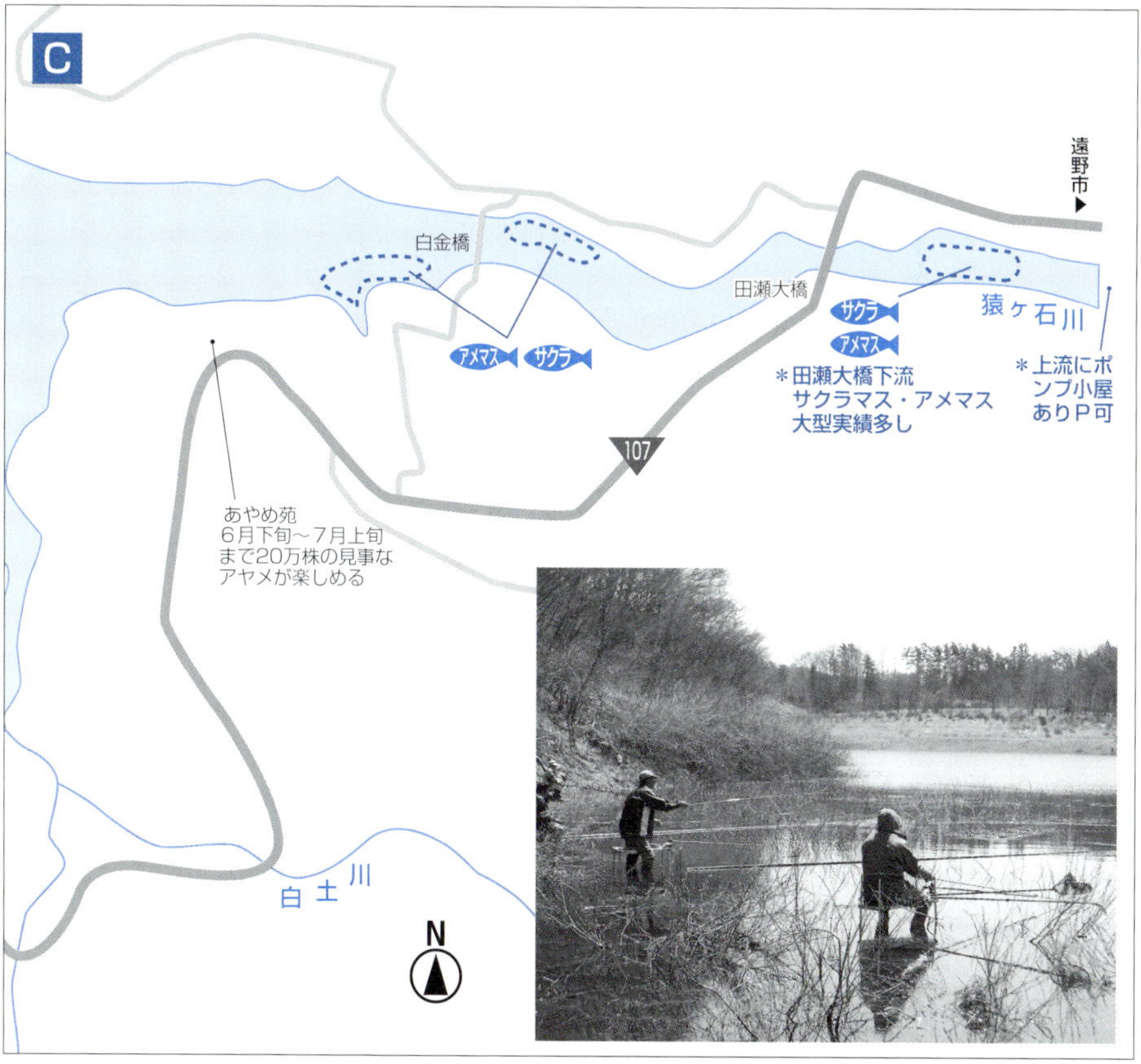

C
遠野市▶
白金橋
田瀬大橋
猿ヶ石川
サクラ
アメマス
＊田瀬大橋下流
サクラマス・アメマス
大型実績多し
＊上流にポンプ小屋ありP可
107
あやめ苑
6月下旬～7月上旬
まで20万株の見事な
アヤメが楽しめる
白土川
N

渓コラム❻
釣り人の常識・非常識

バスSTOP!

ゲームフィッシングとして人気のブラックバス。手軽な装備とファッション性で女性にも人気です。ただ、ブラックバスは繁殖力が強く、もともとの生態系を壊してしまう可能性が高い外来魚です。そのため、全国的に移植が禁止されていて、岩手県ではリリース（再放流）も禁止されています。

ブラックバスはオオクチバスとコクチバスの総称です。岩手では1990年にオオクチバスが公式に確認されたほか、同じスズキ目で北米原産のブルーギルも県内各地で確認されています。河川でも見つかっていて、ため池などに移植されたブラックバスやブルーギルが流出したとみられています。

ブラックバスは50㎝を超す大物も珍しくありません。卵がふ化するまで親が産卵床を守り、魚以外にも甲殻類や昆虫類などを捕食します。軽い気持ちで持ち込むことは絶対にやめましょう。

2005年に施行された「外来生物法」で、ブラックバスやブルーギルは特定外来生物に指定されています。他の河川や湖沼から持ち込んで放流することが禁じられていて、違反すると懲役3年以下か罰金300万円以下の刑が科せられます。

リリースについても、岩手県内水面漁場管理委員会指示により、湖沼河川と遮断された個人所有の池などを除き、すべての内水面で禁止されています。これに反し、知事の命令に従わない場合、1年以下の懲役もしくは50万円以下の罰金、または拘留もしくは科料に処せられます。

なお、釣った外来魚を生きたまま持ち帰ることも外来生物法違反となります。食材として用いる際はくれぐれも注意してください。

外来魚に関する問い合わせは、**岩手県農林水産部水産振興課・岩手県海区漁業調整委員会事務局（内水面漁場管理委員会指示関係）（019・651・3111）まで。**

ブラックバス

小特集

釣り人の食卓

アユ・ヤマメ・イワナ・ワカサギ

清水に育まれた川魚たちは、如実に育った川の素晴らしさを物語ってくれる。

アユ・ワカサギの芳香、ヤマメ・イワナの鮮やかな肢体は質に恵まれた岩手の河川に育ってきた証拠なのだ。

キープしたのならばぜひこの鮮度最高の食材を美味しく召し上がって頂きたい。

アユ

川のコケを食べて成長するアユは香り豊かな魚で、清らかで冷たい岩手の河川では抜群においしいアユが育つ。定番は塩焼きなのだが、少し手間をかけて料理するとまた違った風味を楽しめる。

アユ［背ごし］

活きの良いアユの手に入る釣り人だからできる料理

アユのウロコ・ヌメリを包丁の先でこそぎとり、頭と腹ワタを落とす。▶背ビレ、腹ビレを切り頭の方から細く小口切りにしていく。▶氷水で洗い、身を締める。▶水分をとり、好みでタデ酢みそ、あるいはわさび醤油で食べる。

アユ［若狭干し］

アユの旨味が凝縮

アユを頭ごと背開きにする。▶水、酒を３対１程度、塩を少々混ぜ、ひと晩アユをつけ込む。▶天日で完全に身が乾くまで干す。▶さっと火を通して食べる。フライパンに軽く油を引いてあぶるとおいしい。

アユ［甘露煮］子持ちアユだとさらにうまい

ウロコ・腹ワタ・エラを除いたアユ数尾を用意する。▶ 素焼きにする。▶ 番茶をヒタヒタにいれて、落とし蓋をする。▶ 酒・ミリン・砂糖・醤油で味付けをし、1時間以上煮つめる。▶ 冷めて、身がしまったところで食べる。

アユ［アユめし］アユの香ばしさを堪能

だし汁、醤油、酒で味付けご飯を炊く。▶ 下ごしらえしたアユに軽く塩をふってから焼き上げる。▶ 焼き終わったアユの身をほぐして軽く醤油をかけ、味付けご飯にざっくりと軽く混ぜて出来上がり。

ヤマメ イワナ

春から秋にかけて岩手の渓流釣りのターゲットとして代表的な存在。5月を過ぎる頃から体に脂がのり始め、釣趣、味覚とも最盛期を迎える。

ヤマメ［みそ焼き］

焼き味噌の風味が香ばしい

ヤマメのウロコ、腹ワタ、エラを取り、素焼きにする。

▼

九分通り火が通ったら赤味噌に酒と砂糖を加え、塗ってから味噌がこげないように気を付けて表面を焼く。

ヤマメ［笹巻き焼き］

笹の香りがヤマメにしみ込んで香ばしい。キャンプでやろう

味噌と砂糖に酒を少々加え、のばしておく。

▼

下ごしらえをしたヤマメの腹の中に入れてのばす。

▼

笹を水に濡らし笹のひもを切って作る。

▼

ヤマメを笹で包みよく縛る。

▼

水分を逃さないように弱火で蒸し焼きにする。

ヤマメ［空揚げ］

活きが良いと口が開き、身がよじれる。食感が最高

ヤマメのウロコ、腹ワタ、エラを取る。

▼

水気をよく切って170度くらいの油で揚げる。

▼

ポン酢、もみじおろしをつけて頭からかじる。そのまま塩を軽くふって食べてもおいしい。

イワナ［棒寿司］締め具合は酢のつけ時間で調整しよう

イワナのヌメリ、ウロコ、腹ワタを取り、強めに塩を振って2時間おく。▶酢水で塩を洗い、そのままひたひたの酢につけてしばらく置く。▶中骨を包丁で切り落とし引き抜く。▶腹に酢めしとショウガのみじん切りを詰め、スノコに載せて巻き上げる。

イワナ［骨　酒］野趣あふれるイワナ料理の定番

イワナのヌメリ、ウロコ、骨ワタ、エラを取る。骨酒の場合は特に念入りに洗う。▶水分をふきとり弱火でじっくり、素焼きする。▶油分も全て抜けきるくらいカラカラに焼いて（少しでも水分があると生臭くなる）熱燗を注ぎ、少し置いて熱いうちに飲む。

ワカサギ

朝晩めっきり冷えこむ晩秋からが釣りのシーズンとなる。ボートでも狙えるが、特に岩洞湖に代表される氷上の穴釣りは岩手の冬の風物詩的存在。魚体が小さく、定番の揚げ物は骨・ワタごと食べられるので手間いらずの釣魚といえる。

ワカサギ［中華風唐揚げ］定番の揚げ物にひと工夫

ワカサギはよく水洗いして水気を取る。▶漬け汁を作る。醤油、酒、酢を混ぜ、砂糖、ゴマ油、すりつぶした赤唐辛子、ニンニク、ショウガを少々加える。▶ワカサギを30分くらいつけこむ。▶軽く汁気をとり、かたくり粉にまぶして170度くらいの油で揚げる。

ワカサギ［シイタケすり身揚げ］臭味が飛んで子供でも食べられる

ワカサギを水洗いした後細かく切り、すりばちでつぶし、おろしショウガを加える。▶なるべく平たいシイタケの傘を使い内側にすり身を塗る。▶好みでバターかマヨネーズを塗り、溶き卵にくぐらせてパン粉をまぶす。▶170 度くらいの油で揚げる。

燻製づくりにチャレンジ！

ヤマメ・イワナに代表される川魚は燻製の素材として、とても相性が良い。本気で取り組むと丸2日の労力がかかり本当に手間がかかるが上手に仕上がると、とても川魚と思えない独特の風味が楽しめる。

道具も安いものはホームセンターなどで手軽に手に入るので1度チャレンジしてみてはどうだろうか。

燻製づくりに必要な道具

●スモークチップまたはウッド（川魚には木の種類としてブナ・ナラなどがオススメ）
●調味料（塩・砂糖・ミリン・醤油・各スパイス）

●スモーク缶＋熱源（なるべく大きいものが使いやすい。ダンボールでも可）

ヤマメ・イワナの温燻（初級編）

❶漬け込み液（ソミュール液）をまず作る。飽和食塩水※にみりん（砂糖）・醤油・こしょうを加える。スパイスの知識がある人は好みで加えると良い。
❷下ごしらえしたヤマメ・イワナを漬け込み液に5〜6時間漬け込む。

イワナの燻製

❸次に、水気をよく切って風通しのよい日影で半日〜1日乾かす。その際、楊枝や割り箸などを使って腹を開いておくと、中まで早く乾く。
❹皮の表面がパリッとなるのをまって煙にかける。スモーク缶内の温度をあまり下げないようにしながら（適温は50〜70度）2〜4時間を目安にあぶる。

※飽和食塩水／これ以上塩が水に溶けない状態の塩水。

釣った魚の保存の仕方

釣った魚をおいしく食べるためのコツは何といっても鮮度の良いままに料理することだ。具体的には釣った直後に野締め、氷のたくさん入ったクーラーに保存する。中には釣った後、持ち帰るまでに生かしておく方法をとる人もいるが、ただバケツに放りこんでいても魚が苦しみながら死んでいくだけで結果的にストレスを与え、魚に悪い血が回ってしまうことになる。生かしておくのならなるべく自然に近い状態で管理してやる必要があるだろう。

●野締めの仕方

川魚のエラブタと尾ビレにある太い血管を切り魚をゆっくりと折り曲げて血をしぼり出す。

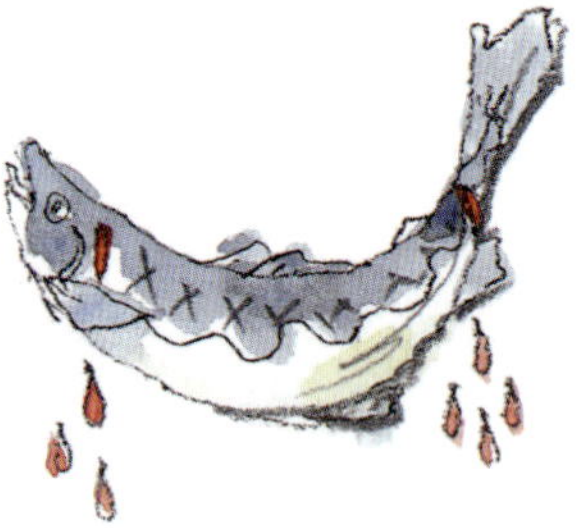

切った後は水につけておいても良い。浸透圧で血液はきれいに外に出る。

●魚の保存の仕方（現場）

たくさん氷の入ったクーラーに入れて家に帰るまで保存するが、ワカサギ、アユなどは水っぽくなると味が落ちるためビニール袋に入れてからクーラー内に入れた方が良い。

●魚の保存の仕方（家）

その日あるいは翌日あたりに食べない場合はその都度食べる分量に小分けして冷凍する。

その場合は、血合いを良く取って水分をきちんとなくしてから、梱包することが大切。

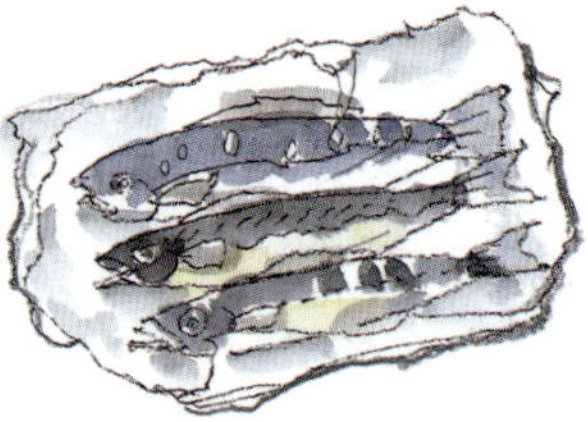

●泥の吐かせ方

川魚でもコイやフナ、ナマズ等泥底にすむ類はある程度、真水で泥を吐かせる必要がある。そのためには魚にはなるべくストレスを与えないよう、酸素と容器の大きさには気を使いたいものだ。

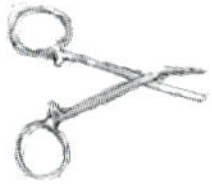

ビギナーのための
ベーシックスタイル & アイテム

竿や針だけでなく、釣りはいろいろな道具が必要です。

　人気の高いルアーやフライをはじめ、エサ釣り、アユ釣り、冬に人気のワカサギ釣りそれぞれのベーシックスタイルと必須アイテムを紹介します。

　このコーナーを参考にして、予算や好みに合った道具・服装をそろえてみましょう。

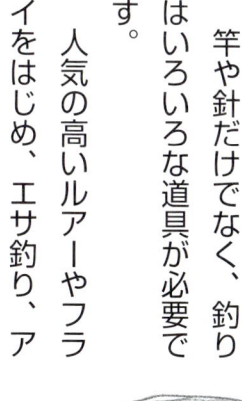

渓流釣りのベーシックスタイル

ひとくちに渓流釣りのスタイルと言っても「こうでなければならない」という決まり事はありません。他のファッションと同じように個人の好みで選んでもいいのです。その人が実践している釣法、その人が好んで出かける渓相などにより、機能性の点からそれぞれのスタイルが決まってきます。

ここでは「ベーシックスタイル」として、どんなスタイルにも共通して必須な「フィッシングベスト」「ウェーダー」「キャップ」について解説しておきます。

〈フィッシングベスト〉

渓流釣りは意外と小物が多いので、それらを自分なりに整理・分類して釣りの最中にも素早く取り出せるようにしなければなりません。エサ派もルアー・フライ派も、ポケットが多いものが便利なのは言うまでもありません。また、胸のところに疑似餌のフックを引っかけることができるボア付きのタイプもあり、仕掛けづくりの際などに便利です。

〈ウェーダー〉

大別すると数種のタイプがあり、フィールドとする川の条件や釣り方に合わせて選んでください。初心者には、履きやすく、いくぶん足腰にゆとりがある、もっともオールラウンドでオーソドックスな胴長タイプが人気です。川の中に立ち込んでサクラマスなどを釣る本流釣りには、水流の圧力による抵抗感を極力減らす意図から脚にフィットするタイプがいいでしょう。沢釣り・源流釣りの場合は悪路遡行の妨げにならないよう、特に足首部分を引き締めることができるタイプもあります。

〈キャップ〉

日よけや雨よけとして大事なアイテムの一つ。デザインや素材はさまざまなので、好みのキャップで釣りを楽しんでください。

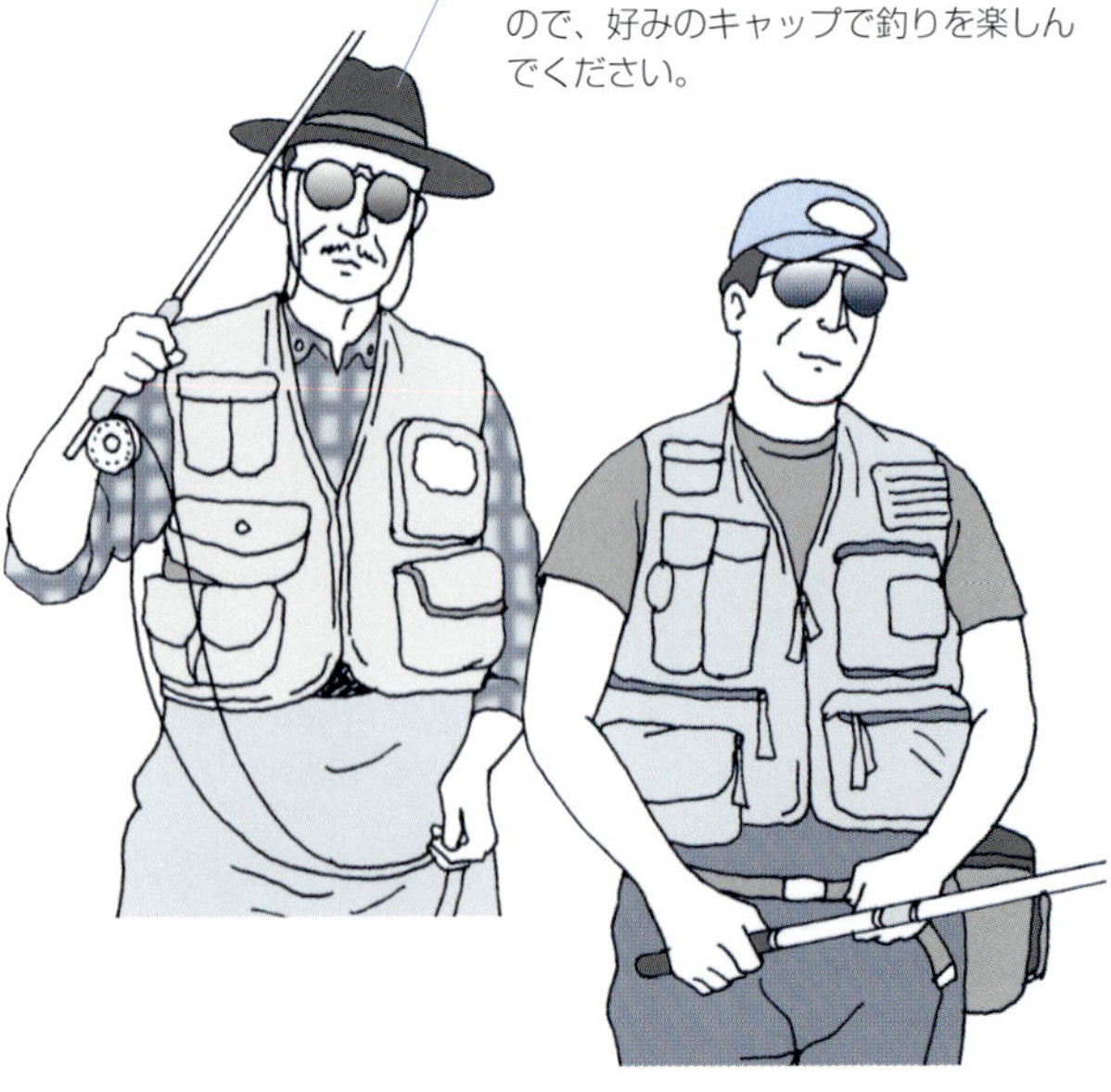

ルアーフィッシングの必須アイテム

ルアーフィッシングには、淡水域での「フレッシュ・ウオーター・ルアー・フィッシング」と、海での「ソルト・ウオーター・ルアー・フィッシング」とがあります。

「ルアー」はプラスチック、金属、木などを素材に小魚や小動物に似せた疑似針を指します。世界中には万単位のルアーが存在すると言われています。

〈ルアー各種（スプーン・スピナー・ミノー）〉
その名の通りサジ形で金属製が多いのがスプーン。リーリングすると水中で回転しながら輝いて魚の興味をそそり誘います。回転翼を持つのがスピナー。動くものに敏感に反応する魚の習性を利用したルアーです。プラグとも呼ばれるミノーにはフローティングタイプ（浮くタイプ）とシンキングタイプ（沈むタイプ）とがあります。小魚を模した形状をしており、リップと呼ばれる舌のような抵抗板により魚のさまざまなアクションを演出できます。

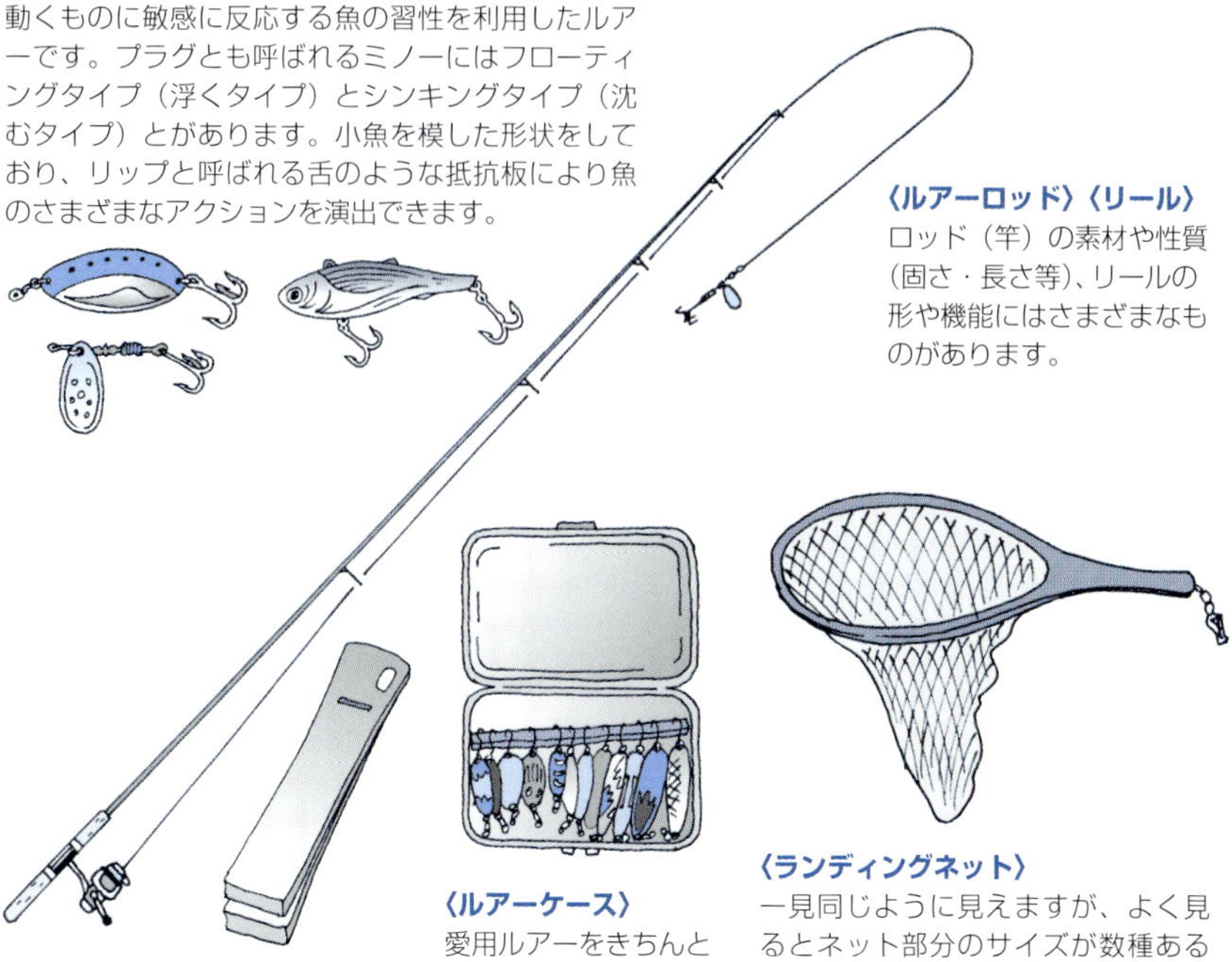

〈ルアーロッド〉〈リール〉
ロッド（竿）の素材や性質（固さ・長さ等）、リールの形や機能にはさまざまなものがあります。

〈ラインカッター〉
ピンセット状になっていて、ラインを摘まむようにして切ります。

〈ルアーケース〉
愛用ルアーをきちんと保管するとともに、実際に渓流で使用する際、ケースの中に整理しておくと付け替えがスムースです。

〈ランディングネット〉
一見同じように見えますが、よく見るとネット部分のサイズが数種あるので、好みに応じて選んでください。ちなみにルアーやフライフィッシングでは、ランディングネットはベストの背中部分にセッティングしておき、釣れた魚をすくい上げます。

フライフィッシングの必須アイテム

フライフィッシングは、重量を持たせた糸の先に羽虫などを模した疑似餌タイプの毛針を付け、目標のポイントに投げ込んで魚を誘う釣りです。フライ、リーダー、ライン、ロッド、リールのバランスが極めて重要とされます。

フライラインにはAFTMA基準と呼ばれる国際的な重量規準があります。またラインの太さも先端から元までが同じ太さの「レベル」や、胴が太く両端を絞った「ダブルテーパー」、先端部を太くして遠投を可能にした「ウェートホワード」、遠投目的の「シューティングテーパー」などがあります。

また、比重が軽く水に浮く「フローティング」と沈む「シンキング」のタイプに分けられます。

〈フライ〉
主に水棲昆虫の幼虫を模した「ニンフ」、羽化時の昆虫を模した「ハッチ」、亜成虫を模した「ダン」があります。「ニンフ」のように沈むものを「ウェット」、水面に浮くタイプを「ドライ」と呼びます。その渓流に棲む魚がどんな餌を食べているのかを調べ、それに似たフライを選んでキャストします。

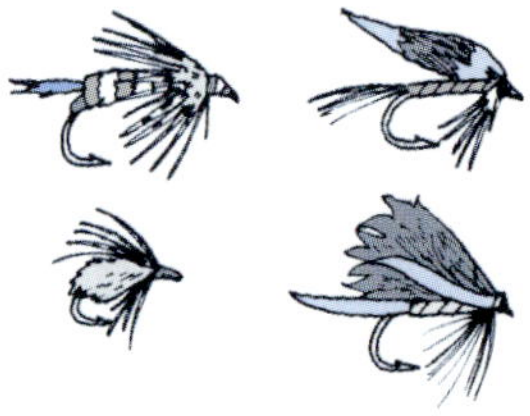

〈フライケース〉

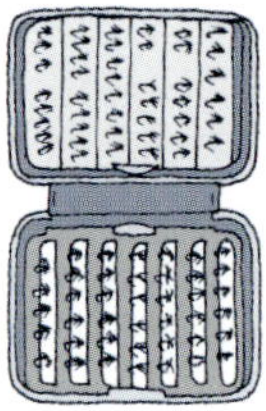

〈ランディングネット〉

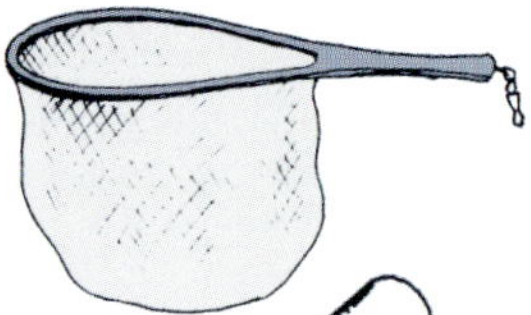

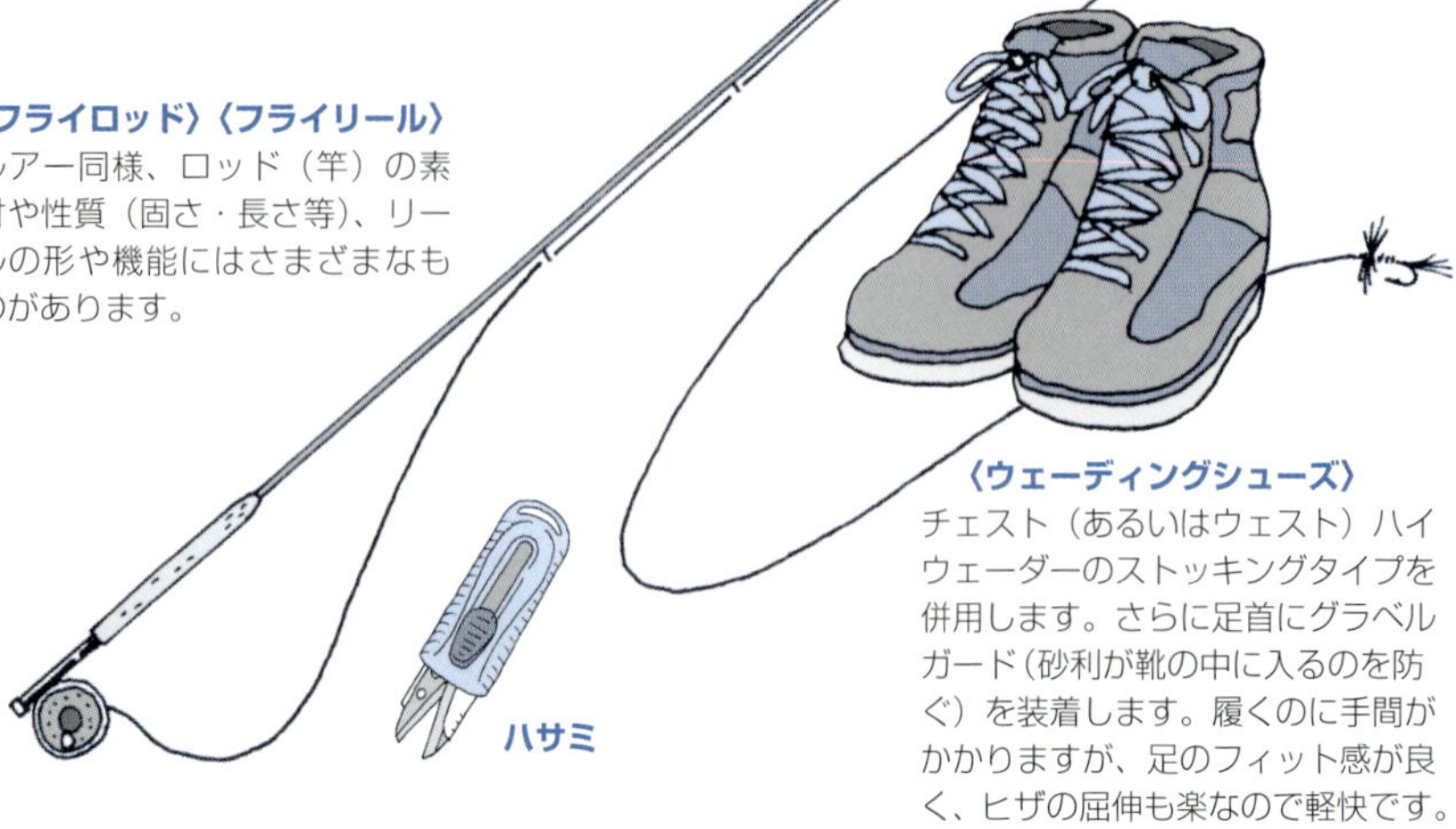

〈フライロッド〉〈フライリール〉
ルアー同様、ロッド（竿）の素材や性質（固さ・長さ等）、リールの形や機能にはさまざまなものがあります。

ハサミ

〈ウェーディングシューズ〉
チェスト（あるいはウェスト）ハイウェーダーのストッキングタイプを併用します。さらに足首にグラベルガード（砂利が靴の中に入るのを防ぐ）を装着します。履くのに手間がかかりますが、足のフィット感が良く、ヒザの屈伸も楽なので軽快です。

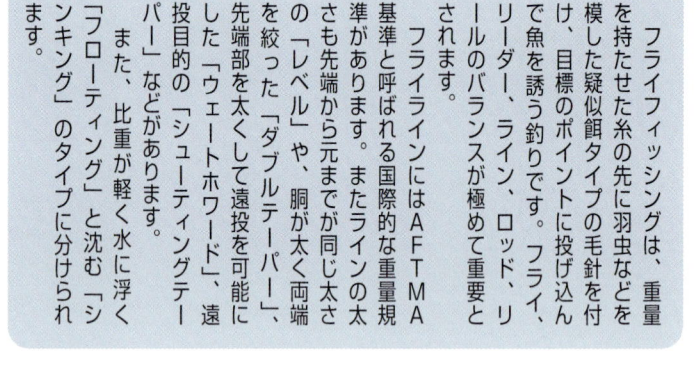

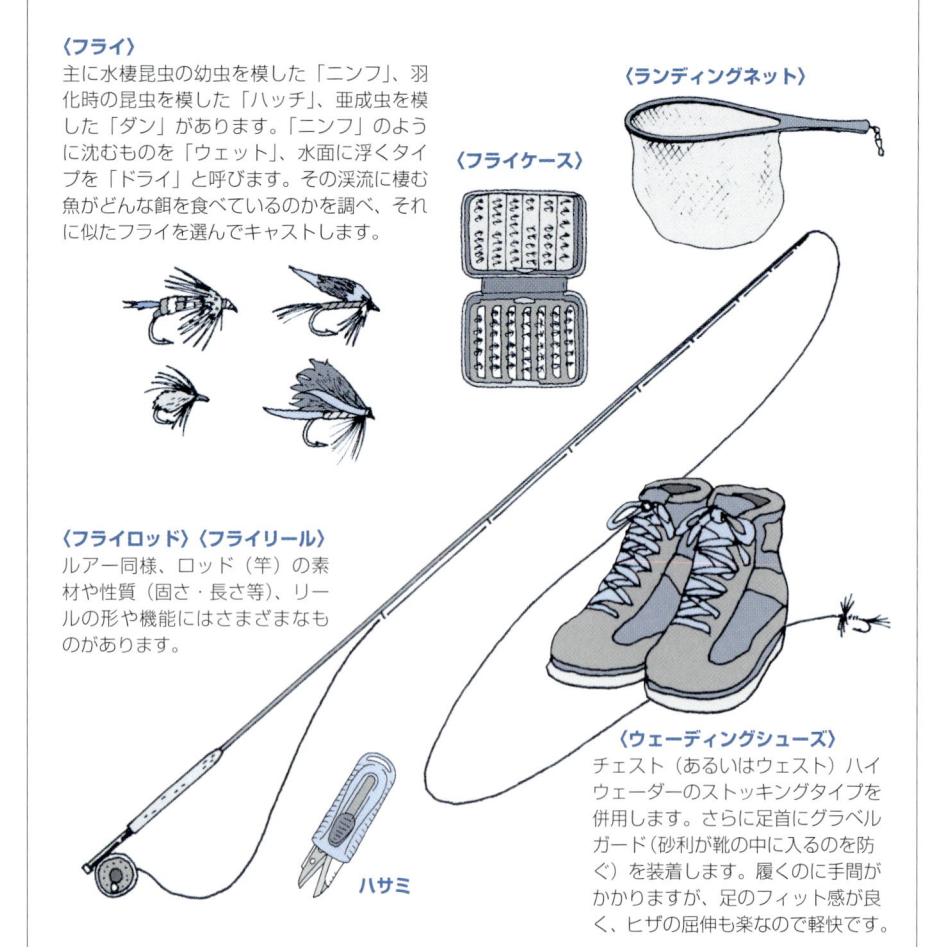

エサ釣りの必須アイテム

季節や時間、その渓流の生物の分布などにより、さまざまなエサを用いて渓魚を狙うのがエサ釣りです。その土地ならではのエサ、仕掛けなどがあり、釣り方も多岐にわたっています。

本物のエサで魚を釣るため、ゲームフィッシングの雰囲気はあまりなく、古来より自給自足の手段として岩手にもっとも根づいてきた釣法といえます。

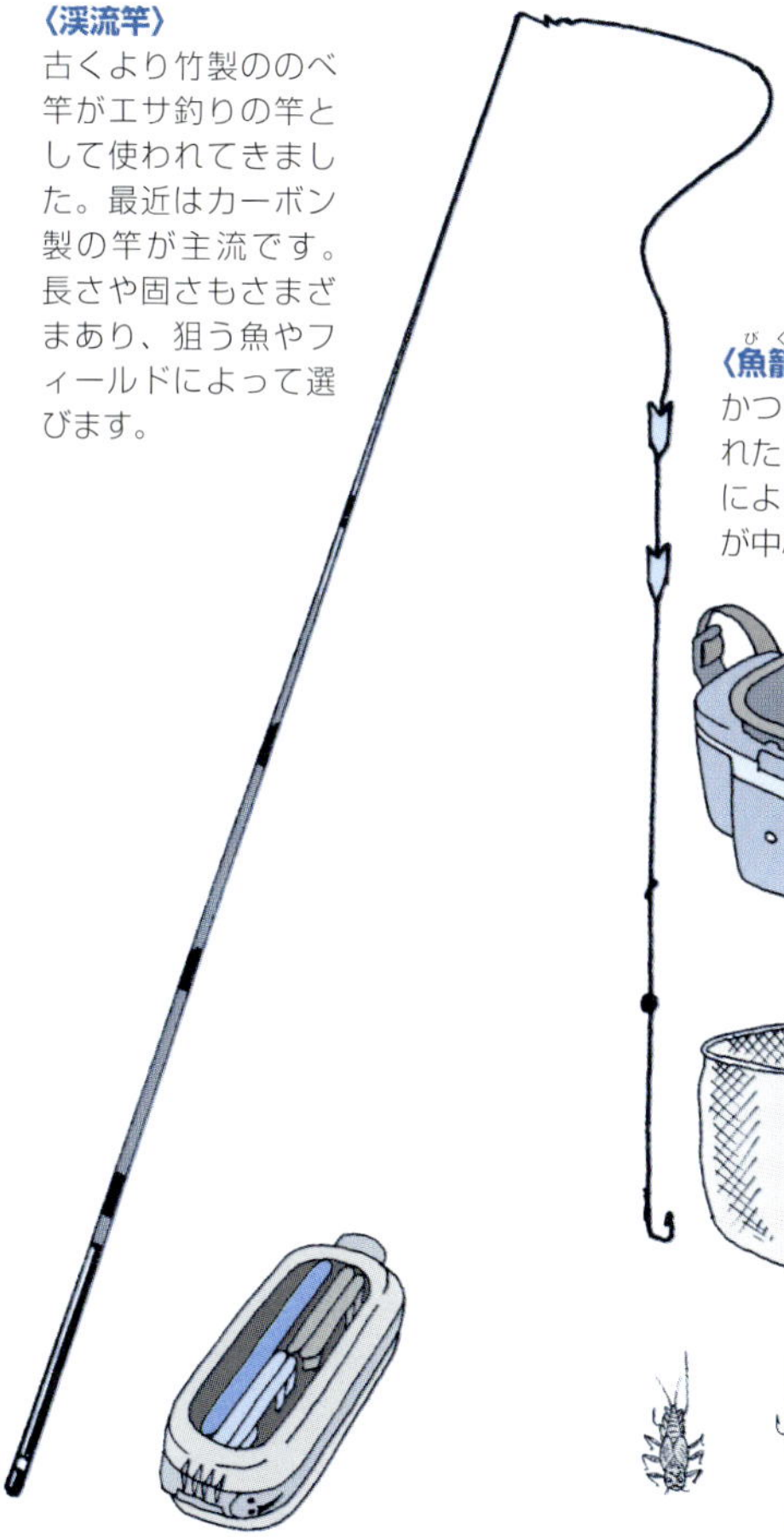

〈渓流竿〉
古くより竹製ののべ竿がエサ釣りの竿として使われてきました。最近はカーボン製の竿が主流です。長さや固さもさまざまあり、狙う魚やフィールドによって選びます。

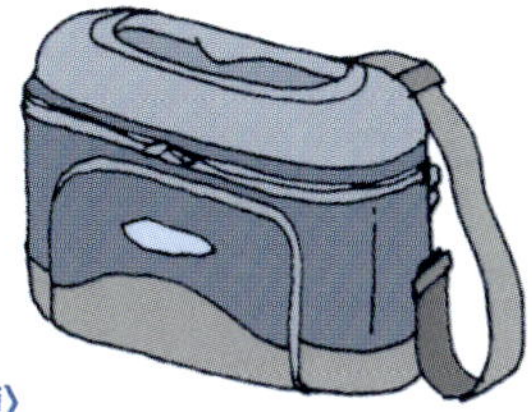

〈魚籠《びく》〉
かつては竹を編み込んで作った、軽くて通気性に優れたものが主流でした。現在は断熱性に優れ、場合によっては水を溜めて持ち運ぶことができるタイプが中心となっています。

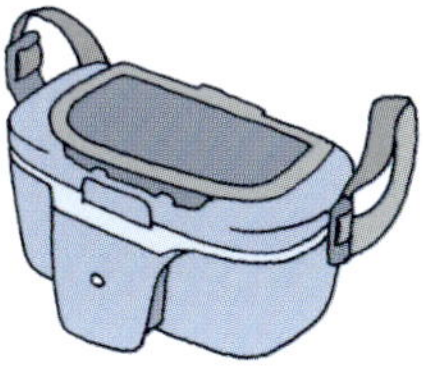

〈エサ箱〉
釣り人が手製のエサ箱を携えて渓流をさまよったのは昔のこと。今は密封性に優れたタイプが主流となっています。魚籠同様、釣り人のこだわりが表れる必需品といえます。

〈たも〉
たももかつては手製でした。近年は携帯に便利な折り畳み式のものや軽いものが多く使われています。

〈仕掛けケース〉

〈エサ(ミミズ・カワムシ・ブドウムシ・イクラ・その他)〉
釣り具店などでミミズやブドウムシといった養殖エサやイタドリ、イクラなどが手に入ります。もちろん、現地の川べりなどで天然のエサを調達する方法もあります。

あると便利な渓流釣りアイテム

なくても釣りに支障はないものの、一度使えば必需品になってしまうアイテムを紹介します。

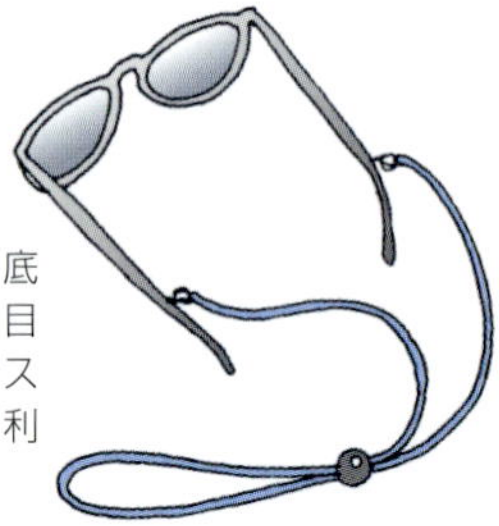

〈偏光サングラス〉
これをかければ川底に戯れる魚影が一目瞭然。車の運転やスポーツ観戦にも便利です。

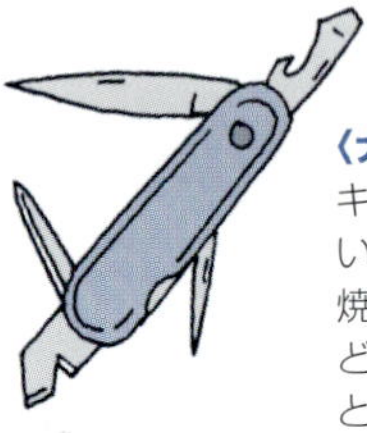

〈ナイフ〉
キープした魚の腹を割いて鮮度を保つ、魚を焼くための串を作るなど、持っていれば何かと便利。

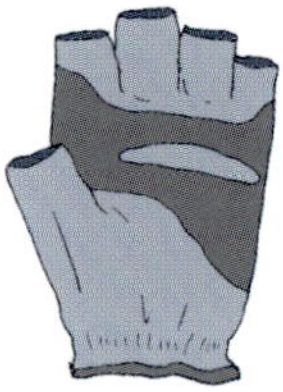

〈手袋〉
頻繁にキャストを繰り返すフライやルアーは特に重宝します。

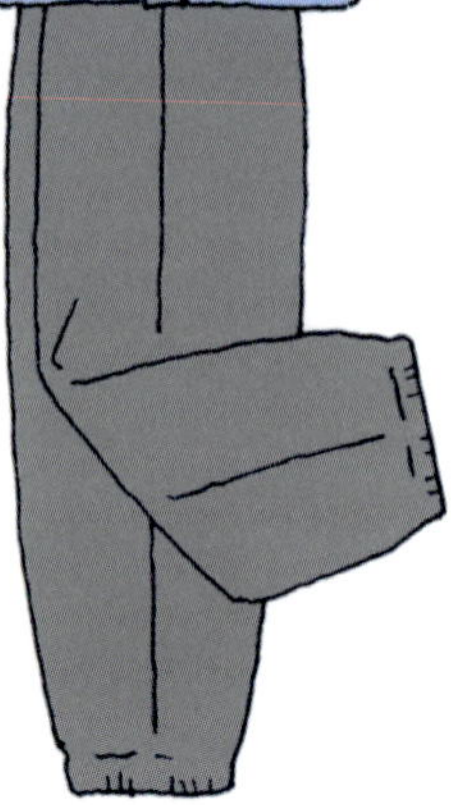

〈防虫スプレー〉
虫刺されで不愉快な思いをする前にシュッとひと吹き。

〈レインギア（雨具）〉
濃厚な山懐に入り込むと、いつ天候が変わってもおかしくない雰囲気とうまく付き合っていかなければならないことを痛感させられます。ずぶ濡れになるような日ほど大物が釣れると信じている人には最初から必需品。

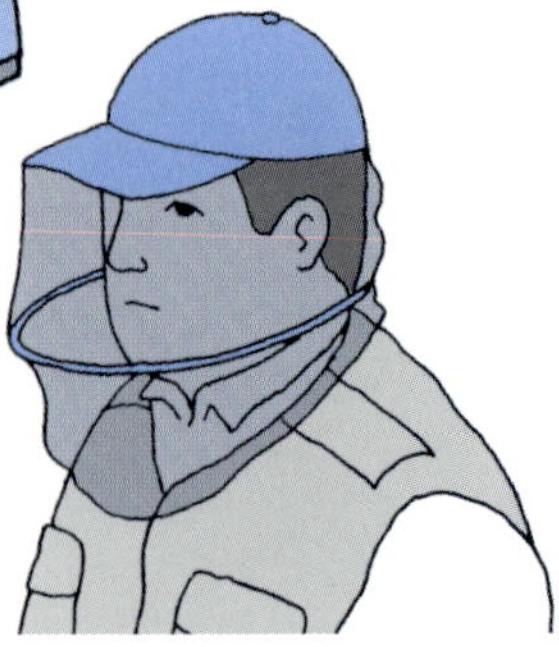

〈防虫ネット付きキャップ〉
夏の清らかな渓流には大小さまざまな羽虫が飛び交っています。そんな虫が気になって釣りにならない、そんな悩みから解放されたい方はぜひ。

〈熊鈴〉
岩手の山はとにかくクマが多い。バッタリ出合わないよう自分の位置をクマに教えてあげましょう。

アユ釣りのベーシックスタイル&アイテム

基本的には渓流釣りのスタイルとそう変わりませんが、中流域の流れに長く立ち込む必要があります。動きやすく、いざという時に泳げるような、体の動きを妨げない物が一般的です。真夏の日差しは強烈ですので必ず帽子をかぶりましょう。

〈オトリ缶〉
オトリアユを釣り場まで運ぶ車用のケース。現場では川に沈めて使います。容量が大きい方がアユに負担をかけません。

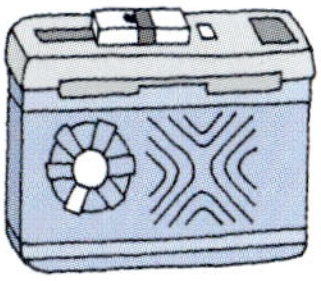

〈ベスト〉
水に濡れやすいため、素地はメッシュやゴアテックス等が一般的。全てのポケットにファスナーがついているものが安心です。

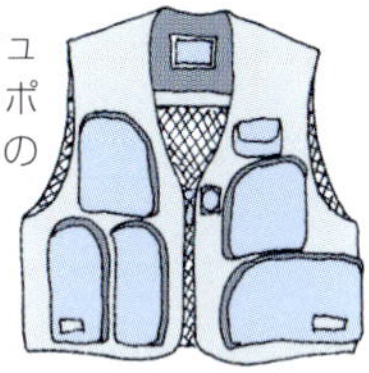

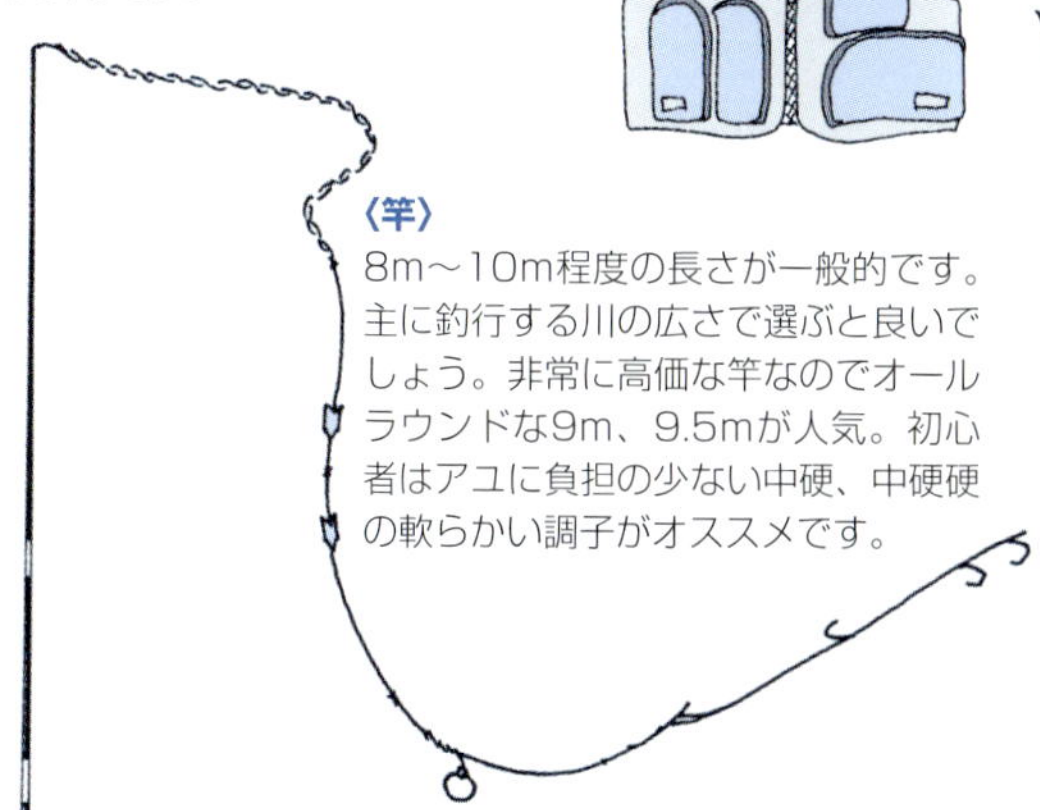

〈竿〉
8m～10m程度の長さが一般的です。主に釣行する川の広さで選ぶと良いでしょう。非常に高価な竿なのでオールラウンドな9m、9.5mが人気。初心者はアユに負担の少ない中硬、中硬硬の軟らかい調子がオススメです。

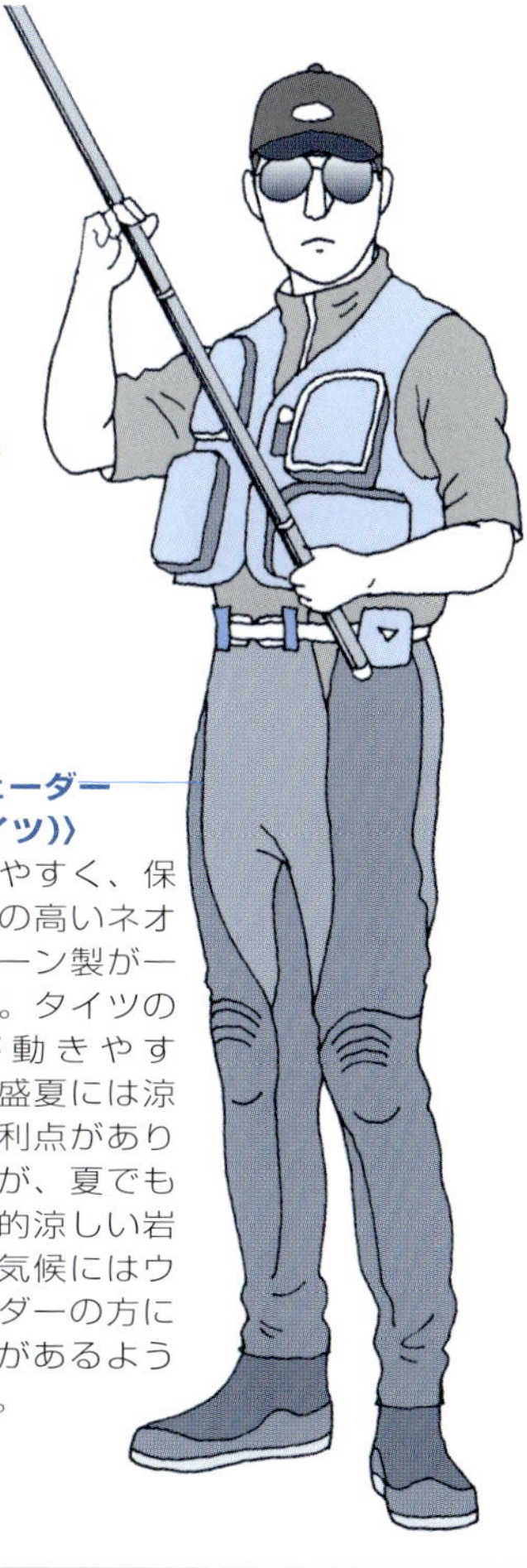

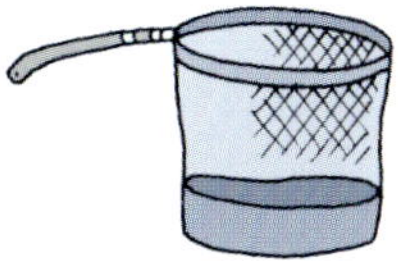

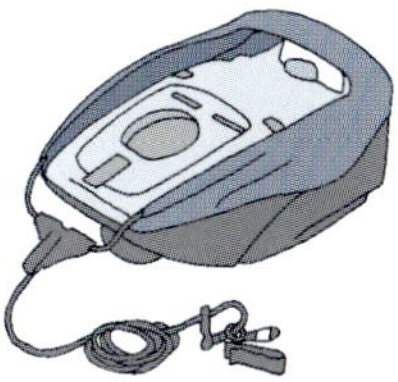

〈タモ網〉
釣れたアユを取り込んだり、オトリアユを装着したりと、アユ釣りに欠かせない道具。口径36cm、39cm程度が一般的。川の水圧は予想以上なので、自分に合った大きさや網目を選びましょう。イラストのように、底に水をためられるタイプのタモ網もあります。

〈引き舟〉
オトリアユや釣ったアユを入れて生かしておくための魚入れ。腰のベルトに装着し、川に浮かべます。水量の調節、魚の出し入れが自分なりに便利に思うものを購入すると良いでしょう。

〈ウェーダー（タイツ）〉
動きやすく、保温性の高いネオプレーン製が一般的。タイツの方が動きやすく、盛夏には涼しい利点がありますが、夏でも比較的涼しい岩手の気候にはウェーダーの方に人気があるようです。

ワカサギ釣り（氷上）のベーシックスタイル&アイテム

氷上釣りは寒すぎるイメージがありますが、テントがあれば雪や寒風にこごえることもなく、頻繁に訪れるアタリを楽しむことができます。

防寒対策はしっかりと。特に長靴は防水、防寒に優れたものを選びましょう。氷の冷たさが一番伝わる部分だからです。

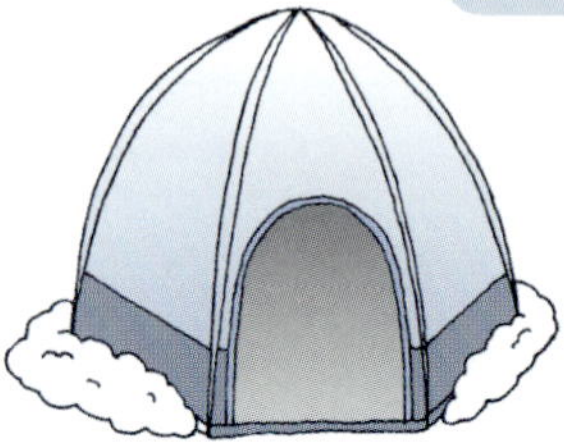

〈テント〉
設営が簡単なワンタッチ式や軽くて移動しやすい吊り下げ式があり、各メーカーから発売されています。風で飛ばされないよう、張り網を張りましょう。

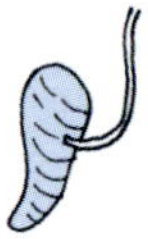

〈エサ〉
サシ（蝿の幼虫）に食紅をつけたベニサシと呼ばれるものが一般的。ラビットワーム（小型）、チーズサシ（チーズの香りがする）という変わり種もあります。エサの保管には気をつけましょう。2，3日暖かいところに放っておくと羽化して大変なことに…。

〈竿、リール〉
氷上釣りには穂先が30ｃｍ以下の短いものが適しています。調子は柔らかい方がアタリをとりやすい半面、軽いオモリしか耐えられないので手返しが悪くなります。リールを選ぶ際にも小型同軸の場合、オモリの落下を妨げないようにスプール回転の抵抗が少ないことが大切です。

〈イス〉
アウトドア用の折り畳みイス、あるいは厚い発泡スチロールがオススメです。

〈ドリル〉
氷に穴を開けるため、刃の鋭い状態を維持しましょう。シーズン終わりに刃に油を塗るか、テープで巻いておくとサビ防止になります。手を切らないよう注意。

〈ザル網〉
外で釣る場合は網目が凍りやすいので大きな網目のほうが良いでしょう。

〈コンロ〉
ガスコンロがあれば、お湯を沸かしたり暖を取ったりできてとても便利。寒さに強いアウトドア缶を使いましょう。換気には十分注意してください。

岩手の河川データファイルは巻末からご覧ください。

用　語　と　意　味

どようがくれ（土用隠れ）
アユ釣りの用語。夏の暑い盛りに水温や水量等が原因で一時期パッタリと釣れなくなること。

【な　行】

ナメ
渓流などで川底に平らな岩盤が露出しているところ。

ヌメリ
魚体を覆う粘液状の被膜。

ねがかり（根掛かり）
川底の石や障害物にハリ、オモリがひっかかること。

ねこまたぎ（猫またぎ）
魚が大好物の猫でさえ素通りしてしまうほど、まずい魚のことを指す。

のっこみ（乗っ込み）
産卵を迎えた魚が産床を求めて移動すること。

のうかん（納竿）
その日の釣りをやめること。

【は　行】

バカ
仕掛けの竿よりも長い部分のこと。

バックウォーター
湖などに流れる河川の注ぎ口のあたりを指す。

バーブ
ハリのアゴ、カエシのこと。

パーマーク
サケ、マス類の幼魚体表にでる小判状の模様。

ビク
渓流で釣った魚を入れておく竹で編んだ魚籠。

ヒラキ
淵やトロ場が徐々に浅くなって瀬にうつるあたりのこと。

ヒロ
大人が両手を広げた間の長さ。１ヒロ、２ヒロと数える。

ふくりゅう（伏流）
地上の流れが地下に潜ること。

フトコロ
ハリの軸がU字に曲がった部分。

ベイト
餌のこと。

ぺっこ
方言。少ないこと。釣果によくあてはまる…。

へびぐち（蛇口）
丸い形の先端のことを指す。竿の穂先の形状など。

用　語　と　意　味

ボウズ
釣果が無いこと。オデコと同じ。

ボサ
草、ブッシュ。川岸から水面に覆いかぶさるように生えた草、木の枝。（よくボサ川などと呼ばれる）

ホソ
細流。

【ま　行】

マズメ
朝夕の釣りのベストタイム。日の出、日没の直前、直後をそれぞれ朝マズメ、夕マズメという。

むこうあわせ（向こう合わせ）
釣り人がアワセていないにもかかわらず魚が勝手に食い込んでハリ掛かりすること。

【や　行】

ヤバネ（矢羽）
渓流釣りの仕掛けに使用される目印の一種。

ヤナ
川に木や竹をならべて水流をせき止め、川魚を捕らえる装置。

ヤナギムシ
ネコヤナギの茎にすむカミキリモドキの幼虫。渓流釣りの餌の一種。

ユキシロ（雪代）
早春に雪が解けて川に注ぎ込む状態。川の水が白っぽく濁る。

【ら　行】

ランディング
取り込み。取り込み用の網はランディングネット。

りくふう（陸封）
もともと海と川を行き来していた魚が何らかの理由で海に降りれなくなり、一生を淡水で過ごし、繁殖を行うようになった状態。

【わ　行】

ワリビシ（割りビシ）
オモリの一種でガン玉やカミツブシのことを指す。割れ目があって糸を挟み噛んで固定。

ワンド
主に湖にある入り江のことを指す。

＊方言の表記は地方により異なるものもあります。

用　語　と　意　味

けものみち（獣道）
山林中につけられた動物の通り道。山中の渓流釣りの際に注意が必要。
コマセ
寄せ餌、マキエのこと。
こんいんしょく（婚姻色）
オイカワ、ウグイなどのオスが生殖期に平常と異なる体色や模様をつける現象。
ゴルジュ
岸壁（岩盤）の狭い渓谷のこと。よくゴルジュ帯という。

【さ　行】
さおぬけ（竿抜け）
何らかの条件のため釣り人が竿を出せないでいるポイント。魚影が濃いことが多い。
ささにごり（笹濁り）
雨や雪解けなどの原因で川が薄く笹色に濁っている状態。釣りとしては好条件。
サシドリ
ガの幼虫の一種で渓流釣りの餌。
ざっこ
方言。雑魚のこと。岩手ではよくざっこ釣りと言う。
さとがわ（里川）
昔の民家や田畑の脇を流れる牧歌的な川。岩手ではこういう雰囲気の河岸が多い。
さび（錆び）
川魚の体に黒っぽい体色の変化がおこること。春先、晩秋に見られる。
サミング
リールからでる糸を指で制御する操作のこと。
しめる
釣り上げた魚をその場で殺すこと。野じめ、活けじめとも呼ばれる。
シンカー
オモリのこと。
すずなり（鈴なり）
ワカサギ釣りなどで枝バリの仕掛けで魚がハリの数だけ釣れてくること。
スレ
口以外にハリが掛かること。
スレバリ
カエシのないハリ。
せばり（背バリ）
アユの友釣りの仕掛けの一種。アユのことを瀬で沈めるために背中にハリを刺した仕掛け。
せんこうしゃ（先行者）
先に川に釣り上がってしまった人のことをさす。

用　語　と　意　味

そく（束）
100匹釣ることを束釣りという。数多く釣ることのたとえ。
そじょう（遡上）
川魚が下流から上流を目指して川を上ること。
ソフトベイト
ソフトルアー、プラスチックワームのこと。

【た　行】
たいこうぼう（太公望）
釣り人の俗称。
タナ
魚の泳層。
たまげる
方言。びっくりすること。岩手では釣果を見られて、こう言われることも…。
タモ
玉網のこと。
ちゃらせ（チャラ瀬）
水量の少ない瀬のこと。条件によっては好ポイントになる。
チョウチン
竿の長さの割に極端に短い仕掛けのこと。ポイントに障害物の多いイワナ釣りなどで使用される。（チョウチン釣り）
デキ
その年に生まれた魚。当歳魚。
てじり（手尻）
仕掛けの竿の長さよりも長い部分のこと。バカともいう。
てっぽうみず（鉄砲水）
土砂崩れなどによって川の水が閉じ込められ、一気に決壊して鉄砲弾のように水が押し寄せてくること。険しい山の源流は雨天時に注意が必要。
てんじょういと（天井糸）
アユ釣り、渓流釣りなどで、極細の道糸を使うために竿先から振り込み用につける太めの糸。
どうじめ（胴締め）
アユの友釣りの仕掛けの一種、エラのところに糸を引っかけて締める仕掛け。荒瀬で使用される。
としょう（渡渉）
渓流などで川の対岸に渡ること。
どっさわめ（どっ沢目）
方言。奥深い沢のことを指す。
どぶつり（ドブ釣り）
アユの毛鉤釣りのこと。岩手の河川では禁止されているところが多い。

川釣り用語(岩手の方言も含む)

用語と意味

【あ　行】

アカハラ
産卵期の腹が赤くなったウグイ。

アゴ
針の内側に反り返っている部分。魚や餌が外れないようにする役目がある。

アップストリームキャスト
上流に向かってルアーやフライをキャストすること。逆はダウンストリームキャスト。

あわせぎれ（合わせ切れ）
アワセた瞬間糸が切れること。

イトフケ
道糸がたるむ状態。ミャク釣りではこの状態で糸を自然に流すテクニックもある。

いわかぶり（岩冠）
方言。岩が覆いかぶさった岩陰や岩穴。

うおどめ（魚止め）
滝などでそれ以上魚が上流に上がれないこと。

ウグイス（ウグイ州）
方言。ウグイの産卵場の州。クキセともいう。

ウェーダー
腰や胴まである長靴。川や湖で立ち込むときに使う。

うまのせ（馬の背）
湖底の形状が馬の背のように高く、両側が急深になっている場所。

えらあらい（エラ洗い）
ハリ掛かりした魚が口を開けて水面で抵抗したりジャンプしたりする様子。

おかっぱり（陸っぱり）
陸上から釣ること。

おきばり（置き針）
ウナギ、ナマズなど夜行性の魚を釣るために夕方のうちに水中に仕掛けをセットし翌朝収穫する漁法。

おさごばし（長木橋）
方言。長い丸太数本を束ねて架け渡した丸木橋。

オダ
川や湖沼で人工的に木の枝などを積んでつくった魚の寄り場所や産卵場所。

おちる（落ちる）
魚が産卵や越冬のために深場や川の下流に向かうこと。

オデコ
釣果がゼロのこと。ボウズと同じ意味。

オマツリ
仕掛けが絡まること。あるいは近くの釣り人同士で仕掛けが絡むこと。

用語と意味

【か　行】

カウントダウン
ルアーキャスティングでキャストしたルアーが着水してから数を数えて水深を計ってからリトリーブすること。

カエシ
アゴのこと。

カケアガリ
川や湖の底の傾斜している場所。深場から岸に向かって勾配がある所。好ポイント。

カブダマ（カブ玉）
渓流にすむカジカの卵。早期のヤマメ、イワナの最高の餌だが、河川によっては使用を禁止している。

カタ（型）
釣れた魚の大小。

かっすい（渇水）
川の水量が極めて少ない状況。

カンジキ
雪上に踏み込まないように靴の下につける輪形の枠組み。早春の渓流や氷上で使う。

キジ
ミミズのこと。黄色い血が出るので、こう呼ばれる。

ぎじえ（疑似餌）
ルアーやフライに代表される偽物の餌。

きすい（汽水）
河川が海へ流れこむあたり、淡水と海水が混ざっている水。その場所を汽水域と呼ぶ。

キャッチ&リリース
魚の保護のために、釣れた魚をもとの場所へ放流すること。雫石の葛根田川ではこれを義務としている区間を設けている。

ぎょどう（魚道）
堰堤やダムによって寸断された川の上流と下流を魚が行き来できるようにつくられた魚の通り道。

ぎんげ（銀毛）
東北の降海型のヤマメの別称。春、海に降りる時、体を銀色の鱗に包んでいる様子からそう呼ばれる。

くいあげ（食い上げ）
餌を食ったあとイトフケをつくって魚が水面に上がること。

くますず（熊鈴）
クマ除けの鈴。岩手の山中での渓流釣りの必需品。

くりむし（栗虫）
クリの実に寄生するガの幼虫。渓流釣りの餌。

久慈川

所在地	施設名	連絡先（代表番号）
久慈市	ビジネスホテルいろは	0194-53-2351
久慈市	ひかり	0194-53-5351
久慈市	久慈第一ホテル	0194-52-8111
久慈市	ホテル福乃屋	0194-53-5111
久慈市	つたや旅館	0194-53-3341
久慈市	久慈ステーションホテル	0194-53-5281
久慈市	三船旅館	0194-53-4063
久慈市	田代旅館	0194-53-5151
久慈市	中村屋旅館	0194-52-2135
久慈市	ホテルみちのく	0194-52-0574
久慈市	久慈グランドホテル	0194-52-2222
野田村	小野旅館	0194-78-2507
久慈市山形町	センターハウス平庭山荘	0194-72-2700
洋野町	グリーンヒルおおの	0194-77-2266
久慈市	侍の湯きのこ屋	0194-58-2311
久慈市	新山根温泉べっぴんの湯	0194-57-2222

岩洞湖

所在地	施設名	連絡先（代表番号）
盛岡市	竹乃家	019-683-1846
盛岡市	岩洞湖家族旅行村キャンプ場	019-681-5235
盛岡市	外山森林公園キャンプ場	019-681-5132
盛岡市	岩洞荘	019-681-5151

安比川・米代川

所在地	施設名	連絡先（代表番号）
八幡平市	ラベンダー	0195-72-5388
八幡平市	木いちご荘	0195-72-5551
八幡平市	さかもと	0195-72-5552
八幡平市	ふじむら	0195-72-5669
八幡平市	セブンスヘブン	0195-72-6761
八幡平市	あみん	0195-72-3521
八幡平市	新安比温泉 静流閣	0195-72-2110
八幡平市	四季館・彩冬	0195-72-5344
八幡平市	赤坂田	0195-72-5533
八幡平市	カントリーハウス せき	0195-72-5515
八幡平市	どんぐりハウス	0195-72-5062
八幡平市	まきば	0195-72-5676
八幡平市	ほその	0195-72-5616
八幡平市	ロッジ・タンデム	0195-72-5219
八幡平市	スキーハウスあるぺん	0195-72-5900
八幡平市	おのでら館	0195-72-5234
八幡平市	白樺荘	0195-72-5822
八幡平市	せきとよ	0195-72-5231
八幡平市	田山ドライブイン	0195-73-2353
二戸市浄法寺	天台の湯	0195-38-2222
二戸市浄法寺	つたや旅館	0195-38-2326

安家川

所在地	施設名	連絡先（代表番号）
野田村	玉川野営場	0194-78-2926
野田村	国民宿舎えぼし荘	0194-78-2225
野田村	小野旅館	0194-78-2507
岩泉町	かむら旅館	0194-24-2331

小本川

所在地	施設名	連絡先（代表番号）
岩泉町	旅館いわいずみ	0194-22-3330
岩泉町	新田民宿	0194-22-4061
岩泉町	なかや旅館	0194-22-3153
岩泉町	宝来屋旅館	0194-22-2411
岩泉町	ホテル龍泉洞愛山	0194-22-4111
岩泉町	龍泉洞温泉ホテル	0194-22-4141
岩泉町	ふれあいらんど岩泉	0194-22-5211
岩泉町	長崎屋	0194-26-2005
岩泉町	大川屋旅館	0194-26-2004
岩泉町	瀬戸屋旅館	0194-25-5126

馬淵川

所在地	施設名	連絡先（代表番号）
二戸市（金田一温泉）	割烹旅館おぼない	0195-27-2221
二戸市（金田一温泉）	ホテル金田一	0195-27-3111
二戸市（金田一温泉）	きたぐに旅館	0195-27-2531
二戸市（金田一温泉）	緑風荘	0195-27-2131
二戸市（金田一温泉）	仙養館	0195-27-2231
二戸市	まべち荘	0195-23-3130
二戸市	ホテル村井	0195-23-7151
二戸市	山和旅館	0195-23-4151
二戸市	二戸パークホテル	0195-23-5151
二戸市	折爪岳オートキャンプ場	0195-23-7599
一戸町	高森高原キャンプ場	0195-33-2111
一戸町	ホテル奥中山高原	0195-35-3131
久慈市山形町	センターハウス平庭山荘	0194-72-2700
九戸村	ふるさとの館	0195-42-4001
葛巻町	グリーンテージ	0195-66-3000
葛巻町	くずまき交流館プラトー	0195-66-0555

閉伊川

所在地	施設名	連絡先（代表番号）
宮古市	宮古ホテル沢田屋	0193-62-7711
宮古市	浄土ケ浜パークホテル	0193-62-2321
宮古市	ホテル近江屋	0193-62-3660
宮古市	ホテルアートシティ	0193-65-1511
宮古市	ホテル宮古ヒルズステーション店	0193-63-2001
宮古市	ホテルビッグウェーブ	0193-63-5533
宮古市	宮古セントラルホテル熊安	0193-64-2121
宮古市	休暇村陸中宮古	0193-62-9911
宮古市	湯ったり館	0193-72-3800
宮古市	旅館末広館	0193-62-1555
宮古市	山田屋別館	0193-62-4133
宮古市	日昇館	0193-62-4637
宮古市	佐藤旅館	0193-62-2439
宮古市	新泉閣	0193-62-3753
宮古市	横沢冷泉静峰苑	0193-74-2444
宮古市	門坂旅館	0193-72-2373
宮古市	海幸園	0193-67-3322
宮古市	ふるやしき	0193-68-2356
宮古市	閉伊川オートキャンプ場	0193-72-3811
宮古市	タイマグラキャンプ場	0193-78-2031
宮古市	サウナ&カプセル宮古	0193-77-3512

摂待川・田老川

所在地	施設名	連絡先（代表番号）
宮古市田老	グリーンピア三陸みやこ	0193-87-5111
宮古市田老	小田代山荘	0193-87-2532
宮古市田老	おばた民宿	0193-87-2631
宮古市田老	渚亭たろう庵	0193-87-2002

所在地	施設名	連絡先（代表番号）
盛岡市（つなぎ温泉）	ホテル紫苑	019-689-2288
盛岡市（つなぎ温泉）	山いち	019-689-2704
盛岡市（つなぎ温泉）	別荘佳景	019-691-7200
雫石町（国見温泉）	森山荘	090-1930-2992
雫石町（国見温泉）	石塚旅館	019-692-3355
雫石町（国見温泉）	国見キャンプ場（役場）	019-692-2111

松川

所在地	施設名	連絡先（代表番号）
八幡平市	なかやま荘	0195-78-3132
八幡平市	ぱどっく	0195-78-2180
八幡平市	旭日之湯	0195-75-2340
八幡平市	八幡平マウンテンホテル	0195-78-4111
八幡平市	妻の神広場キャンプ場	0195-78-2496
八幡平市	自然休養村なかやま荘	0195-78-3132
八幡平市	県民の森キャンプ場	0195-78-2092
八幡平市	アルプ八幡平	0195-78-2765
八幡平市	八幡平ハイツ	0195-78-2121
八幡平市（松川温泉）	松楓荘	0195-78-2245
八幡平市（松川温泉）	松川荘	0195-78-2255
八幡平市（松川温泉）	峡雲荘	0195-78-2256
八幡平市（松川温泉）	県営松川キャンプ場	0195-78-2256
八幡平市（藤七温泉）	彩雲荘	090-1495-0950
八幡平市	岩手山焼走り国際交流村	0195-76-2013
八幡平市	いこいの村岩手	0195-76-2161

雫石川・葛根田川・御所湖

所在地	施設名	連絡先（代表番号）
盛岡市	SoiL	019-693-3388
雫石町	坂井荘	019-693-2945
雫石町	寿	019-693-2047
雫石町	ロッジそで	019-693-2727
雫石町（ありね温泉）	ゆこたんの森	019-693-3600
雫石町	大柳	019-693-2525
雫石町	長助	019-693-3077
雫石町	なかがわ	019-693-2422
雫石町	雫石荘	019-693-2739
雫石町	しらかば	019-693-2733
雫石町	大工	019-693-2746
雫石町	高見荘	019-693-2736
雫石町	佐々木旅館	019-692-2017
雫石町	上野旅館	019-692-2033
雫石町（玄武温泉）	四季の里	019-693-3360
雫石町（玄武温泉）	ロッヂたちばな	019-693-3356
雫石町（玄武温泉）	玄武風柳亭	019-693-3000
雫石町（網張温泉）	休暇村岩手網張温泉	019-693-2211
雫石町（網張温泉）	休暇村網張キャンプ場	019-693-2211
雫石町（鶯宿温泉）	赤い風車	019-695-2311
雫石町（鶯宿温泉）	温泉民宿小枝	019-695-2126
雫石町（鶯宿温泉）	ホテル加賀助	019-695-2216
雫石町（鶯宿温泉）	ホテル鶯	019-695-2036
雫石町（鶯宿温泉）	ホテル偕楽苑	019-695-2111
雫石町（鶯宿温泉）	川長山荘	019-695-2171
雫石町（鶯宿温泉）	あけぼの荘	019-695-2245
雫石町（鶯宿温泉）	ニュー鶯山荘	019-695-2301
雫石町（鶯宿温泉）	ホテル森の風鶯宿	019-695-3333
雫石町（鶯宿温泉）	長栄館	019-695-2121
盛岡市（つなぎ温泉）	愛真館	019-689-2111
盛岡市（つなぎ温泉）	清温荘	019-689-2321
盛岡市（つなぎ温泉）	山新	019-689-2429
盛岡市（つなぎ温泉）	ホテル大観	019-689-2121
盛岡市（つなぎ温泉）	丸家旅館	019-689-2016
盛岡市（つなぎ温泉）	四季亭	019-689-2021
盛岡市（つなぎ温泉）	菅旅館	019-689-2229

稗貫川

所在地	施設名	連絡先（代表番号）
花巻市（内川目岳）	笠詰野営場（大迫総合支所）	0198-48-2111
花巻市（内川目岳）	大和坊	0198-48-5504
花巻市大迫町	ホテルベルンドルフ	0198-48-4200

四十四田ダム

所在地	施設名	連絡先（代表番号）
盛岡市	旅館大和	019-622-3383
盛岡市	熊ヶ井旅館	019-651-3020
盛岡市	エスポワールいわて	019-623-6251
盛岡市	サンセール盛岡	019-651-3322
盛岡市	北ホテル	019-625-2711
盛岡市	扇屋旅館	019-651-3964
盛岡市	三和旅館	019-623-4488
盛岡市	菅原別館	019-622-3330

鵜住居川

所在地	施設名	連絡先(代表番号)
釜石市	ホテルルートイン釜石	050-5847-7701
釜石市	ホテルアリスガーデン	0193-27-5155
釜石市	釜石ベイシティホテル	0193-22-6611
釜石市	ホテルサンルート釜石	0193-24-3311
釜石市	陸中海岸グランドホテル	0193-22-1211
釜石市	高金旅館	0193-22-4559
釜石市	宝来館	0193-28-2526

大槌川・小鎚川

所在地	施設名	連絡先(代表番号)
大槌町	さんずろ家	0193-44-2413
大槌町	民宿サトウ	0193-44-2749
大槌町	民宿六大工	0193-42-4036
大槌町	小川旅館	0193-42-2628
大槌町	民宿あかぶ	0193-42-6877
大槌町	タカマス民宿	0193-44-2907

豊沢川

所在地	施設名	連絡先(代表番号)
花巻市	ホテル銀河パークはなまき	0198-27-2811
花巻市	メディカルスパ花巻トロン	0198-28-2683
花巻市（花巻温泉）	ホテル花巻	0198-37-2180
花巻市（南花巻渡り温泉）	ホテルさつき・別邸楓	0198-25-2801
花巻市（大沢温泉）	山水閣	0198-25-2021
花巻市（志戸平温泉）	ホテル志戸平	0198-25-2011
花巻市（新鉛温泉）	愛隣館	0198-25-2619
花巻市（台温泉）	観光荘	0198-27-2244
花巻市（台温泉）	やまゆりの宿	0198-27-2055
花巻市（台温泉）	はな台の湯	0198-27-2561
花巻市（台温泉）	中嶋旅館	0198-27-2021
花巻市（台温泉）	ホテル三右エ門	0198-27-4511
花巻市（台温泉）	松田屋旅館	0198-27-2356
花巻市（台温泉）	旅館かねがや	0198-27-2344
花巻市（鉛温泉）	藤三旅館	0198-25-2311
花巻市（山の神温泉）	優香苑	0198-38-5526

和賀川

所在地	施設名	連絡先(代表番号)
北上市	ふるさと体験館 北上	0197-72-2883
西和賀町（大沓温泉）	ほっとハーブ錦秋	0197-82-3000
西和賀町（川尻温泉）	大乃屋旅館	0197-82-2130
西和賀町（巣郷温泉）	クアハウス巣郷	0197-82-3611
西和賀町（巣郷温泉）	静山荘	0197-82-3120
西和賀町（巣郷温泉）	高原旅館大扇	0197-82-2300
西和賀町（湯川温泉）	四季彩の宿ふる里	0197-82-2226
西和賀町（湯川温泉）	高繁旅館	0197-82-2333
西和賀町（湯川温泉）	鳳鳴館	0197-82-2207
西和賀町（湯川温泉）	本館春山荘	0197-82-3180
西和賀町（湯本温泉）	一城	0197-82-3791
西和賀町（湯本温泉）	大正館	0197-84-2624
西和賀町（湯本温泉）	ホテル対滝閣	0197-84-2221

猿ヶ石川・田瀬湖

所在地	施設名	連絡先(代表番号)
遠野市	民宿とおの	0198-62-4395
遠野市	徳田屋旅館	0198-62-5049
遠野市	ふる里	0198-62-4396
遠野市	増田旅館	0198-62-3244
遠野市	みちのく荘	0198-62-6899
遠野市	平澤屋	0198-62-3060
遠野市	福山荘	0198-62-4120
遠野市	りんどう	0198-62-5726
遠野市	あえりあ遠野	0198-60-1700
遠野市	民宿おとぎや	0198-62-3862
遠野市	ホテルきくゆう	0198-62-2251
遠野市	民宿古軒	0198-62-0028
遠野市	たかむろ水光園	0198-62-2834
花巻市東和町	田瀬湖オートキャンプ場	0198-44-5007
花巻市東和町	いこいの森キャンプ場	0198-44-5007

気仙川

所在地	施設名	連絡先(代表番号)
陸前高田市	ホテル三陽	0192-55-3050
陸前高田市	矢作温泉元湯 鈴木旅館	0192-54-2738
陸前高田市	民宿吉田	0192-55-2943
陸前高田市	民宿志田	0192-56-3592
陸前高田市	民宿むさし	0192-55-4421
住田町	ホテルグリーンベル高勘	0192-49-1020
住田町	黄川田旅館	0192-48-2532
住田町	高橋旅館	0192-46-3018
住田町	及川旅館	0192-48-2412

盛川

所在地	施設名	連絡先(代表番号)
大船渡市	大船渡プラザホテル	0192-26-3131
大船渡市	ホテル福富	0192-27-3175
大船渡市	つつみ旅館	0192-26-3456
大船渡市	海楽荘	0192-29-3165
大船渡市三陸町	岡田荘	0192-42-2026
大船渡市三陸町	廣洋館	0192-42-2650
大船渡市三陸町	美浜荘	0192-45-2505

胆沢川

所在地	施設名	連絡先(代表番号)
金ケ崎町	田口荘	0197-44-3368
金ケ崎町	さとう	0197-44-2352
金ケ崎町	みどりの郷みちのく城址温泉	0197-44-2131
金ケ崎町	千貫石森林公園キャンプ場	0197-52-3001
奥州市胆沢	ひめかゆ	0197-49-2006
奥州市胆沢	瑞月	0197-46-3611
奥州市胆沢	つぶ沼キャンプ場	0197-49-2030
奥州市水沢	駒形旅館	0197-23-8155
奥州市水沢	翠明荘	0197-25-3311
奥州市水沢	水沢石田温泉	0197-24-5420
奥州市水沢	水沢サンパレスホテル	0197-25-4311
奥州市水沢	薬師堂温泉	0197-23-4126

ゆったりと余裕を持った釣行を

県内宿泊施設（キャンプ場含む）

（2019年3月現在）

本紙で取り上げた河川・湖にアクセスしやすい宿泊施設をまとめました。期間限定の開業や廃業・休業している場合もありますのでご了承ください。

砂鉄川

所在地	施設名	連絡先（代表番号）
一関市大東町	アストロ・ロマン大東キャンプ場	0191-72-2860
一関市大東町	菅原屋旅館	0191-72-2166
一関市大東町	丸全旅館	0191-72-2337
一関市大東町	鈴木屋旅館	0191-74-2417
一関市大東町	富二屋旅館	0191-75-2282
一関市東山町	ひがしやま観光ホテル	0191-47-2211
一関市東山町	かぢや別館・らまっころ山猫宿	0191-47-3377
一関市東山町	かみや旅館	0191-47-2004

磐井川

所在地	施設名	連絡先（代表番号）
一関市	かんぽの宿一関	0191-29-2131
一関市	真湯コテージ	0191-39-2713
一関市	いちのせき厳美オートキャンプ場	0191-39-2577
一関市厳美町	いつくし園	0191-29-2101
一関市厳美町	山王山温泉瑞泉郷	0191-39-2031
奥州市衣川	衣川ふるさと自然塾	0197-52-6180
奥州市衣川	国民宿舎サンホテル衣川荘	0197-52-3311
奥州市衣川	民宿おっきり	0197-52-3125
奥州市衣川	姫乃屋	0197-52-3128

中津川のアユ釣り風景

種アユ販売所一覧

（2018年11月現在）

組合名	名　称	電話番号
久慈川	佐々木酒店	0194-55-2470
	森信次郎	0194-55-3977
下安家	漁協事務所	0194-78-2353
小本川	岩泉養魚場	0194-22-2207
	関真モータース	0194-25-5582
	ミュージックショップマルコン	0194-22-2279
閉伊川	澤田民男	090-3122-4135
	やな場（飛澤誠）	090-7338-1818
鵜住居川	川崎友則	0193-28-4135
	三浦洋子	0193-28-4552
	澤本幸夫	0193-28-1835
盛川	若アユセンター	090-2364-6813
気仙川	金成屋商店	0192-59-2127
	佐藤酒店	0192-59-2128
	荒木幸雄	0192-59-2519
	まさの商店	0192-46-3366
	村保洋品店	0192-46-2003
	佐々木明	090-2277-3050
	吉田米店	0192-46-2206
	佐藤啓一	0192-46-3294
	川の駅よこた	0192-59-2918
砂鉄川	三宝電気	0191-74-2710
	松見屋	0191-76-2596
	菊池政和	080-1656-4311
	和賀輝雄	0191-75-3942
胆江河川	胆江河川鯉孵化場	
	問い合せ先組合事務所	0197-25-6006
	問い合せ先（高橋）	0197-23-2462
	佐々木金男	0197-52-3601
	吉田善郎	0197-52-3124
	菅原敏行	0197-52-3305
和賀川淡水	和賀川ふれあいヤナ場	0197-67-2919
	釣り具のつり吉	0197-65-5262
西和賀淡水	農家食堂およね	0197-85-2045
豊沢川	あゆ屋齊藤	090-8783-9887
猿ヶ石川	佐藤稔信	0198-42-2691
上猿ヶ石川	菅田真一	0198-62-0122
稗貫川	渓流の駅	0198-48-3558
盛岡河川	組合事務所	019-653-7400
	吉田吉治	019-622-2785
雫石川	大久保敬蔵店	019-692-5366
松川淡水	小松川（養漁場）	0195-76-4155
上北上川	滝田松則（無人販売含）	019-682-0663

組合名	名　称	電話番号
上北上川	岩崎勝雄	0195-65-2323
南部馬淵川	組合事務所	0195-27-3139
	小野寺一英	0195-23-5231
	泉山商店	0195-38-2640
	佐藤重典	0195-72-2538
上馬淵川	のだトーイセンター	0195-32-2803
西部九戸河川	軽米食堂	0195-46-2501

※種アユについては、解禁日より数日間のみの場合があるので電話にて確認のこと。

組合名	名　称	電話番号
松川淡水	ファミリーマート八幡平西根インター店	0195-75-0266
上北上川	伊五澤商店	019-682-0217
	岩崎勝雄	0195-65-2323
	芳平商店	0195-62-9209
	ローソン沼宮内バイパス店	0195-62-1381
	ファミリーマート岩手川口バイパス店	0195-69-1315
	滝田松則	019-682-0663
	滝沢商店	0195-62-9441
	畑中商店	0195-62-9749
	ローソン岩手川口境田店	0195-65-2992
	藤原商店	019-682-0969
南部馬淵川	組合事務所	0195-27-3139
	橋本理容店	0195-27-3561
	岩舘理容店	0195-38-2371
	堀幸運輸	0195-38-2453
	阿部商店	0195-72-3434
	佐藤重典	0195-72-2538
	村松商店	0195-72-5744
	ホームセンターかんぶん二戸店	0195-23-7676
	四季館彩冬	0195-72-5344
	高森商店	0195-38-3636
	のだトーイセンター	0195-32-2803
	小野寺一英	0195-23-5231
	戸舘商店	0195-27-2363
	コンビニTマート	0195-22-3456
	國分屋金物店	0195-23-2175
	泉山商店	0195-38-2640
	ローソン二戸金田一店	0195-27-3963
	ローソン安比高原店	0195-73-5055
上馬淵川	組合事務所	0195-33-2111
	近広商店	0195-66-1123
	木戸場丸健商店	0195-68-2524
	のだトーイセンター	0195-32-2803
	南谷商店	0195-34-3148
	福田理容店	0195-35-2801
	緑川商店	0195-66-3758
	鈴木商店	0195-66-0002
	ホームセンターかんぶん葛巻店	0195-67-1000
	ホームセンターかんぶん二戸店	0195-23-7676
	ホームセンターかんぶん一戸店	0195-31-1133
	小鳥谷石油店	0195-34-2321
	土川商店	0195-33-1081
	スーパーとりい	0195-66-2417
	永田商店	0195-33-1811
	一守書店	0195-32-2034
	向河原石油店	0195-66-2645

組合名	名　称	電話番号
上馬淵川	葛巻自工	0195-66-2950
西部九戸河川	軽米食堂	0195-46-2501
	はんのきざわ商店	0195-45-3647
	澤商店	0195-43-2540
	道の駅おりつめ(オトデ館)	0195-42-4400
岩手県米代川	田山ドライブイン	0195-73-2353
	川又商店	0195-73-2715
	山専旅館	0195-73-2032
	佐藤商店	0195-73-2116
	山本商店	0195-73-2218
	佐藤商店（兄川）	0195-73-2866

遊漁券販売所

組合名	名　称	電話番号
豊沢川	佐々新商店	0198-25-2033
	上州屋キャンベル北上店	0197-66-6170
	松倉商店	0198-25-2104
	あゆ屋齊藤	090-8783-9887
	ローソン花巻南インター店	0198-23-1678
猿ヶ石川	組合事務所	0198-42-2777
	白石屋バイパス店	0198-67-6113
	梅木商店	0198-44-2419
	田瀬釣り公園	0198-44-5007
	及萬商店	0198-42-2934
	高瀬釣具店	0198-23-3523
	ローソン遠野宮守店	0198-69-1818
	ハンディム	0198-23-3019
	澤田モータース	0198-67-3034
	上州屋北上店	0197-66-6170
	田瀬湖管理部	0198-44-5318
上猿ヶ石川	菊泉酒店	0198-68-2024
	リリース	0198-63-1381
	はやちね食堂	0198-62-5159
	鳥屋部商店	0198-64-2022
	似田貝理容店	0198-62-2390
	釣具の正一屋	0198-62-1311
	佐藤酒店	0198-65-3020
	釣具オヤマ	0193-23-7754
	ファミリーマート遠野バイパス店	0198-60-1900
	ファミリーマート遠野中央店	0198-62-2311
	小玉商店	0198-64-2011
	山長商店	0198-64-2325
	鈴木晶	0198-62-4512
	ファミリーマート遠野宮守インター店	0198-69-7925
	組合事務所	0198-62-9800
稗貫川	後藤釣具店	0198-48-3538
	鷹嘴商店	0198-48-5555
	ローソン大迫支店	0198-48-2300
	渓流の駅	0198-48-3558
	継枝商店(石鳥谷町)	0198-47-2220
	ファミリーマート花巻大迫町店	0198-36-1777
	大迫産直センターアスタ	0198-48-2760
	フィッシングさとう	0198-45-2602
	内川釣具店(紫波町)	019-676-4741
盛岡河川	組合事務所	019-653-7400
	丸新食堂	019-666-2165
	吉田吉治	019-622-2785
	石澤工房	019-623-8876
	内川つり具店	019-676-4741
	上野釣具店	019-651-5829

組合名	名　称	電話番号
盛岡河川	喫茶猟	019-654-1924
	上州屋新盛岡店	019-637-1130
	上州屋盛岡上堂店	019-643-7511
	キャスティング盛岡店	019-656-5787
	鈴木石雄	019-666-2146
	セブンイレブン盛岡宮古街道店	019-654-3217
雫石川	イーハトーヴ釣具店	019-645-5252
	上野釣具店	019-651-5829
	キャスティング盛岡店	019-656-5787
	上州屋上堂店	019-643-7511
	上州屋新盛岡店	019-637-1130
	キャメルマートいへい	019-684-1744
	上野旅館	019-692-2033
	大久保敬蔵店	019-692-5366
	館々倶楽部	019-693-3339
	木村商店	018-692-1800
	しずくいし観光協会	019-692-5138
	セブンイレブン雫石バイパス店	019-692-4711
	高重商店	019-695-2552
	千葉吉石油店	019-692-4700
	なかゆ食品	019-693-3011
	広瀬商店	019-692-3622
	ファミリーマート雫石つなぎ店	019-692-5470
	ファミリーマート雫石バイパス店	018-691-1350
	プチマート井上	019-693-4466
	民宿高見荘	019-693-2736
	谷地商店	019-692-3026
	夢や	019-692-4522
	ローソン雫石七ツ森店	019-692-4466
	ローソン雫石バイパス店	019-692-6260
雫石川東部	上州屋新盛岡店	019-637-1130
	上州屋盛岡上堂店	019-643-7511
	キャスティング盛岡店	019-656-5787
松川淡水	菅原恵美子	0195-78-2535
	遠藤吉弥商店	0195-77-2030
	立万商店	0195-74-2530
	小松川（養魚場）	0195-76-4155
	くぼたロッジ	0195-78-3484
	なかやま荘	0195-78-3132
	ミヤノエネルギーサービス	0195-74-2327
	髙畑商店	0195-78-2742
	清志商店	0195-76-2820
	セブンイレブン八幡平バイパス店	0195-75-1128
	上州屋新盛岡店	019-637-1130
	上州屋上堂店	019-643-7511
	澤口商店	0195-76-2773

組合名	名　　称	電話番号
盛川	組合事務所	0192-26-3105
	伊藤商店	0192-28-2033
	ローソン猪川店	0192-26-6132
	盛川若アユセンター	090-2364-6813
	マルカノー釣具店	0192-21-5870
気仙川	組合事務所	0192-46-3841
	浅沼昭三	0192-54-2072
	金成屋商店	0192-59-2127
	佐藤酒店	0192-59-2128
	道の駅ぽらん 種山ケ原店	0197-38-2215
	佐々木明	0192-46-2176
	釣具のオヤマ	0193-23-7754
	つりショップかつやま	0197-35-3799
	荒木幸雄	0192-59-2519
	まさの商店	0192-46-3366
	村保洋品店	0192-46-2003
	吉田米店	0192-46-2206
	ホテルグリーンベル高勘	0192-49-1020
	紺野商店(理容・美容)	0192-48-2352
	中平利文	0192-58-2320
	上州屋一関店	0191-21-0020
	高橋慎一郎	0192-48-2165
	佐藤啓一	0192-46-3294
	金野光晃	0192-55-2509
	林崎商店	0192-48-2067
	川の駅よこた	0192-59-2918
	上州屋北上店	0197-66-6170
	気仙沼河童堂	0226-23-0840
	及川旅館	0192-48-2412
	上州屋盛岡上堂店	019-643-7511
	上州屋新盛岡店	019-637-1130
	岩渕信助	0192-54-2560
	ローソン高田竹駒店	0192-54-4005
	中野隆興	0192-46-2642
	菊池義一	0192-54-4792
	小野寺正一	0192-54-2417
	セブンイレブン高田竹駒店	0192-55-7011
	泉商店（釣具）	0192-46-2207
	畠山修一	0192-59-2222
	くぎこ屋	0192-47-4299
	佐藤耕吉	0192-58-2532
	ローソン岩手住田町店	0192-46-4063
	ローソン住田町世田米店	0192-46-2638
	マルカノー釣具大船渡店	0192-21-5870
砂鉄川	和賀芳雄	0191-75-3942
	高木商店	0191-72-2621

組合名	名　　称	電話番号
砂鉄川	米倉釣具店	0191-75-2720
	大原タクシー	0191-72-2225
	まるいち商店	0191-74-2212
	三宝電気	0191-74-2710
	松見屋	0191-76-2596
	ニシキ商会	0191-23-3524
	釣具の前沢屋	0191-23-3752
	上州屋一関店	0191-21-0020
	ファミリーマート東山町長坂店	0191-35-3115
	ヘアーカットヤマ	0191-72-2165
	ディリーヤマザキ猿沢店	0191-76-2662
	JAいわい東興田給油所	0191-74-2728
	伊藤靖一	0191-43-4338
	菊池政和	080-1656-4311
胆江河川	組合事務所	0197-25-6006
	まえさわや	0197-23-3752
	つりショップかつやま	0197-35-8066
	菅原敏行	0197-52-3305
	小野寺商店	0197-46-3805
和賀川淡水	組合事務所	0197-64-7473
	和賀ふれあいヤナ場	0197-67-2919
	つり吉	0197-65-5262
	名須川商店	0197-72-2040
	ファミリーマート北上横川目店	0197-71-6281
	サンタハウスGETO	0197-73-5050
	ヤマヨおばら	0198-29-3011
	清水商店	0197-72-3627
	上州屋北上店	0197-66-6170
	ファミリーマート北上藤根店	0197-73-6086
	ベアーベル	0197-73-7800
西和賀淡水	組合事務所	0197-82-2270
	農家食堂およね	0197-85-2045
	タカモリ	0197-84-2104
	安穴食堂	0197-81-2025
	川尻石油	0197-82-2346
	北村商店	0197-85-5244
	藤原商店	0197-85-5315
	イズミヤ	0197-85-2232
	イーハトーヴ釣具店	019-645-5252
	沢内バーデン	0197-85-2601
	上州屋北上店	0197-66-6170
	上州屋盛岡上堂店	019-643-7511
	上州屋新盛岡店	019-637-1130
豊沢川	組合事務所	0198-23-5414
	たかせ釣具店	0198-23-3523
	ハンディム	0198-23-3019

単協遊漁券販売所一覧

（2018年11月現在）

組合名	名　称	電話番号
久慈川	組合事務所	0194-53-2358
	渡辺釣具店（新港店）	0194-53-5021
	下石畑釣具店	0194-53-2828
	海友丸釣具店	0194-52-3700
	山松商店	0194-57-2033
	佐々木酒店	0194-55-2470
	岩井商店	0194-75-2032
	森信次郎	0194-55-3977
	天宝丸の店	080-4583-4647
	戸呂町産直館	0194-72-3880
	リカーフーズきちや	0194-72-2611
下安家	組合事務所	0194-78-2353
	中野商店	0194-78-3795
安家川	組合事務所	0194-24-2031
	かむら旅館	0194-24-2331
	中川原酒店	0194-24-3017
	たまべん	0194-24-2316
	合砂商店	0194-24-3232
	玉文商店	0194-24-2203
	中山孝	0194-24-2751
	川口欽也	0194-24-2643
小本河川	組合事務所	0194-28-2700
	桃園幸喜	0194-28-2520
	藤清商店	0194-22-3914
小本川	藤清商店	0194-22-3914
	岩泉商工会	0194-22-3245
	つたや旅館	0194-29-2100
	佐忠商店	0194-25-5059
	大川屋旅館	0194-26-2004
	植村花環店	0194-22-3695
	千葉理容店	0194-25-5538
	関真モータース	0194-25-5582
	沢廻り・中瀬ユキ	0194-22-2207
	ミュージックショップマルコン	0194-22-2279
	上野酒店	0194-22-4707
	正和屋	0194-29-2327
	中村運送	0194-25-4181
	ローソン岩泉店	0194-22-2575
	砂子酒店	0194-22-2062
	手作り工房朱利	0194-29-2427
	早野商店	0194-22-2555
	上州屋盛岡上堂店	019-643-7511
	上州屋新盛岡店	019-637-1130

組合名	名　称	電話番号
小本川	上州屋八戸店	0178-35-3940
田老町河川	マルヤ水産	0193-87-3275
	畠山石油店	0193-87-5134
	林本酒店	0193-87-3801
閉伊川	組合事務所	0193-62-8711
	やまびこ産直館	0193-85-5011
	滝田理髪店	0193-72-2545
	ラスト・リゾート	0193-64-5060
	石澤工房	019-623-8876
	上野釣具店	019-651-5829
	ファミリーマート岩手新里店	0193-72-3618
	佐々木釣具店	0193-62-5245
	石垣釣具店	0193-62-3512
	宮古つり吉	0193-62-6227
	釣研	0193-62-4920
	上州屋新盛岡店	019-637-1130
	横沢冷泉静峰苑	0193-74-2444
	湯ったり館	0193-72-3800
	上州屋盛岡上堂店	019-643-7511
	イーハトーヴ釣具店	019-645-5252
	去石理容店	0193-77-2424
	キャスティング盛岡店	019-656-5787
	武蔵重則	0193-77-2446
	Yショップうちさわ	0193-76-2034
	大向源伍	080-5226-9231
	セブンイレブン盛岡東宮古街道店	019-654-3217
大槌河川	ローソン大槌バイパス店	0193-42-7200
	藤原酒店	0193-45-2018
	御箱崎釣具店	0193-42-6212
	小原商店	0193-46-2108
	オヤマ釣具	0193-23-7754
	藤原勲	0193-45-2224
鵜住居川	なすかわ釣具店	090-9039-9293
	川崎シゲ子	0193-28-4367
	佐藤商店	0193-57-2162
	オヤマ釣具店	0193-23-7754
	川崎友則	0193-28-4135
	澤本幸夫	0193-28-1835
	かみふじ商店	0193-28-3518
	小笠原勝彦	0193-57-2005
	さんたや	0193-28-4338
	どんぐり広場（産直）	0193-57-2650

禁漁（通年）区域

●データは内水面遊漁のしおり（2016年改訂）をもとにしています

河川名	区　域
雫石川	盛岡市上太田及び岩手郡滝沢村大釜地内の鹿妻穴口頭首工水門の上流100メートルの地点から同水門の下流50メートルの地点までの間の区域
三田市川	三田市川と小本川との合流点から下閉伊郡岩泉町乙茂地内の三田市砂防えん堤下流端までの間の区域
丹藤川	岩手郡岩手町大字川口字滝地内の滝の上流50メートルの地点から同滝の下流50メートルの地点までの間の区域
猿ヶ石川	北上市更木町地内の臥牛発電所用水路えん堤上流端の上流100メートルの地点から同えん堤下流端の下流100メートルの地点までの間の区域
	花巻市東和町東晴山地内のかぶら用水えん堤上流端の上流100メートルの地点から同えん堤下流端の下流100メートルの地点までの間の区域
砂鉄川	一関市大東町摺沢地内の小沼発電用水取入口えん堤上流端の上流100メートルの地点から同えん堤下流端の下流100メートルの地点までの間の区域
	砂鉄川と北上川との合流点から一関市川崎町地内の砂鉄橋上流端までの間の区域
閉伊川	宮古市川井地内の川井発電用水取入口えん堤上流端の上流100メートルの地点から同えん堤下流端の下流100メートルの地点までの間の区域
馬淵川	二戸市金田一地内の下山井発電用水取入口えん堤上流端の上流100メートルの地点から同えん堤下流端の下流200メートルの地点までの間の区域
	二戸郡一戸町大字一戸地内の越田発電用水取入口えん堤上流端の上流100メートルの地点から同えん堤下流端の下流200メートルの地点までの間の区域
安比川	二戸市似鳥地内の合川発電用水取入口えん堤上流端の上流100メートルの地点から同えん堤下流端の下流300メートルの地点までの間の区域
	二戸市浄法寺町大字駒ケ嶺地内の滝見橋上流端の上流200メートルの地点から同橋下流端の下流100メートルの地点までの間の区域
北上川	盛岡市地内の開運橋上流端から同市地内の明治橋下流端までの間の区域
	北上川と稗貫川との合流点の上流300メートルの地点から同合流点の下流500メートルの地点までの間の区域
	北上川と豊沢川との合流点の上流300メートルの地点から同合流点の下流500メートルの地点までの間の区域
	北上川と猿ヶ石川との合流点の上流300メートルの地点から同合流点の下流500メートルの地点までの間の区域
	北上川と砂鉄川との合流点の上流300メートルの地点から同合流点の下流500メートルの地点までの間の区域
中津川	中津川と北上川との合流点から盛岡市地内の下の橋上流端までの間の区域
雫石川	雫石川と北上川との合流点から同合流点の上流東北本線の鉄橋上流端までの間の区域

※河川ごとに期間を区切っての禁漁区はこの他にも存在します。詳しくは本文掲載のマップにてご確認下さい。

県内のほとんどの河川で利用できます。

県内共通遊漁承認証について

岩手県内水面漁業協同組合連合会に加入しているすべての組合河川（212、213頁参照）で1年間釣りが楽しめます。

●データは内水面遊漁のしおり（2016年改訂）をもとにしています

1. 料金

券　種	魚　　種	遊　漁　料	
		個　人	団　体
全魚種	アユを含む全魚種	22,400円	20,100円
雑　魚	アユ以外	15,700円	14,000円

2. 県内共通遊漁承認証指定交付場所

〒020-0023 盛岡市内丸16-1（水産会館５階）
岩手県内水面漁業協同組合連合会
電話019-623-8712　FAX019-623-8713

3. 申込方法（銀行振込）

振込先：岩手県信漁連　本店普通預金　0242964
岩手銀行　県庁支店　普通預金　1075506
口座名：岩手県内水面漁業協同組合連合会

4. 団体購入

団体加入者で承認証を購入する場合は、団体長経由で一括購入のこと。

5. 個人購入

個人で承認証を購入する場合、申込書に〒住所、氏名、フリガナ、生年月日、TEL、希望券種（全魚種、雑魚）、銀行振込先、振込日を記入の上、顔の写真１枚（サイズ３×2.5cm、白黒、カラー可）を同封の上申し込みして下さい。

6. 遊漁ができる漁場

共通遊漁承認証で遊漁ができるのは、共通遊漁加入の漁業協同組合の漁場に限ります。その区域・漁具・漁法等は購入の際に添付の「内水面遊漁のしおり」をご覧下さい。

7. 遊漁できない河川

共通遊漁承認証で遊漁できない河川は、有家川、普代川、津軽石川（宮古市の区域）、吉浜川、米代川、岩洞湖、雫石川（上流部）、磐井川などです。

（平成25年度）

8. 共通遊漁承認証の紛失

共通遊漁承認証を紛失した場合は、遊漁料の２分の１の料金で再発行します。再発行の場合は、本人を確認できるもの（運転免許証等）を持参して下さい。

9. 「全魚種」に変更

共通遊漁承認証を「雑魚」から「全魚種」に変更する場合には新規扱いとなります。

10. 各組合の遊漁規則を遵守

各組合によって規則が異なりますので、それに従っての遊漁を願います。

11. 承認証と腕章の所持義務

遊漁する場合は、承認証を貼り付けた腕章（顔写真を貼っていないものは無効）をつけること。これに違反すると単協遊漁料（加算金を含む）を徴収されます。

12. 写真の貼付義務

共通遊漁承認証で写真の貼ってないものは無効となります。また写真は原則として６ヵ月以内に撮影されたものを貼って下さい。

13. 遊漁できない漁場

共通遊漁承認証では、特別漁場、特設漁場、つかみどり漁場では遊漁ができません。別途に料金を納入しなければならないので、当該組合に照会して下さい。

14. 遊漁前に事前確認

一部の河川（久慈川、大槌川、小鎚川、鵜住居川、盛川、気仙川、稗貫川、前年度実施組合）においては、放流稚アユの保護のため、一時期全面又は部分川止め（禁漁措置）をすることがありますので、アユの解禁日前に入漁する場合は当該漁協へ措置内容を問い合わせのうえ入漁して下さい。

15. 優遇制度に関して

共通遊漁制度に加入の各漁業協同組合は、各単協遊漁券の販売に当たり、小・中学生、身体障害者及び高齢者の方々を対象として優遇措置制度を設けておりますので、県内共通遊漁承認証の発行に際しては割引制度がありませんのでご了承をお願いします。

16. 交付申し込みの受付期間

休日は、毎月の土、日曜日及び祝日、年末年始・お盆休暇（要問い合わせ）となっております。交付申し込みの受付は、午前９時から正午まで及び午後１時から午後３時までです。

17. 共通遊漁承認証の払い戻し

共通遊漁承認証は、3月1日の渓流釣り解禁日以降の払い戻しは、原則として行いませんのでご了承をお願いします。

沿岸水系

主な河川名	組合名	連絡先	渓魚遊漁期間
久慈川・遠別川	*久慈川	0194-53-2358	3.1～9.30
長内川・馬渡川	*久慈川	0194-53-2358	3.1～9.30
安家川下流	*下安家	0194-78-2353	3.1～9.30
安家川上流	*安家川	0194-24-2031	3.1～9.30
小本川下流	*小本河川	0194-28-2063	3.1～9.30
小本川上流	*小本川	0194-32-3215	3.1～9.30
大川・猿沢川	*小本川	0194-32-3215	3.1～9.30
摂待川	*田老町河川	0193-87-3114	3.1～9.30
田老川（田代川）	*田老町河川	0193-87-3114	3.1～9.30
閉伊川・小国川	*閉伊川	0193-62-8711	3.1～9.30
大槌川	*大槌河川	0193-42-2448	3.1～9.30
小鎚川	*大槌河川	0193-42-2448	3.1～9.30
鵜住居川	*鵜住居川	0193-28-4532	3.1～9.30
盛川	*盛川	0192-26-3105	3.1～9.30
気仙川	*気仙川	0192-46-3841	3.1～9.30

河川の情報はまず漁協に確認を

岩手県釣り場管轄漁業協同組合リスト

本誌で紹介できなかった小規模な河川も、ほとんどが漁協の管轄下となっています。詳しい遊漁規制など確認のうえ、釣行に臨んでください。連絡先は個人の携帯電話の場合があります。電話は日中にお願いします。
＊のついている河川は県内共通遊漁承認証を購入すればすべての川で釣行が可能です。

●データは内水面遊漁のしおり（2016年度改訂）をもとにしています

馬淵川水系

主な河川名	組合名	連絡先	渓魚遊漁期間
馬淵川上流	＊上馬淵川	0195-33-2111（内276・一戸町庁舎内）	3.1～9.30
安比川・馬淵川下流	＊南部馬淵川	0195-27-3139	3.1～9.30

新井田川水系

主な河川名	組合名	連絡先	渓魚遊漁期間
新井田川	＊西部九戸河川	0195-46-2918	3.1～9.30

米代川水系

主な河川名	組合名	連絡先	渓魚遊漁期間
兄川・米代川上流	岩手県米代川	0195-73-2144	3.1～9.30

北上川水系

主な河川名	組合名	連絡先	渓魚遊漁期間
北上川上流	＊上北上川	0195-65-2076	3.1～9.30
丹藤川・古館川	＊上北上川	0195-65-2076	3.1～9.30
岩洞湖	岩洞湖	019-681-5678（組合監視詰所）	3.1～9.30
松川	＊松川淡水	0195-76-3803	3.1～9.30
雫石川下流	＊雫石川東部	080-1680-0999	3.1～9.30
雫石川上流・竜川	雫石川	019-692-0569	3.1～9.30
志戸前川・葛根田川	雫石川	019-692-0569	3.1～9.30
鶯宿川・南畑川・矢櫃川	雫石川	019-692-0569	3.1～9.30
米内川・中津川	（盛岡市）	019-651-4111（観光課）	3.1～9.30
簗川・根田茂川	＊盛岡河川	019-653-7400	3.1～9.30
稗貫川	＊稗貫川	080-1651-0957（組合長宅）	3.1～9.30
猿ヶ石川上流	＊上猿ヶ石川	0198-62-9800	3.1～9.30
猿ヶ石川下流	＊猿ヶ石川	0198-42-2777	3.1～9.30
豊沢川	＊豊沢川	090-4045-9414	3.1～9.30
和賀川下流	＊和賀川淡水	0197-64-7473（市役所内）	3.1～9.30
和賀川上流	＊西和賀淡水	0197-82-2270（商工会内）	3.1～9.30
胆沢川下流・人首川	＊胆江河川	0197-25-6006	3.1～9.30
広瀬川・衣川	＊胆江河川	0197-25-6006	3.1～9.30
磐井川	磐井川上流		3.1～9.30
砂鉄川	＊砂鉄川	0191-74-2418	3.1～9.30

岩手の河川
データファイル

資料内容

取材協力／ニシキ釣具店（一関市）
まえさわや（奥州市）
山西金魚釣具店（奥州市）※
伊藤屋商店（北上市）※
釣具の三平（西和賀町）※
はとば釣具店（盛岡市）※
八幡平釣具店（八幡平市）※
渡辺釣具店（久慈市）
髙山　晃（一戸町在住）
※2019年3月時点で閉店

参考文献／岩手の山菜百科（岩手日報社）

いわての渓流・川釣り 令和版

令和元年 7月25日　初版発行

編　集　岩手日報社コンテンツ事業部
発行所　岩手日報社
〒020-8622 盛岡市内丸3-7
☎019-601-4646（コンテンツ事業部）
印刷所　山口北州印刷株式会社

乱丁・落丁はお取り替えいたします。

ISBN978-4-87201-534-8